당송시대 선종사원의 생활과 철학

민족사학술총서 70

당송시대 선종사원의
생활과 철학

윤창화

민족사

서문

1

이 책은 선종(禪宗)의 여러 청규(淸規)와 선문헌을 바탕으로 중국 중세(당송시대) 선종사원의 생활과 각종 제도, 가람 구성, 생활철학, 그리고 그 사상적 바탕 등 선종의 생활문화에 대한 전반을 탐구한 책이다.

중국 당송시대 선종사원(선원총림)의 생활철학과 각종 제도, 문화, 생활상, 가람 구조, 그리고 납자 교육 및 지도 시스템의 핵심은 중생을 부처로 만들고 범부를 조사로 만드는 데[成佛作祖] 맞추어져 있다. 단순한 종교 교단이 아니고 미혹한 인간을 전인적 인간으로 형성시키는 데 있다.

역사상 최초의 선종사원(선원총림)은 당(唐) 중기 백장회해(百丈懷海, 720~814)가 창건한 대웅산(백장산) 백장사(백장총림)이다. 그 이전에는 독자적인 선종사원이 없었다. 선승들은 율종사원에서 당우 한 채를 빌려 함께 기거(寄居)하는 이른바 더부살이 형식, 또는 독살이 형식이었다.

백장회해에 의하여 비로소 율종사찰로부터 독립하여 처음으로 독자적인 사원을 갖게 되었는데[禪門獨行, 由百丈之始], 그는 백장총림을 세우면서 몇 가지 중요한 대원칙을 제시했다.

첫째, 불전(佛殿, 대웅전)을 세우지 않고(폐지) 법당(설법당)만 세운다(不立佛殿 唯樹法堂). 둘째, 생활경제 즉 총림의 식생활 문제는 보청(普請, 노동)으로 해결한다(行普請法, 上下均力也). 셋째, 주지(방장)는 불조로부터 친히 법을 부촉 받은 법왕이므로 그를 높이기 위하여 불상을 모시지 않는다(不立佛殿, 唯樹法堂者, 表佛祖親囑授, 當代爲尊也). 이 세 가지는 그 역사적 사실을 의심할 만큼 놀랄 만한 일이다.

당대 조사선의 선승들은 반야지혜가 투철한 이들이었다. 그들은 사상적·정신적으로 치열하게 고뇌한 끝에 '부처'란 목석이나 금은으로 만든 불상이 아니고 반야지혜가 곧 부처임을 확신했다. 따라서 반야지혜가 작동·가동되지 않는 부처는 나무토막이나 돌조각에 불과하다고 생각했다. 이것이 불전(佛殿, 대웅전)을 세우지 않고 법신불이 활발발하게 작용하고 있는 법당을 세운 사상적 바탕이라고 할 수 있다.

2

필자가 이 주제를 탐구하기 시작한 것은 9년 전(2008년) 딸아이(효진)의 안내로 집사람과 함께 교토(京都)에 있는 선종사원을 답사하고 나서부터이다.

교토의 선종사원인 묘신지(妙心寺), 겐닌지(建仁寺), 료안지(龍眼

寺), 텐류지(天龍寺), 쇼코쿠지(相國寺), 도후쿠지(東福寺) 등과 후쿠이에 있는 에이헤이지(永平寺) 등 선종사원은 당송시대 선종사원의 모습이 비교적 많이 남아 있는 곳이다. 특히 사원의 규모와 정갈함, 방장(方丈, 주지실) 당우와 선종 특유의 석정(石庭) 정원 등은 시간이 멈춰 버린 듯한 문화적 충격이었다. 결정적으로 이 책을 쓰게 한 발분망식의 계기였다고 할 수 있다.

3

2008년부터 시작한 지 8년 만에 탈고했다. 8년 동안 매우 행복했다. 이 주제(선종사원, 선원총림)와 대면하면 어느새 번뇌 망상 등 일체를 잊고 탐구삼매에 들었다. 심지어 잠을 자면서도 이루어지지 않는 원고 수정에 매달렸다. 탈고를 하고 나니 무언가 혼이 다 빠져 나간 듯한 느낌, 잃어버린 듯한 느낌이다.

이 책에 수록된 원고들은 열 손가락으로도 모자랄 만큼 퇴고와 보완을 거듭했다. 그러나 막상 펜을 놓자니 아쉬운 점이 늦가을 그림자처럼 길게 드리운다. 좀 더 천착했으면 하는 부분들이 막연히 뇌리를 떠나지 않는다. 두려운 마음이 앞서지만, 완벽의 끝이 어딘지 알 수 없어서 이 정도에서 출판하기로 했다.

사색과 탐구는 아름답다. 그러나 '이것으로서 다 끝냈다.'라는 것은 어리석은 생각일 것이다. 일신우일신(日新又日新)하여 미진했던 부분들을 더 천착해서 다양한 글로 발표해 볼 생각이다.

4

필자가 이 책을 쓸 수 있도록 도움을 주신 분들이 있다. 이철교 선생님은 나의 탐구에 많은 자료를 제공해 주었다. 그분 덕분에 부족하지만 이 정도라도 정리할 수 있었다. 감사드린다. 선종, 선불교에 대하여 개안(開眼)할 수 있는 계기를 마련해 준 성본 스님의 학은(學恩)에 감사드린다. 성본 스님 강의를 들을 때마다 눈이 열리고, 만날 때마다 발분망식(發憤忘食)하게 되었다. 원고에 대한 이런 저런 조언을 해 준 이기향 님께도 감사드린다. 그리고 항상 열정적인 민족사 직원들, 무언의 박수갈채를 보내 준 가족들에게도 감사를 전한다.

2016년 납월에 저자 씀

목차

서문 ··· 4

1장 선종사원(총림)의 독립 ··· 21
　― 한 송이 꽃이 천하를 뒤덮다 ―

　1. 선종(禪宗)의 독립 ··· 21
　2. 선종의 성립과 백장회해 ··· 24
　3. 일일부작 일일불식의 보청법 ··· 28
　4. 무종(武宗)의 회창폐불과 선종 ··· 29

2장 선원총림(禪院叢林)의 목적과 철학 ··· 33
　― 부처와 조사를 만들다 ―

　1. 총림의 역사 ··· 33
　2. 선원총림의 목적과 이상 ··· 35
　3. 선원총림의 조직과 운영 방법 ··· 36
　4. 선종사원의 외형적 특징 ··· 38
　5. 선원총림의 역사적 발전 ··· 40

3장 선종사원의 직제와 조직 ··· 44
　― 조직이 없는 집단은 오래가지 못한다 ―

　1. 당·북송시대와 남송 선원총림의 직제와 소임 ··· 44

2. 지사(知事)·두수(頭首)의 명칭과 소임 ··· 45
3. 지사·두수의 역할과 변천 ··· 49
4. 지사·두수의 임기와 임명 과정 ··· 53

4장 법당의 등장과 불전의 쇠퇴 ··· 56
- 불상 속에는 부처(법신불)가 없다 -

1. 불전(佛殿)의 쇠퇴, 법당(法堂)의 등장 ··· 56
2. 유수법당(唯樹法堂)의 사상적 배경 ··· 59
3. 당말오대의 정국과 불전(佛殿)의 등장 ··· 65
4. 남송의 국가적 운명과 불전의 위상 ··· 70

5장 선원총림의 납자 지도와 오도(悟道) 시스템 ··· 73
- 법문·독참·청익·좌선 -

1. 당송시대 총림의 오도(悟道) 시스템 ··· 73

6장 선종사원의 하루 일과 ··· 77
- 부처는 일상 속에서 이루어진다 -

1. 하루 일과 개관 ··· 77
2. 새벽과 오전의 일과 ··· 79
3. 오후의 일과 ··· 88

7장 좌선의 정례화와 횟수 ··· 95
- 사시좌선(四時坐禪) -

1. 좌선의 필요성과 반야지혜 ··· 95

2. 당·북송시대와 남송시대 좌선 … 98
  3. 좌선의 제도화-사시좌선(四時坐禪) … 101
    (1) 조신좌선(早晨坐禪) … 105 (2) 포시좌선(哺時坐禪) … 105
    (3) 황혼좌선(黃昏坐禪) … 106 (4) 후야좌선(後夜坐禪) … 106
  4. 좌선 시간은 장향 일주향(長香一炷香, 40분) … 107
  5. 경책(警策, 죽비)과 경행 … 109
  6. 수마(睡魔)와의 전쟁-수마를 쫓는 도구 … 111

8장 수행승의 생활공간, 승당 … 113
  - 겨자씨 속에 우주를 담다 -
  1. 승당의 기능과 역할 … 113
  2. 수행자 개인의 공간 … 115
  3. 승당의 내부 구조와 생활상 … 117

9장 선종사원의 방장(주지) … 122
  - 주지는 법왕(法王)이고, 현신불(現身佛) -
  1. 주지의 책무와 역할 … 122
  2. 선종사 최초의 주지-백장회해 … 123
  3. 주지의 걱정과 책무 … 125
  4. 주지 선출과 임명 과정 … 128
  5. 다섯 명의 방장시자 … 132

10장 방장의 납자지도 방법-독대[獨參] … 135
  - 독참(獨參, 入室)과 청익(請益) -

1. 독참(獨參), 입실(入室) ... 135

2. 독참 입실의 형식과 절차 ... 139

3. 청익(請益)의 형식과 절차 ... 143

11장 선원총림의 요직과 상위 소임(1)   ... 146
- 동서(東序) 지사(知事) -

1. 4지사(四知事)와 6지사(六知事)   ... 146

2. 지사(知事)의 직무와 역할   ... 151

  (1) 감원(監院) ... 151 (2) 도사(都寺)·감사(監寺)·부사(副寺) ... 155

  (3) 유나(維那) ... 156 (4) 전좌(典座) ... 158 (5) 직세(直歲) ... 163

12장 선원총림의 요직과 상위 소임(2)   ... 165
- 서서(西序) 두수(頭首) -

1. 두수(頭首)의 직무와 역할   ... 165

  (1) 수좌(首座) ... 166 (2) 서기(書記=書狀) ... 169

  (3) 지장(知藏) ... 173 (4) 지객(知客) ... 176

  (5) 지욕(知浴) ... 178 (6) 지전(知殿) ... 179

13장 선원총림의 중하위 소임-소직(小職)   ... 181

1. 중위직 소임   ... 181

  (1) 요주(寮主) ... 182 (2) 장주(莊主) ... 182

  (3) 연수당주(延壽堂主) ... 183

  (4) 화주(化主), 가방화주(街坊化主) ... 185

  (5) 방장시자(方丈侍者) ... 186 (6) 능엄두(楞嚴頭) ... 186

2. 하위직 소임　　　　　　　　　　　　　… 187

　(1) 다두(茶頭) … 187　(2) 원두(園頭) … 188

　(3) 마두(磨頭) … 188　(4) 수두(水頭) … 189

　(5) 노두(爐頭) … 189　(6) 탄두(炭頭) … 190

　(7) 화두(火頭) … 190　(8) 욕두(浴頭) … 190

　(9) 등두(燈頭) … 191　(10) 시두(柴頭) … 191

　(11) 반두(飯頭)·공두(供頭)·공사(供司)·공양주(供養主) … 191

　(12) 채두(菜頭) … 191　(13) 종두(鐘頭) … 191

　(14) 정두(淨頭) … 191　(15) 마호(磨糊) … 192

　(16) 정인(淨人) … 192

3. 최근 우리나라 선원의 새로운 소임　　　… 192

14장 선종사원의 법어와 그 형식　　… 195
- 한 마디에 공문(空門)으로 급제(及第)하다 -

1. 법어의 역할과 의의　　　　　　　　　… 195

2. 법어의 형식과 절차　　　　　　　　　… 197

3. 방장의 법어는 직절법문　　　　　　　… 202

4. 선문답은 총림의 생명　　　　　　　　… 203

5. 우리나라의 청법 형식　　　　　　　　… 206

15장 법어(法語)의 종류와 성격　　… 209
- 언하(言下)에 대오(大悟)하다 -

1. 상당법어(上堂法語)　　　　　　　　　… 209

2. 소참(小參)　　　　　　　　　　　　　… 215

3. 조참(朝參, 早參) ··· 218

4. 만참(晚參) ··· 219

5. 보설(普說) ··· 220

16장 선종사원의 가람 구성(1)-칠당(七堂) ··· 224
- 오도(悟道)의 가람 시스템 -

1. 칠당가람 ··· 224

2. 산문(山門, 三門) ··· 227

3. 불전(佛殿) ··· 230

4. 법당(法堂) ··· 231

   (1) 약산유엄과 법당 ··· 233

5. 승당(僧堂, 禪堂) ··· 235

6. 고원(庫院) ··· 236

   (1) 『유마경』 향적품 이야기 ··· 237

7. 욕실(浴室) ··· 239

8. 동사(東司) ··· 242

   (1) 동사(東司)와 설두중현 ··· 242

   (2) 동사(東司)와 간시궐 화두 ··· 245

17장 선종사원의 가람 구성(2)-기타 당우 ··· 248

1. 방장(方丈) ··· 248

2. 중료(衆寮) ··· 252

3. 열반당(涅槃堂) ··· 254

4. 장전(藏殿) ··· 255

5. 조사당(祖師堂) … 256
　　6. 종루(鐘樓)와 고루(鼓樓) … 257

18장 선종사원의 규율—벌칙과 추방 … 259
　　― 가사와 발우, 승복을 벗기다 ―
　　1. 살도음망을 범하면 추방 … 259
　　2. 추방·축출의 방법 … 261
　　3. 경범죄에 대한 벌칙 … 266

19장 선종사원의 입방(방부) 방법 … 268
　　― 발낭과 석장(錫杖)을 풀다 ―
　　1. 입방(방부)·괘탑(掛搭) … 268
　　2. 괘탑(掛搭, 입방)의 절차와 방법 … 270
　　3. 입방승들의 차(茶)공양 … 275

20장 선승의 필수품과 도구(道具) … 279
　　― 검약지족(儉約知足) ―
　　1. 비구 육물(比丘六物) … 279
　　2. 투타십팔물(頭陀十八物)과 선(禪) … 280

21장 선승의 입적과 장송(葬送) 의식 … 287
　　― 공(空)의 세계로 돌아가다 ―
　　1. 죽음이란 공성(空性)의 실현 … 287
　　2. 열반당과 병승(病僧)의 입적 … 288

3. 장례 절차 ··· 290

22장 망승(亡僧)의 다비와 유품 경매 ··· 294
- 차안(此岸)에서 피안(彼岸)의 세계로 -

1. 망승의 다비(茶毘) ··· 294
2. 망승의 소지품 경매-창의(唱衣) ··· 296
3. 낙찰은 최고가를 쓴 사람에게 ··· 298
4. 망승의 도첩 처리 ··· 301

23장 선원총림의 하안거와 동안거 ··· 303
- 90일의 전투 -

1. 안거의 의미 ··· 303
2. 하안거 결제 ··· 304
3. 하안거 해제 ··· 306
4. 동안거와 선종 ··· 307

24장 선종사원의 발우공양 ··· 312
- 공양은 식도락(食道樂)이 아니다 -

1. 중국·한국·일본의 발우공양과 차이 ··· 312
2. 공양의 목적은 위성도업(爲成道業) ··· 316
3. 전수물은 절수(折水)의 와진 ··· 319

25장 선종사원의 조석예불 ··· 325
1. 조석예불의 시행 여부 ··· 325

2. 조과(朝課, 부課)와 만과(晩課) ··· 328
3. 선원총림의 조석예불문-조만과송 ··· 332

26장 선원총림의 행자(行者) 교육 ··· 336
- 부처의 씨앗을 심다 -

1. 출가자(행자)의 조건 ··· 336
2. 행자가 학습해야 할 사항-행자의 임무 ··· 338
3. 행자의 서열과 위계질서 ··· 342
4. 수계의 요건과 자격 ··· 344
5. 선종사를 뒤바꾼 노행자(盧行者) ··· 346

27장 선문답의 방식과 그 기능 ··· 348
- 깨달음을 이루는 기지(機智)의 대화 -

1. 선문답의 방식과 의미 ··· 348
2. 선문답은 기지(機智)의 대화 ··· 349
3. 선문답의 역할과 기준 ··· 352

28장 고칙·공안·화두 ··· 355
- 깨달음으로 가는 직선로 -

1. 고칙(古則)과 공안 ··· 355
2. 화두(話頭) ··· 357
3. 공안과 화두의 차이 ··· 358
4. 화두 참구의 두 가지 방법 ··· 360

29장 선(禪)과 시(詩)의 세계 ··· 362
- 문자와 비문자(非文字)의 만남 -

1. 선시(禪詩)와 시(詩)의 차이 ··· 362
   (1) 이백의 정야사(靜夜思: 고요한 밤에) ··· 363
   (2) 이규보의 영정중월(詠井中月: 우물 속의 달) ··· 364
2. 선시의 백미 ··· 365
   (1) 천동여정(天童如淨)의 '풍령(風鈴)' ··· 365
   (2) 선자덕성(船子德誠)의 천척사륜(千尺絲綸) ··· 367
   (3) 야보 선사의 게송-죽영소계(竹影掃階) ··· 368
3. 선시의 기준 ··· 369

30장 선종사원의 차문화 ··· 371
- 다선일미(茶禪一味), 다선일여(茶禪一如) -

1. 차(茶)와 선, 끽다거(喫茶去)의 의미 ··· 371
2. 차의 대화, 설봉과 암두 ··· 373
3. 선종사원의 차(茶) ··· 376
4. 선원총림의 다탕(茶湯)과 다석(茶席) ··· 379
5. 다선일미(茶禪一味), 다선일여(茶禪一如) ··· 384

31장 선종사원의 정원(庭園) ··· 386
- 지상의 유토피아 -

1. 선(禪)과 정원(庭園)-중국 선종사원 ··· 386
2. 한국 선종사원의 정원-직지사 ··· 388
3. 일본 선종사원의 정원 ··· 389

목차 17

32장 선원총림의 법구(法具)-종(鐘)과 북(鼓) ··· 391
- 종소리를 듣고 번뇌를 단절하다 -

1. 법구(法具)는 깨달음의 소리 ··· 391
2. 종(鐘)의 종류와 타종법 ··· 392

   (1) 대종(大鐘)과 108종(鐘) ··· 392 (2) 우리나라의 타종법 ··· 394

   (3) 전종(殿鐘) ··· 397 (4) 당종(堂鐘) · 환종(喚鐘) ··· 397

   (5) 법고(法鼓) ··· 397 (6) 운판(雲板, 雲版) ··· 399

   (7) 목어(木魚) ··· 400 (8) 목탁(木鐸) ··· 400

   (9) 백퇴(白椎 · 白鎚 · 白槌) ··· 401 (10) 경(磬) ··· 403

33장 선종사원의 좌선과 간경 ··· 404
- 불립문자(不立文字), 불리문자(不離文字) -

1. 선(禪)과 불립문자 ··· 404
2. 도서관 기능의 장경각 ··· 405
3. 경전 대출 방법과 간경 규칙 ··· 406
4. 도겐의 「판도법(辦道法) 기록 ··· 411
5. 황벽희운과 간경 ··· 413
6. 약산유엄과 간경 ··· 415
7. 목주 화상의 간경 ··· 416

34장 만행(萬行)과 운수 행각 ··· 419
- 정처 없는 공(空)의 여정(旅程) -

1. 만행은 문법(問法)의 여정 ··· 419
2. 행각안(行脚眼) ··· 421

3. 객승의 여비(旅費) … 425
4. 객승의 예의범절 … 426

35장 선원총림의 한 해[一年] 일정 … 428
- 한 해가 모여 백 년이 되고 천 년이 된다 -
1. 개관 … 428

36장 선화(禪畵)와 선미술 … 438
- 선의 세계를 미술에 담다 -
1. 정형을 깨트린 비정형의 미(美) … 438
2. 선화(禪畵)의 핵심은 탈속(脫俗) … 440
3. 선화의 색채는 묵(墨) … 441
4. 중국과 한국의 선화(禪畵)와 작가 … 442

참고문헌 … 447
색인 … 450

1장 선종사원(총림)의 독립
- 한 송이 꽃이 천하를 뒤덮다 -

1. 선종(禪宗)의 독립

벽안의 보리달마(?~495)에 의해 첫발을 내딛은 선불교가 교단으로서 세간의 관심을 끌기 시작하는 것은 4조 도신과 5조 홍인(弘仁, 601~674)의 동산교단 때부터다. 이어 양경(兩京, 낙양, 장안)의 법주인 대통신수(大通神秀, 606~706)의 눈부신 활약으로 선불교는 중앙 무대인 장안과 낙양까지 진출한다.

4조 도신과 5조 홍인의 동산문하에는 500명이나 되는 납자들이 착실히 수행하고 있었고, 대통신수의 옥천사에도 많은 이들이 있었으며, 그리고 남종의 정통을 자부하는 마조도일(馬祖道一, 709~788)의 홍주 문하에도 800명이나 되는 납자들이 집단적으로 수행하고 있었다.

그러나 아직 당(唐) 초기 8대 불교 종파[唐初八宗][1]의 대열에는 들어가지 못했다. 선종은 화엄·천태·율종 등에 비하면 보칙회 과정

---

1) 당(唐) 초기 8대 종파[唐初八宗]는 천태종·정토종·화엄종·법상(유식)종·구사종·율종·밀종(밀교)·삼계교이다.

이 얼마 되지 않았고[2] 교단의 기반이 일천하여, 그 세력은 지역풍을 크게 벗어나지 못했다. 몇 곳을 제외하고는 여전히 독립적인 수행 공간, 독자적인 선종사원이 없는 상태였다. 선승들은 대부분 율종사원에서 율승(律僧)들과 함께 생활한다든가 또는 혼자 암자에서 독거(獨居)하는 이른바 '더부살이 신세' 또는 '독(獨)살이 신세'였다.

율종과 선불교는 중시하는 바와 목적, 방향, 그리고 수행방법과 생활방식 등에서 많은 차이가 있었다. 율종은 불상과 경전을 신성시했고 율장을 탐구, 실천, 준수하는 것이 중심이었으나 선불교는 불상이나 경전은 그다지 중요하게 여기지 않았다. 또 선불교의 수행방법은 좌선과 명상이었으나 율종에서 좌선이나 명상은 비중을 차지하지 않았다.

법문이나 강의도 선불교는 비논리·직관적이었고 즉심시불(卽心是佛), 직지인심 견성성불(直指人心, 見性成佛)을 강조했으나, 율종은 논리적·교리적이었으며, 경전과 율장을 강독하고 계율을 준수, 실천하는 것이었다.

선승들의 수행 환경은 구성원들의 수가 증가해 감에 따라 제도, 법식, 수행방법 등에서 문제가 확대, 노출되었다. 이질적인 두(율종과 선불교) 불교집단이 한 도량에서 공주(共住), 수행하기엔 한계점에 이르게 되었다. 그러나 율종사원에 의탁해 있는 선승들로서는 율사(律寺)의 법식과 규칙, 생활방식 등을 준수해야만 했다. 선(禪) 수행에 맞는 각종 제도와 생활방법, 의식 등의 필요성이 절실해졌고,

---

[2] 달마가 선을 중국에 전래한 것은 서기 500년을 전후한 시점으로, 마조도일(709~788) 때까지 250~300년을 넘지 못한다. 그러나 여타 종파는 선종보다는 오래되었다.

율종사원으로부터 독립은 당면한 과제로 대두되었다.

그 사실을 『대송승사략(大宋僧史略)』의 찬자 찬영(贊寧, 918~999)은 상권 「별립선거(別立禪居, 별도로 선원을 세움)」에서 다음과 같이 전하고 있다.

> 달마의 도(道)가 행해지자 기봉(機鋒, 禪機)이 서로 맞는 이들은 그 도를 드날렸다. 그러나 그들은 오직 기존 사찰(율종)의 제도를 따르면서 별원에서 생활했을 뿐, 별도의 제도가 마련되어 있지 않았다. 4조 도신 선사가 동림사에 주석했고, 혜능 선사가 광과사에, 담(談) 선사가 백마사에 주석했으나 모두 다 한결같이 율의(律儀)를 따랐을 뿐이다. 참선자 가운데 혹 어떤 이는 두타행으로 분소의(糞掃衣)나 누더기 옷(五納衣)을 입는 것으로써 다름을 삼았을 뿐이었다. 그 뒤에 백장산 선사 회해(懷海)가 새롭게 뜻을 세우고 큰 포부와 계획으로 별도로 통당(通堂, 불상이 없는 텅 빈 건물)을 세우고 선당 내에 장련상(평상)을 설치하여 좌선을 격려했다.³⁾

선승들은 율종사찰의 제도를 준수하면서 당우(건물)만 달리하여 생활하고 있었을 뿐, 그들에게 맞는 별도의 제도나 청규가 마련되어 있는 것이 아니었다. 선수행에 맞는 규칙 등이 절실하게 필요했지만 율종에 의탁해 있는 입장에서 별도의 제도를 마련하기란 어려웠다. 도신과 혜능을 비롯해 기타 선승들도 모두 다 율종의 법식을 따랐던

---

3) 贊寧, 『大宋僧史略』 상권 「別立禪居」. "達磨之道既行. 機鋒相遘者唱和. 然其所化之衆, 唯隨寺別院而居, 且無異制. 道信禪師, 住東林寺, 能禪師, 住廣果寺, 談禪師, 住白馬寺, 皆一例律儀. 唯參學者, 或行杜多糞掃五納衣為異耳. 後有百丈山禪師懷海, 創意經綸, 別立通堂, 布長連床, 勵其坐禪. 坐歇則帶刀, 斜臥高木, 為橄架, 凡百道具悉懸其上, 所謂龍牙杙上也. 有朝參暮請之禮." (대정장 54권, p.260)

것이다.

그러나 조사선의 완성자 마조도일 시대에 이르러 이 문제는 한층 더 표면화되었다. 이제 율종사원에서 독립은 더 이상 미룰 수 없는 과제가 되었다. 이는 조사선의 완성과 더불어 선승들의 주체의식, 자주성이 강화되어 간 점과도 맥락을 같이한다고 할 수 있다.

그 역사적인 사명을 띠고 홀로 붉은 노을을 걸어가고[丹霄獨步] 있는 노(老)선승이 있었으니, 그는 바로 백장회해(百丈懷海, 720~814)이다. 64세의 고령임에도 불구하고 그는 황벽희운 등 제자들과 함께 율사(律寺)로부터 독립하여 최초의 선종사원(선원총림)인 대웅산 백장사를 창건했다. 그를 가리켜 '선종의 건설자' 또는 '총림(선종사원)의 문을 연 백장대지 선사(叢林開闢 百丈大智禪師)'라고 부르는 것은 이 때문이다.

2. 선종의 성립과 백장회해

선불교가 하나의 교단이나 종파로 성립한 것은 앞에서 서술한 바와 같이 백장회해(720~814)에 의해서다[禪門獨行, 由百丈之始]. 그는 '선종의 독립'이라는 기치를 내걸고 최초의 선종사원인 대웅산 백장사 즉 백장총림을 세웠다. 이어 총림의 법전(法典)인 청규(백장청규)를 제정하여 선원총림의 운영방법 및 수행방법, 각종 제도와 규칙, 직제, 선종가람 구조 등 대원칙을 명문화했다. 이로써 하나의 교단으로서 기틀을 갖추는 데 성공했다. 당 덕종 1년(784년), 그의 나이 64세 때였다.[4]

이러한 사실을 송초(宋初)의 한림학사, 거사인 양억(楊億, 974~1020)[5]은 「선문규식(禪門規式)」에서 이렇게 전하고 있다.

> 백장대지(百丈大智) 선사는, 선종(禪宗)이 소실(少室, 달마)로부터 시작하여 조계 혜능에 이르기까지 대부분 율종 사원에 거주(居住)하였다. 비록 별도로 당우(선원)가 있었지만, 설법과 생활이 (禪의) 법도에 맞지를 않았다. 그래서 항상 마음속의 과제가 되었다.
>
> 이에 말하기를 "조사(祖師)의 도(道)를 널리 펴고, 그 가르침이 미래에까지 존속되기를 바란다면, 아함교(阿含敎, 즉 소승, 율종을 가리킴) 등 여러 부파와 더불어, 그 행동을 같이 할 수는 있겠는가?"라고 하였다.
>
> 어떤 사람이 말했다.
>
> "유가론과 영락경은 대승 계율인데, 어찌하여 그것을 의거, 준수하지 않습니까?"
>
> 백장 선사가 말했다.
>
> "내가 주장하는 바[宗]는, 대소승 계율에 국한하지도 말고, 그렇다고 대소승 계율과 차별을 두려고도 하지 말고, 널리 잘 절충하여

---

4) 814년 백장 선사가 94세의 나이로 입적하자 당 선종(宣宗)은 칙명을 내려 백장사를 크게 확장하고 선종의 전문도량으로 삼았다. 그리고 '대지선사(大智禪師)'라는 시호와 '대지성선사(大智聖禪寺)'라는 사액을 내렸다. 원대에 『칙수백장청규』를 편찬(1338년)한 동양덕휘는 그의 16대 법손이다. 현재 백장사는 작은 암자 정도에 불과하며 옛 모습 가운데 남아 있는 것은 암석에 새겨진 '천하사표 백장청규(天下師表 百丈淸規)'라는 글씨가 있는 정도이다.(『불광대사전』 3권, p.2488, 대만 불광사, 1988)

5) 양억(楊億, 974~1020)은 송초의 한림학사로 독실한 선종의 거사였다. 수산성념(首山省念)의 제자인 광혜원련(廣慧元璉)의 제사로, 성은 양(楊), 휘는 억(億), 자(字)는 대년(大年), 시호는 문(文)이다. 그래서 양문공(楊文公)이라고 한다. 998년 진종(眞宗) 때 한림원의 학사가 되었다. 『대혜서장』 왕장원(汪壯元) 장에 나오는 양문공(楊文公) 대년(大年)이 곧 양억이다. 「선문규식」은 『전등록』 6권 「백장회해」 장(章) 부록에 실려 있는데, 비록 후대의 자료지만 백장회해가 제정한 고(古)백장청규의 대강(大綱)과 정신을 잘 전하고 있는 자료로 평가받고 있다.

올바른 제도와 규범을 만들어야 한다는 것이다. 그래서 새로운 뜻을 세워서 별도로 선종사원을 건립하게 된 것이다."[6]

양억의 「선문규식」은 '백장고청규(古淸規)의 서문[古淸規序]'에 해당한다고 말할 정도로, 백장회해가 제정한 백장청규의 정신과 원형, 강령(綱領)을 잘 전하고 있는 자료이다.

장로종색의 『선원청규』 10권 「백장규승송(百丈規繩頌)」에도 비슷한 내용의 기록이 전한다.

> 오늘날 선문(禪門, 선종)이 (律寺로부터 벗어나) 독자적인 교단을 형성할 수 있게 된 것은 백장선사로부터 시작되었다. 따라서 간략히 그 대요(大要)를 서술하여 두루 훗날의 학인들에게 보여 주고자 하노니, 이러한 사실을 중시하여, 그 근본을 망각하지 말라.[7]

> 과거에는 납자들이 율종사찰에서 거주했다. 그 후 별도로 선원을 만들어서 선종을 개창했는데, 이것은 대지선사(大智禪師, 백장회해)로부터 비롯한 것이다. 그 후 비로소 조사의 도(道)가 받들어지게 되었음을 알아야 할 것이다.[8]

찬영도 『송고승전』 백장회해傳에서 이렇게 말한다.

---

6) 양억(楊億), 「禪門規式」. "百丈大智禪師, 以禪宗肇自少室, 至曹溪以來, 多居律寺. 雖別院, 然於說法住持, 未合規度. 故, 常爾介懷. 乃曰, 祖之道, 欲誕布化元, 冀來際不泯者, 豈當與諸部 阿笈摩教為隨行耶. 或曰, 瑜珈論瓔珞經, 是大乘戒律, 胡不依隨哉. 師曰, 吾所宗, 非局大小乘, 非異大小乘, 當博約折中, 設於制範務其宜也, 於是, 創意別立禪居." 『전등록』 6권 「백장회해」 장 부록(대정장 51권, p.250c)
7) 장로종색, 『重雕補註 禪苑清規』 10권, 「百丈規繩頌」. "今禪門別行, 由百丈之始. 略紋大要, 徧示後來學者, 貴不忘其本也."(신찬속장경, 63권, p.551a)
8) 장로종색, 『重雕補註 禪苑清規』 10권, 「百丈規繩頌」. "(…) 昔時居律寺, 別院啟禪門, 大智禪師後, 方知祖道尊."(신찬속장경 63권, p.550a16)

"그 여러 제도와 계율을 백장선사가 완전히 새롭게 변혁시켰다. 그로부터 중국 천하의 선종은 마치 바람에 풀이 쓰러지듯 귀의했다. 선문(禪門)이 (율종사원으로부터 독립하여) 독자적으로 행해지게 된 것은 백장회해로부터 시작한 것이다."[9]

이상의 여러 청규와 선종의 역사서에서 볼 수 있는 바와 같이, 선불교가 율종으로부터 나와서 독립적인 교단이 된 것은 백장회해에 의해서였다.

그가 율종사원으로부터 독립하고자 했던 가장 큰 이유는, 율종의 수행 방법과 목적, 설법 내용, 그리고 생활방법과 규칙 등 여러 가지 제도가 선불교의 목적과는 너무 거리가 멀었기 때문이었다.

선불교의 목적은 경전이나 율장을 탐구, 또는 종교적·기복적인 데 있지 않았고, 중생을 부처로 만들고 범부를 조사로 만드는 데[成佛作祖] 있었다. 그러자면 독자적인 생활방식과 제도, 수행방법, 그리고 거기에 맞는 선찰(禪刹)이 절실하게 필요했던 것이다.[10]

・・・・・・・・・・・・・・・・・
9) 찬영(贊寧), 『宋高僧傳』 10권, 「百丈懷海傳」. "其諸制度與毘尼, 師一倍相翻, 天下禪宗, 如風偃草, 禪門獨行, 由海之始也." (대정장 50권, p.771a)
10) 또 중국은 인도와는 기후와 풍토가 달라서 인도불교의 제도나 율장의 규정을 그대로 적용하기 어려웠는데, 이런 점도 선불교가 율종사원으로부터 독립하게 되는 하나의 요인이었다. 인도에서 수행사는 걸식으로 생활했다. 밭을 갈거나 농사 등 경작을 하면 벌레를 살생하게 되는 등 계율에 어긋나기 때문이었다. 그러나 중국에서 걸식은 무위도식으로 간주했다. 노인을 제외하고는 누구든 자신의 식량은 스스로 생산해야 한다는 것이 중국인들의 사고방식이었다. 따라서 그 누구든 무위도식은 기생(寄生)으로 경멸시 되었고, 비판의 대상이 되었다. 이것은 중국, 조선시대를 통관하여 유학자들이 불교를 비판하는 것 가운데 하나이도 했다.

3. 일일부작 일일불식(一日不作 一日不食)의 보청법

그러나 선불교가 율종(律宗) 사원의 울타리로부터 독립한다는 것은 스스로 온실을 박차고 노천(露天)으로 나오는 격이나 다를 바 없는 일이다. 많은 대중들이 함께 생활해야 하는 구조에서 의식주(衣食住) 등 생활경제 문제는 가장 큰 난제였다.

당시 중국불교의 사찰과 종파는 대부분 황실이나 권력자, 지방 절도사 등 경제력이 큰 재가 불자 의존도가 높았다. 한 사찰을 유지, 운영하자면 든든한 후원자가 필요했기 때문인데, 각 사찰에서 수시로 천도재·수륙재 등 각종 재회(齋會)를 열었던 것도 그 이면에는 이런 경제적인 문제와 관련이 컸다. 반면 그들의 통치기반에 종교적 이념이나 뒷받침을 제공하는 등 부정적인 요소도 없지는 않았다.

백장회해는 권력자들의 후원을 거부하고, 그 대안으로 보청법(普請法, 노동, 울력)을 제정했다. 수행자 모두가 직접적인 생산노동, 즉 경작(耕作)을 통하여 총림의 생활경제 문제를 해결하고자 한 것이다. 경제적으로 자립하지 못한 독탈무의(獨脫無依, 해탈)한 자유인이란 예나 지금이나 관념 속의 이상에 지나지 않았다.

'일일부작 일일불식(一日不作 一日不食)'의 보청법은 백장총림의 경제적 자립의 기반인 동시에 생활철학이었다. 백장문하의 납자들이 도시와는 거리가 먼 대웅산(백장산) 기슭에서 권문세가들의 손짓을 뿌리친 채, 오로지 본분사(本分事, 수행)에 매진할 수 있었던 것은 자급자족의 보청법 때문이었다.

백장선사의 대표적 공안인 '독좌대웅봉(獨坐大雄峰, 어떠한 속박도 초탈)'은 독탈무의(獨脫無依, 일체로부터 초월)한 절대 무위진인

(無爲眞人)의 존재, 곧 불여만법 위려자(不與萬法爲侶者, 만법과는 비교할 수 없는 존재)를 뜻하는 것이지만, 한편으로는 이런 선종사적인 바탕에 기반을 둔 공안이기도 하다.

4. 무종(武宗)의 회창폐불과 선종

만당(晩唐) 초에 이르러 중국불교계를 송두리째 뒤흔드는 역사적인 사건이 발생했다. 삼무일종의 법난(三武一宗法難)[11] 가운데 하나인 당 무종(武宗)의 '회창폐불(841-846)'사건이었다.

이 사건은 폐불 사건 중에서도 가장 피해가 컸던 사건이었다. 이 사건으로 말미암아 사찰은 4만 4천여 개 가운데, 무려 90%에 해당하는 4만여 개의 사찰이 파괴, 폐사(廢寺)되었고, 승려는 26만 9천 명 가운데 26만 명(97%)이 강제적으로 환속 당했다. 불상과 동종(銅鐘) 등 철기(鐵器)는 모두 녹여서 주전(鑄錢) 등 기물을 만들었고 폐사(廢寺)로 말미암아 경전은 90%가 불에 타는 등 사라져 버렸다.[12]

---

11) 중국불교사에서 있었던 4번의 큰 폐불사건. 이를 '삼무일종의 법난(三武一宗法難)' 또는 '삼무일종의 폐불(三武一宗廢佛)'이라고 한다. 삼무(三武)는 북위(北魏)의 태무제(太武帝: 재위 423~452), 북주(北周)의 무제(武帝: 재위 560~578), 당(唐)의 무종(武宗: 재위 840~846)을 가리키고, 일종(一宗)은 후주(後周)의 세종(世宗: 재위 954~959)을 가리킨다.
12) 회창폐불(會昌廢佛) : 당 무종(武宗) 회창(會昌) 연간(841~846)에 일어난 폐불사건. 무종은 회창 3년(843년) 3월, 조칙을 내려 수도(首都)와 주군(州郡)에 각각 1개의 사찰만 남기고 모두 철폐시켰다. 사찰은 44,000여 개에서 4만 개가 파괴되었고, 승려는 26만 9천여 명에서 26만 명을 환속시켰다(97% 환속). 경전은 90%가 없어지고 불상과 동종 등은 모두 녹여 주전(鑄錢)토

회창 폐불 사건은 점점 쇠락해 가고 있던 당말 불교계에 결정적인 타격을 준 대사건이었다. 천태·화엄·법상(유식)·율종·밀교 등 장안과 낙양(수도)을 기반으로 한 도시형 불교는 막대한 타격을 입고 소생 불가능한 상태에 빠지고 말았다. 특히 국가나 귀족, 권력자 등의 보호를 받고 있던 불교종파는 멸절(滅絕) 상태에 이르렀다. 그 와중에서도 비교적 타격을 적게 입은 것은 '일일부작(一日不作), 일일불식(一日不食)'의 노동형 종교인 선종과 서민형 종교인 정토종뿐이었다.

선종이 피해가 적었던 것은, 대부분 선종사원은 도시와는 거리가 먼 산속에 있었고, 경작을 통하여 자급자족의 생활을 했으며, 또 권력이나 귀족의 비호를 받는, 도시 지향적인 종교가 아니었기 때문이었다. 대중과 함께 호흡했던 불교, 그 가운데서도 강남 지역의 선종은 피해가 가장 적었는데, 혜능의 남종선이 흥기할 수 있었던 것도 이런 지리적인 환경이 작용했다.

백장회해 입적(814년) 후 30여 년 만에 불어 닥친 이 사건은 중국 불교의 지형도를 완전히 뒤틀어 놓았다. 기존의 불교종파는 글로기 상태가 되었으나 선종은 뜻밖에도 전화위기가 되어 비상(飛翔)의 날개를 펴는 계기를 맞이하게 된다.

회창폐불의 소용돌이는 무종(武宗, 재위 기간 840~846)의 병사(病死, 846년)로 5년 만에 막을 내렸다. 그러나 그 피해와 후유증은

록 했다(『불광대사전』 6권 p.5474: 케네스 첸, 박해당 옮김, 『중국불교』(상) pp.245~252, 민족사). 회창폐불의 발단 요인에 대해서는 여러 가지 설이 있다. 무종이 불교를 탄압하고 도교를 숭배했기 때문. 경제적인 문제를 해결하기 위해서 폐불 단행. 또는 당시 불교 내부의 타락상과 안록산, 사사명의 난(755~763, 당 현종 시기)을 진압하기 위한 군비 모금의 일환으로 도첩을 판매했는데, 도첩의 남발은 가짜승·불량승을 양산하게 되었고 이것이 회창폐불의 요인이었다는 설 등.

전대미문의 것이었다.

　무종의 뒤를 이어 황제에 오른 선종(宣宗, 재위 기간 846~859)은 즉위하자마자 폐불령을 철폐하고 불교, 특히 그중에서도 선불교를 적극적으로 후원·지지했다. 이것은 그가 매우 불우했던 한때 승려가 되어 일신(一身)을 선종사원에 의탁했던 일과도 무관하지는 않았다.[13] 그가 황제에 오른 뒤 백장회해에게는 '대지선사(大智禪師)', 황벽희운에게 '단제선사(斷際禪師)'라는 시호를 내렸다.

　상황이 이렇게 전개되자 민중들과 지식인, 관료와 사대부, 지방 절도사들은 권위를 거부하는 서민형 종교인 선불교에 대거 귀의했다. 대붕도남(大鵬圖南). 곤(鯤)은 붕(鵬)이 되어 비상(飛翔)했다. 회창 폐불 사건은 선불교를 역사의 전면으로 등장하게 한 사건이었다.

---

13) 선종(宣宗, 李忱. 재위 기간 846~859)은 무종(武宗)과는 숙질(叔姪) 간이었다. 무종은 선종이 황제의 자리를 탐했다고 판단하고 재위 기간 내내 숙부인 선종을 증오했다. 사태가 심각함을 느낀 선종은 승려가 되었다. 이곳저곳을 유랑하다가 하남 향엄사에 주석하고 있는 염관제안(鹽官齊安, ?~842) 선사의 문하로 들어가서 피신, 수행하고 있었다. 법명은 양준(瓊俊). 염관제안은 일견에 그가 평인이 아님을 알아차리고 대중들로 하여금 함부로 대하지 못하게 했다. 무종의 병사로 황제에 오른 선종(宣宗)은 그 누구보다도 적극적으로 선불교를 후원했다.『五家正宗贊』1권,「黃蘗斷際禪師」章에는 황벽선사와 선종 사이에 있었던 일화를 다음과 같이 소개하고 있다. "師(黃蘗)在鹽官, 殿上禮佛次. 時, 唐宣宗為沙彌. 問云. 不著佛求, 不著法求, 不著僧求. 長老禮拜當何所為. 師曰. 不著佛求, 不著法求, 不著僧求. 常禮如是事. 彌(宣宗)曰. 用禮奚為. 師(黃蘗)掌彌(宣宗). 彌曰. 太麤生. 師曰. 者裏是什麼所在, 說麤說細, 隨後又掌. 及宗即位, 乃封為麤行沙門. 裴相國諫之曰. 三掌為陛下斷三際. 易為斷際."(신찬속장경 78권, p.581a)

같은 내용이 원오극근의『벽암록』11칙(黃蘗酒糟漢) 평창에도 나오고 있는데 조금 다르다. "後到鹽官會中, 請大中(宣宗)作書記. 黃蘗在彼作首座. 蘗一日禮佛次, 大中見而問曰. 不著佛求,不著法求, 不著眾求, 禮拜當何所求. 蘗云. 不著佛求, 不著法求, 不著眾求, 常禮如是. 大中(宣宗)云. 用禮何為. 蘗便掌. 大中云. 太麤生. 蘗云. 這裏什麼所在, 說麤說細. 蘗又掌. 大中後繼國位, 賜黃蘗為麤行沙門. 裴相國在朝, 後奏賜斷際禪師."(대정장 48권, p.152c)『벽암록』에서는 宣宗의 이름은 大中이었고, 書記로 있었다고 말하고 있다.

당말오대는 기존 불교로서는 악몽이었지만, 선불교는 황금기, 전성기였다. 황소의 난(黃巢-亂, 875~884)은 기울어 가던 당 왕조를 나락으로 내몰았다. 오대(五代)의 정국은 혼란스러웠으나 선불교는 여전히 선종5가(禪宗五家)가 성립하는 등 파죽의 형세로 거침없이 영역을 확장해 나갔다.

예컨대 선종오가(五家)의 마지막 주자인 운문문언(864~949)은 남한(南漢)의 왕 유엄(劉龑, 889~942)의 후원 아래 소주(韶州) 영수선원(靈樹禪院)에서 운문종을 성립시켰고, 법안문익은 남당(南唐) 이변(李昪)의 적극적인 후원으로 강서 금릉 보은선원(報恩禪院)과 청량원(淸涼院)에서 법안종풍을 활짝 드날렸다.

선불교가 성대하게 꽃을 피웠던 시기는 당말오대(唐末五代, 850~959)이다. 이 시기 선종은 중국불교를 석권했다. 율종사원으로부터 독립한 지 250여 년 만의 일이다.

2장 선원총림(禪院叢林)의 목적과 철학
- 부처와 조사를 만들다 -

1. 총림의 역사

오늘날 우리나라에서 '총림(叢林)'이라고 하면 선원·강원·율원을 갖춘 대사찰을 가리키지만, 원래 총림은 '선문별호총림(禪門別號叢林)'에서도 알 수 있듯이 선종사원을 가리키는 특정적인 용어였다.[1] 많은 납자들이 한 곳에 모여 정진·수행하는 곳으로, 마치 수목이 우거져 숲을 이루고 있는 모습과 같다고 하여 '총림(叢林)'[2]이라고 한다. '선원(禪苑)', '선림(禪林)'도 같은 말이다.

총림의 의미에 대하여『대지도론(大智度論)』3권에는 "많은 승중(僧衆)이 화합하여 한 곳에 머무르고 있는 것이 마치 나무들이 숲을 이루고 있는 것과 같아서 총림(叢林)이라 한다."고 밝히고 있다. 그

---

1) 『釋氏要覽』권3. "禪門別號叢林."(대정장 54권, p.302a)
2) 총림의 어원에 대해서는 여러 가지 설이 있다. 그러나 여기서는 일반적으로 널리 사용되고 있는 설을 채택했다. 고려, 조선시대에도 총림제도가 있있는지는 문헌 기록이 없어서 구체적으로 알 수 없다. 그러나 보조국사 지눌(1158~1210)이 정혜결사를 펼쳤던 송광사는 총림이 되고도 남고, 나옹 화상이 주석했던 양주 회암사의 경우 옛 가람 배치도를 보면 '동방장(東方丈)', '서방장(西方丈)'이라는 명칭을 볼 수 있는데, 이는 총림의 가람구조에서만 볼 수 있는 명칭이다. 다만 이는 원대(元代) 총림의 구조에 해당한다.

밖에도 몇 가지 설이 있지만 『대지도론』의 설이 보편적이다. 이것(총림)이 선종사원을 가리키는 특정적인 용어로 정착하게 된 것은 처음으로 선종에서 사용했기 때문으로 보인다.

선불교 역사상 최초의 선원총림(선종사원)은 대웅산(백장산) 백장사, 즉 '백장총림'이라고 할 수 있다. 백장총림은 백장회해(百丈懷海, 720~814)가 율종사원으로부터 독립하여 만든 최초의 선종사원이었다.

백장총림은 당시 수도인 장안과 낙양으로부터 멀리 남쪽으로 떨어진 양자강 부근의 백장산 오지(奧地)에 위치해 있었다. 백장총림은 부(富)·권력·명예 등 세속적 가치관을 도외시한 채 오로지 깨달음을 이루기 위하여 함께 수행 정진하는 공동체 집단이었다.

백장회해가 제정한 『백장청규(百丈淸規)』[3]는 백장총림의 조직과 운영 방침, 규칙·생활철학 등 원칙을 밝혀 놓은 법전(法典)으로, 훗날 많은 선종사원의 청규가 되었다.

------

3) 백장청규(百丈淸規) : 당 중기 백장회해가 만든 청규로 백장총림의 법전이다. 이후 백장청규는 모든 청규의 바탕이 되었는데, 지금은 전하지 않고 그 대강(大綱)이 양억(楊億, 974~1020)의 「선문규식」(『전등록』 6권, 「백장회해」)과, 찬영(贊寧, 918~999)의 『송(宋)고승전』 제10권 「백장회해 전(傳)」 등에 수록되어 있다. 원나라 때 칙명에 의하여 새로 편찬한 『칙수백장청규』(1338년)는 백장청규의 원래 모습에서 많이 변질된 것이다. 때문에 자료적 가치는 떨어지지만 종합적으로 체계를 갖춘 청규이므로 참고가 된다. 현존하는 청규로서 가장 자료적 가치가 높고 오래된 것은 장로종색이 1103년에 편찬한 『선원청규』이다.

2. 선원총림의 목적과 이상

선원총림(특히 唐代)은 선불교의 이상적인 인간상을 완성시키기 위한 전문적인 수도장이다. 사후 왕생극락이나 현세의 이익을 기원하는 종교적·기복적 장소가 아니다. 어리석은 중생을 전인적 인격자인 부처[佛]로 만들고, 불교적 바탕이 전혀 없는 범부를 위대한 조사(祖師)로 만드는 성불작조(成佛作祖)의 공동체였다.

선원총림에서는 이와 같은 이상을 실현시키기 위하여 제도와 조직, 생활방식 등 모든 구조를 수행에 맞추었다. 그 가운데 가장 놀라운 것은 종교적 기능의 중요 전각인 불전(佛殿, 대웅전)을 폐지, 건축하지 않았고[不立佛殿, 唯樹法堂]. 그와 동시에 불상도 모시지 않았다는 사실이다.[4] 즉 신도 관리, 기도, 불공(佛供) 등 종교적 기능을 일체 하지 않았는데, 그 까닭은 성불작조의 핵심적인 공간은 불전이 아니고 주지가 법을 설하는 법당이었기 때문이다.[5]

선종사원은 부처를 이루고 조사를 만드는 성불작조교(成佛作祖校)였고, 주지(방장)는 교장(校長)이었으며, 납자는 학생, 청규는 학칙이었다. 그래서 선어록에서는 납자를 가리켜 '학인(學人)'이라고 한다. 학불지인(學佛之人)의 준말로 '부처가 되는 방법을 배우는 사람'이라는 뜻이다.

---

4) 당말(906년)까지 선종사원에서는 불전(佛殿, 대웅전)과 불상을 모시지 않았다. 불전을 두지 않았다는 것은 곧 신도 관리 등의 종교적 기능을 하지 않았다는 것을 의미한다.
5) 양억의 「선문규식」과 장로종색의 『선원청규』 10권, 「백장규승송」에는 "주지는 불조로부터 법을 부촉 받은 사람이다. 그를 존숭하기 위하여 그가 설법하는 공간인 법당만 세우고 불전은 세우지 않는다(不立佛殿, 唯樹法堂者, 表佛祖親囑授, 當代爲尊也)."라고 그 이유를 밝히고 있다.

3. 선원총림의 조직과 운영 방법

선원총림의 조직과 직제는 주지(방장)를 정점으로 12개의 요직, 즉 6지사(六知事)와 6두수(六頭首)가 있고, 그 밑에 약 20여 개의 중하위 소임이 있다. 선원총림은 이 인적구조에 의하여 운영된다(여기에 대해서는 「선원총림의 요직과 상위소임」, 「중하위 소임」에서 자세히 서술함).

선원총림의 생활경제적인 문제는 보청(普請, 作務, 울력)으로 해결했다. 중앙 황실이나 권력층, 또는 유력한 신도들의 경제적 보시에 의존하지 않고 경작(耕作), 즉 직접적인 생산노동을 통하여 자급자족했다. 따라서 보청에는 각 요사(寮舍, 당우)를 지키는 요주(寮主), 직당(直堂, 당직), 그리고 열반당에 누워 있는 병승(病僧)을 제외하고는 상하노소를 막론하고 모두가 참여해야 한다. 타당한 이유 없이 불참할 경우 기강 담당인 유나(維那)가 곤장을 쳐서 일벌백계했고, 불복(不服)할 경우 추방했다.

방장(주지)의 법문은 반드시 의무적으로 들어야 한다. 법문은 납자로 하여금 언하(言下)에 깨닫게 하는 것이 주된 목적이지만, 한편으로는 교학적 시스템이 없는 선원에서 그 간극을 보충하는 역할도 했다. 상당법문은 5일에 한 번, 조석법문인 조참(朝參)과 만참(晚參)은 매일같이 했고, 보설(普說, 대중적인 법문)도 있었다.

총림의 모든 재산과 물건(動産, 不動産 등)은 오늘날과 마찬가지로 사중(寺中)의 공물(公物)이었다. 개인의 것으로 인정되는 소유물은 생활 필수품인 가사·발우·삿갓·주장자·좌구(坐具) 등 20여 가지 정도에 불과했다. 모든 수입과 지출은 정기적으로 공개했고, 의식주 등 생활은 검소·검약이 원칙이었다.

총림에서는 화합을 매우 중시했다. 많은 사람들이 함께 생활하는 공동체에서 화합은 그 무엇보다도 1순위였다. 분쟁이나 다툼은 공동체를 와해시키는 가장 큰 요인이기 때문이다. 따라서 옳고 그름을 떠나서 쌍벌죄를 적용하여 다툰 양자 모두를 징계했고, 참회하거나 개선하지 않을 경우엔 추방했다.

총림의 대중생활에서 명심해야 할 것은 다섯 가지다. 이것을 '입중오법(入衆五法)', 즉 '대중생활 속에서 지켜야 할 다섯 가지 법도'라고 한다. 첫째, 스스로를 낮출 것[下意]. 둘째, 자비심으로 타인을 대할 것[慈心]. 셋째, 윗사람과 어른을 받들 것[恭敬]. 넷째, 차례와 순서를 지킬 것[知次第]. 다섯째 자기가 맡은 소임 외에 다른 일에 대해서는 언급하지 말 것[不說餘事] 등이다.

하심(下心)은 자신의 존재를 내세우지 않는 것으로, 이는 곧 화합의 제일 조건이며, 수심(修心)의 요체였다. 존재감이나 우월감은 에고(ego)와 아만·독선이 만들어낸 무명(無明)의 인간상으로, 이것은 개인의 수행은 물론 공동체 생활에서도 최대 걸림돌이었다.

존재감을 드러내지 않는다는 것은 여간 어려운 일이 아니다. 그래서 설두나 대혜종고 같은 이는 하심을 수행하기 위하여 스스로 변소 청소 담당인 정두(淨頭, 持淨)를 자임하기도 했다.

총림에서는 상하의 질서를 중시했다[大者爲兄, 小者爲弟]. 차례를 무시하거나 질서를 문란시키는 행위, 큰 소리로 웃고 떠드는 행위 등은 수심(修心)에 반하기 때문에 일체 금지되었다. 불필요한 말은 정신을 산만하게 할 뿐, 수행에 아무런 도움을 주지 못한다.

하안거·동안거 기간에는 누구나 수행에 전념해야 한다. 일체 외출을 금하고 공부에 매진해야 한다. 다만 부모나 스승의 상사(喪事), 또는 치료 등 부득이한 경우에는 예외적으로 외출할 수가 있었다. 이런 경우에도 15일 이내에 귀사하지 않으면 다시 입방 절차를 밟아야 했다.

선종의 총림제도에 대하여 학자들은 중국 종교사에서도 보기 드문 매우 합리적이고 체계적인 제도라고 입을 모은다. 이후 이 제도는 중국 사회 일반에도 적지 않은 영향을 주었다. 송대 유학에서는 이 제도를 본받아 서원(書院)을 만들었고, 원(元)·명(明)·청대의 향학(鄕學)도 이 제도의 영향을 받았다고 한다.[6] 또 도교(道敎)의 일파인 전진교에서도 선원의 총림제도를 적극적으로 활용했다고 한다.

4. 선종사원의 외형적 특징

앞에서 서술한 바와 같이, 선종사원의 가장 큰 특징은 가람 건축에서 모든 불교 종파가 가장 중요시했던 불전(佛殿, 대웅전)을 제외, 또는 폐지시켰다는 점이다.

'불전을 세우지 않고 오직 법당만 세운다'고 하는 '불립불전 유수법당(不立佛殿, 唯樹法堂)'은 백장회해가 청규(백장청규)에서 밝힌 선종가람 창건의 대원칙이었는데, 불전을 세우지 않았으므로 불상은 당연히 모시지 않았다(그 이유에 대해서는 「법당의 등장과 불전의 쇠퇴」에서 자세하게 서술).

----
6) 星雲 감수,『불광대사전』3권, p.2491, 백장청규 항목. 대만 佛光出版社, 1989.

그런데 이 불립불전(不立佛殿)의 진정한 본의는 불전보다는 불상을 모시지 않는다는 불치불상(不置佛像)에 있었다. 또 반야지혜를 통한 성불작조(成佛作祖)의 중요한 공간도 불전이 아니고 법당이라는 점이다.

조사선의 상징어인 '살불살조(殺佛殺祖)', 즉 '부처도 죽이고 조사도 죽인다'는 말은 일고의 가치도 없는 비윤리 도덕적인 말이다. 그럼에도 불구하고, 조사선을 상징하는 대표적인 선어(禪語)로 부동의 위치를 지키고 있는 이유는, 통속적인 틀에 사로잡혀 있는 수행자에게 고정관념을 해체시켜서 깨달음을 이루게 하는 특효약의 처방전이기 때문이다.

실제 선종에서는 불(佛)이나 성(聖)에 대한 권위를 배격했고, 불(佛), 불상을 그다지 신성시하지 않았다. 이것은 오늘날 우리나라 선원의 납자들이 대웅전에 가서 조석예불을 하지 않는 것과도 일맥상통하는데, 권위의 장막(부처와 조사)을 걷어 버렸을 때 비로소 독탈무의(獨脫無依, 절대적)한 자유인이 될 수가 있기 때문이다.

『유마경』 불도품에는 매우 역설적이지만 '정도(正道)가 아닌 비도행(非道行)', 즉 오무간지옥에 갈 악행을 하는 것이 곧 불도(佛道)를 통달하게 되는 길이라는 역설적인 법문이 있다. 이어 수많은 비도의 사례들을 열거하고 있는데, 앞부분만 보도록 하겠다.

> 그때에 문수사리가 유마힐에게 물었나. "보살이 어떻게 불도를 통달합니까?" 유마힐이 말하였다. "만약 보살이 비도(非道)를 행하면 이것이 곧 불도를 통달하게 되는 것입니다."[7]

---

7) 『유마경』, 「佛道品」. "爾時, 文殊師利, 問維摩詰言. 菩薩, 云何通達佛道. 維摩詰, 言. 若菩薩, 行於非道, 是爲通達佛道."

'비도(非道)가 곧 불도(佛道)'라는 것인데, 상식적·윤리 도덕적으로는 도저히 납득할 수 없는 괴변에 가까운 법문이다. 그러나 '번뇌즉보리(煩惱卽菩提)', '생사즉열반(生死卽涅槃)'이라는 말과 같이 탈상식의 역설적인 말을 통하여 그 어떤 약으로도 치료할 수 없는 정신적 병리현상인 고정관념의 벽을 허물어 버리고 깨달은 부처가 되게 하는 것이다.

당대 총림의 주지(방장)는 살아 있는 부처였고, 친히 불조(佛祖)로부터 법을 위촉 받은[佛祖親囑授] 법왕이자[8] 현신불(現身佛)이었다. 살아 있는 부처가 법신불을 대신하여 반야지혜의 법문을 설하고 있는데, 목석(木石)이나 금은(金銀)으로 만든 지혜작용이 없는 불상을 두어야 할 필요가 없었던 것이다.

여기에 대해서는 4장에서 보다 자세히 서술하게 되겠지만, 불전을 폐지하고 불상을 두지 않은 것은 그야말로 놀랄 일이라고 하지 않을 수 없다. 이것은 가람 구성에 조사선의 관점이 그대로 반영된 것이라고 할 수 있는데, 금강석과 같은 투철한 반야지혜의 소유자들이 아니고는 감히 엄두도 못 낼 일이다.

5. 선원총림의 역사적 발전

당대(唐代)의 선승들과 선원총림은 허영과 허상, 권위를 거부하고

-----
8) 주지(방장)가 법어를 마치면 유나는 백퇴(白槌)를 한 번 치고 나서 "법왕(法王=주지=방장)의 법을 잘 관찰하시오, 법왕의 법은 이와 같습니다(諦觀法王法, 法王法如是)."라고 한다.

오직 성불작조(成佛作祖)를 위하여 매진했던 순선(純禪, 純粹禪)의 구도자들이었다.[9] 특히 조사선의 중심에 있었던 마조, 백장회해, 조주종심, 위산영우, 임제의현 등 선승들은 공(空)에 입각하여 세속적인 것들을 초개(草芥)와 같이 생각했다.

그들은 반야, 공(空), 불성, 중관 등 인도 대승불교의 중요한 개념들을 한어(漢語)로 정의하여 중국화하였다. 그리하여 공(空)을 무상(無相)·무작(無作)이라고 했고, 불성을 자성청정심, 중관을 무집착이라고 하는 등 중화적 창의성을 발휘했다.

당대(唐代) 선승들은 금강석과 같은 반야지혜의 소유자들이었다. 그들은 정견과 정법의 안목으로 고칙 공안을 창안·창작했고, 선의 경전인 어록을 만들었다. 송대의 선승들은 당대에 형성된 어록과 고칙 공안을 참구했다. 그리고 그 공안에 대하여 착어(着語)·별어(別語)·대어(代語) 등 코멘트를 붙여서 선의 세계를 한층 확장·발전시켜 나갔다.

송대에는 송고문학(頌古文學)과 함께 공안선과 문자선이 크게 바람을 일으켰다. 송고는 문자[詩]와 비문자[禪]의 이상적인 만남을 통하여 양자(兩者)를 한층 승화시켜 나갔다. 선승들은 문학성 짙은 언어로 송(頌)이나 착어(着語)·별어(別語)·대어(代語)를 붙여서 고칙·공안의 의미를 드러냈다. 사유(思惟)를 뛰어넘는 방외(方外)의 시어(詩語)로 선의 세계를 표출했다. 사대부와 지식인들은 문자선과 송고문학에 깊이 매료되었다.

----
9) 당대의 선을 순선(純禪, 순수선)이라고 정의한 것은 선학자 야나기다 세이잔(柳田聖山, 1922~2006)이다. 그리고 누카리야 카이텐(忽滑谷快天, 1867~1934)은 『禪學思想史(상)』(玄黃社, 1925)에서 달마에서 대통신수까지를 '순선(純禪)의 시대'라고 진단했다.

송대 선종총림은 민중들은 물론 황실과 관료들의 정신적인 귀의처였고, 사대부와 지식인들에게는 마음의 고향이었다. 지식인들은 시문학을 통하여 시선일여(詩禪一如)의 세계를 추구했고, 차인(茶人)들은 차를 통하여 다선일여(茶禪一如)의 세계로 나아갔다. "거리의 아낙네들도 선을 담론했다"고 말할 정도로 이 시기 선은 정치·사회·문화 곳곳에서 대화와 담론의 주제가 되었다.

송대 총림의 경제적 규모는 장원(莊園)을 관리하는 소임인 장주(莊主)가 신설되는 등 경제와 조직 등 모든 면에서 거의 배(倍)에 가까울 정도로 확대·확장되었다. 일일부작, 일일불식은 그다지 큰 의미가 없어졌고, 따라서 보청은 약간의 경작(耕作)과 도량을 청소하는 정도가 되었다.

북송 말에 일어난 국가적 변란인 '정강의 변(靖康之變. 1126년 북송 패망)'[10]은 봄날 같았던 북송시대를 마감하고 풍전등화나 다를 바 없는 남송시대를 열었다.

남송의 선종사원은 조석으로 남송의 무운장구와 국태민안, 황제의 만수무강을 기원하는 국가불교적 성격을 완연히 노출했다. 선종사원은 한층 더 어용(御用)의 길을 걸었다.

남송 중기에 실시된 5산10찰(五山十刹)[11] 제도를 통해 황제가 직접 총

---

10) 정강의 변(靖康之變): 1126년 송나라가 여진족(금나라)에 패한 사건. 중국 사상과 정치의 중심지였던 화북을 잃어버리고, 황제 휘종과 흠종이 금나라에 사로잡힌 사건. 이 사건으로 말미암아 북송은 사실상 끝나고 남송이 시작되었다. 정강(靖康)은 당시 북송의 연호이다.
11) 오산(五山)은 『대지도론』에 나오는 인도의 오정사(五精舍)를 모방한 것으로 당시 재상인 사미원(史彌遠, 1164~1233)의 주청과 기획에 의해 만들어졌다고 한다. 오산은 경산사(徑山寺, 1위), 영은사(靈隱寺, 2위), 천동사(天童寺, 3위), 정자사(淨慈寺, 4위), 아육왕사(阿育王寺, 5위)이다. 10찰은 항주 만수영조사, 호주 만수사(萬壽寺), 건강 태평 흥국사, 소주 광효사, 명주 자성사, 온

림의 주지를 임명하는 등 남송의 선종사원은 반(半) 관제불교화 되었다.

이 시기 선원총림의 가람 한 가운데에는 불전(대웅전)이 웅장하게 세워졌으며, 지전(知殿) 등이 하루 세 번(三時, 朝夕과 巳時) 대웅전에 올라가 황제의 수명장수[祝壽]와 국태민안을 기원했다. 선불교는 당송시대의 모습과 기개를 완전히 잃어버리고 타락의 길로 접어들 수밖에 없었다.

원대에는 티베트 밀교의 영향을 받아 선종사원에서도 능엄주가 오늘날 반야심경처럼 독송되는 등 무늬만 선종이었다. 우리나라 선불교의 모습은 남송, 원대의 모습이라고 할 수 있다.

남송시대는 문자선과 공안선이 쇠퇴하고 새로운 화두 참구 방법인 간화선이 탄생했다. 간화선은 종래 지관타좌의 묵조선을 비판했다. 묵조선에서도 가만히 있지 않았다. 그러나 그 비판의 수위는 간화 쪽의 대혜 선사가 월등하게 위였다.

대혜종고(大慧宗杲, 1089~1163)는 묵조선을 향하여 "분명히 묘오(妙悟)가 있는데도 그것도 모르고 무작정 앉아 있다."고 하면서, '묵조사선(邪禪)', '고목사회선(枯木死灰禪)', '흑산하 귀굴리 작활계(鬼窟裏 作活計)'라고 원색적으로 비판했다. 이에 묵조선의 진헐청료(1089~1153)와 굉지정각(1091~1157)은 "본래 깨달은 부처인데[本覺], 또 무슨 묘오(妙悟)가 있다는 말인가"라고 하면서, 간화선을 향하여 깨달기를 기다리고 있는 '대오선(待悟禪)', '제자선(梯子禪, 사다리선, 漸修)'이라고 비꼬았다.[12]

주 용상사, 복주 숭성사(崇聖寺), 무주 보림사, 소주 운암사, 대주 국청사(國淸寺)이다.

12) 대혜종고가 묵조사선이라고 비판한 직접적인 대상은 굉지정각보다는 진헐청료(眞歇淸了, 1088~1151)라고 한다. 진헐청료는 굉지정각의 사형이었다.

3장 선종사원의 직제와 조직
- 조직이 없는 집단은 오래가지 못한다 -

1. 당·북송시대와 남송 선원총림의 직제와 소임

선종사원(총림)의 조직과 직제는 최고 지도자, 곧 어른으로 주지(住持, 方丈)가 있고, 그 밑에 중요한 소임으로 9명, 또는 12명이 있었다. 당·북송시대에는 9명으로 4명의 지사[四知事]와 5명의 두수[五頭首]가 있었고, 남송시대에는 6명의 지사[六知事]와 6명의 두수[六頭首]가 있었다. 이들이 주지를 보필하여 선원총림을 이끌어 간다.

당대(唐代)의 선종사원의 소임은 약 20~25여 개 정도였고, 북송시대에는 약 40여 개, 그리고 남송·원대에는 약 50여 개 이상의 소임이 있었다. 후대로 내려갈수록 소임이 증설되었는데, 상위직보다는 중하위직이 더 많이 증설되었다. 이는 선종사원의 규모가 후대로 갈수록 확장되었음을 의미하는데, 총림의 규모에 따라서는 이보다 더 많은 곳도 있었다.

소임이 최대로 많았던 시대는 남송시대이다. 남송시대에는 5산 10찰 제도로 인하여 선종총림의 규모가 선종사상(史上) 가장 방대했다. 한 예로 항주 경산사는 남송 5산 가운데 1위로서 대혜종고(1089~1163)가 주지(방장)로 있을 때는 수행하는 납자가 무려 1,500여 명이나 되었고, 묵조선의 거장인 천동정각(1091~1157)이 주지로 있던 영파 천동사(5산의 3위)는 약 1,000여 명의 납자가 입방, 좌선했다. 이 두 총림은 규모가 가장 컸던 총림이었는데, 이런 대총림은 소임자가 많을 수밖에 없었다.

북송시대의 4지사가 남송시대에 이르러 6지사로 확장된 것도 이때이고, 5두수가 6두수로 확장된 것도, 수좌가 전당수좌, 후당수좌로 나누어진 것도 이때이다. 또 가람구조에서는 산문(山門)이 2층 누각형으로 웅장하게 세워지고, 주지실(방장)이 전방장(前方丈, 접빈용) 외에 후방장(주지의 私室)을 둔 것도 이때이다.

남송시대 총림의 소임과 직제는 원대(元代)까지 그대로 이어졌다. 그러나 명·청 시대에는 다시 4지사 또는 5지사로 축소·통폐합되었다. 명청시대에는 6두수의 상위직이었던 지전(知殿)이 중위직으로 내려가고, 방장(주지)의 비서실장격인 시향시자(侍香侍者)가 두수로 승격되었는데, 이것은 이변이라고 할 수 있다.

2. 지사(知事)·두수(頭首)의 명칭과 소임

청규에서 처음으로 4지사와 5두수의 명칭이 나오는 곳은 현존하는 가장 오래된 청규로서 북송 말에 편찬(1103년)된 장로종색의 『선원청규』이다.

『선원청규』 3권 「지사(知事)」 편에는 "지사(知事)는 감원(監院)·유나(維那)·전좌(典座)·직세(直歲)를 이른다."[1]라고 하여 모두 4개의 지사 소임이 나오고 있고, 4권 「두수(頭首)」 편에는 "두수란 수좌(首座)·서기(書記)·장주(藏主, 知藏)·지객(知客)·욕주(浴主)를 이른다"[2]라고 하여 모두 5개의 두수 소임이 나오고 있다.

감원은 사무·행정·재정 등 서무 일체를 총괄 감독하는 소임이었고, 유나는 규율·기강 담당이고, 전좌는 주방장이고, 직세는 건물·산림 등 사찰을 관리하는 소임이다. 수좌는 승당의 책임자로서 납자들의 좌선지도 등 교육을 담당하는 소임이고, 서장은 문서 담당이고, 장주는 장경각 담당이고, 지객(知客)은 객승 등 접빈 담당이고, 욕주는 욕실을 담당하는 소임으로, 북송 총림의 요직은 모두 9명이었다.

남송시대 선원총림의 직제는 지사에서 2직이 증설되어 6지사가 되었고, 5두수에서 1직이 증설되어 6두수가 되었다. 6지사는 도사(都寺; 서무·행정·재정 감독 및 총괄)·감사(監寺; 도사의 업무를 집행하는 실무자)·유나(維那)·부사(副寺, 재무 담당)·전좌(典座)·직세(直歲)이고, 6두수는 수좌(首座)·서기(書記)·지장(知藏, 藏主)·지객(知客)·지욕(知浴, 욕주)·지전(知殿)으로 남송총림의 요직, 상위 소임은 모두 12명이었다.

그리고 북송시대 선원총림의 중하위직은 고두(庫頭; 회계, 곡물, 금전출납)·요주(寮主; 衆寮, 대중방 담당)·방장시자(方丈侍者; 주지시자 5인)·성승시자(聖僧侍者; 승당시자)·장주(莊主; 농장 관리)·연수당주(延壽堂主; 열반당 담당)·가방화주(街坊化主; 화주)·전주(殿

---

1) 『重雕補註禪苑淸規』 3권, 「請知事」. "知事, 謂監院 維那 典座 直歲."(신찬속장경 63권, p.529b)
2) 『重雕補註禪苑淸規』 4권, 「請頭首」. "頭首者, 謂首座 書記 藏主 知客浴主."(신찬속장경 63권, p.531b)

主, 후대의 知殿)·종두(鐘頭)·반두(飯頭)·채두(菜頭)·원두(園頭)·정두(淨頭; 화장실 담당)·다두(茶頭)·노두(爐頭; 화로 담당)·탄두(炭頭; 숯 담당)·장두(醬頭; 장물)·죽두(粥頭; 죽 담당)·욕두(浴頭; 욕실 행자)·수두(水頭; 물 공급)·마두(磨頭; 정미소 담당)·등두(燈頭; 등불 담당)·각주(閣主)·탑주(塔主)·나한당주(羅漢堂主)·수륙당주(水陸堂主)·진당주(眞堂主) 등 약 30여 개 가량의 소직(小職)이 있었고, 행자(行者), 정인(淨人; 부목 등 속인) 등이 있었다.

이것은 장로종색의 『선원청규』(1103년) 3권, 4권에 열거되어 있는 소임인데 북송시대에는 상하위직을 합하여 모두 40여 개 가량이 된다.[3] 화주 소임인 미가방(粥街坊)·미맥가방(米麥街坊)·채가방(菜街坊)·장가방(醬街坊)·화엄두(華嚴頭)·반야두(般若頭)·경두(經頭)·미타두(彌陀頭) 등이 있는데 이들을 합한다면 소임 수는 이보다 더 많다고 할 수 있다.

남송-원대에는 이보다도 더 많은 50개 이상이나 되었다. 다음의 도표를 참조해 보자.

---

3) 그런데 같은 자각종색의 귀경문(龜鏡文)에는 약 21개의 소임이 열거되어 있는데, 이는 대략 중요한 소임만 열거한 것이라고 생각한다. 그 이유는 같은 자각종색의 『선원청규』 3, 4권에는 이보다 훨씬 더 많은 40여 개 가량의 소임이 열거되어 있기 때문이다. 그 가운데 고두(庫頭)는 회계, 곡물, 금전출납 담당으로 북송시대에는 상위직이 아니었으나 남송시대에는 두수에서 지사 쪽으로 이동하여 6지사 가운데 부사(副寺, 재무·회계 담당)로 명칭이 바뀌었다. 방장시자, 요주, 농장 담당인 장주, 연수당주 등은 남송시대와 마찬가지로 중위직이었다.

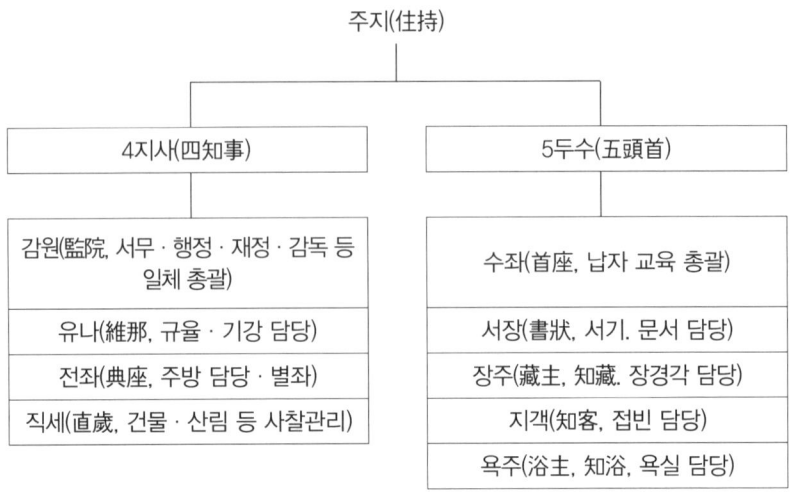

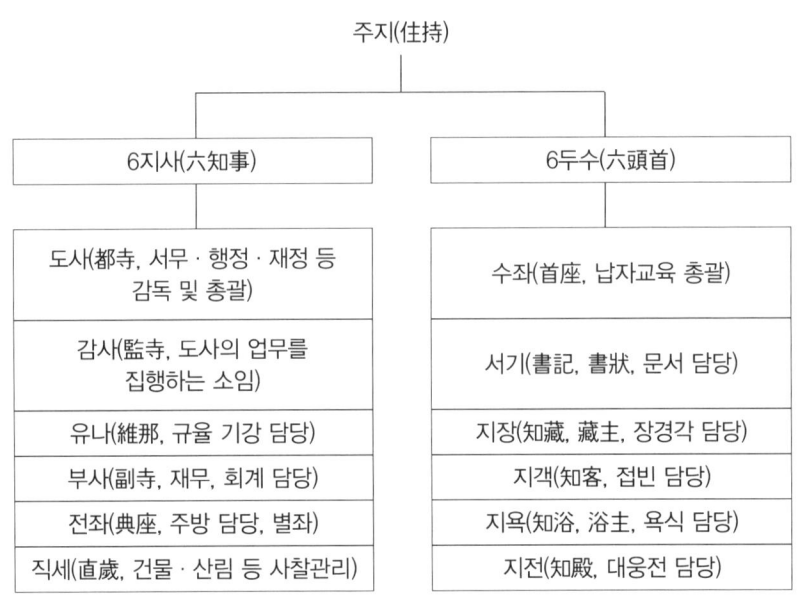

총림의 직제에서 지사(知事)는 모두 사무·행정·재정·회계·관리·서무(庶務) 등 총림의 경영, 운영 분야를 맡고 있는 소임이고, 두수는 운영과 관련이 없는 수행 분야를 담당하고 있는 소임이다. 이해를 돕자면 지사는 조선시대와 근대에 있었던 사판승(事判僧, 寺務僧)과 같은 성격이고, 두수는 이판승(理判僧, 수행승)과 같은 성격이라고 할 수 있다. 둘은 좌선 등 수행은 똑같이 하고, 다만 소임만 다르게 맡았을 뿐이다.

3. 지사와 두수의 역할과 변천

선종사원의 상위 소임은 앞에서도 열거한 바와 같이 지사(知事)와 두수(頭首)이다. 그 가운데서도 요직은 동서(東序) 지사의 수령격인 감원(監院)과 서서(西序) 두수의 수령격인 수좌(首座)이다. 감원은 사무, 행정, 재정 등 운영 분야를 총괄하고 수좌는 수행, 교육 분야를 총괄한다. 이 두 직책이 총림의 양 날개로 주지(방장)를 보좌하여 총림을 이끌어 간다.

주지가 출타 중일 때, 행정·재정 등 서무적인 전권은 감원이 관장했고, 법문·납자지도는 수좌가 대신했다. 주지가 입적했거나 공석일 때는 대체로 이 두 소임을 맡고 있는 사람 가운데서 새로운 주지가 선출되었는데, 감원보다는 수좌가 주지로 선출되는 빈도수가 더 높았다.

지사(知事)를 '동서(東序)', '동반(東班)'이라고 하고, 두수(頭首)를 '서서(西序)', '서반(西班)'이라고 하는데, 이것은 당시 조정(朝廷, 정부)

의 문무 양반(兩班)제도에서 차용한 것이다. 우리나라 조선시대에도 마찬가지였지만, 조회 때에는 동서(東序) 동반(문반)은 동쪽(좌측)에 도열하고, 서서(西序) 서반(무반)은 서쪽(우측)에 도열한다. 법당(설법전)에서 법문을 들을 때도, 그리고 각종 법사(法事)·행사 때도, 동서 지사는 동쪽(좌측)에 도열하고, 서서 두수는 서쪽(우측)에 도열한다.[4]

지사(知事)란 '일(事)을 맡다(知)', '주관(知=主)하다'는 뜻으로, 주사(主事)·집사(執事)와 같은 말이다. 그리고 두수(頭首)는 '여러 사람의 우두머리'라는 뜻이다.

동서(東西: 東序, 西序)와 양반(兩班: 東班, 西班)에 대하여, 『선림상기전(禪林象器箋)』의 편찬자인 무착도충(無著道忠, 1653~1744)은 6권 양반(兩班) 항목에서 "조정(朝廷)의 제도에 문무 양반이 있었는데, 선림에서 그것을 본떴다(朝廷制有文武兩班, 禪林擬之, 故有東西兩班也)." 또 동서(東序)·서서(西序) 항목에서는 "동서는 지사이고 서서는 두수이다. 이것을 양반(兩班)이라고 한다. 조정에 문무 양계(文武兩階)가 있는 것과 같다(東序者, 知事, 西序者, 頭首. 此謂兩班也. 猶如朝廷有文武兩階也)."라고 하여, 정부 제도에서 차용했

---

4) 동서는 동쪽(좌측)에, 서서는 서쪽(우측)에 도열, 차서(次序)하는 것은 북송 말 정부 조회(朝會) 때 동반은 동쪽(왼쪽), 서반은 서쪽(오른쪽)에 차서하는 것을 본뜬 것이다. 불전과 법당에서 좌우측의 기준은, 불상을 안치한 불단(佛壇)과 법문을 하는 법상(法床)을 기준으로 하여, 좌측은 동쪽이고 우측은 서쪽이 된다. 얼마 전 중국 영파 천동사에 갔는데, 재당(齋堂, 식당) 양쪽 기둥에 붉은 글씨로 동서(東序)·서서(西序)라고 붙어 있었다. 식당에서도 지사와 두수는 각각 동서 양쪽으로 구분해서 앉는다는 것인데, 양서제도가 지금도 살아 있는지는 알 수 없으나 옛 제도가 완전히 사라진 것은 아닌 것 같았다.

음을 밝히고 있다.[5]

그런데 도쿄대학 건축사학과 교수인 오타 히로타로(太田博太郞)는 "선종에서 사무에 관계된 소임을 동반(東班)·동서(東序)라고 부르고, 교무에 관련된 소임을 서반(西班)·서서(西序)라고 한 것은, 동서(東序, 지사)는 사무소인 고원(庫院)이 동쪽에 있기 때문이고, 서서(西序)는 수행처인 승당이 서쪽에 있기 때문이다."[6]라고 하였다. 이것은 가람 위치상으로 보면 틀린 말이 아니지만, 그보다는 정부 제도에서 차용했다는 설이 더 유력하다.

선종사원의 모든 제도와 명칭은 대체로 당시 조정(朝廷)의 여러 제도와 율장에서 차용한 것이 많다는 것은 학자들의 공통된 견해이다. 동반(東班)·동서(東序), 서반(西班)·서서(西序)도 당시 조정(朝廷)의 동서양반(東西兩班)의 직제에서 차용한 것이고, 상당법어를 5일에 한 번씩 한 것도 조정에서 5일에 한 번씩 조회를 한 데서 차용한 것이다. 그리고 공안(公案)도 정부의 법률 용어인 공부(公府, 조정)의 안독(案牘, 공문·판결문)에서 비롯된 말이다.

선종사원의 직제에서 북송과 남송의 큰 차이점은 감원(監院) 소임이 남송시대에 와서는 업무가 과다하여, 도사(都寺)·감사(監寺)·부사(副寺)의 세 가지로 나누어진 점이다. 북송시대에는 4지사 제도가

••••••••••••••••
5) 북송·고려·조선시대 정부 조직은 크게 문무(文武) 양반(兩班)으로 구분되었다. 문반(文班)을 동반(東班), 무반(武班)을 서반(西班)이라고 했는데, 조회 때 옥좌(玉座, 즉 王座)를 중심으로 문반인 동반은 동쪽(좌측)에 차서(次序, 東序)하고, 무반인 서반은 서쪽에 차서(次序, 西序)한다.
선원총림의 양서(兩序: 東序, 西序) 제도는 정부의 양반(兩班, 동반과 서반) 제도를 모방한 것이지만, 꼭 일치하는 것은 아니다. 예컨대 서서(西序) 두수는 서반 즉 무반(武班)과 같은데, 서서(西序) 즉 두수는 교육·수행 쪽이고, 서반은 무반(武班)이기 때문이다.
6) 원색 일본의 미술 10, 『禪寺와 石庭』, p.182, 小學館, 소화 42(1967).

남송시대에 이르러 6지사 제도가 된 것은 이 때문인데, 이는 선종사원(총림)이 남송시대에 이르러 대외관계가 많아지고 사원의 경제도 비대해졌기 때문이다. 그리고 5두수에서는 불전을 관리하던 전주(殿主)가 남송시대에 와서는 상위직인 6두수로 승격되고 명칭도 지전(知殿)으로 바뀐 점이다.[7] 북송시대까지만 해도 전주(殿主)는 중하위직이었는데, 상위직으로 승격되었다는 것은 남송시대에 와서 불전의 위상과 역할이 달라졌기 때문이다.

지사와 두수 제도의 변천을 일별해 보면, 북송시대에는 4지사·5두수였고, 남송·원대에는 6지사·6두수였고, 명청시대에는 5지사·6두수였다. 명말(明末)에 행원(行元)이 편찬한 『총림양서수지(叢林兩序須知)』 동서(東序) 지사 명단에는 도사(都寺)가 없고 감사(監寺)·부사·유나 등 5지사만 나오고 있다. 여기서 감사는 도사나 감원과 같은 소임이다. 또 선종사원에 따라서는 감원에서 셋으로 분리되었던 도사·감사·부사가 다시 감원 일직(一職)으로 통합된 경우도 있다.[8]

....
7) 북송 이전, 즉 당오대 선종사원의 직제나 기구 등을 전하고 있는 자료는 없다. 백장회해(720~814)가 제정한 『백장청규(百丈淸規)』가 있지만 이미 당말오대에 산실(散失)되어 전하지 않고, 그 대강만 양억(楊億)의 「선문규식(禪門規式)」과 「백장규승송(百丈規繩頌)」(선원청규 10권 부록에 수록됨)에 전해온다. 그런데 이 두 자료(선문규식, 백장규승송)에는 장로(長老, 주지), 수좌(首座), 유나(維那, 堂司), 반두, 채두, 시자가 나오고 있을 정도이다. 당대 총림의 기구와 조직은 장로종색의 『선원청규』에 나오고 있는 4지사·5두수 범위였을 것으로 생각된다.
8) 그리고 명청시대에는 대웅전 담당인 지전이 6두수에서 탈락하고, 대신 주지(방장)의 비서실장인 방장시자(시향시자)가 6두수의 반열에 올라가 있는데, 이것은 시자의 위상과 역할이 과거보다 커졌기 때문이라고 할 수 있다.

4. 지사·두수의 임기와 임명 과정

지사와 두수의 임기는 1년이다. 중요직이기 때문에 1년 단위로 정한 것이다. 지사와 두수는 소임을 맡은 지 1년이 되면 일괄 사직한다. 주지가 편안하게 중요직을 활용할 수 있도록 하기 위해서 일괄 사직하는데, 두수는 임기가 끝나는 날 아침 공양 전에, 그리고 지사는 임기가 끝나는 날 저녁 때 방장실로 가서 삼배(三拜)를 한 다음 사직을 청한다. 이것을 '하지사(下知事)·하두수(下頭首)'라고 한다. 지사소임과 두수 소임에서 내려온다는 뜻이다.

지사와 두수 등 모든 소임의 임명권자는 주지(방장)이다. 그렇다고 임의로 임명하는 것이 아니다. 먼저 전임자들의 추천을 받아서 대중들에게 세 번 적부(適否) 여부를 물은 다음 이의가 없으면 임명한다. 중하위직이나 소직(小職)은 해당 지사와 두수가 제청하면 주지가 임명한다.

장로종색의 『선원청규』 2권 「청지사(請知事, 지사와 두수의 임명을 청함)」 편에는 "주지는 지사와 두수를 임용할 때는 미리 대중을 모아 놓고 지사와 두수 후보에 대하여 적부(適否) 여부를 세 차례 물은 다음, 이의가 없으면 비로소 이를 임용해야 한다."라고 규정하고 있다. 대체로 주지의 천거에 따라 이의 없이 통과되었을 것이지만, 이런 절차를 둔 것은 대중 들의 의견을 존중하기 위해서이다.

총림의 요직인 지사와 두수에 임명되면 소임자들은 먼저 방장실로 가서 주지화상에게 하례 삼배를 한다. 주지는 차를 대접하고 신임자들과 덕담을 나눈다.

다음에는 승당으로 가서 대중들에게 상견례 겸 신고(申告)를 한다. 소임자들은 한 사람씩 앞으로 나와서 "비구 ○○는 이번에 ○○직을 맡게 되었습니다."라고 한 다음 모쪼록 부족하더라도 많은 지도를 바란다는 취지의 인사말을 한다. 대중과 상견례를 하는 자리이므로 특별히 대중들에게 차 공양을 올린다.

그리고 이와는 별도로 각 소임자들이 내는 차(茶)가 있다. 말하자면 소임자들이 개별적으로 한턱을 내는 것인데, 차를 마시면서 담소함으로써 총림이 화기애애하게 운용될 수 있기 때문이다.

소임(직책)을 맡았다고 해서 좌선 시간에서 제외되는 것은 절대 아니다. 소임자라도 일을 마치면 대중과 함께 좌선해야 한다. 우리나라의 경우 사판승은 사무만, 수행승은 수행만 하지만, 선종사원은 모두가 수행자이고, 소임은 단순히 1년 동안 대중들을 위하여 봉사한다는 개념이다.

소임을 평가하는 제도도 있었다. 물론 평가는 주지가 하는 것이지만 그 이전에 대중들의 의견도 반영되었다. 1년 동안 맡은 바 소임을 잘 수행하여 대중들의 평판이 좋으면 다시 맡기지만, 대중들의 평판이 좋지 않으면 더 이상 맡기지 않는다. 소임은 목에 힘을 주는 자리가 아니고, 대중들을 위하여 봉사하는 자리이기 때문이다. 요직을 빙자하여 함부로 전횡하면 안 된다는 의도가 내포되어 있다.

지사와 두수 등 상위직은 별도로 거처하는 방이 배정되었다. 집무실인데, 수좌료(首座寮)·유나료(維那寮)·직세료(直歲寮)·지객료(知客寮) 등이 그것이다. 비록 소임으로 인하여 별도로 방사를 사용했으나, 좌선·공양은 승당에서 대중들과 함께 한다. 물론 보청(운력)도 절대 빠져서는 안 된다.

당대(唐代)에는 임기가 끝나면 소임자들은 고하를 불문하고 승당으로 복귀했다. 그런데 송대에 와서는 전임자에 대한 예우 차원에서 별도의 방사(房舍)를 배정했다. 감원·도사·감사·수좌 등 상위 요직을 3번 역임한 이는 몽당(蒙堂, 감원 등 고위직에서 퇴임한 승려가 머무는 곳)에 배정되었고, 부사(副寺), 전좌, 직세, 지장, 지객, 지욕, 지전을 3번 이상 맡았던 이들은 '전자료(前資寮)'에 배정되었다. 이것은 총림의 소임이 초기에는 대중들을 받드는 입장이었으나 후대로 내려오면서 관료화되고 있음을 뜻한다고 볼 수 있다.

동서 지사와 서서 두수 사이에는 가끔 "어느 쪽이 더 상위인가?" 하는 문제가 대두되었다. 이는 두 계열이 때로는 알력 관계에 있었음을 입증한다. 지사의 우두머리는 감원이고 두수의 우두머리는 수좌이다. 주지가 부재중일 때 주지를 대신하여 법문을 하는 것은 수좌이고, 관아에서 외빈이나 관리가 찾아 왔을 주지를 대신하여 영접하는 것은 감원이다. 수좌를 지낸 이가 감원을 맡기도 하고 감원을 지낸 이가 수좌를 맡기도 했는데, 알력은 있어도 어느 쪽이 더 상위냐 하는 구분은 없었던 것으로 보인다. 같은 위치이기 때문에 청규에서도 구분하지 않았던 것 같다.

그런데 주지(방장)가 입적 등으로 인하여 공석이 되었을 때는 대중 회의에서 주지를 선출하는데, 감원보다는 수좌가 선출되는 경우가 더 많았다. 권력보다는 법력이 우선이었기 때문이 아닌가 생각한다.

총림에서는 하안거나 동안거 결제를 하면 소임을 확정하여 큰 방 벽에 소임자 명단, 즉 방(榜)을 붙이는데, 이것을 '집사단(執事單)'이라고 한다. 우리나라는 원나라 영향으로 인하여 이를 '용상방(龍象榜)' 또는 '결제방(結制榜)'이라고 한다. 용이나 코끼리 같은 존재가 되라는 뜻이다.

4장 법당의 등장과 불전의 쇠퇴
- 불상 속에는 부처(법신불)가 없다 -

1. 불전(佛殿)의 쇠퇴, 법당(法堂)의 등장

당말오대(唐末五代, 835~959)는 중국 선불교의 전성기였다. 이 시기 선은 조사선이었다. 그 가운데서도 마조·백장·황벽으로 이어지는 임제계가 주류였는데, '살불살조(殺佛殺祖)'가 시사하고 있는 바와 같이 그들은 권위주의를 배격하고 '마음이 곧 부처[卽心是佛]'라고 강조했다.

이와 동시에 선종가람의 구성에도 깜작 놀랄 양상이 나타났는데, 그것은 다름 아닌 불전(佛殿, 대웅전)의 폐지와 법당(法堂, 설법당)[1]의 등장이라고 할 수 있다. '대웅전 폐지!' 이는 일찍이 중국불교사에서 찾아볼 수 없는 초유의 일이라고 할 수 있다.

중국 전통 사원의 가람구조는 전탑후당(前塔後堂) 형식이었다. 즉 가람의 한 가운데에는 탑이 있고 그 뒤에는 불당(佛堂, 佛殿, 대웅전)이 있으며, 앞에는 산문(山門), 뒤에는 강당, 그리고 좌우에는 여

---

1) 법당과 불전은 전혀 다르다. 법당(法堂)은 법을 설하는 곳[설법당]이고, 불전(佛殿), 즉 대웅전은 부처님을 모신 곳이다. 우리나라에서는 법당과 대웅전(佛殿)을 같은 당우로 오인(誤認)하여 혼칭하고 있다. 중국과 일본은 여전히 구분하여 부르고 있다.

러 채의 요사(寮舍)와 전각이 배치되어 있는 형식이다.[2] 이 전탑후당(前塔後堂) 양식은 오늘날 우리나라 사찰에서 흔히 볼 수 있는 양식이다.

그런데 백장회해(720~814)의 주도 아래 처음으로 선불교가 율종사원으로부터 독립하여 독자적으로 선종사원을 창건하던 시기에, 그는 과감하게 탑(塔)과 불전(佛殿, 대웅전)을 폐지했다. 가람설계도에서 당탑(堂塔)을 배제하고 그 자리에 크게 법당(설법당)을 세웠는데 [不立佛殿 唯樹法堂], 이는 기존의 여타 종파에서는 감히 상상도 할 수 없는 일이었다.

『송고승전』의 저자 찬영(贊寧, 918~999)은 이에 대해 다음과 같이 설명한다.

> 불전을 폐지하고 오직 법당만 세우는 것은 법(法)은 언어와 형상을 초월해 있음을 표명한 것이다.[3]

불전(대웅전)을 폐지하고 법당을 세운 것은 법(法)이 더 중요하다는 사실을 분명히 하기 위해서라는 것인데, 이는 선불교의 특성이자 정체성이기도 하다. 선(禪)의 법은 언어나 형상이 닿지 못하는 곳에 있다. 그러므로 언어문자로 표현할 수 없다는 것이다.

그런데 여기서 말하는 언상(言象)이란 언어문자로 이루어진 경전과 부처님의 모습을 조각한 불상을 가리킨다. 백장회해는 이렇게 말

---

2) 중국 전통사원의 가람배치에 대해서는 『낙양가람기(洛陽伽藍記)』와 『계당도경(戒堂圖經)』이 있다. 『낙양가람기』는 양경(兩京, 낙양과 장안)의 하나인 낙양의 가람에 대한 것이고, 『계당도경』은 율종사원의 가람배치에 대한 것이다.
3) 찬영, 『송고승전』 10권, 「唐新吳百丈山懷海傳」. "不立佛殿, 唯樹法堂, 表法超言象也."(대정장 50권, p.771a)

한다.

> 불전을 세우지 않고 오직 법당만 세운 것은, 주지는 부처님과 조사(佛祖)로부터 친히 법을 부촉받은 자이기 때문에 당대(當代)에 그를 높이 받들기 위하여 불전을 세우지 않고 법당만 세운다.[4]

자각종색의 『선원청규』 10권 「백장규승송(百丈規繩頌)」에도 같은 내용(不立佛殿, 唯搆法堂者, 表佛祖親受, 當代爲尊也)이 실려 있는데 거기에는 뒤에 게송이 하나 더 붙어 있다.

> 산문에 들어서니 불전이 없네
> 법좌에 오르니 당(堂)이 텅 비었네
> 이것은 곧 심인(心印)을 전수받았기 때문이니
> 마땅히 알지어다. 이가(주지, 방장) 곧 법왕임을.[5]

법왕(法王)이란 주지(방장)를 가리킨다. 그런데 그 법왕은 단순한 법왕이 아니고 불조(佛祖)로부터 심인(心印)을 전수받은 법왕이었다. 그런 법왕(주지)이 부처(법신불)를 대신하여 법을 설하고 있는데, 한낱 조각물에 불과한 불상을 모셔두고, 또 그 전각인 불전을 세운다는 것은 우매하기 짝이 없는 짓이었다. 금강과 같은 반야지혜의 안목에서 볼 때 무의미했다.

'주지=법왕'이라는 관점은 상당법어의 의식에서도 잘 나타나 있다. 주지가 법문을 마치면 유나가 백퇴(白槌, 사회봉)를 한 번 치고 나서

---

4) 『전등록』 6권, 「백장회해」 부록. "不立佛殿, 唯樹法堂者, 表佛祖親囑受, 當代爲尊也."(대정장 51권, p.251a)
5) 자각종색, 『선원청규』 10권, 「百丈規繩頌」. "不立佛殿, 唯搆法堂者, 表佛祖親受, 當代爲尊也. 入門無佛殿, 陞座有虛堂, 即此傳心印, 當知是法王."(신찬속장경 63권, p.550b)

다음과 같이 말한다. "제관법왕법 법왕법여시(諦觀法王法, 法王法如是. 법왕(주지)의 설법을 자세히 관찰하시오, 법왕의 법은 이와 같습니다)."라고 한다. 여기서 말하는 법왕의 법이란 곧 '제일의제(第一義諦, 최고의 법)'를 뜻한다.

선종사원의 주지는 오늘날의 주지와는 전혀 다르다. 앞에서도 수차 언급했지만, 당시 주지는 법왕이고 '살아 있는 부처'였기 때문에, 법상에 올라가 법을 설할 때에도 군주처럼 남면(南面)을 했다. 법좌의 높이(2미터)와 모양도 옥좌(玉座)와 비슷했다. 법왕(法王)의 자격으로 부처를 대신하여 설법한다고 여겼기 때문에 남면할 수 있었던 것이다.

한 예로 선종사원이 화재로 전소되었을 경우에도 가장 먼저 건축하는 당우가 법당과 방장 건물이었다. 수행자로서 잠은 천막에서 자도 되고, 밥은 노천에서 먹어도 되지만, 법문을 듣는 공간(법당)과 법왕(주지)의 거처(居處, 방장)는 그 어떤 당우보다도 중요했기 때문이다. 이것을 보면 당오대 선원총림의 모든 시스템은 오도(悟道)에 있었음이 분명하다.

2. 유수법당(唯樹法堂)의 사상적 배경

선불교의 소의경전은 『금강경』·『화엄경』·『법화경』·『유마경』·『열반경』 등의 대승경전과 『대승기신론』이다. 그리고 그 사상적 바탕은 불성사상과 반야·공사상이다. 여기에 바탕하여 부처(=覺者)의 실체를 정의한다면, 그것은 곧 '반야지혜'이다. 반야지혜가 곧 부처(깨달음)

의 알맹이다. 뿐만 아니라 참선수행자들이 가고자 하는 이상향, 즉 피안(彼岸)도 반야지혜의 완성[般若波羅蜜]이었다.

『금강경』은 반야 공사상을 설하고 있는 대표적인 경전이다.[6] 금강경은 시종 일관 금강과 같은 명석한 반야지혜를 강조하고 있는데, 제5장 「여리실견분(如理實見分, 이치대로 정확하게 여래의 眞相을 보라)」에서 대승의 여래(부처)는 사리불에게, "여래의 진실한 모습은 신상(身相, 형상)에 있지 않다."고 선언한다.

> 수보리여, 그대는 어떻게 생각하고 있는가? 거룩한 신상(身相, 육체의 모습, 형상)에서 여래의 참모습을 볼 수가 있다고 생각하는가?" 수보리가 대답했다. "세존이시여, 그것은 불가능한 일입니다. 신상에서는 여래의 참모습(眞相, 法身)을 볼 수가 없습니다. 왜냐하면 여래께서 말씀하신 신상(형상)은 곧 신상이 아니기 때문입니다." 부처님께서 수보리에게 말씀하셨다. "(그와 같이) 무릇 모든 형상은 다 허망한 것이다. 만약에 모든 형상이 허상임을 직시한다면 곧 여래를 보게 될(깨닫게 됨) 것이다.[7]

잘 조각된 거룩한 신상(身相, 불상)이라고 해도 그 속에 여래의 참모습(법신)은 없다는 것이다. '하나의 조각물에 지나지 않는다.' 이것은 형상을 강하게 부정함과 동시에 반야 공사상을 천명한 것이라고 할 수 있다. 대승의 여래가 지혜제일인 수보리를 통하여 당시 불도들에게 강조하고 싶은 것은 형상과 신상(身相)의 부정, 그리고 허상의

---

6) 『금강경』은 5조 홍인이 중시한 이후 『능가경』을 제치고 선종의 소의경전이 되었다. 특히 6조 혜능이 "응무소주 이생기심(應無所住 而生其心)"에서 깨달음을 얻은 이후 선불교의 근본 경전, 사상적 바탕이 된 경전이다.
7) 『금강경』 제5, 「如理實見分」. "須菩提. 於意云何. 可以身相. 見如來不. 不也. 世尊. 不可以身相. 得見如來. 何以故. 如來所說身相. 卽非身相. 佛告須菩提. 凡所有相. 皆是虛妄. 若見諸相非相 則見如來."(대정장 8권, p.749a)

배격이었다.

또 『금강경』 제20장 「이색이상분(離色離相分, 형상을 믿지 말라)」에서는 더욱더 구체적으로 신상을 부정하고 있다.

> 수보리여, 그대는 어떻게 생각하고 있는가? 부처의 참모습[眞相]을 32상 80종호가 모두 갖추어진 구족색신(具足色身, 형상)에서 볼 수 있다고 생각하는가?" 수보리가 말했다. "볼 수 없습니다. 세존이시여, 비록 구족된 색신이지만, 거기서는 여래의 참모습을 볼 수가 없습니다. 왜냐하면 여래께서 말씀하신 구족된 색신이란 곧 (진정한) 구족된 색신이 아니기 때문입니다. 그것은 그냥 이름이 구족된 색신일 뿐입니다.[8]

비록 32상과 80종호를 모두 갖춘 훌륭한 신상(身相), 불상(佛像)이라고 해도, 그 속에 여래의 진상(眞相), 즉 법신은 내재해 있지 않다는 것이다. "불가이신상 득견여래(不可以身相 得見如來, 신상에서는 여래를 볼 수 없다)." 이것이 바로 불전을 폐지하고 법당을 세운[不立佛殿, 唯樹法堂] 교리적·사상적 바탕이라고 할 수 있다.

불전(대웅전)은 반야지혜의 작용이 없는 곳이다. 그러나 법당은 항상 반야지혜와 진여법신의 세계가 작용하고 있는 공간인 것이다. 그곳이 선승들의 피안이었다.

김동리의 단편소설 「등신불」은 불교도들에게는 널리 알려진 소설이다. 난하천연 선사의 선화(禪話) 단하소불(丹霞燒佛)을 소설화한 작품이다.

---

8) 『금강경』, 「離色離相分」. "須菩提. 於意云何. 佛可以具足色身見不. 不也. 世尊. 如來. 不應以具足色身見. 何以故. 如來說具足色身, 卽非具足色身. 是名具足色身."(대정장 8권, p.751c)

어느 추운 겨울 날 단하천연(丹霞天然, 739~824)이 객승으로 낙양 혜림사(慧林寺)에서 하룻밤을 유숙하게 되었다. 그런데 객실은 냉기가 쌩쌩 돌았다. 그는 추위를 막기 위하여 불전(대웅전)으로 가서 목불(木佛)을 가져다가 쪼개서 불을 피웠다. 이때 원주(院主)가 맨발로 달려 나와 큰 소리로 꾸짖었다.

"이봐요, 객승! 불상을 쪼개서 아궁지에 넣고 불을 때다니……. 정신이 나갔소?"
단하 선사는 다음과 같이 태연하게 말했다.
"나는 목불을 다비해서 사리를 얻고자 한 것뿐입니다."
원주가 말했다.
"(이 답답한 객승아!) 나무토막에서 어떻게 사리가 나올 수 있겠소?"
단하가 말했다.
"그렇다면 부처가 아니고 나무토막에 불과하다면 (문제가 될 것도 없는데) 뭣 때문에 나를 나무라는 겁니까?"9)

단하소불의 선화(禪話)는 『조당집』 4권에 수록되어 있으며, 『선문염송』에도 나온다. 단하 선사는 석두희천의 제자로 백장회해(720~814)와 동시대 인물이다. 단하소불은 우연한 일이 아니다. 당시 혜림사를 비롯한 낙양(당시 수도) 일대의 사찰에서는 수륙재, 천도재 등 각종 행사를 치르며 한 해를 보내고 있었는데, 단하 선사의 행동은 이에 대한 경각심을 일깨우기 위해 의도된 것이었다.

조주 선사(778~897)는 구자무불성화로 유명한 선승이다. 그의

---

9) 『祖堂集』. "於惠林寺, 遇天寒, 焚木佛, 以御次. 主人或譏. 師曰. 吾茶毘覓舍利. 主人曰. 木頭有何也. 師曰. 若然者, 何責我乎."(高麗藏 45, p.259中)

법어는 매우 냉철하다.

> 금(金) 부처는 용광로를 통과하지 못하고, 나무로 만든 부처는 불 속을 통과하지 못하고, 진흙 부처는 강물을 통과하지 못한다(金佛不渡爐, 木佛不渡火, 泥佛不渡水).[10]

『벽암록』 96칙에도 나오는 조주 화상의 삼전어[趙州三轉語] 법문이다. 금으로 만든 부처[金佛]는 용광로 속을 건너가지 못한다. 10분만 있으면 녹아 버린다. 목불(木佛)은 불 속에 들어가면 재가 된다. 타버리기 때문이다. 진흙으로 만든 부처[泥佛]는 물속에 들어가면 곧 녹아 버린다. 유형(有形)의 부처는 부처가 아니다. 진불(眞佛)은 법신불(法身佛)·진리불(眞理佛)이다. 참부처(眞佛)는 용광로 속에 들어가도 녹지 않고, 불 속에 들어가도 타지 않고, 물속에 들어가도 녹지 않는다.

선종(禪宗)의 목표는 반야지혜의 완성에 있다. 선종에서 「반야심경」과 『금강반야경』을 중시하는 이유는 여기에 있다. 또 선종에서는 오로지 깨달아야만 부처님의 은혜를 갚는다고 생각했고, 기도·염불 등 작복(作福)이나 신도 단련에 대해서는 안중에 두지 않았다.

덕산선감(德山宣鑑, 782~865)은 당말의 선승으로 금강경에 정통한 좌주(座主, 강사)였다. 그는 조주로 가는 주막에서 무명의 노파로부터 일격을 당하고 나서[11] 교학을 그만 두고 선(禪)으로 전향한 선승

----

10) 『古尊宿語錄』 14권, 「趙州禪師」. "師上堂. 示眾云. 金佛不渡爐, 木佛不渡火, 泥佛不渡水."(신찬속장경 68권, p.83b)
11) 덕산은 금강경의 대가였다. 그는 조주로 가는 어느 주막에서 노파로부터 "금강경에 '過去心不可得, 現在心不可得, 未來心不可得'이라는 말이 있는데, 그렇다면 스님은 어느 마음에 점을 찍겠습니까?"라는 질문에 말문이 막혔다. 그 후 교학에서 선으로 전향했다.

이다. 덕산선감은 자신의 사찰에서 불전을 폐지하고 법당만 두었다.

"선사가 무릇 선원에 주석할 때는 불전(佛殿)은 철폐하고 오직 법당만 두었을 뿐이다."[12]

새로 창건한 선사(禪寺)에 주지로 간 것이라기보다는 기존의 교종사찰에 주지로 갔기 때문에 불전을 없앤 것이다.

조주 선사(778~897)의 예는 조금 다르다. 그는 불전을 그대로 두었으나 불상에 예불(예배)은 하지 않았다. 어느 날 문원(文遠)이라고 하는 시자가 불전에 올라가서 예불을 하자 조주 선사는 주장자를 내려치면서 말했다.

"여기서 무엇을 하고 있는가?"
시자 문원이 말했다.
"예불을 하고 있습니다."
"예불해서 무엇에 쓰려고 하는가?"
"예불하는 것은 좋은 일이 아닙니까?"
조주 선사가 말했다.
"좋은 일(예불)은 없는 것만 못하지."[13]

여기서 말하는 예불은 조석예불을 가리킨다기보다는 합장배례 즉, 예배(禮拜)를 뜻한다.[14] 불전에 있는 목불(木佛)이나 금불(金佛)은 반

---

12) 『五家正宗贊』1권, 「德山宣鑑」. "師凡住院, 拆卻佛殿, 獨存法堂而已."(신찬속장경 78권, p.582c)
13) 『禪宗頌古聯珠通集』 20권. "趙州因文遠侍者, 在佛殿禮拜次. 師見以拄杖打一下曰. 作甚麼. 曰禮佛. 師曰. 用禮作甚麼. 曰禮佛也是好事. 師曰. 好事不如無."(신찬속장경 65권, p.596c)
14) 우리나라 선원의 경우 불상에 배례(拜禮)는 하지만, 대웅전에서 행하는 조석예불에는 참여하지 않는다. 선원 내에 있는 달마상이나 문수상에 죽비로 삼배한다. 이것은 당대(唐代) 선불교의 영향이다. 청(淸) 옹정제는 『어선어록(御

야지혜를 발휘하지 못하는 부처이다. 조주 선사는 그런 부처를 '참부처'라고 할 수 없다고 판단한 것인데, 이 역시 불전을 폐지하고 오직 법당만 두었던 사상적 배경이고 할 수 있다.

3. 당말오대의 정국과 불전(佛殿)의 등장

당말에 일어난 황소(黃巢)의 난(875~884)은 당 왕조에 치명타를 가했다. 융성한 문화를 자랑하던 당(唐) 왕조도 끝이 보이지 않는 혼란스러운 정국으로 치달았다. 드디어 907년, 애종(哀宗)은 선무절도사(宣武節度使) 주전충(朱全忠, 852~912. 後梁의 태조)에게 나라를 양여(讓與)했다. 당(唐) 왕조는 289년 만에 다시는 열리지 못하는 문을 닫았다(618~907).

당망(唐亡). 그리고 오대(五代, 907~959)가 개막했다. 당말오대[15]는 구(舊)질서가 파괴되고 신(新)질서가 싹트는 혼란기였다. 황소의 난으로 인하여 많은 전적들이 소실되는 등 사찰의 피해도 적지 않았

・・・・・・・・・・・・・・・・・
選語錄)』을 편찬・간행할 정도로 선(禪)을 좋아했다. 그런데 그는 선승들이 불상에 배례(拜禮)하지 않는 것에 대해서는 매우 못마땅하게 여겼다고 한다.
15) 당말오대(唐末五代) : 강북에서는 후량(後梁, 907~923), 후당(後唐, 923~936), 후진(後晉, 936~946), 후한(後漢, 947~951), 후주(後周, 951~960) 등 다섯 개 나라[五代]가 전자(前者)를 무너뜨리고 차례로 일어나 천자를 자처했고, 강남에서는 오(吳), 민(閩), 오월(吳越), 전촉(前蜀), 후촉(後蜀), 초(楚), 남한(南漢), 형남(荊南, 南平, 北楚), 남당(南唐) 등 아홉 개 나라가 왕을 자처했다. 그리고 산서(山西)에서 일어난 북한(北漢)을 합쳐 10국(國)이 되었다. 이에 따라 총 15개국이 생겨났다. 서기 960년 조광윤(趙匡胤)에 의하여 북송이 건국되는 약 60년 동안을 '당말오대(唐末五代)' 또는 '오대십국(五代十國) 시대'라고 한다. 이 시기 한반도에는 후삼국이 일어나 고려가 건국(918년)되고 신라가 망했다(936년).

다. 특히 이 시기 '삼무일종(三武一宗)의 법난(法難)' 가운데 하나인 후주(後周) 세종에 의한 폐불(955년)은 중국 화북 지방 불교에 결정적인 타격을 가했다. 폐쇄된 사찰이 3,336개소로 전체에서 반 이상이나 되었다. 그 유명한 조주 선사의 선맥이 끊어진 가장 큰 원인도 후주의 폐불 때문이었다.

그러나 강북과는 달리 강남의 오(吳)·민(閩)·오월(吳越) 등 10국은 정치·경제적으로 안정되어 있었다. 민(閩)의 왕심지(王審知)와 남한(南漢)의 유엄(劉龑), 남당의 이변(李昪)과 이경(李璟), 오월의 왕 전홍숙(錢弘俶) 등은 적극적으로 불교를 존숭·보호했는데, 그들이 존숭했던 불교는 대부분 당시 한창 융성하고 있던 선종이었다.

특히 선종 5가(五家) 가운데 마지막 주자인 운문종과 법안종은 하는 오대의 와중에서 성립했다. 운문문언(864~949)은 오대십국의 하나인 남한(南漢)의 초대 황제 유엄(劉龑, 889~942)의 적극적인 후원으로 소주(韶州) 영수선원(靈樹禪院)에 주석하면서 운문종을 성립시켰다.[16] 그가 오대의 혼란 속에서도 '일일시호일(日日是好日)'을 유지하면서 일자선(一字禪)·삼자선(三字禪)의 선법을 펼쳤던 것은 오직 유엄의 적극적인 외호 덕분이었다.

법안문익(885~958)은 남당(南唐) 이변(李昪)의 후원으로 강서 금릉 보은선원(報恩禪院)과 청량원(淸涼院)에 주석하면서 법안종을 크게 드날렸다. 『송고승전』 13권[17]·『전등록』 24권[18] 등에 수록되어

---

16) 정성본, 『선의 역사와 사상』, 「운문문언과 운문종」 p.426, 불교시대사, 1994. 아부키 아츠시 지음, 최연식 옮김, 『새롭게 다시 쓰는 중국선의 역사』, p.124, 대숲바람, 2005.
17) "江南國主, 李氏始祖, 知重迎住報恩禪院."(대정장 50권, p.788b)
18) "江南國主, 重師之道, 迎入住報恩禪院."(대정장 51권, p.398c)

있는 청량문익 장(章)에는 "강남의 국주(國主)가 선사의 도(道)를 중히 여겨 보은선원에 맞이하여 주석하게 했다(江南國主, 李氏始祖, 知重師之道, 迎住報恩禪院)"[19]고 기록되어 있다. 여기서 말하는 강남의 국주(國主)란 바로 남당(南唐)의 왕 이변(李昪)[20]을 가리킨다. 법안문익의 시호인 '대법안선사(大法眼禪師)'도 남당의 2대 왕인 이경(李璟)이 올린 시호이다.[21]

항주에서 나라를 세운 오월왕(吳越王) 전(錢, 전홍숙)씨 일족은 두 팔을 걷어붙이고 법안종과 천태덕소(天台德韶, 891~972)를 후원했다. 항주의 서호(西湖) 정자사(淨慈寺)는 법안종의 대사찰이었는데, 이것은 오월왕 전홍숙이 법안종의 3조인 영명연수(904~975)를 위하여 건립한 선원총림이었다. 정자사는 훗날 남송 오산 가운데 하나가 되기도 했다.

그리고 후당의 장종(莊宗)은 당말의 임제종 선승인 흥화존장(830~888)을 존숭하여 귀의했고, 오대 때 초왕(楚王) 마은(馬殷)은 석문헌온(石門獻蘊) 선사에게, 민왕(閩王) 왕심지(王審知, 862~925)는 설봉의존과 현사사비에게 귀의했다.[22]

당말오대에 황제나 왕을 자처했던 지방 절도사 등 군벌호족들의 종교적·정신적 의지처는 선종이었다. 당시 민중적 호응도가 가장 높았던 종교가 선불교였으므로 그들 역시 선불교를 적극 후원하지 않을 수 없었다.

---

19) 『청량문익어록』, "江南國主, 李氏始祖, 知重師之道, 迎住報恩禪院."(대정장 47권, p.588c)
20) 누카리야 카이텐(忽滑谷快天), 『禪學思想史』 상권, p.742, 玄黃社, 1925.
21) 張志哲 主編, 『중화불교인물대사전』, p.269, 黃山書社, 2006.
22) 누카리야 카이텐(忽滑谷快天), 「王侯의 歸崇과 禪門의 興融」, 위의 책, p.761.

이 무렵 바야흐로 선종사원에도 하나둘씩 불전(佛殿)이 세워지기 시작했다. 절도사 등 군벌호족들은 오대(五代)의 난세를 당하여 불전(대웅전)을 찾아가 일족의 안녕을 기원했다. 선종의 건설자 백장회해가 청규(백장청규)에서 제정한 '불립불전, 유수법당(不立佛殿, 唯樹法堂. 법당만 세우고 불전은 세우지 않는다)'의 대원칙은 조금씩 흔들리기 시작했다.

운문문언(864~949)의 어록인 『운문광록』에는 불전(대웅전)이 선문답 속에 여러 번 나온다.

> 운문 선사가 대중들에게 말했다.
> "여러분 보시오. 지금 불전(佛殿)이 승당(좌선당) 속으로 들어가고 있소."
> (대중 가운데 아무도 말을 하는 사람이 없자) 대신 대답하였다.
> "나부산이 북을 치니 소주가 춤을 추네."[23]
>
> 어떤 납자가 불전(佛殿) 모퉁이에 서 있었다. 그때 운문 선사가 손뼉을 탁 치면서 말했다.
> "불전(佛殿)과 노주(露柱, 대웅전 기둥)가 주고(廚庫, 부엌)로 달려 들어가고 있다."
> 그 납자가 고개를 돌려 보자 운문 선사가 말하였다.
> "보아도 그대는 모를 것이네. 다만 불전이 나올 때를 기다려 보게."[24]
>
> 또 어떤 납자가 물었다.

---

23) 『雲門廣錄』. "雲門示衆云, 看看. 佛殿入僧堂裏去也. 代云. 羅浮打鼓韶州舞."(대정장 47권, p.562b)
24) 『雲門廣錄』. "師因見僧在殿角立次. 乃拍手一下云. 佛殿露柱, 走入廚庫去也. 僧迴首看. 師云. 見你不會. 却來祗候佛殿."(대정장 47권, p.572b)

"선사, 신라와 대당(大唐)은 같습니까? 다릅니까?"

운문이 대답했다.

"승당(僧堂), 불전(佛殿), 주고(廚庫, 고원), 삼문(三門)이니라."25)

운문이 대중들에게 말했다.

"하늘과 땅 우주 그 사이에 하나의 보물(마음)이 있는데 형산(육체)에 비장(秘藏)되어 있다. 등롱은 불전 속에 있고, 삼문(三門)은 등롱 위에 있네."26)

선문답 속에 불전이 심심치 않게 등장하고 있는 것으로 보아, 적어도 당말을 지나 오대 무렵에는 선종사원에도 불전이 세워지기 시작한 것으로 보인다.

그러나 비록 시대적 요청에 의하여 선종사원에 불전이 세워지고는 있었으나 그 규모가 왜소하여 법당의 규모와는 비교할 수가 없었고, 신자들도 각자가 개별적으로 불전에 가서 기도할 뿐, 현재 우리나라처럼 부전스님이 불전에 가서 불공(佛供)을 올려 준다거나 기도·염불해 주지는 않았다. 불전(대웅전)은 있어도 아직 불공의식 등 염불문은 준비되어 있지 않았다.

북송시대 불전의 위상은 낮았고, 그 위치도 한쪽 모퉁이에 있었다. 우리나라로 말하면 칠성각이나 독성각 정도였다. 선당(禪堂)의 납자들은 그쪽으로 일체 눈길도 돌리지 않았다.

북송 말에 편찬된 장로종색의 『선원청규』(1103년)에는 '불전(佛殿)'이라는 용어가 세 번(2권, 9권, 6권) 정도 나오는데 주로 행자들에

---

25) "問僧. 新羅國與大唐國, 是同是別. 代云. 僧堂, 佛殿, 廚庫, 三門." (신찬속장경 68권, p.107b)
26) 『雲門廣錄』. "雲門示衆云. 乾坤之內, 宇宙之間, 中有一寶, 祕在形山. 著(拈)燈籠向佛殿裏, 拈(將)三門安燈籠上." (대정장 47권, p.801a)

대한 규정이다.

> 행자들은 매일 만참(晩參, 저녁 법문) 때 불전 앞에서 부처님께 예배하라(每日, 晩參於佛殿前禮佛).[27]
> 황혼(黃昏)이 되어 대종을 치면 행자들은 불전(佛殿)에 올라가서 염불하라(黃昏鳴大鐘者, 行者上殿念佛也).[28]

이상과 같이 '불전에 가서 예배, 또는 염불하라'고 규정하고 있으나 이 규정은 행자들에 한한 것이고, 그 어디에도 "승당의 대중들도 불전에 가서 예배나 예불하라."고 규정한 곳이 없다. 불전이 있고 불상이 모셔져 있어도 선당의 납자들과는 무관한 규정이었다. 이는 오늘날 우리나라 선원과도 비슷한 점이 있다.

4. 남송의 국가적 운명과 불전의 위상

1126년에 일어난 '정강의 변(靖康之變)'은 송나라를 혼란 속으로 빠트렸다. 정강 1년 금(金)나라는 북송의 수도 개봉(開封)을 공격한 지 3일 만에 수도를 함락시키고 흠종(欽宗)과 휘종(徽宗, 上皇), 그리고 황족과 대신 등 무려 3천여 명(약 70%)을 만주로 압송했다. 한족 역사상 초유의 사건이었다. 몇몇 남은 황족들과 장수들이 임안(臨按, 항주)으로 후퇴하여 금(金)과 협상을 하여 양자강 북쪽은 금

---

27) 『선원청규』 6권, 「訓童行」, "每日, 晩參於佛殿前禮佛."(신찬속장경 63권, p.548c)
28) 『선원청규』 6권, 「警衆」, "黃昏鳴大鐘者, 行者上殿念佛也."(신찬속장경 63권, p.539c)

나라가, 남쪽은 송나라가 통치하는 선에서 강화조약을 체결했다.[29] 이후를 남송이라고 한다.

남송은 이 치욕적인 사건을 겪고 나서 강력한 중앙집권 정책을 펼쳤다. 남송은 실지(失地) 회복을 위하여 정부 조직을 재정비했는데, 그 일환으로 뒤늦게 실시한 것이 이른바 5산10찰 제도였다.[30] 5산10찰 제도는 중앙에 5개 본산(五山)을 두고, 그 밑에 10찰(十刹)과 말사를 둔 제도로, 일제식민지 시절에 조선총독부가 실시한 31본산 제도와 거의 비슷했다.

남송 5산 : 제1위(第一位, 首寺) 항주 경산사(徑山寺), 제2위 항주 영은사, 제3위 영파 천동사, 제4위 항주 정자사, 제5위 영파 아육왕사.

남송 10찰 : 항주 만수영조사, 호주 만수사(萬壽寺), 건강 태평 흥국사, 소주 광효사, 명주 자성사, 온주 용상사, 복주 숭성사(崇聖寺),

---

29) 북송(北宋)과 남송(南宋) : 송나라(宋, 960~1279)는, 960~1126년까지를 북송, 1127~1279년까지를 '남송'이라고 한다. 송나라는 건국 이후 1100년대까지 150년간 전쟁이 없는 태평성대였다. 장기간의 태평성대로 관료들은 부패하고 군사력·전투력은 약화되어 여진족(후에 금나라)의 침입에 속수무책이었다. 송나라는 20여 년 이상 금나라에게 시달려 오다가 1126년에는 수도 개봉이 함락되고 왕족과 대신 3천 명이 포로가 되어 여진의 본토인 만주로 이송되었다. 이 치욕적인 사건으로 인하여 송은 수도를 개봉에서 임안, 즉 지금의 항주로 옮겨서 국가 재건을 도모한다. 수도를 남쪽 임안으로 옮기기 이전(960~1126)을 '북송', 옮긴 이후(1127~1279)를 '남송'이라고 한다. 송나라 태조 조광윤(趙匡胤)의 성을 따서 '조송(趙宋)'이라고도 한다.

30) 남송 5산10찰 제도는 전국 선종사원을 관리·통제하기 위한 관사제도(官寺制度)였다. 가정연간(嘉定年間, 1208~1224)에 승상 사미원(史彌遠, 1164~1233)의 구상과 주청에 의하여 이루어졌다고 하는데(불광대사전 2권 p.1062), 중앙에 최고 사찰로서 5대 본산을 두고 그 밑에 2급 사찰로서 각 지역에 열 개의 사찰(10찰)을 두었으며, 10찰 밑에 각 주(州)에 갑찰(甲刹)을 두어 전국의 선종사찰을 관장하게 했다. 국청사 같은 경우는 천태종의 본산으로서 교종사찰임에도 불구하고 선종 10찰의 하나로 편입시켰다. 5산은 모두 당시 수도인 항주에 밀집되어 있었다. 일본의 가마쿠라(鎌倉) 5산과 교토(京都) 5산도 남송 5산 제도를 그대로 모방한 것이다.

무주 보림사, 소주 운암사, 대주 국청사(國淸寺).

5산10찰 제도는 관사제도(官寺制度)로 사찰을 황제의 수명장수와 국태민안(國泰民安)을 빌기 위한 국가기원도량으로 만들기 위한 것이었다. 5산10찰뿐만 아니라, 남송의 모든 사찰은 하루 세 번(조석, 巳時) 불전(대웅전)에 올라가 황제의 만수무강[祝壽, 祝聖][31]과 국운융창을 기원해야 했다. 불전의 위상도 매우 높아져 웅장하게 신축되었다. 일제 식민지 때 모든 사찰에서 조석으로 일본군(日本軍)의 무운장구(武運長久)를 빌었던 것과 같다.

남송시대 불전의 규모는 법당과 같았다(『남송오산십찰도』 참고). 남송 오산 가운데 2위인 항주 영은사의 불전은 크기가 법당과 같았고, 3위인 천동사 역시 불전의 크기가 전면 5칸, 측면 3칸으로 법당과 같았다. 하위직이었던 지전(知殿, 대웅전 담당)이 상위직인 6두수로 급상승한 것도 이때이다.

남송의 불전은 국가의 안녕과 국운융창, 그리고 황제의 수명장수를 기원하는 성스러운 장소였다. 오대나 북송시대의 초라한 불전이 아니었다. 시대를 잘 만나면 달(達)하고 잘 만나지 못하면 궁(窮)하게 되는 것은 인간사만이 아니다. 힌두의 신(神)도 그렇고 사찰의 전각도, 경전도 마찬가지이다.

백장회해가 불전을 폐지하고 오직 법당만 세우도록[不立佛殿, 唯樹法堂] 규정한 지 400여 년 만에 벌어진 일이었다.

---

31) 축성(祝聖)은 북송 때부터 시작되었는데, 남송 때에는 상례화되어 선승들은 불전에서만이 아니고, 법어 직전에도 향을 사르고 축성했다. '황상 폐하 만만세' '황상 폐하(皇上 陛下) 성수(聖壽) 만만세(萬萬歲).'

5장 선원총림의 납자 지도와 오도(悟道) 시스템
- 법문·독참·청익·좌선 -

1. 당송시대 총림의 오도(悟道) 시스템

 당송시대 선종사원은 종교적 기능보다는 부처와 조사를 만드는 작불(作佛)학교 기능을 했다. 특히 당대 선불교는 그렇다. 그렇다면 선원에서는 어떤 방법으로 납자들을 지도했을까? 우리나라 선원처럼 화두를 준 후 무작정 앉아 있으라고만 한 것인가? 별도의 지도가 있었는가?
 당송시대 선원총림의 납자 지도 시스템은 법문(法門)·독참(獨參, 개별적인 지도)[1]·청익(請益, 보충 교육)[2]·좌선(坐禪), 이렇게 4가지이다.
 법문은 반야지혜와 정안을 열어 주기 위한 것이고, 독참은 개개인

---

1) 독참(獨參, 入室) : 방장과 개별적으로 독대하여 그 동안의 공부 상태를 지도·점검받는 것으로 입실(入室)이라고도 한다. 그 방법은 법거량(法擧量) 즉, 선문답 형식이다.
2) 청익(請益) : '보탬을 청한다'는 뜻으로 법문을 듣고 난 후에 더 자세하게 질문하고 싶은 것이 있을 때 별도로 찾아가서 묻는 것. 즉 재삼(再三) 재차(再次) 가르침을 청하는 것을 말한다. 독참은 의무적·정기적인 것으로서 누구나 정해진 날, 정해진 시간에 방장실로 가서 그간의 공부에 대하여 점검받는 것이고, 청익은 비정기적·비의무적인 것으로서 더 묻고 싶은 사람만 찾아가서 묻는 것을 말한다

의 참구 상태를 지도·점검해 주기 위한 것이며, 청익은 별도로 재차 추가 질문할 수 있게 하여 의문점을 풀어 주기 위한 제도이고, 좌선은 도거(掉擧, 잡념),[3] 간혜(乾慧, 어설픈 지혜),[4] 번뇌 등 분별망상을 제거하기 위한 것이다.

그런데 선종사원의 이러한 납자지도 시스템, 즉 법문·독참·청익·좌선으로 이어지는 시스템은 가람 설계도(구성)에도 그대로 적용되었다.

당송시대 선종사원의 가람 가운데 가장 중요한 당우는 법당(法堂, 설법당)·방장(方丈)·승당(僧堂, 선당)으로, 이 세 당우가 수행 및 오도(悟道) 시스템의 핵심적인 건물이었다. 법당에서는 반야지혜의 법문을 설하고, 방장실에서는 독참과 청익을 하고, 승당에서는 좌선을 했다.

양억(楊億, 974~1020)의 「선문규식」[5]에서는 법문과 독참(입실)·청익의 중요성에 대하여 다음과 같이 규정하고 있다.

> 입실(入室, 독참)과 청익(請益)을 제외한 그 나머지(즉 좌선)는 수행자의 근태(勤怠, 부지런함과 게으름)에 맡긴다. 많이 하든(上) 혹

---

3) 도거(掉擧): 마음이 안정되지 못하고 들뜬 상태. 즉 갖가지 생각, 잡념이 꼬리를 물고 일어나는 것을 말한다.
4) 간혜(乾慧): 비록 지혜를 얻었다고 해도 아직 원숙하지 못한 얕은 지혜, 선정(禪定)의 힘이 충실하지 못한 지혜.
5) 양억(楊億)의 「선문규식」은 백장회해가 제정한 청규의 정신을 전하고 있는 자료이다. 『전등록』 6권 「백장회해」 장 부록에 실려 있다. 그리고 장로종색이 편찬한 『선원청규』 10권 「백장규승송(百丈規繩頌)」에도 비슷한 내용이 실려 있다. 「선문규식」의 찬자 양억(974~1020)은 송초의 한림학사로 독실한 선종의 거사였다. 그는 수산성념(首山省念)의 제자인 광혜원련(廣慧元璉)의 제자이다. 성은 양(楊), 휘는 억(億), 자(字)는 대년(大年), 시호는 문공(文公). 그래서 그를 양문공(楊文公)이라고도 한다. 『서장』 답(答) 왕장원(汪壯元)에 나오는 양문공(楊文公) 대년(大年)이 양억이다.

적게 하든(下) 그것은 일정한 규정(常準)을 두지 않는다. 그리고 선원의 모든 대중들은 아침에는 조참법문을, 저녁에는 모여 만참을 들어야 한다. 장로(주지)가 법당에 올라가 법을 설하면 주사(主事, 중요 소임자) 및 대중들은 안립(雁立)하여 귀를 기울이고 들어야 한다.[6]

위 「선문규식」에서 확인해 볼 수 있는 바와 같이, 강조하고 있는 것은 입실(독참)과 청익, 그리고 아침 법문인 조참과 저녁 법문인 만참[朝參夕聚]으로, 이상은 반드시 준수해야 할 의무적인 사항이었다. 정견(正見)과 정안(正眼)을 갖추고 반야지혜를 성취하기 위해서는 법문, 독참, 청익의 세 가지가 가장 중요했기 때문이다.

반면 좌선에 대해서는 하루 몇 번, 몇 시간 좌선해야 한다는 규정을 두지 않았다. 좌선은 앉는 자세 등 기본적인 것만 지도해 주면 그 뒤에는 충분히 개인이 알아서 할 수 있기 때문에, 많이 하든 적게 하든 규정을 두지 않았다. 그것은 또한 개인의 역량에 달린 문제이기도 했다(任學者勤怠, 或上或下, 不拘常準).

북송 후기 장로종색이 편찬한 『선원청규』(1103년)에도 법문, 독참, 청익은 강조했으나 좌선에 대해서는 일체 언급되지 않는다. 그 이유는 반야지혜를 갖추기 위해서는 좌선보다는 법문이 더 중요했기 때문이다.

좌선을 중시하여 오늘날과 같이 '하루 네 번 좌선(四時坐禪)'으로 정례화 된 것은 남송 무렵부터이다. 원(元)·명(元明) 때에도 많은 선

---

6) 『전등록』 6권, 「백장회해」 章 부록, 「禪門規式」. "除入室請益, 任學者勤怠, 或上或下, 不拘常準. 其闔院大衆, 朝參夕聚. 長老上堂陞坐, 主事徒衆, 雁立側聆."(대정장 51권, p.250c)

승들이 좌선을 강조했다. 그리고 오늘날 우리나라 선원도 마찬가지로 좌선을 강조하고 있지만, 깨달은 선승, 유명한 선승은 오히려 나타나지 않는 것 같다.

특히 방장실에서 이루어지고 있는 독참(獨參, 入室)은 수행자 개개인의 공부를 지도·점검하는, 오늘날로 말하면 개인지도 시스템이라고 할 수 있다. 납자들은 정기적으로 방장과의 독대를 통하여 자신이 참구하고 있는 공안(화두)에 대하여 지도 점검을 받았다.

현재 우리나라 선원에는 이 네 가지 시스템 가운데 좌선(선정)만 있다. 법문은 겨우 결제일과 해제일에만 들을 수 있는데, 그것도 방장이나 조실이 있는 곳에서만 가능하다. 그리고 독참과 청익은 완전히 사라지고 없다. 이런 시스템으로 깨달은 선승이 출현한다는 것은 구조적으로 어렵다. 당송시대처럼 법문과 독참, 청익이 이루어져야 한다.

우리나라 선원에서 독참과 청익이 언제 사라진 것인지는 알 수 없다. 선(禪), 또는 선원 쇠퇴기와 관련이 깊을 것으로 생각한다. 독참 시스템이 없으므로 수행자 지도는 사실상 방치되고 있는 상태다.

6장 선종사원의 하루 일과
- 부처는 일상 속에서 이루어진다 -

1. 하루 일과 개관

당송시대 선종사원에서도 하루 일과가 있었을 것이다. 선원총림의 하루 일과에 대하여 당(唐)·오대(五代) 선원의 자료는 현존하는 것이 없다.

그리고 북송 말 무렵에 이루어진 장로종색의 『선원청규』가 있으나 여기에도 일과는 정리되어 있지 않다. 분명히 당오대는 물론, 북송시대 선종사원에도 정해진 하루 일과가 있었을 것이지만, 주변 자료를 통하여 대략 짐작만 할 뿐 구체적으로는 알 수가 없다.

여기서는 남송 때 편찬된 청규들, 즉 『입중일용』·『총림교정청규(함순청규)』·『선림비용청규』, 그리고 원대의 『칙수백장청규』와 도겐(道元)의 『영평청규』(남송) 등을 바탕으로 천 년 전 선원의 하루 일과를 재구성해 보고자 한다.

말하자면 여기에 정리된 선종사원의 하루 일과는 당·북송시대를 기준한 것이 아니고 남송시대를 바탕으로 정리한 것이다. 물론 당·북송시대 선원총림의 하루 일과도 참고한 것이다. 일과를 설명하는 사이사이에 시대적인 차이에 대해서는 보충설명을 하였다.

남송시대 선원총림의 하루 일과는 크게 13가지로 나눌 수 있다. ①기상(起床) ②새벽 예불(=朝課) ③새벽 좌선(=後夜坐禪, 曉天坐禪) ④아침 공양(=朝粥), ⑤조참(朝參, 早參, 아침 법문) ⑥오전 좌선(=早晨坐禪) ⑦점심 공양(=午齋) ⑧오후 좌선(=哺時坐禪) ⑨저녁 예불(=晚課) ⑩저녁 법문(=晚參) ⑪저녁 공양(=藥石) ⑫저녁 좌선(=黃昏坐禪) ⑬취침(就寢)이다.

〈남송시대 선원의 하루 일과표(日課表)〉

	청규 용어		요즘 말		시각
①	개정(開靜)	……	기상(起床)	……	새벽 4시
②	조과(朝課)	……	새벽 예불	……	4시 30분
③	후야좌선(後夜坐禪)	……	새벽 좌선	……	5시경
④	조죽(早粥)	……	아침 공양	……	6시
⑤	조참(朝參, 早參)	……	아침 법문	……	6시 40분경
⑥	조신좌선(早晨坐禪)	……	오전 좌선	……	9시경
⑦	오재(午齋)	……	점심 공양	……	11시
⑧	포시좌선(哺時坐禪)	……	오후 좌선	……	오후 3시
⑨	만과(晚課)	……	저녁 예불	……	4시
⑩	만참(晚參)	……	저녁 법문	……	4시 30분경
⑪	약석(藥石)	……	저녁 공양	……	5시
⑫	황혼좌선(黃昏坐禪)	……	저녁 좌선	……	7시
⑬	개침(開枕)	……	취침	……	9시

2. 새벽과 오전의 일과

① 기상(起床. 開靜)은 새벽 4시

당송시대 선종사원의 새벽 기상 시간은 인시(寅時) 즉, 오경(五更, 3시~5시)이다. 장로종색의 『선원청규』 6권 「경중(警衆, 대중들에게 알림)」편에는 새벽 기상 시간에 대하여 다음과 같이 규정하고 있다.

> (새벽에) 종소리·북소리·어판(魚板) 소리가 들리면 모름지기 행동해야 할 바를 알아야 한다. 5경(五更, 寅時)에 대종(大鐘)을 울리는 것은 잠을 깨우는 것이다. 그 다음 주방(부엌) 앞의 소종(小鐘)을 치는 것은 개소정(開小靜)이다. (모든 요사채의 공과행자(供過行者, 供頭행자, 供飯)들과 등두(燈頭) 등은 먼저 일어나야 한다. 그 다음 주방 앞의 운판을 치면 개대정(開大靜)이다. 모든 대중들은 일제히 일어나서 침구(單被, 홑이불)를 거두고(접첩摺疊) (승당의) 모기장을 올려야 한다.[1]

기상을 알리는 순서는 먼저 대종(大鐘)[2]을 친다. 이어 주방(廚房, 庫院)에서 소종(小鐘)을 치면 개소정(開小靜, 행자 기상)으로서 가장 먼저 공두행자·명등(明燈) 등 행자들이 기상을 한다. 곧이어 운판을 치면 개대정(開大靜, 전체 기상)으로 대중 모두가 기상해야 한다.

---

1) 『重雕補註 禪苑清規』 6권, 「警衆」. "凡聞鐘鼓魚版, 須知所為. 五更鳴大鐘者, 警睡眠也. 次廚前, 打小鐘子者, 開小靜也(諸寮供過行者, 及燈頭等, 並皆先起). 次擊廚前雲版者, 開大靜也(衆僧齊起, 方得摺疊單被, 及上蚊廚(帳)."(신찬속장경 63권, p.539b)
2) 새벽 기상 때는 대종을 108번 친다. 108번을 치는 것은 108번뇌를 제거하는 것을 상징한다. 그래서 108종이라고 한다. 『칙수백장청규』 8권, 「법기(法器)」편 참고. 『불광대사전』 3권, p.2488.

원나라 때 무량종수(無量宗壽) 선사가 편찬(1311년)한 『선림비용청규(禪林備用淸規)』 10권 「일용청규(日用淸規)」(일용궤범) 속의 '입중지법(入衆之法, 입문자가 지켜야 할 사항)'에도 "남보다 먼저 잠을 자서는 안 되며, 남보다 늦게 기상해서는 안 된다. 오경종(五更鐘, 5경에 치는 종)이 울리기 전에 먼저 일어나야 한다."³⁾고 하여, 오경에 기상했음을 알 수 있다.

동양덕휘의 『칙수백장청규』 4권, 수두(水頭, 물 담당 소임) 항목에는 수두의 의무에 대하여 "오경에 탕에 물을 데워서 대중들에게 공급해야 한다(水頭, 五更燒湯, 供大衆)."⁴⁾고 명시하고 있다.

이상과 같이 송대의 모든 청규에서는 인시, 즉 오경에 기상하라고 명시하고 있고, 실제 선종사원에서도 인시(寅時), 즉 오경(五更, 새벽 3시~5시)에 기상했다.

새벽 기상 시간이 인시(寅時)인 것은 오늘날 중국·한국·일본이 모두 같다. 그런데 실제 기상 시간은 중국 사원은 4시, 한국은 3시, 일본은 3시 30분에 기상한다. 조금씩 차이가 있는데, 이것은 인시의 시각 개념에서 비롯된 착오가 아니면 문화적인 차이라고 생각한다.

근대에 시계가 발명되기 이전에 중국·한국·일본 등 동양에서는 지금과는 달리 하루를 12시간으로 나누어, 자시(子時, 밤 11시~새벽 1시), 축시(丑時, 새벽 1시~3시), 인시(寅時, 새벽 3시~5시) 등 12간지(干支)로 표기했다.⁵⁾

....
3) 『禪林備用淸規』, 「日用淸規」 入衆之法. "睡不在人前, 起不落人後. 五更鐘未鳴, 輕輕抬身先起."(신찬속장경 63권, p.660c)
4) 대정장 48권, p.1133a.
5) 하루 24시간을 12시간으로 나누어 12간지로 표기했다. 자시(子時)는 전날 밤 11시부터 다음 날 새벽 1시까지, 축시(丑時)는 새벽 1시~3시, 인시(寅時,

그리고 일몰 후 밤은 별도의 시간 개념인 '경(更)'[6]을 도입하여 1경(一更=初更. 저녁 7시~9시)에서 5경(새벽 3시~5시)으로 나누어 표기했다. 그리고 그 하위 개념인 분(分)은 '점(點, 1점은 24분)'과 '각(刻, 1각은 15분)'으로 표기했다. 따라서 별도로 점(點)이나 각(刻)의 표기가 없으면 그것은 정각, 즉 가운데 시간을 뜻한다.

예컨대 자시(子時)는 밤 11시~새벽 1시까지를 가리키는데, 정각은 12시이다. 밤 12시를 '자정(子正)'이라고 하는 것은 '자시(子時)의 정시각'이라는 뜻이다. 또 낮 12시를 '정오(正午)'라고 하는 것은 '오시(午時, 오전 11시~오후 1시)의 정각'이라는 뜻이다.

청규에서 규정한 선종사원의 새벽 기상 시간은 인시(寅時), 즉 오

5경)는 새벽 3시~5시. 묘시(卯時)는 5시~7시. 진시(辰時)는 7시~9시. 사시(巳時)는 9시~11시. 오시(午時)는 11시~오후 1시. 미시(未時)는 오후 1시~3시. 신시(申時)는 오후 3시~5시. 유시(酉時)는 오후 5시~7시. 술시(戌時)는 저녁 7시~9시. 해시(亥時)는 밤 9시~11시. 이와 같이 두 시간을 하나의 시간으로 묶었다.
그리고 2시간, 즉 120분을 24분씩 5등분하여, 1점(一點), 2점(二點), 3점(點), 4점(點), 5점(點)으로 표기했다. 예컨대 인시(寅時)의 1점이면 새벽 3시 24분을 가리키고, 인시 2점이면 3시 48분을 가리킨다. 또 여기서 더 세분화하여 1시간을 15분씩 나누어 1각(一刻), 2각(二刻), 3각(三刻), 4각(四刻)으로 표기했는데, 초(初)는 앞 시간이고 정(正)은 뒤 시간이다. 예컨대 인초(寅初) 일각(一刻, 초각)은 새벽 3시~3시 15분까지이고, 인초(寅初) 2각(二刻)은 새벽 3시 15분~3시 30분까지이고, 인초 3각은 3시 45분까지이고 인초 4각은 4시까지이다. 또 인정(寅正, 인시의 정각) 일각(一刻, 초각)은 새벽 4시~4시 15분, 인정(寅正) 이각(二刻)은 4시 15분~4시 30분, 인정 3각은 4시 30분~4시 45분, 인정 4각은 5시까지이다. 시간 단위에서 가장 상위 개념(2시간)이 12간지와 경(更)이고, 다음의 하위 개념이 '점(點, 1점은 24분)'과 '각(刻, 1각은 15분)'이다. 각(刻)은 가장 짧은 시간 단위. '일각여삼추(一刻如三秋)'.
6) 5경(五更) : 경(更)이란 일몰 후 밤 시간을 표시하는 단위로 1更에서 5更까지 있다. 1경(一更, 初更)은 저녁 7시~9시, 2경(二更)은 밤 9시~11시, 3경은 밤11시~새벽 1시, 4경은 새벽 1시~3시까지, 5경(五更, 寅時)은 새벽 3시~5시까지이다. 그 가운데 새벽 3시는 5경의 초각(初刻)에 해당되고, 4시는 정각(正刻)에, 새벽 5시는 후각(後刻)에 해당된다.

경(五更)으로 새벽 3시에서 5시까지이다. 그런데 인시(寅時)나 오경(五更)이라고 해도 별도로 초각(初刻, 3시)·정각(正刻, 4시)·후각(後刻, 5시)의 표기가 없고, 또 분(分)을 가리키는 '점(點, 1점은 24분)'이나 '각(刻, 1각은 15분)'을 표기하지 않았다면 그것은 인시의 정각(正刻), 즉 4시를 가리킨다.

그런데 우리나라 사찰에서는 인시(寅時)의 초각(初刻)인 3시에 기상하고 있는데, 이것은 인시의 시각에 대한 착오로 인한 것이 아닌가 싶다.

그런데 필자가 입산하여 『초발심자경문』을 배울 적에, 야운 선사의 「자경문(自警文)」에 "삼경(三更) 외에는 잠을 자지 말라(除三更外, 不許睡眠)"[7]는 것 때문에 "사찰에서 저녁 9시에 자고 새벽 3시에 일어나게 되었다"고 들었고, 또 많은 이들도 그렇게 설명하고 있다. 즉 1경(更)이 2시간이므로 3경이면 6시간이 되고, 따라서 저녁 9시에 취침하기 때문에 3시에 일어난다는 것이다.

그런데 이 설명이 꼭 맞다고 단정하기 어려운 것은, 그냥 삼경(三更)이라고 했을 경우는 밤 11시에서 새벽 1시까지를 가리킨다(참고로 1更은 저녁 7시~9시, 2경은 9시~11시, 3경은 11시~새벽 1시, 4경은 새벽 1시~3시, 5경은 3시~5시).

야운 선사는 고려말 유학자 권단(1228~1311)으로 늦게 출가했는데, 지식인인 그가 '제삼경외 불허수면(除三更外, 不許睡眠)'의 뜻을, 저녁 9시~새벽 3시까지 6시간을 가리키는 것으로 말했을 것 같지는

....

7) 野雲, 「自警文」. "其五, 除三更外, 不許睡眠. 曠劫障道, 睡魔莫大, 二六時中, 惺惺起疑而不昧, 四威儀內, 密密廻光而自看. 一生空過, 萬劫追恨, 無常刹那, 乃日日而驚怖, 人命須臾, 實時時而不保. 若未透祖關 如何安睡眠."

않다는 것이다. 그보다는 불철주야 참구해야 한다는 뜻에서, 밤 11시에서 새벽 1시 외에는 잠을 자지 말고 좌선해야 한다고 말한 것이 아닐까?

선종사원에서는 예나 지금이나 저녁 9시면 모두 취침한다. 그러나 잠을 자지 않고 더 좌선하고 싶은 사람은 밖에 나가서 혼자 좌선할 수 있도록 제도화했는데, 그것이 야좌(夜坐)이다. 즉 야좌(夜坐)란 개인적으로 더 좌선하고 싶은 사람은 밤 9시 이후에 선당이 아닌 다른 곳에서 좌선하는 것을 말한다(일본 太修館 발행, 『禪學大辭典』 p.1237 상당 설명 2)번 참조).

또 야운의 자경문 제5에 있는 '제삼경외 불허수면(除三更外, 不許睡眠)'은 야운의 말이 아니고 그가 존경했던 『몽산화상어록』에 있는 "제삼경외(除三更外)에 불허수면(不許睡眠), 불허출가(不許出街), 불허부청(不許赴請)"에서 그대로 인용한 것이다.[8] 여기 삼경은 밤 11시~새벽 1시이다. 그 이유는 몽산화상(1231~1308?)이 살았던 남송말 원대 선종사원의 취침과 새벽 기상 시간은 의문의 여지없이 밤 9시~새벽 4시였기 때문이다. 몽산은 잠을 자지 말고 열심히 참구하라고 강조했던 선승이었다.

---

8) "若有來此, 同甘寂寥者, 捨此世緣, 除去執著顚倒, 眞實爲生死大事, 肯順庵中規矩. 截斷人事, 隨緣受用, 除三更外, 不許睡眠, 不許出街, 不許赴請. 未有發明, 不許看讀, 非公界請, 不許閱經. 如法下三年工夫, 若不見性通宗, 山僧替爾入地獄."(『蒙山和尙法語』, 大正藏 48권, No. 2019B 誡初心學人文 부록) 만약 여기에 와서 같이 고요함을 즐기려는 이는, 이 세상 인연을 다 여의고, 자신의 고집과 애착과 모든 잘못된 생각도 다 버리고, 참으로 생사의 큰일을 위하여 암자의 규칙을 지키고 인사(人事)를 끊고, 먹고 입는 것을 인연따라 하되, 밤 삼경 외에는 자지 말고 거리에도 나가지 말며, 초청에도 가지 말라. 깨치기 전에는 글도 읽지 말며 예식 때가 아니거든 경도 보지 말라. 이렇게 공부를 3년 했는데도 깨닫지 못한다면 산승이 그대를 대신하여 지옥에 떨어질 것이다.

몽산화상이 말하는 3경과 야운화상이 말하는 3경의 뜻이 같다고 보았을 때, 야운의「자경문」에 나오는 3경은 밤 11시에서 새벽 1시일 가능성이 매우 크다. 즉 공부하는 납자는 11시에서 1시까지 2시간만 자고 일어나서 야좌(夜坐, 밤에 혼자 좌선하는 것)해야 한다는 뜻이다.

우리나라 사찰에서도 원래는 인시의 정각인 4시에 기상한 것으로 보이는데, 언제부터인가(조선시대?) 인시 초각인 3시에 기상하게 된 것 같다. 야운화상의 '제삼경외(除三更外)에 불허수면(不許睡眠)'을 6시간으로 생각하고, 그렇다면 저녁 9시~새벽 3시를 인시로 받아들였을 가능성도 매우 높다.

중국 사찰은 지금도 여전히 인시 정각인 4시에 기상[9]하고 있고, 일본의 경우 영평사는 여름에는 3시 30분에, 겨울에는 4시 30분에 기상하고 있다. 참고로 초기 인도불교의 새벽 기상은 5시 이후였다고 한다.

우리나라 사찰에서는 '도량석'이라고 하여 새벽에 목탁을 치면서 다니지만, 당송시대 선종사원(총림)에서는 판(板)과 종(鐘)·북(鼓)을 쳐서 잠을 깨웠다. 일본 조동종 대본산 영평사도 중국과 같은데, 다른 것은 요령을 흔들면서 회랑(回廊)을 뛰어다닌다는 점이다.

---

9) 중국 귀주(貴州)의 대표적 사찰인 홍복사를 소개한『문화총림(文化禪林)』(2005, 중국 민족출판사)에도 "사찰에 따라 조금씩 차이가 있지만, 대부분 4시에 일어난다."고 소개되어 있다. 또 몇 년 전 남송오산 가운데 하나인 영파 아육왕사(대혜종고의 주석처)와 천동사(천동정각의 주석처), 그리고 항주 영은사 등을 답사한 적이 있다. 그때 아육왕사의 하루 일과표를 보았는데, 새벽 기상 시간은 4시였다

② 새벽 예불(朝課)은 4시 30분

　새벽 예불은 새벽 4시 30분경이었고, 예불에 소요되는 시간은 40분 정도였을 것으로 생각된다. 물론 백장회해 때부터 당말(唐末)까지 선종사원에서는 불전(佛殿, 대웅전)을 두지 않았고, 불상도 모시지 않았으므로 새벽 예불도, 예불문도 있을 까닭이 없다. 조석예불을 하기 시작한 것은 북송 후기나 남송 시대부터라고 할 수 있는데, 북송 말에 편찬된 장로종색의 『선원청규』를 비롯하여 남송시대 청규인 『총림교정청규총요(咸淳淸規)』 등에는 조석예불을 했다는 분명한 규정이나 자료가 없다. 그러나 몇 곳의 구절을 본다면 조석예불을 했다는 사실을 추정할 수가 있다.

　그런데 조석예불문이 무엇이었는지 나타나 있지 않다. 왕경림(王景琳) 저(著), 『중국고대사원생활』[10]에 나오는 중국 선종사원의 아침(새벽) 예불문 순서는 명말(明末)에 형성되었다고 하는데, ①능엄주, ②대비주(신묘장구대다라니), ③십소주(十小呪)[11], ④반야심경을 각각 1편씩 염송하고 마지막으로 ⑤회향문을 읽고 마친다. 그리고 저녁 예불문은 ①아미타경, ②예불대참회문, ③몽산시식 등이다. 이상은 그 내용으로 보아 명대보다는 원대(元代)에 형성된 것으로 생각된다. 남송시대 초기의 새벽 예불문은 간단하여 청정법신비로자나불 등 십불명(十佛名)이었을 것으로 생각되고, 남송후기에는 능엄주, 대비주, 반야심경 정도였을 것으로 생각한다.

---

10) 왕경림(王景琳), 『中國古代寺院生活』, pp.124~125, 중국협서인민출판사, 2002.
11) 십소주(十小呪)란 열 개의 짧은 주문인데, 여의보륜왕다라니, 소재길상다라니, 공덕보산신주, 불모준제신주, 무량수주, 약사관정진언, 관음영험진언, 칠불멸죄진언, 왕생정토신주(神呪), 대길상천녀주(大吉祥天女呪)이다.

③ 새벽 좌선(後夜坐禪)은 5시경

새벽 좌선을 후야좌선(後夜坐禪), 또는 효천좌선(曉天坐禪)[12]이라고 한다. 당말오대, 북송 때까지는 새벽 예불이 없었는데, 만일 예불을 하지 않았다면 후야좌선은 늦어도 4시 30분경부터 시작했을 것이다. 남송시대에는 예불을 했다고 보여지므로 후야좌선은 5시나 5시 10분경부터 시작하여 아침 공양(6시) 직전에 마친 것으로 보인다. 고원(庫院, 廚房)에서 운판(공양을 알리는 板)을 치면 마치므로 늦어도 5시 50분경에는 마쳤을 것이다.

④ 아침 공양(早粥)은 6시

아침 공양은 6시에 죽(粥)으로 한다. 그래서 청규에서는 아침 공양을 '조죽(朝=早粥)'이라고 한다. 요즘 중국 사찰에서는 '조반(朝飯)'이라고 하는 것을 보면, 아침 공양은 죽이 아니고 밥을 공양한다고 보아야 한다(중국도 남송말부터 조반을 하였다). 우리나라 선원도 지금은 조죽을 먹지 않고 조반(朝飯)을 한다. 일본 영평사는 여전히 천년 전과 같이 조죽으로 아침 공양을 한다.

----

12) 후야(後夜)는 5경(五更)으로 새벽 3시~5시를 가리킨다. 남송 때부터는 하루 4번 좌선을 제도화했다. 이것을 '사시좌선(四時坐禪)'이라고 한다. 즉 후야좌선(後夜坐禪, 새벽 좌선으로 曉天坐禪이라고도 함), 조신좌선(早晨坐禪, 오전 좌선), 포시좌선(哺時坐禪, 오후 좌선), 황혼좌선(黃昏坐禪, 저녁 좌선)이다.

⑤ 아침 법문(朝參, 早參)은 6시 40분~7시경

　아침 법문을 조참(朝參, 早參)이라고 한다. 조참은 아침 공양 후에 가사를 벗지 않은 채 잠시 기다리고 있다가 곧바로 했다고 하므로 6시 40분이나 늦어도 7시 무렵에는 시작했을 것으로 보인다.

　당말오대에는 조참법문을 거의 매일같이 했으나 송대부터는 5일에 한 번, 즉 3일과 8일에만 했다. 조참이 있는 날에는 법당에 있는 북을 치고, 조참이 없을 때에는 법당 앞에 있는 작은 종을 세 번 친다.[13] 조참은 소참의 일종이었는데, 후대에는 그 형식이 상당법어와 같았다.

　일본 영평사는 지금도 여전히 조참을 하고 있다. 우리나라는 조참이 사라진 지 오래되었고, 중국은 조참을 하는지 잘 알 수 없지만, 하지 않을 가능성이 높다.

⑥ 오전 좌선(早晨坐禪)은 9시(9시~10시 40분 경)

　오전 좌선을 '조신좌선(早晨坐禪)'이라고 한다. 조신좌선은 오전 9시에 시작하여 10시 40분경에 마친다. "고원(庫院, 주방)에서 곧 오재(午·齋, 점심 공양, 시간은 11시)를 알리는 운판 소리가 울리면 마쳤다."고 하므로 10시 40분경에는 마쳤을 것이다. 사시(巳時)에 지전(知殿)은 부처님께 공양을 올린다. 사시마지는 10시에서 10시 30분 사이에 올린다.

---

13) 장로종색, 『중조보주 선원청규』 6권, 「警衆」. "堂前鳴小鐘子三下, 乃放早參也. 如不放參, 堂上鳴鼓者, 陞堂也."(신찬속장경 63권, p.539c)

⑦ 점심 공양(午齋)은 11시

점심 공양은 11시이다. 청규에서는 점심을 '오재(午齋)'라고 하는데, '재(齋)'란 밥을 뜻한다. 고원(庫院, 주방)에서 운판소리가 나면 대중들은 모두 방선(放禪)을 하고 공양할 준비를 한다. 청규에서는 "고원(庫院)에서 운판소리가 세 번 울리고 이어 대판(大板, 혹은 大鐘)을 치면 오재를 알리는 소리"라고 기록하고 있다. 현재 중국 천동사와 아육왕사, 귀주 홍복사의 점심 공양 시간도 모두 11시이다. 일본 임제종도 11시이다. 우리나라는 대체로 11시 30분인데 이것은 사시(巳時, 9시~11시)를 지난 시각이다.

선원총림에서는 공양하러 가는 것을 '과당(過堂)'이라고 한다. '승당(僧堂)으로 가다(過)'라는 뜻으로 지금도 여전히 그 말을 쓰고 있다.

3. 오후의 일과

오후 일과는 크게 4가지이다. 오후 좌선인 포시좌선(哺時坐禪)과 만과(晚課, 저녁 예불),[14] 만참(晚參, 저녁 법문),[15] 그리고 약석(藥

---

14) 『조정사원(祖庭事苑)』에서는 "만참은 일포(日哺, 포시)의 염송이다"라고 말하고 있는데, 이것은 잘못이다. '무릇 대중을 모아 놓고 법(법문)을 개시하는 것은 모두 다 참이라고 한다(凡集衆開示, 皆謂之參).'라고 말하고 있는 바와 같이, 만참(晚參)의 '참(參)'은 참문(參問)의 약칭으로서 '법문'을 뜻한다. 그리고 일포의 염송은 포시에 십불명을 염송하는 것을 말한다.
15) 『칙수백장청규』, 「住持日用, 晚參」. "凡集衆開示, 皆謂之參. 古人匡徒使之朝夕叁扣. 無時而不激揚此道. 故每晚必參則在哺時."(대정장 48권, p.1119c)

石, 저녁 공양)인데, 이 네 가지를 모두 포시(哺時, 3시~5시)에 한 것으로 기록되어 있다.

그런데 이 가운데 포시와 직결되어 있는 것은 포시좌선과 만과(저녁 예불), 만참 세 가지이고, 저녁 공양인 약석은 5시에 시작했으므로 포시는 아니다. 게다가 만과와 약석은 남송 때 신설된 것이고, 그 이전에는 하지 않았다.

⑧ 오후 좌선- 포시좌선(哺時坐禪)은 3시(3시~3시 40분)

점심 공양 후 대중들은 모두 중료(衆寮, 대중방)에서 차를 마시거나 휴식을 하거나 또는 경전을 보기도 한다.

남송 중기 무렵 중국 천동사에서 천동여정으로부터 3년 동안 가르침을 받았던 도겐(道元, 1200~1253)은 『영평청규』「판도법(辦道法)」에서, 점심 공양 후의 일과와 포시좌선(哺時坐禪) 시간에 대하여 다음과 같이 기록하고 있다.

> 운당(雲堂, 승당, 선당)의 대중들은 점심 공양을 마친 후에는 포단(蒲團, 방석)을 들고 운당을 나가서 중료(衆寮, 큰방, 대중방)에서 휴식한다. 간독상(看讀床, 앉은뱅이책상)에서 (경을 보다가) 좀 지나 포시(哺時, 오후 3시)가 되면(세속의 未時 끝. 즉 오후 3시에 해당됨) 운당으로 돌아와 좌선한다.[16]

도겐의 『영평청규』와 『정법안장』은 총림의 생활상을 자세하게 기록

---

16) 道元, 『永平淸規』, 「辦道法」 속의 放參法. "雲堂大衆, 齋罷收蒲團出堂, 歇于衆寮, 就看讀床, 稍經時餘, 將哺時至(當世俗之未時之終), 歸雲堂, 出蒲團坐禪."(대정장 82권, p.319)

하고 있는 자료인데, 이 기록을 보면 점심 공양을 마친 후 3시까지는 대체로 개인적인 시간임을 알 수 있다. 이 개인적인 시간에는 간경(看經), 승복 수선 등을 하거나 때론 간단한 울력도 했을 것으로 보인다. 다만 경작(耕作) 등 본격적으로 울력을 하는 날에는 고단하기 때문에 좌선을 하지 않았다.

도겐 선사는 포시좌선 시간에 대하여 할주(割註)에서 "세속의 미시(未時)의 끝에 해당한다(當世俗之未時之終)."라고 기록하고 있는데, 미시(未時, 1시~3시)의 끝(未時之終)은 3시이다. 따라서 포시좌선은 3시에 시작했음을 알 수 있다.[17] 그리고 마치는 시간은 3시 40분 정도였다.

⑨ 저녁 예불(晩課)은 오후 4시

저녁 예불은 저녁 공양 전에 했는데, 오늘날 중국 사원의 저녁 예불 시간이 4시이므로 남송시대에도 4시에 했을 것으로 보인다.

지금 중국 선종사원(영은사, 천동사, 아육왕사, 천태산 국청사, 귀주 홍복사)과 일본 선종사원(영평사)의 저녁 예불은 겨울에는 4시, 여름에는 4시 30분으로 모두 저녁 공양 전에 한다. 다만 우리나라는 저녁 공양 후에 예불을 하고 있다.

---

17) 현재 중국 천동사의 경우 오후 좌선은 12시부터 2시까지이고, 아육왕사는 12시 15분부터 2시까지이고, 귀주 홍복사는 12시부터 2시까지이다. 일본 임제종의 경우는 1시부터 1시45분까지는 좌선과 독참(獨參)을, 2시부터 3시 45분까지는 좌선만 한다. 우리나라 오후 좌선 시간은 1시, 또는 2시부터 시작하여 4시까지이다. 시간은 각 나라마다 조금씩 다르다.

⑩ 저녁 법문(晚參)은 4시 30분경

만참(晚參)은 저녁 법문을 가리킨다. 원대(元代)에 편찬(1311년)된 『선림비용청규(禪林備用淸規)』 「좌참(坐參)」 편에는 "만참을 마치면 대중들은 흩어져서 각각 요사로 돌아가 약석(藥石, 저녁 공양)을 한다(晚參畢, 衆散, 各歸寮, 藥石)"[18]고 기록되어 있는 것으로 보아, 만참은 저녁 공양 전에 했다.

또 원대(元代)에 편찬(1338년)된 동양덕휘의 『칙수백장청규』 「만참」 편에도 "무릇 대중을 모아 놓고 법을 보여 주는 것은 모두 참(參)이라고 한다. 고인(古人)은 대중을 바로잡는 데 참(參)을 이용하여 조석으로 가르쳤다. 어느 때라도 이 방법을 썼다. 그래서 매일 저녁에는 반드시 참(參=晚參)을 하였는데, 포시(3시~5시)에 했다"라고 말하고 있다.

만참은 예불을 마치고 바로 했기 때문에 4시 30분경에는 해야 하고, 만참을 마치면 5시에 곧바로 저녁 공양을 했다. 만참은 약 30분 정도인데, 주로 행동거지 등 주의 사항을 전달하는 경우가 많았고 때론 간단한 법문도 했다.

⑪ 저녁 공양(藥石)은 5시

저녁 공양은 오후 5시에 한다. 저녁 공양 시간은 한국, 중국, 일본

---

18) 『禪林備用淸規』, 「坐參」, "若晚參. 堂司行者, 不覆首座, 不鳴僧堂前鍾, 方丈客頭, 鳴法堂鼓. 住持出堂. 首座頭首領眾. 隨至法堂或寢堂. 隨方毗尼, 上座坐定. 侍者出班. 兩班東西堂. 各出班問訊. 晚參畢, 衆散, 各歸寮藥石."(신찬속장경 63권, p.626b)

이 거의 같다. 사찰에 따라, 그리고 여름과 겨울에 따라 30분 정도 차이가 있을 뿐이다. 여름에는 해가 길어서 저녁 공양과 예불 등이 30분 가량 늦고, 겨울에는 약간 빠르다.

저녁 공양을 선종사원에서는 '약석(藥石)' 또는 '만죽(晩粥)'이라고 한다. 본래 '약석(藥石)'이란 약(藥)과 침(針)을 뜻한다. 고대 중국에서 제련 기술이 발달하기 이전에는 강도가 높은 돌을 가늘게 갈아서 그것을 침으로 사용했다. 이것을 총림에서 저녁 공양을 가리키는 말로 사용한 것이다. 그 이유는 본래 총림에서는 '오후불식(午後不食)'이라고 하여 저녁 공양은 하지 않았다. 북송 말 남송 초에 저녁 공양을 하게 되면서 배고픈 병을 고친다는 뜻으로 저녁 공양을 약석이라고 한 것이다. 또 저녁엔 죽을 먹었기 때문에 '만죽(晩粥)'이라고 한 것이다.

⑫ 저녁 좌선(黃昏坐禪)은 7시(7시~8시 30분까지)

저녁 공양 후의 좌선을 '황혼좌선(黃昏坐禪)'이라고 한다. 황혼은 시간적으로 해 질 무렵을 가리키는데, 계절에 따라 해 지는 시간이 1시간 이상 차이가 난다.

황혼 시각은 술시(戌時)로 저녁 7시에서 9시까지이고 정시(正時)는 8시이다. 황혼 좌선 시간에 대해서도 "황혼 시각인 8시에 했다" 또 어떤 자료에서는 "혼종(6시 45분) 시각에 한다"는 등 일치하지 않는다.

황혼 좌선에 대한 기록은 『칙수백장청규』 등 다른 청규에서는 보이지 않는다. 오직 도겐 선사의 『영평청규』 「판도법」 황혼 좌선 항목에 나오는데, "황혼좌선은 혼종(昏鐘) 소리를 들으면 가사를 걸치고 운당(雲堂, 선당)으로 들어가 자기 자리에서 좌선한다. 주지는 의자에 앉아서 성승상(문수상)을 향하여 좌선하고 수좌는 장련상에서 좌선한다"[19]고 기록하고 있다.

황혼 종(鐘), 즉 혼종(昏鐘)은 6시 45분경에 쳤다. 따라서 황혼 좌선은 7시경부터는 시작했다고 보는 것이 타당하다. 그리고 마치는 시간(방선)은 "정종(定鐘)이 울리면 좌선을 마친다"[20]고 하므로 8시 36분경에는 방선했다.

중국 아육왕사 일과표의 황혼좌선 시간이 7시 30분부터 8시 30분까지이고, 일본 영평사는 7시 10분부터 8시 30분까지인데, 이것을 보면 황혼좌선은 7시~8시 36분까지이다. 이것은 우리나라 선원의 저녁 좌선 시간과도 비슷하다.

⑬ 취침(開枕)은 9시

8시 36분경 정종(定鐘)을 치면 저녁 좌선(황혼좌선)이 끝난다. 곧이어 취침을 한다. 취침을 총림에서는 '개침(開枕, 베개를 열다)'이라고 한다. 잠을 잘 때에는 목침 같은 베개를 사용했는데, 그 베개를 넣어두는 함(函)이 있었다. 그 함을 열고 베개를 꺼냈기 때문에 '개

---

19) 道元, 『永平淸規』, 「辨道法」 속의 황혼 좌선 항목. "黃昏坐禪. 聞昏鐘搭袈裟, 入雲堂, 就被位坐禪, 住持人, 就椅子向聖僧而坐禪."(대정장 82권, p.323a)
20) 無着道忠, 『선림상기전』, 18권, 「定鐘」. "凡坐禪, 到定鐘而止, 衆便出僧堂. 선종사원에서 정종(定鐘)은 곧 취침하게 됨을 알리는 종으로, 초경오점(初更五點, 8시 36분~9시)에 쳤다. 취침을 알리는 종이고, 또 정종을 치면 방선을 했다고 하므로 초경오점의 초각(初刻)인 8시 36분경에 쳤다고 보는 것이 타당할 것이다.

침'이라고 한 것이다. 또는 '침구를 펴다'는 뜻도 될 수 있을 것이다. 개침령(開枕鈴)이 울리면 모두 베개를 베고 취침해야 한다.

취침은 좌선을 하던 그 자리 즉, 장련상에서 하는데, 이불 한쪽은 깔고 한쪽은 덮는다. 잠을 잘 때에는 우협길상수(右脅吉祥睡)라고 하여 오른쪽으로 누워서 모로 잔다. 즉 반듯하게 누워서 자는 것이 아니고, 와불(臥佛) 모습과 같이 오른쪽 옆구리를 바닥에 대고 잔다.

우협길상수는 석존 이래 불교교단에서 지켜온 전통적인 와법(臥法)인데, 수행자로서 편안하게 누워서 자는 것은 있을 수 없다는 의미이다. 또 이것을 대도와(帶刀臥, 칼을 차고 눕다), 대도수(帶刀睡, 칼을 차고 자다)라고도 한다. 무사들은 잘 때에도 칼을 차고 자는데, 칼은 왼쪽 옆구리에 차므로 오른쪽으로 누워 자는 것이다.

9시 이후 취침 시간에는 장명등(長明燈)을 제외하고는 모든 등불은 다 소등한다. 총림은 일순간 고요해진다. 이렇게 선승들의 하루 일과가 모두 끝난다. 내일을 위하여 일시나마 휴식을 취한다. 그들이 일어나는 시간은 새벽 4시다.

7장 좌선의 정례화와 횟수
- 사시좌선(四時坐禪) -

1. 좌선의 필요성과 반야지혜

좌선에 대하여 보리달마는 돈황사본 『이입사행론』에서 다음과 같이 정의한다.

> 만약 번뇌 망념[心]이 일어나지 않는다면 무엇 때문에 좌선하는가? (若心不起, 何用坐禪)[1]

좌선을 하는 것은 번뇌 망념을 억제하고 소멸시키기 위해서라는 것이다. 여기서 말하는 번뇌 망심[心]은 도거(掉擧), 사량분별심(思量分別心), 산란(散亂)이다.

도거(掉擧)는 끊임없이 번뇌 망상과 공상·잡념·알음알이 등이 일어나는 것을 말한다. 좌선하고 있지만 공상·망상·회상(回想) 등 갖가지 잡념이 꼬리를 물고 일어나는 것이 도거이다. 이것을 잠재우기 위해서는 조용히 좌시을 해야만 가능하다는 것이다. 즉 마음을 평온하게 만드는 것이 좌선의 역할이라고 할 수 있다.

---

1) 『이입사행론』(P.4795호); 성본역주, 『돈황본 육조단경』 p.117(한국선문화연구원, 2003)에서 재인용.

남종의 조사 6조 혜능은 『돈황본 단경』 「좌선(坐禪)」 편에서 "마음이 모든 경계를 만나도 망념이 일어나지 않는 것을 좌(坐)라 하고, 본성을 직시하여 마음이 흔들리지 않는 상태[不亂]를 선(禪)이라 한다(於一切境界上 念不起爲坐, 見本性不亂爲禪)."고 정의하였다.

조사선의 조사인 남악회양과 특히 마조도일 시대가 되면 좌선이나 선정보다는 지혜를 더 강조하게 된다. 좌선도 중요하지만 그보다는 지혜가 더 중요했기 때문이다. 고목처럼 하루 종일 앉아 있는 다고 해서 부처가 되는 것이 아니기 때인데, 이것은 남악마전(南嶽磨塼) 공안에서도 알 수 있다.

또 깨달음에 대한 정의도 좌선이나 선정(禪定)이 아니고 반야지혜를 이루는 데 있었다. 이것은 『반야심경』에서 지혜를 강조하여 "삼세의 모든 부처님도 반야바라밀 수행에 의지했기 때문에 아뇩다라 삼먁삼보리(최상의 깨달음)를 얻게 되었다(三世諸佛, 依般若波羅密多, 故得阿耨多羅三藐三菩提)."고 설하고 있는 것에서도 확인된다.

이런 관점(先智慧 後坐禪)은 청규에도 그대로 적용되어 좌선을 제도화하지 않는다. 보리달마 이후 제도적으로 중국 선종의 기틀을 잡은 이는 백장회해(百丈懷海, 720~814)이다. 그는 중국 선종사에서 처음으로 총림의 법전인 『백장청규』를 제정했는데,[2] 좌선에 대해서는 하루에 몇 번, 몇 시간 좌선해야 한다고 규정하지 않았다. 좌선을 하되 많이 하든 적게 하든 시간의 다소(多少)는 개인의 역량에 맡겼다. 그 사실을 고청규서(古淸規序), 즉 양억(楊億, 974~1020)[3]의 「선문

---

[2] 백장회해가 만든 청규를 '古淸規' 혹은 '백장고청규(百丈古淸規)'라고 한다. 원대에 성립된 동양덕휘의 『칙수백장청규』와 구별하기 위해서이다.
[3] 양억(楊億, 974~1020)의 「선문규식」을 '고청규서(古淸規序)'라고도 한다. 『백장고청규』의 서론 격이기 때문이다. 『전등록』 6권 「백장회해」 장 부록에

규식(禪門規式)」에는 다음과 같이 기록하고 있다.

> 입실(入室, 독참. 개별적인 지도)과 청익(請益, 거듭 가르침을 청하는 것)을 제외한 그 나머지(즉 좌선)는 수행자의 근태(勤怠, 부지런함과 게으름)에 맡긴다. 많이 하든(上) 적게 하든(下) 그것은 정해진 규정(常準)에 구애를 받지 말라.[4]

좌선에 투여하는 시간적인 문제에 대해서는 근태(勤怠, 부지런함과 게으름), 즉 개인의 역량 여하에 일임(一任)하고 있음을 알 수 있다.

장로종색의『선원청규』10권「백장규승송(百丈規繩頌)」에도 같은 내용이 실려 있는데, 여기서도 좌선시간에 대해서는 일체 언급하고 있지 않다. 대신 법문·보청(울력)·조참(朝參, 아침 법문)·만참(晚參, 저녁 법문)·독참(獨參, 개인지도)·청익(請益, 별도 질문)에 대해서는 필수로 규정하고 있는데, 이는 다름 아니라 반야지혜·정견·정법안을 갖추는 것이 더 중요했기 때문이다. 그 밖에『벽암록』등 모든 공안집도 초점은 정법안을 갖추는 데 있었다.

또 깨달은 선승들의 오도기연(悟道機緣)을 살펴보면 대부분이 선문답을 통해서, 혹은 영운도화(靈雲桃花)나 향엄격죽(香嚴擊竹)과 같은 기연(機緣)을 통해서 깨달았음을 알 수 있다. 좌선을 하다가 깨

실려 있다. 그리고 장로종색이 편찬한『선원청규』10권,「백장규승송(百丈規繩頌)」에도 비슷한 내용이 실려 있다. 양억은 송초의 독실한 선종의 거사로, 수산성념(首山省念)의 제자인 광혜원련(廣慧元璉)의 제자이나. 싱은 양(楊), 휘는 억(億), 자(字)는 대년(大年), 시호는 문공(文公). 그래서 양문공(楊文公)이라고 하는데,『대혜서장』왕장원(汪壯元) 장에 나오는 양문공(楊文公) 대년(大年)이 바로 양억이다. 998년 진종(眞宗) 때 한림원의 학사가 되었다.

[4] 양억(楊億),「禪門規式」,"除入室請益, 任學者勤怠, 或上或下, 不拘常準."『전등록』6권,「백장회해」章 부록(대정장 51권, p.250c).

달았다는 선승은 하늘의 별 따기만큼이나 찾아보기 힘들었다.

중국 선종사원에서는 보청(울력)이 많은 날이나 행사가 있는 날 등에는 좌선을 하지 않는다. 한여름 무더울 때도 좌선을 하지 않는다(방선). 무덥고 피곤하면 졸음이 와서 좌선하기가 힘들기 때문이다. 따라서 청규에서 좌선 시간에 대하여 규정하지 않은 것은 그 근저에 일일부작, 일일불식했던 보청(普請, 作務, 울력)과도 관련이 없지는 않았을 것으로 생각한다.

당·북송시대 선종사원의 하루 일과를 보면 오늘날 우리나라 선원과 같이 10시간씩 앉아 있을 수 있는 상황이 아니다. 많아야 4시간이나 5시간을 넘지 못한다. 그럼에도 불구하고 마조도일·서당지장·남전보원·백장회해·위산영우·앙산·조주·임제·동산양개·운문문언 등 유명한 선승들은 모두 당·북송시대에 배출되었다는 점은 시사하는 바가 있다. 좌선을 중시한 것은 남송부터인데, 대혜종고, 굉지정각, 무문혜개 등을 제외하면 이 시기에 특출한 선승은 없었다.

2. 당·북송시대와 남송시대 좌선

오늘날 중국·한국·일본 선원에서는 모두 하루 4회 좌선을 한다. 이것을 '사시좌선(四時坐禪)'이라고 하는데, 이 사시좌선이 정례화·제도화 되는 때는 남송시대이다. 그 이전에는 좌선을 정례화하지 않았다. 좌선보다는 반야지혜를 더 중시했고 따라서 법문과 독참이 우선이었다.

남송 이후 좌선을 강조한 것은 활발발한 선문답이 이루어지지 않고 동시에 지혜작용도 약화되면서 그 대안으로 나타난 현상이 좌선을 강조한 것이라고 할 수 있다. 즉 상당법어 등 방장의 법문 횟수가 줄어들고(5일 1회에서 15일 1회로 줄어듦), 또 법어 능력도 현저하게 떨어지면서 그 간극을 메우기 위하여 좌선에 더 많은 시간을 배정하게 되었다고 보인다. 이는 방장의 지견 부족, 지도 능력과 상관관계가 크다고 할 수 있다.

남송, 원대 방장(주지)들은 총림에 앉아 있는 날이 적었다. 관료, 사대부들과의 잦은 회동으로 정안과 정견을 갖출 시간적인 여유가 없었고, 그에 따라 납자 지도도 매우 등한시했다. 많은 시간을 관료, 사대부들과 만나는 데 할애했다.

방장 대부분이 총림을 비우기 일쑤였고 정기적인 법문을 거르는 때가 많았다(특히 임제-간화계통). 납자들이 독참, 청익(請益)을 하고자 해도 며칠을 기다려야 했고, 심지어는 만나도 시간이 없으니 간단히 물으라는 식이었다. 방장 자신이 본분사가 아닌 정치적인 일에 많은 시간을 소비했다(이상은 몇몇 자료와 도겐 선사의 보청기 기록들을 바탕으로 정리한 것이다). 항주로 나가는 것만으로도 하루나 한나절이 걸렸고 귀사하기까지는 적어도 3~4일씩 걸렸다.

특히 임제 간화선 계통의 선승들이 정치에 관심이 많았다. (반면 묵조선 계통은 참신했다. 간화 계통은 도교의 도사처럼 수염 등 장발을 한 주지, 손톱을 기르고 있는 주지가 많았다.) 이렇다 보니 방장 스스로가 정견, 정법안을 확립할 시간적·정신적 여가가 없었고, 그 결과 반야지혜의 부족, 법문 능력, 납자 제접 능력 부족 등 지도 능력을 상실하면서 '앉아 있으라'고 좌선을 강조하게 되었다고 본다. 이것은 오늘날 우리나라 선원의 현상과도 비슷하다고 할 수 있다. 더욱더 남송 말에는 능엄주가 유행했는데, 선종사원에서 능엄주나 외우고 있었으니 그 나머지는 논할 가치가 없다.

현존하는 청규 가운데 가장 오래된 청규는 북송 후기에 편찬된 자각종색의 『선원청규』(1103)이다. 그런데 여기엔 좌선의 횟수나 시간 등에 대해서는 일체 언급한 것이 없다. 앞에서 설명한 바와 같이 좌선을 했지만 하루 몇 번 하라고 규정한 것이 없다.

이를테면 『선원청규』 6권 「경중(警衆)」 편은 종고(鐘鼓)와 판(板)의 사용에 대하여 서술하고 있는 장(章)이다. 거기에는 "어느 당우에서 몇 번 종(鐘)을 치고 북(鼓)을 치면, 그리고 몇 번 판(板)을 치는 소리가 나면 무엇을 알리는 소리이다. 그러므로 대중들은 종고 소리에 따라 잘 알아서 행동을 해야 한다."고 설명하고 있는데, 좌선을 알리는 종고(鐘鼓)나 판(板)에 대해서는 일체 언급된 것이 없다.

예컨대 "오경(五更, 새벽 4시)에 대종을 치면 기상 소리이다." "주전(廚前, 庫院, 즉 공양처)에서 북소리가 나면 보청(울력)에 나오라는 소리이다." "욕실 아래에서 북소리가 나면 목욕 시작을 알리는 소리이다." 등 자세하게 설명하고 있지만 정작 좌선을 알리는 북소리나 종소리, 혹은 판(板)소리에 대해서는 언급하지 않는다.

또 예의범절에 대해서 많이 언급하고 있는 소참 편이나 「수좌·유나」 편에도 좌선에 관한 언급은 일체 없다. 반면 상당법어·조참·만참 등 법문을 알리는 것에 대해서는 매우 자세하게 언급되어 있다.

이상으로 본다면 장로종색의 『선원청규』가 편찬되던 북송 후기(1103년)까지도 여전히 좌선의 다소(多少) 여부는 백장회해가 청규에서 밝힌 바와 같이 개인의 뜻에 맡긴 것으로 보인다. 하루 몇 차례 좌선하는 것이 제도화되어 있지 않았던 것으로 보인다.

3. 좌선의 제도화-사시좌선(四時坐禪)

동양 3국의 선원은 하루 4번 좌선한다. 새벽·오전·오후·저녁. 이것을 '사시좌선(四時坐禪)'이라고 한다. 사시좌선이 제도화 된 것은 남송 초부터이다.

처음으로 좌선의 횟수와 시간 등에 대하여 언급하고 있는 청규는 남송 후기에 편찬(1264년)된 무량종수의 『입중수지(入衆須知)』「좌선」편과 유면(惟勉)이 편찬(1274년)한 『총림교정청규총요(叢林校定清規總要, 함순청규)』「좌선좌당방참(坐禪坐堂放參)」편이다. 두 청규의 내용은 거의 비슷하다. 편찬된 시기는 『입중수지』가 10년 앞서지만, 내용적으로는 『총림교정청규총요』가 좀 더 구체적이다. 먼저 『입중수지』「좌선」편을 살펴보겠다. 참고로 내용을 분류하기 위하여 번호를 붙였다.

> (1) 매일 좌선할 때에는 당사(堂司, 유나실)의 행자는 방장(주지)과 수좌에게 아뢴다(좌선). 이어 중료(衆寮, 대중방) 앞에 있는 판(板)이 세 번 울리고, 침당(寢堂, 방장, 주지실)의 판(板, 방장판)이 울리면, 모든 승중(僧衆, 대중)들은 선당(禪堂)으로 들어와 좌정(坐定)해야 한다. 이어 수좌료(首座寮, 수좌실)의 판(板, 수좌판)을 세 번 치면 수좌는 선당(禪堂)에 들어와 문수상에 향을 사르고 선당을 한 바퀴 순회한다. (이상은 좌선이 시작될 때를 기록한 것이고, 다음은 좌선이 끝날 때를 기록한 것이다)
> (2) 멀리서 화판(火板, 주방에서 공양 준비가 완료되었음을 알리는 소리) 소리가 나면 수좌가 먼저 일어나고 이어 대중들도 따라 일어난다(방선).
> (3) 점심 공양 후(齊後)의 판도(辦道, 공부)는 임의대로 좌선한다.

(4) 사경좌선(四更坐禪, 새벽참선)에 대한 것은 입중편(入衆篇)을 참고하라.
(5) 혼종(昏鍾, 저녁 종)이 울리면 선당에 들어온다.
(6) 정종(定鍾, 취침을 예고하는 종)이 울리면 추해(抽解, 휴식)한다. 이경이점(二更二點, 9시 24분)부터는 베개를 펴고 잘 수 있다.[5]

(1)은 선당에서 좌선을 시작할 때(入禪)에 관한 것(절차)이고, (2)는 조신좌선을 마칠 때(放禪)에 관한 것이며, 화판(火板, 雲版)은 점심 공양 준비가 다 되었음을 고지(告知)하는 판(板)으로, 화판 소리가 나면 방선한다. 이것은 오전 좌선인 조신 좌선과 관련된 것이다.

(3)은 오후 좌선인 포시좌선과 관련된 것인데, 포시좌선은 각자 알아서 하라는 것이다. 오후 일과가 많은 사람은 하지 않아도 된다는 뜻이다.

(4) 사경좌선(四更坐禪, 새벽 참선)은 새벽 1시에서 3시까지의 좌선인데, 시간적으로는 일치하지는 않지만 이것은 새벽 좌선인 후야좌선(後夜坐禪)일 것으로 생각된다. 또는 야좌(夜坐, 야간좌선)일 수도 있다.

(5)는 저녁 좌선인 황혼좌선과 관련된 것이다. (6)은 취침 내용이다.

이상의 내용에서 하루 몇 차례 좌선한 것인지는 구체적이지 않지

••••••••••••••••
5) 無量宗壽, 『入衆須知』 1권, 「坐禪」. "每日坐禪, 堂司行者, 覆方丈首座, 鳴衆寮前板三下. 鳴寢堂前板, 僧衆入堂, 坐定. 鳴首座寮前板各三下, 首座入堂燒香, 巡堂一匝. 纔火板響, 首座先起, 衆人自便. 齋後辦道, 隨意坐禪. 四更坐禪, 見入衆篇. 昏鍾入堂, 定鍾起抽解. 至二更二點, 開枕偃息."(신찬속장경 63권, p. 560c)

만, 대략 정리해 본다면 오전 좌선, 오후 좌선(齋後辦道), 저녁 좌선(昏鍾入堂, 定鍾起抽解)이 있었음을 알 수 있다. 그리고 사경좌선(四更坐禪, 새벽참선)이라는 말이 있는데, 이는 새벽 좌선을 가리키는 것으로 보인다. 이로 미루어 보아 대략 하루 3~4회 좌선했음을 알 수 있다.

사시좌선(四時坐禪)에 대하여 보다 구체적으로 기록하고 있는 청규는 영평도겐(道元, 1200~1253)의 『영평청규』「판도법」(1245)이다. 도겐(道元)은 24세(1224년) 때 천동사 천동여정의 문하에서 약 4년간 좌선 판도(辨道, 수행) 후 28세에 귀국하여 일본 조동종을 개창한 선승이다. 그의 「판도법」은 앞의 『입중수지(入衆須知)』(1264년)보다는 19년 앞서고, 유면(有俛)의 『총림교정청규총요(일명 함순청규)』(1274년)보다는 29년이나 앞선다. 따라서 좌선 횟수에 관한 청규의 기록으로는 가장 앞선다고 할 수 있다.

『영평청규』「판도법」에 나타난 사시(四時) 좌선은, 후야좌선(後夜坐禪, 새벽 좌선), 조신좌선(早晨坐禪, 오전, 아침좌선), 포시좌선(哺時坐禪, 오후 좌선), 황혼좌선(黃昏坐禪, 저녁 좌선)이다. 원문에 밑줄을 친 부분이 사시좌선에 대한 명칭과 기록이다.

[자료a] 조신좌선(오전 좌선)

"早晨坐禪之法. 粥罷小頃, 維那掛坐禪牌於僧堂前, 然後鳴板. 首座大衆搭袈裟入堂, 就被位面壁坐禪. 首座不面壁, 自餘頭首, 一如大衆面壁而坐."(『영평청규』「판도법」,『대정장』82권, p.324b)
조신좌선법. 아침 공양을 마치고 조금 후에 한다. 유나는 좌선패를 승당 앞에 건다. 그런 후에는 판을 친다. 수좌와 대중들은 가사를 입고 승당으로 들어간다. 자기 자리에 앉아서 면벽좌선한다. 수좌는 면벽하지 않는다. 기타 두수 등 대중들은 모두 한결같이 면벽하고 앉는다.

[자료b] 포시좌선(오후 좌선)

"放參法. 所謂放參者, 哺時坐禪罷行之. 雲堂大衆, 齋罷收蒲團而出堂, 歇于衆寮, 就看讀床. 稍經時餘, 將哺時(當世俗之未時之終), 至歸雲堂, 出蒲團坐禪."(『영평청규』「판도법」, 『대정장』 82권, p.319)

방참법. 이른바 방참이라는 것은 포시에 좌선을 하지 않는 것을 말한다. 운당(선당)의 대중들은 점심 공양 후 포단을 가지고 운당을 나가서 중료(대중방, 큰방)에서 쉬기도 하고 간독상(看讀床, 앉은뱅이책상)에서 경전을 보기도 하다가 시간이 조금 지난 후 포시가 되면(세속의 미시 끝, 즉 3시), 운당으로 돌아가서 방석으로 가서 좌선한다.

[자료c] 황혼좌선(저녁 좌선)

"黃昏坐禪. 聞昏鐘搭袈裟, 入雲堂, 就被位坐禪, 住持人, 就椅子向聖僧而坐禪."(『영평청규』「판도법」, 『대정장』 82권, p.323a)

황혼좌선. 혼종(저녁 종으로 6시 45분경 친다) 소리를 들으면 가사를 걸치고 운당(僧堂, 禪堂)으로 들어가서 자기 자리에서 좌선한다. 주지는 의자에 앉아서 성승(聖僧; 僧形文殊像)을 향하여 좌선한다.

[자료d] 후야좌선(새벽 좌선)

"後夜坐禪. 袈裟安函櫃上, 未能動着."(『영평청규』「판도법」, 『대정장』, 82권, p.324c)

후야좌선. 가사를 함궤(벽 쪽에 있는 사물함) 위에 놓되, 흘러내리지 않도록 해야 한다.

이상이 『영평청규』에 기록되어 있는 좌선 시간과 횟수에 대한 기록인데, 위의 두 청규를 종합하여 정리해 보면 하루 네 번 좌선(四時坐禪)했음을 알 수 있다.

다음은 『입중수지(入衆須知)』와 도겐의 『판도법』, 『총림교정청규총요(일명 함순청규)』, 『선림상기전(禪林象器箋)』, 『선학대사전』(大修館 발행) 등을 바탕으로 사시좌선에 대하여 정리해 보고자 한다.

(1) 조신좌선(早晨坐禪)

오전 좌선. 9시에 시작하여 고원(庫院, 주방)에서 곧 점심 공양이 있게 됨을 알리는 화판(火板, 庫院의 雲版) 소리가 나면(10시 40분) 방선한다. 조신좌선은 모두 가사를 입고 좌선한다. 주지는 의자에 앉아서 좌선한다.

(2) 포시좌선(哺時坐禪)

오후 좌선. 미시(未時, 1시~3시)의 끝인 오후 3시(申時의 초각인 3시~5시에 해당됨)에 시작하여 3시 40분경에 마친다. 4시에 저녁 예불이 있다.

『총림교정청규총요(함순청규)』에는 "점심 공양 후에는 좌선을 알리는 판(板)을 치지 않는다. 공부하는 학인은 여기에 구애받지 말라"고 말하고 있다. 이로 본다면 포시좌선은 개인의 능력이나 시간 여하에 맡겼다고 볼 수 있다. 즉 좌선을 많이 하고 싶은 사람은 3시 이전부터 해도 됐던 것 같다[隨意坐禪]. 오후 좌선인 포시좌선은 가사는 입지 않고 평상복 차림으로 좌선한다. 그 이유는 소임 등 일상적인 일을 하다가 좌선을 했기 때문이 아닌가 생각한다.

(3) 황혼좌선(黃昏坐禪)

저녁 좌선. '초야좌선'이라고도 한다. 황혼좌선은 7시경에 시작하여 8시 30분경에 마친다. 주지와 대중 모두는 가사를 입고 좌선한다.

(4) 후야좌선(後夜坐禪)

새벽 좌선. 후야(後夜)는 시간적으로 5경(五更)인 새벽 3시에서 5시까지이다. '효천좌선(曉天坐禪)'이라고도 한다. 예불 후 5시경부터 시작하여 아침 공양(6시)을 예고하는 화판(火板, 庫院의 雲版) 소리가 나면 방선한다. 당·북송 때는 새벽 예불을 하지 않았으므로 4시 30분에는 좌선을 했다. 후야좌선의 경우 주지(방장)는 문수상 앞 의자에 앉아서 좌선하고, 대중들은 각자 자리에서 좌선한다.

(참고로 당송시대 선종사원의 새벽 기상 시간은 4시였다. 현재 중국 사찰의 새벽 기상 시간도 4시이다. 일본의 경우에는 여름에는 새벽 3시 30분, 겨울에는 새벽 4시이다).

좌선을 할 때는 좌선패(坐禪牌, 좌선을 알리는 패)를 승당과 중료(衆寮, 대중방, 큰방) 앞에 내건다. 그런데 『영평청규』 「판도법」에는 이 좌선패는 조신좌선(早晨坐禪) 시(時)에만 걸고 포시좌선, 황혼좌선, 후야(효천)좌선 등 기타 좌선 시(時)에는 걸지 않는다고 기록하고 있다.

또 「판도법」에는 조신좌선 시에는 판(板, 나무 판)을 치고, 황혼좌선(黃昏坐禪) 시에는 종을 치고 그 나머지에 대해서는 언급이 없다.[6] 후야좌선과 포시좌선 시에는 가사를 입지 않고 좌선한다고 기

---

6) 『영평청규』, 「판도법」. "早晨坐禪, 掛坐禪牌. 餘時坐禪, 不掛坐禪牌. 放參時掛放參牌. 昏鐘鳴收放參牌. 坐禪法. 早晨鳴板, 黃昏響鐘. 大衆搭袈裟入雲堂. 就

록하고 있다(後夜,哺時, 不掛袈裟, 但坐禪耳). 또 포시좌선의 경우는 차의(衩衣, 평상복, 속옷. 여기서는 평상적인 승복)를 입고 승당에 들어가 자기 자리[單位]에서 포단(蒲團, 갈포방석)을 깔고 좌선한다고 기록하고 있다.[7]

4. 좌선 시간은 장향 일주향(長香一炷香, 40분)

이상과 같이 남송시대부터는 하루에 4번 좌선했는데, 오늘날 우리나라, 중국, 일본도 남송시대와 마찬가지로 하루 4회 좌선하고 있다.

그리고 하루에 좌선할 수 있는 시간은 많아야 다섯 시간을 넘지 않는다. 당송시대는 말할 것도 없고, 남송시대에도 모든 일을 전폐하고 오로지 좌선만 할 수 있는 구조가 아니었다. 상당법문과 조참·만참·독참, 그리고 각자 맡은 바 소임 등을 하고 나면 실제 좌선할 수 있는 시간은 많지 않았다. 다만 비교적 한가한 겨울에는 좀 더 했고, 또 선칠(禪七, 7일간 용맹정진) 등 특별 정진 기간에는 3시간 정도만 자고 좌선하는 때도 있었다.

그리고 좌선을 할 때는 장향 일주향(長香一炷香)을 피웠다. 일주향을 피우는 이유는 시간을 체크하기 위해서였다. 향이 다 타려면 약 40분 걸렸는데, 한 번 앉으면 약 40분 정도 좌선했음을 알 수 있다.

被位面壁坐禪. 後夜坐禪, 不掛袈裟, 但坐禪耳. 哺時衩衣入堂. 就單位出蒲團而用坐禪."(대정장 82권, p.324c)
7) 『영평청규』,「판도법」. "大衆搭袈裟入雲堂, 就被位面壁坐禪. 後夜,哺時, 不掛袈裟, 但坐禪耳. 哺時衩衣入堂, 就單位出蒲團而用坐禪. (…) 或結跏趺坐, 謂結跏趺坐."(대정장 82권, p.324c)

당송시대에는 관아(官衙)는 물론이고, 선원총림에서도 향(香)을 피워서 시간을 체크했다. 그 향을 '일주향(一炷香)' '장향 일주향(長香一炷香)', 또는 '선향(線香)'이라고 불렀는데, 향 한 개의 소진 시간은 약 40분이었다.

입선(入禪)할 때는 유나가 석목(析木, 각목 두 개. 우리나라는 죽비를 친다)을 한 번 치고 인경(引磬)을 세 번 치면 입정(入定, 入禪)을 한다. 그와 동시에 일주향을 피운다. 향이 다 타면 향을 관리하는 향사(香司)가 유나에게 고(告)한다. 이어 유나가 석목을 치면 주지, 수좌 순서로 일어나서 경행을 한다. 경행 시간은 약 10분~15분가량이다.

선학자인 남회근(南懷瑾) 선생은 『선종총림제도와 중국사회』(민국 51년, 1962, 대만)에서 "매일 장향 일주향을 10개 이상을 사용했다"고 서술하고 있다. 10개 이상이면 하루에 약 6시간 반 정도 좌선한 것인데, 명청 때는 그렇게 했는지 몰라도 남송 때 선원총림의 일과표를 보면 그렇게 좌선할 수 있는 시간은 없고 많아야 5시간 이내로 했다. 좌선을 6시간 반 정도 하려면 시간적 여유가 있는 포시좌선(3시 시작)을 앞당겨서 2시 이전에는 시작해야 한다. 물론 시대적으로 좌선 시간의 차이는 있을 수 있을 것이다.

그리고 평소 개별적으로 더 좌선을 하고 싶을 때는 야좌(夜坐)를 이용한다. 야좌는 밤 9시 취침종이 울린 이후에 혼자 밖에 나가거나 마루 등 다른 공간에서 혼자 하는 좌선[獨坐]을 말한다.

또 정규 좌선 외의 정종좌선(定鐘坐禪)이 있다. 정종 좌선은 저녁 좌선인 황혼좌선을 마치자마자(8시 30분경) 곧바로 하는데, "정종좌선이오(定鐘坐禪)이오"라고 말하면 잠시 경행을 한 후 계속 좌선을 한다. 영평사 도겐(道元) 선사가 천동여정 문하(천동사)에서 수행할 적에 밤 10시까지 좌선했다는 기록이 있는데, 아마도 야좌나 정종좌선을 했던 것으로 보인다.

그리고 농사 등 잡무가 별로 없는 겨울과 납월 팔일(臘月八日. 성도일)에는 선칠(禪七, 7일 특별 용맹정진), 또는 가행정진(加行精進) 등 특별 정진을 한다. 그렇다고 우리나라처럼 잠을 전혀 자지 않고 하는 것은 아니고, 하루 3, 4시간 정도는 자면서 좌선한다.

선종사원에서는 포살이나 불사, 행사, 본격적인 작무(울력) 등이 있는 날에는 좌선을 하지 않는다. 행사, 법회, 울력 등을 하고 나서 좌선을 하면 졸음이 와서 좌선할 수가 없기 때문이다. 그 외에는 매일같이 4회 좌선을 했다(三時坐禪의 경우는 후야좌선을 생략한다).

5. 경책(警策, 죽비)과 경행

좌선을 할 때 모든 대중들은 벽을 보고 좌선한다(즉 面壁坐禪). 그러나 감독자인 수좌(首座)는 전면을 보고 좌선한다. 주지는 성승상(聖僧像, 문수상) 앞 복도에서 의자[禪床]에 앉아서 좌선한다. 그 뒤에는 작은 병풍을 친다.[8]

당일 선당의 당번(當番)을 직당(直堂, 해당 일의 당번)이라고 하는데, 직당은 '경책(警策)'이라고 쓴 큰 막내를 메고 복도를 왕래한다.

─────────────

8) 『永平淸規』, 「辦道法」. "首座大衆搭袈裟入堂, 就被位面壁坐禪, 首座不面壁, 自餘頭首, 一如大衆面壁而坐. 住持人, 就椅子, 向聖僧而坐禪坐禪."(대정장 82권, p.323a, p.324b)

'경책(警策)'이란 경각(警覺)·책려(策勵)한다는 뜻인데, 끄덕끄덕 조는 사람이 있으면 어깨를 친다. 경책은 길이가 4척 2촌으로 약 140센티가 된다. 손잡이 쪽은 원형이고 끝 쪽으로 가면서 얇고 평평하다. 참나무과에 속하는 단단한 나무로 만든다.

경책을 우리나라에서는 흔히 '장군죽비(將軍竹篦)'라고 하는데, 이는 우리나라에서만 쓰는 비속어이다. 운허 스님의 『불교사전』'장군죽비(將軍竹篦)' 항목에는 "절의 큰 방 어간 문설주에 걸어 두는 장척(長尺). 대중의 행좌(行坐)와 위열(位列)을 바르게 하는 것인데, 시속(時俗)에서 이것을 장군죽비라 함은 잘못된 말"이라고 지적하고 있다. 운허 스님이 '시속(時俗)'이라고 한 것을 보면 처음에는 세속인들이 그렇게 불렀는데, 선원에서도 점차 오염되어 통용된 것 같다.

'장군죽비'라는 말은 백파긍선(白坡亘璇, 1767~1852)의 『선문수경』 간당십통설(看堂十統說)과 『작법귀감』 하권(139쪽)에도 나온다. 『선문수경』에는 "장군죽비를 한 번 치면 벽을 향하여 앉는다(將軍竹篦一聲 向壁而坐)." 그리고 『작법귀감』에는 "장군죽비를 벽에 한 번 치면 무명의 껍질을 타파한다(將軍竹篦 擊壁一聲 打破無明殼)."라고 서술되어 있는데, 이로 본다면 '장군죽비(將軍竹篦)'라는 말은 백파 이전부터 사용되었던 것 같다. 조선시대부터 장군죽비는 좌선 시에 경책(警策)용으로도 쓰였고, 시식문(施食文)에서 영가 천도용으로도 쓰였음을 알 수 있다.

경행을 할 때는 대중 모두가 장련상(長連床, 좌선상)에서 내려와 좌차(座次, 앉는 순서)에 따라 한 줄로 줄을 지어서 선당 중앙의 복도를 왕래한다. 경행법은 한 호흡에 반보행(半步行)으로 오늘날과 같다. 경행 시간은 약 15분 전후인데 이때 동사(東司, 화장실)에 갈 사람은 동사에 가고, 물을 마시고 싶은 사람은 물을 마실 수 있다. 지금 우리나라에서는 1시간을 주기로 50분 좌선하고 10분 경행한다.

6. 수마(睡魔)와의 전쟁-수마를 쫓는 도구

예나 지금이나 좌선을 시작하면 곧바로 소나기 같은 졸음이 쏟아진다. 수마(睡魔, 졸음)는 도거(번뇌망상)와 함께 수행의 최대 적이다. 수마가 덤벼들면 그것을 쫓기 위하여 당송시대 선종사원에서도 여러 가지 도구가 개발되었다.

■선장(禪杖) : 선장은 대나무나 갈대로 만든 막대기이다. 막대기 끝에 나무껍질이나 수건 등을 공처럼 감아서, 수마에 잡혀서 방아를 찧는 납자가 있으면 툭툭 건드려서 깨워 주는 역할을 했다. 선장은 주로 법랍이 위인 사람이 아랫사람에게 사용한다. 아랫사람으로서 윗사람이 졸고 있다고 하여 막대기로 '툭 툭' 건드릴 수는 없기 때문이다.

■선구(禪毬) : 선구는 털(毛)을 뭉쳐서 주먹만 한 크기로 만든 공이다. 좌선 중에 졸고 있는 사람이 있으면 멀리서 던져 잠을 깨워 주는 도구이다. 그런데 이 선구를 던질 때는 투수(投手)의 실력이 매우 좋아야 한다. 잘못 던지면 엉뚱한 사람이 맞을 수 있기 때문이다.

■선진(禪鎭) : 선진은 당사자가 스스로 활용하는 도구이다. 나무 조각을 홀(笏) 모양과 같이 만들어 가운데에 구멍을 뚫고 끈으로 꿰어서 그 끈은 귀에 걸고 홀은 머리에 얹는다. 졸음이 와서 머리가 앞이나 옆으로 숙여지면 와다닥 방바닥으로 떨어지면서 잠을 깨운다.

그리고 좌선을 돕는 도구로는 선판(禪板), 선대(禪帶)가 있다. 선판을 '의판(倚版, 기대는 판)'이라고도 하는데 방선 시간에 몸을 기댄다. 주로 나이든 노승들이 많이 사용한다. 등을 기댈 수 있도록 판면(版面)을 약간 경사지게 만든다. 다리와 팔 걸개가 없는 의자라고 보면 된다.

■ 선대(禪帶) : 선대는 허리띠이다. 좌선할 때에는 항상 허리를 꼿꼿이 세우고 있어야 하는데, 노승들은 허리가 자꾸 구부러지기 때문에 그것을 방지하기 위하여 넓고 두꺼운 허리띠를 두른다. 폭은 1척(약 30센티)이고, 길이는 8척(약 2미터 40센티) 가량 된다.

■ 포단(蒲團) : 포단은 갈댓잎 등으로 만든 방석이다. 대혜 선사의 『서장』 등 선어록에는 '포단상사(蒲團上事, 포단 위의 일)'라는 말이 자주 나오는데, 이는 곧 좌선수행을 뜻한다. 그리고 좌선법에 대해서는 자각종색의 『좌선의(坐禪儀)』가 있는데 여러 가지 선경(禪經)과 『마하지관』, 『천태소지관』 등을 참고하여 선종사원에 맞게 저술한 것이다.

8장 수행승의 생활공간, 승당
- 겨자씨 속에 우주를 담다 -

1. 승당의 기능과 역할

승당(僧堂, 禪堂)은 수행자들의 생활공간이다. 매우 중요한 당우로 불전·법당과 함께 칠당가람(七堂伽藍, 일곱 개의 중요한 건물)[1] 중 하나이다.

승당은 좌선과 취침, 공양의 세 가지 기능을 하고 있는 공간이다. 법당이 주지의 법문을 통하여 반야지혜를 갖추는 곳이라면, 승당은 좌선당으로서 선정(禪定)을 닦는 곳이다. 따라서 모든 납자들은 승당에서 생활하도록 되어 있다. 감원·수좌·유나 등 중요한 소임자도 좌선과 공양은 대중들과 함께 승당에서 해야 한다.

승당의 별칭이 '선불장(選佛場)'이라는 데서도 알 수 있듯이, 이곳은 부처를 뽑는 곳이다. 범부가 들어가서 부처가 되어 나오는 곳이 바로 승당이다.

승당에 대한 이칭은 매우 많다. '선당(禪堂, 잠신하는 곳)', '좌선당

---

1) 칠당가람(七堂伽藍) : 산문(山門)·불전(佛殿, 대웅전)·법당(法堂)·승당(僧堂, 선당)·고원(庫院 : 주방, 부엌)·동사(東司, 화장실)·욕실(浴室). 선종사원의 가람배치에서 칠당가람으로 정형화된 것은 남송시대이다. 그 이전에는 칠당가람이라는 말이 없었다.

(坐禪堂, 좌선하는 곳)', '선불장(選佛場, 부처를 뽑는 곳)', '운당(雲堂, 운수납자가 머무는 곳)', '성승당(聖僧堂, 僧形문수상을 모신 곳)' 등등.

중국 사람들은 하나의 당우에 대해서도 이렇게 갖가지로 이름을 붙인다. 승당이 여러 가지 기능을 하고 있기 때문에 그 특성에 따라 다양한 이름을 붙이게 된 것으로 보인다.

승당 가운데 가장 큰 승당은 남송시대 5산(五山)의 제1위였던 항주 경산사(徑山寺)의 대승당이었다. 간화선의 거장인 대혜종고(1089~1163)가 주지(방장)로 있을 때는 무려 1,700명이나 되는 납자들이 그곳에 기거했다. 기존의 두 개의 승당으로도 부족해서 별도로 '천승각(千僧閣)'이라는 대승당을 신축했다(대혜종고 주지 때, 50세~53세, 1138~1141). 그곳은 이름 그대로 '천명이 기거할 수 있는 승당'이라는 뜻이다.

그 후에 이 천승각이 화재로 전소되어 재건(1236년)하는 과정에서 계랍패(戒臘牌, 坐牌, 나무에 새긴 법랍패)가 발견되었다. 거기에서 "청중(淸衆, 대중)이 모두 854명이었다(淸衆, 共八百五十四員)"[2)]는 기록이 나왔다. 나는 처음에는 '천승각(千僧閣)'이라는 명칭을 보고 "원래 중국 사람들은 허풍이 대단히 심하지"라고 말했는데, 허풍이 아닌 사실임을 알게 되었다. 영은사 승당도 천승각에 버금갔다.

또 묵조선의 거장인 천동정각(1091~1157)이 주지(방장)로 있던 천동사(天童寺, 영파 소재)는 사격(寺格)이 남송 5산 가운데 세 번째였는데, 대승당(大僧堂)의 규모가 전면 200척(약 60미터), 측면 160

---

2) 張十慶, 『중국강남선종사원건축』, p.65, 湖北교육출판사, 2002.

척(약 48미터)으로 약 872평이었다.[3] 서울 조계사 대웅전이 155.7평이므로 그곳보다 약 5, 6배나 큰 승당이다. 큰 대들보가 두 개였다고 기록되어 있는데, 우리나라에는 대들보가 두 개나 되는 그와 같이 큰 건물은 없기 때문에 상상이 가지 않는다.

2. 수행자 개인의 공간

이렇게 큰 승당이지만 수행자 한 명이 사용할 수 있는 공간은 가로 1미터, 세로 2미터 정도에 불과하다. 요즘으로 말하면 다다미 1장, 혹은 합판 1장 정도인데, 이 공간을 선어록에서는 '삼조연하 칠척단전(三條椽下 七尺單前)'이라고 한다. 1인이 사용할 수 있는 공간 단위(單位)에 대한 미학적 표현이다.

원오극근(1063~1135)의 『벽암록』 25칙(蓮花庵主不住) 평창에는 "삼조연하 칠척단전(三條椽下 七尺單前)에서 다시 한번 참구해 보라"는 말이 나온다. 원문과 번역을 소개해 보도록 하겠다.

> 你諸人若見得, 與蓮花峰庵主, 同參, 其或未然, 三條椽下, 七尺單前, 試去參詳看.[4]
> 여러분들이 만약 (이 소식을) 체득했다면 연화봉 암주와 함께 동참할 수 있지만, 만약에 혹 아직 그렇지 못하다면(체득하지 못했다

----
3) 張十慶, 앞의 책, pp.75~76.
4) 『벽암록』 25칙, 蓮花峰庵主 頌 評唱(대정장 48권, p.166c). '三條椽下, 七尺單前'은 선어록과 공안집에 매우 많이 나온다.『벽암록』 49칙, 三聖問雪峰. "且道. 二六時中, 以何為食. 諸人且向三條椽下, 七尺單前, 試定當看雪竇道."(대정장 48권, p.185a)

면)'서까래 세 개 아래, 일곱 자의 단(單) 앞에서 자세히 한번 참구해 보시오.

삼조연(三條椽, 세 개의 서까래)은 승당 천정에 있는 서까래(椽) 3개(三條)를 가리킨다. 서까래와 서까래 사이가 약 30센티 정도이므로 3개라면 가로 넓이가 1미터 가량 된다. 그리고 칠척단전(七尺單前)은 길이 일곱 자(약 2미터 10센티) 되는 좌단(坐單, 앉는 자리)이다. '단(單)'은 곧 한 사람이 좌선·취침하는 면적의 단위이다.

여러분들이 만약 그 소식을 알았다면 연화봉 암주와 함께 본분사에 참여할 수 있지만, 만일 그대가 아직 알지 못했다면(其或未然), '삼조연하 칠척단전(三條椽下 七尺單前)' 즉 지금 그대가 좌선, 취침, 공양하고 있는 그 자리에 앉아서 다시 한 번 자세히 참구해 보라(試去參詳看)는 뜻이다.

'삼조연하 칠척단전(三條椽下 七尺單前)'은 겨우 한 사람이 누울 수 있는 정도의 좁은 공간이다. 그러나 이곳은 '일대사 인연'을 해결하는 중요한 공간이다. 만일 거기서 깨닫는다면(你諸人若見得) 그 공간은 우주를 다 포용하고도 남지만, 깨닫지 못한다면(其或未然) 한 알의 겨자씨도 들어갈 수 없을 것이다.

사실 오늘날 우리나라 선원도 한 수행자가 좌선하고 잠자는 공간은 삼조연하 칠척단전 정도에 불과하다.[5] 그러나 그 속에서 위대한 부처가 탄생하고 조사가 탄생한다.

-----

5) 근래 우리나라 선원에서는 대부분 각방(各房)을 배정하는 경향이다. 하루 10시간 이상 참선하므로 방선 후에는 편히 쉴 수 있는 공간이 필요하기 때문이라고 한다. 천 년 전 제도를 고수해야 할 이유는 없지만, 각방을 쓴다면 개인주의화되고 전통이 사라진다는 단점도 있다.

3. 승당의 내부 구조와 생활상

중국 당송시대 승당(선당)의 내부 구조와 생활상은 어떤 모습이었을까? 이 시대는 이른바 선의 황금시대로 남전, 마조, 황벽, 백장, 위산, 조주, 임제, 운문, 원오극근, 대혜, 천동정각 등 탁월한 선승들이 무수하게 배출되었던 시대이기도 하다.

중국 승당(僧堂)은 납자들의 생활공간인 동시에 좌선당이다. 중국 승당의 구조는 우리나라 선방 구조와는 전혀 다르다. 우리나라는 평면의 온돌 구조지만, 중국 승당(선당)은 마루 구조이다. 중국 승당과 같은 곳은 우리나라에는 없다. 반면 일본 후쿠이(福井)에 있는 조동종 영평사, 요코하마에 있는 총지사(摠持寺), 동복사 등 일본 선종사원은 당송시대 승당 구조 그대로이다.

일본 요코하마에 있는 조동종 총지사 승당 내부. 좌선하고 있는 평상(平床)이 장련상(長連床)이다.

당송시대 중국 선종사원의 승당은 가운데는 복도이고 사방은 마루로 되어 있다. 이 마루를 '장련상(長連床)', '연상(連床)', '장상(長牀)', '장련탑(長連榻)', '장련단(長連單)' 또는 '좌상(坐床)' 등 명칭이 많다.

장련상의 크기는 큰 평상(平床) 정도인데, 이런 큰 평상이 사방 벽쪽으로 연결되어 있다. 마루 같지만 실제는 여러 개의 장련상이 연결되어 있다. 출입구 쪽은 폭이 1미터 가량 되는 작은 장련상을 설치한다. 이곳은 6지사·6두수 등 소임자들이 좌선하는 곳이다(소임자들은 승당에서 좌선과 공양만 하고 잠은 개인의 방에서 잔다).

장련상 안쪽(벽쪽)은 갈포(褐袍)를 깔아서 취침할 수 있게 했고, 앞쪽(복도 쪽)은 목판인데 공양할 때는 여기에 발우를 펴놓고 한다. 좌선할 때는 장련상 위에 포단(蒲團, 방석)을 깔고 한다. 대혜 선사 서간문인 『서장(書狀)』에는 '포단상사(蒲團上事, 포단 위의 일)'라는 말이 자주 나오는데 이는 곧 좌선을 뜻한다.

승당 벽 상단에는 창문(창호지 사용)이 있고 하단에는 사물함이 상하 2단으로 설치되어 있는데, 위 칸에는 잡화(雜貨)를 넣고, 아래 칸에는 이불 등 침구를 넣는다. 이것을 '단상(單箱, 상자, 박스)'이라고 한다. 그리고 앞 천정에는 가사(袈裟)를 걸 수 있도록 의가(衣架, 桃架라고 함. 횃대, 옷걸이)가 설치되어 있다. 당대(唐代) 승당에는 이 사물함이 없었다. 따라서 개인용 도구는 모두 걸망에 넣어 벽에 걸어 두었다. 방부가 허락되면 걸망을 벽에 걸어 두었기 때문에 입방을 '괘탑(掛塔)'이라고 한 것이다.

또 승당 벽에는 천자문 순서(天은 1번, 地는 2번)로 일련번호가 붙어 있고(송대에는 사물함에 쓰여 있음), 그 밑에 법랍에 따른 계랍패(戒臘牌, 수계 나이 즉 법랍패), 즉 명패(名牌)를 붙인다. 그 자리를 '명단(名單)', '단(單)', '발위(鉢位, 발우를 두는 자리라는 뜻)', '피위(被位)', '좌위(座位, 앉는 자리)', '단위(單位, 명패)'라고 한다. 객승이 입방을 하면 법랍에 따라 계랍패(명패)를 붙이고, 해제하고 나가면 명패를 떼어 낸다. 그것을 '기단(起單, 명패를 뗀다)'이라고 한다.

승당(僧堂) 중앙에는 문수상을 모신다. 그것을 '성승(聖僧)', 혹은 '성승상(聖僧像)'이라고 한다. 평범한 스님이 아니라 성스러운 반야지혜를 성취한 '성승(聖僧)'인 것이다. 그래서 보관(寶冠)을 쓴 보살형의 문수상이 아니고, 삭발한 스님 모습의 문수상, 즉 '승형(僧形) 문수상'을 모신다.

문수보살은 석가의 여러 화신 가운데서 반야지혜를 상징하는 화신이다. 화엄경에는 시종일관 문수보살이 리더의 역할을 한다. 그리고 반야지혜가 있어야 깨달음을 이룰 수 있지만, 또 깨달음의 목표 역시 반야지혜이다. 중국선종사원에서 조석으로 반야심경을 외우는 것도 이 때문이다. 또 문수보살을 '불모(佛母)'라고도 하는데, 이는 '부처님의 어머니'라는 뜻이 아니고, 부처의 모체, 즉 깨달음을 이루게 하는 모체라는 뜻이다. 승당에서 좌선하고 있는 납자들이 모두 깨달아서 성승이 되기를 바라는 것이다. 총림에 따라서는 가섭존자상, 교진여상(憍陳如像) 등을 모시기도 한다.

중국 선원총림 가운데 가장 컸으며, 남송시대 최대 총림인 경산사·영은사·천동사 등 남송 5산(五山)의 선당 내부도를 보면, 중간에도 장련상(長連床)이 여러 줄 설치되어 있음을 볼 수 있다. 많은 납자들을 수용하자면 중간에도 설치하지 않으면 안 되었기 때문이다.

선당은 크게 전당(前堂)과 후당(後堂)으로 나눈다. 선당 안에 모셔져 있는 승형문수상을 중심으로(대략 반) 출입구 쪽인 앞쪽을 '전당'이라 하고, 뒤쪽을 '후당'이라고 한다. 또 선당 안쪽을 내당(內堂), 출입구 쪽을 외당(外堂)이라고 한다.

선당 내에서 좌선하는 자리도 정해져 있다. 주지(방장)가 좌선하는 자리는 복도의 승형문수상 앞에 선의(禪椅, 의자)가 있는데, 그 의자에 앉아서 좌선한다. 수좌·서기·전좌, 그리고 청중(淸衆, 납자들)은 선당 안쪽, 즉 내당에서 좌선한다. 지사(知事) 가운데 감원·도사(都寺)·감사(監寺)·유나(維那)·부사(副寺)·직세(直歲), 그리고 6두수(六頭首) 가운데 지객·지욕·지전·방장시자(侍者)·객승은 모두 외당(선당 출입구 쪽)에서 좌선한다. 소임자들의 좌선 자리가 입구 쪽인 것은 그들의 출입이 잦기 때문이다.

당·북송시대 선당 형식과 남송시대 선당 형식의 차이는 벽 쪽에 설치된 사물함의 유무로 구분할 수 있다. 즉 사물함이 없으면 당·북송시대 형식의 선당이고, 있으면 남송시대 형식의 선당이다.

현재 중국 영파 천동사,[6] 아육왕사 선당은 청대에 건축되었지만 선당 내부는 당·북송시대 선당 형식이라고 할 수 있고, 일본 후쿠이(福井)에 있는 영평사(永平寺) 선당과 요코하마(橫浜)에 있는 총지사(摠持寺, 조동종) 선당은 남송시대 선당 형식이다. 그밖에 임제종 향악사(向嶽寺, 임제종) 선당 등 일본 선종사원의 선당은 대부분 중국 남송 때 선당 양식을 그대로 따랐다.

••••••••••••••••
6) 지금 천동사 선당 크기는 남송시대 선당과 비교하면 7분의 1정도에 불과하고, 좌선하고 있는 스님도 10여 명에 불과했다.

반면 우리나라의 선당은 모두 온돌이다. 그리고 벽에 사물함 같은 것도 없어서 중국 선당 양식과 같은 곳이 한 곳도 없다. 다만 형식면에서 중국 선당 모습과 비슷한 곳은 칠불암 아자방(亞字房)이다. 아자(亞字) 가운데는 복도이고 벽 쪽은 복도보다 조금 높은데, 여기가 장련상이 놓여 있는 자리이다.

출처 : 문화재청 홈페이지(http://www.cha.go.kr)

9장 선종사원의 방장(주지)
- 주지는 법왕(法王)이고, 현신불(現身佛) -

1. 주지의 책무와 역할

선종사원의 최고 통솔자이자 어른은 주지(住持, 방장)이다. 당송시대 선종사원(총림)의 주지, 즉 방장은 부처(법신불)를 대신하여 고칙·공안을 거양(擧揚)하는 법왕(法王)인 동시에 현신불이었다.

주지의 책무 가운데 가장 중요한 것은 총림 운영이다. 그러나 그 못지않게 중요한 것은 납자를 지도·교육하여 훌륭한 선승, 깨달은 부처로 만드는 일이다. 방장의 법력과 지도능력은 눈 밝은 납자가 얼마나 많이 배출되는가에 달려 있다.

주지의 소임과 역할에 대하여 장로종색의 『선원청규』 7권 「존숙주지(尊宿住持)」 편에는 "(주지는) 부처를 대신하여 고칙 공안을 거양(擧揚, 제창)하므로 지사(知事)와는 다르다. (……) 총림의 법도를 엄숙하게 준수해야 하고 용상(龍象) 같은 고덕이 나오도록 해야 하며, 하루 종일 납자지도를 게을리하지 말아야 한다."[1]라고 주지의 책무에 대하여 정의하고 있다.

---

1) 『重雕補註 禪苑淸規』 7권, 「尊宿住持」. "代佛揚化, 表異知事.(……) 整肅叢林規矩, 撫循龍象高僧. 朝晡不倦指南."(신찬속장경 63권, p.52c)

당송시대에는 주지의 거실을 '방장(方丈)'이라고 했고, 이는 유마거사의 방(거실) 크기가 '사방 1장(四方一丈)'이라는 데서 비롯된 말이다. 이것이 오늘날 총림의 최고 어른을 가리키는 직함이 된 것인데, 사방 1장이라면 3.3m²로 약 1평 정도에 불과하다.

유마경에는 사방 1평 밖에 안 되는 공간 속에 무려 3만여 명이나 되는 보살들이 의자에 앉아서 법문을 듣는 장면이 나온다. 어떻게 한 평 밖에 안 되는 좁은 공간에 3만 명이 앉을 수 있었을까?

의상조사의 법성게에는 "미세한 티끌 속에 온 세계가 있다[一微塵中含十方]"는 법문이 있는데, 그와 같이 비록 한 평 밖에 안 되는 좁디좁은 공간이지만, 그 용량은 무한대이기 때문이다. 이것이 바로 유마경에서 말하는 불가사의한 해탈경계라고 할 수 있다.

주지(住持)란 '붓다의 법을 오래도록 호지(護持), 존속시킨다.'는 구호주지(久住護持)에서 줄여진 말이다. 한 선종사원의 주지가 붓다의 법을 오래도록 존속시키려고 한다면 무엇보다도 인격과 덕망, 그리고 정견과 정안을 갖추고 있어야 한다. 그렇지 못하면 총림의 납자는커녕, 기복을 바라는 마을의 아낙네도 교화하기 어렵다.

2. 선종사 최초의 주지-백장회해

중국 선종사(禪宗史)에서 최조의 주지(닝징)는 백장총림을 창건한 백장회해(720~814)이다. 그 사실에 대해 『칙수백장청규』 「주지」 장(章)에는 다음과 같이 기록되어 있다.

불교가 중국에 들어온 지 400년이 지나 달마에 이르렀다. 달마로부터 8대 백장에 이르기까지 (선종은) 오로지 도(道, 禪法)만 전수되어 왔다. 선승들은 암혈(巖穴)이나 혹은 율종사원에 의탁해 살았기 때문에, 아직 (선종에는) '주지(住持)'라는 것이 없었다. 백장 화상 때에 비로소 선종이 점차 흥성하여 위로는 왕공(王公)과 재상들, 아래로는 유가(儒家)의 학자들까지 바람에 나부끼듯 모두 와서 도(道)를 물었다. 무리가 있어서 실로 번성했으나 아직 높여야 할 주지의 자리(位)가 없었고 사법(師法)도 엄정하지 못했다. 그리하여 처음으로 백장 화상을 받들어 주지(住持)로 삼고 그를 존중하여 '장로(長老)'라 하였다. 인도에서 사리불과 수보리를 장로라 칭했던 것과 같다.[2]

또 혜홍각범도 『선림승보전』과 『임간록』에서 최초의 선종사원의 주지는 백장 선사였다고 기록하고 있다.

마조도일과 백장회해 이전에는 주지(住持)가 없었다. 그래서 불도를 닦는 이들(선승들은)은 서로 공한적막(空閑寂寞)한 곳을 찾아 다닐 뿐이었다. 그 후(마조와 백장 때부터) 비로소 주지가 있게 되어서 왕과 신하들이 존경하여 인천(人天)의 스승이 되었다.[3]

또 『석씨요람(釋氏要覽)』 하권 「주지(住持)」 편에도, "선문(禪門)의 주지(住持) 제도는 홍주 백장산 대지선사 백장회해로부터 시작되었

---

2) 『勅修百丈淸規』, 「住持章, 序」. "佛教入中國, 四百年而達磨至. 又八傳而至百丈. 唯以道相授受, 或岩居穴處, 或寄律寺, 未有住持之名. 百丈以禪宗寖盛, 上而君相王公, 下而儒老百氏, 皆嚮風問道. 有徒實蕃, 非崇其位則師法不嚴. 始奉其師為住持, 而尊之曰長老, 如天竺之稱舍利弗須菩提."(대정장 48권, p.1119a)
3) 혜홍각범, 『선림승보전』 23권, 「黃龍祖心章」. "馬祖百丈已前, 無住持事, 道人相尋于空閑寂寞之濱而已. 其後雖有住持, 王臣尊禮, 為天人師."(신찬속장경, 79권, p.537a); 『임간록』 1권(신찬속장경 87권, p.252a); 『佛祖歷代通載』 19권(대정장 49권, p.678a)

다."⁴⁾고 기록하고 있는 바와 같이, 중국 선종에서 최초의 주지는 '일일부작, 일일불식'의 선승 백장회해였다. 이것은 백장회해가 최초로 선종사원을 창건했다는 사실을 말해 주는 것이기도 하다.

앞에서도 언급했지만 백장회해가 최초의 선원총림인 백장사를 창건하기 이전 선승들은 대부분 율종사원에 의탁하거나 암자에서 독거(獨居)했다. 백장회해가 비로소 율종사원으로부터 독립하여 선종사원(백장사)을 창건했던 것이다. 그래서 그를 일컬어 '선종의 건설자'라고 한다.

3. 주지의 걱정과 책무

당송시대 주지(방장)의 걱정거리는 총림의 운영보다도 단 한 명이라도 깨달은 납자가 나오는 것이었다. 다음의 일화는 주지가 얼마나 납자 지도에 노심초사했는지 알 수 있는 대목이다.

오조 법연(五祖法演, 1024~1104) 선사가 백운사 방장으로 있을 때의 일이다. 하안거 해제가 며칠 남지 않았는데도 구자무불성화를 투득(透得)한 납자가 한 명도 나오지 않았다. 이에 그는 영원 화상에게 다음과 같은 탄식조로 편지를 보내고 있다.

> 올 여름 총림의 여러 농장에서 곡식을 수확하지 못한 것은 그다지 큰 걱정거리가 아닙니다. 정말로 걱정스러운 것은 한 선당에 수백 명의 납자들이 수행하고 있는데, 하안거 동안에 한 사람도 구자무

---

4) 『釋氏要覽』 하권. "禪門住持規式, 自洪州百丈山大智禪師懷海創置也." (대정장 54권, p.301b)

불성화를 투득한 사람이 없습니다. 이러다가는 장차 불법이 사라질까 걱정될 뿐입니다.[5]

안거 90일 동안 정성을 다해 지도했음에도 불구하고 구자무불성화를 깨달은 납자가 한 명도 나오지 않아 자기 자신의 지도 능력 혹은 자신의 법력에 대한 회의(懷疑)가 깊게 들었던 것이다. 이런 탄식조의 글은 다른 선사들의 글에서도 볼 수가 있다. 방장의 능력은 '깨달은 납자가 얼마나 나오는가?' 하는 것으로 평가되었다.

앞의 오조법연의 편지에서도 볼 수 있듯이, 사실 간화선에서 무자화두를 참구하기 시작한 것은 오조 법연 때부터다. 이것을 이어받아 하나의 수행 체계로 완성시킨 것이 대혜종고(大慧宗杲, 1089~1163)다.

안거 기간 주지가 설하는 법문은 많다. 상당법어 6회, 조참, 만참, 소참 등 한 달에 약 30회 이상 된다.[6] 주지가 매달 30회 이상 법문을 하자면 선에 대한 지견도 높아야 하지만, 경전이나 교학에 대해서도 박식해야 한다. 그렇지 않고는 납자들을 지도할 수 없고 그들의 다양한 질문에 답할 수가 없다. 또 법문을 한다고 해서 다 여법한 법

---

5) "五祖師翁, 住白雲時. 嘗答靈源和尚書云. 今夏諸莊, 顆粒不收, 不以爲憂. 其可憂者, 一堂數百衲子, 一夏無一人透得箇狗子無佛性話. 恐佛法將滅耳."(대정장 47권, p.942c)
6) 상당법어는 5일에 1회씩 한 달에 모두 6회 있었다. 5일에 한 번씩 있었다고 하여 오참상당(五參上堂)이라고 한다. 조참(早參)과 만참(晚參)은 아침 법문과 저녁 법문으로서 명칭에서 알 수 있는 바와 같이 거의 매일 있었다. 그리고 소참(小參)은 수시(隨時) 법문으로서 어느 때든 필요하면 했는데, 후대에는 조참과 만참을 합하여 소참이라고도 했다. 따라서 당대(唐代)에 주지가 한 달에 행하는 법문 횟수는 적어도 30회 이상이 된다. 상당법어는 남송 때부터는 그 횟수가 줄어들어 초하루와 보름날에만 있었다. 그것을 단망상당(旦望上堂)이라고 한다.

문이 되는 것은 아니다. 법에 맞지 않으면 그것은 업장(業障)만 가중시킬 뿐, 정안을 열어 주지는 못한다.

주지를 곧 방장(方丈)이라고 하는데, 『선원청규』나 『칙수백장청규』 등에 있는 소임 가운데는 '방장'이라는 직함은 없다. 그러나 『칙수백장청규』에는 종종 '방장 화상' 또는 "방장이 특별히 수좌와 대중을 위하여 차(茶)를 공양하다"는 등의 말이 있는 것으로 보아 적어도 북송부터는 당호(堂號) 겸 직함으로도 애칭되었음을 알 수 있다. 청말 근대의 고승인 내과 선사(來果, 1881~1953) 연보 1919년조(年條)에는 "사(師)가 방장의 자리에 오르다(一九一九年 師升座方丈)"라고 기록되어 있는데, 이것으로 보아 근대에는 방장이 직함으로 정착되었음을 알 수 있다.

우리나라에는 『진각어록』·『태고집』·『나옹어록』·『편양당집』 등에 종종 '방장'이라는 단어가 나오긴 하지만, 주로 당호의 의미로 쓰였고 직함을 의미하는 경우는 드물다.

우리나라에서 방장이라는 말을 직함으로 쓴 경우는 1928년에 발행된 『조선승려 수선제요(朝鮮僧侶修禪提要)』[7] 송광사 선당 소임 난에 조실 화상을 열거한 다음 괄호 속에 '방장화상'이라고 표기하고 있는 것이 처음이다. 그 후 1967년 해인총림(가야산 해인사)이 설립되면서 이 말을 본격적으로 사용했다. 현재 중국은 방장을 당호의 의미로도 쓰고, 직함의 의미로도 쓴다. 일본은 당호로만 사용하고 있다.

---

7) 『조선승려 수선제요(朝鮮僧侶修禪提要)』, 「송광사」, 선당 참고(조선총독부 학무국, 1928년 9월).

4. 주지 선출과 임명 과정

불교가 국가의 관리 하에 있을 때는 주지 임면권(任免權)을 국가가 가지고 있었다. 그러나 주지 추천이나 선출은 해당 선종사원에서 했는데, 아무래도 문중의 어른이나 전임 주지(방장)의 생각이 절대적이었다.[8] 물론 형식상으로 산중회의를 거친다.

주지는 정견(正見)과 정안(正眼), 그리고 납자 지도 능력을 갖춘 선승 가운데서 뽑는다. 주로 가장 상위직인 수좌나 감원 가운데서 선출되는 경우가 많았다. 적임자가 없을 때는 타사(他寺)에서 모셔 오기도 한다. 이것을 시방주지(十方住持) 제도라고 한다.

그러나 위산영우가 대위산 동경사 주지로 선출되는 과정과 같이 아주 특별한 경우도 있다. 물론 이는 시방주지 제도의 시행 초기에 있었던 일로 이 선출 과정에서는 법력이 가장 우선시 되었다.

백장 화상은 백장사를 창건한 이후 대위산(大潙山)에 동경사를 개창하고자 했다. 그는 누구보다 뛰어난 자를 주지로 선임하여 보내고자 하였다. 서열로 보아 주지 후보 1순위는 백장총림의 수좌(首座)인 화림(華林)이었다. 그런데 전좌(典座, 주방 담당) 직을 맡고 있는 위산영우가 돋보였다. 전좌는 수좌와는 천양지차였다. 백장 화상은 대위산의 주지를 법력을 통해서 선발하기로 마음먹었다. 그는 대중을 운집시킨 가운데 수좌 화림과 전좌 위산을 불렀다. 그리고는 정병(淨甁, 물병)을 갖다 놓고 먼저 수좌 화림에게 물었다.

---

[8] 당송시대에는 모든 종교가 국가의 관리를 받았다. 관리 부서는 예부(禮部)의 사부(祠部)에서 관리했다. 남송시대에는 국가에서 직접 주지를 임명했다.

"자, (이것은 정병이다. 그러나) 이것을 '정병'이라고 불러서도 안 된다. 그대들은 이것을 무엇이라고 부르겠는가?"

수좌인 화림이 말했다.

"(정병이라고 부르지 않는다면), 나무토막이라고 부를 수도 없습니다."

백장 화상은 다시 위산에게 물었다.

"그대는 이것을 무엇이라고 하겠는가?"

위산은 대뜸 발로 정병을 걷어차 버렸다. 그리고는 밖으로 나가 버렸다. 백장 화상은 큰 소리로 웃으면서 말했다.

"선원의 제일좌(수좌인 화림을 지칭하는 말)는 위산에게 졌소."[9]

이 공안을 위산의 '적도정병(趯倒淨瓶)'이라고 한다. '정병(淨缾)'은 납자가 휴대해야 할 18물(物) 가운데 하나로, 그 속에다 물을 담아 가지고 다니면서 식수로 사용하기도 하고 때론 그 물로 손을 씻기도 한다.

이것은 분명히 '정병'이지만, 그것은 명칭일 뿐이다. 그렇다고 '정병'이 아닌 것도 아니다. 따라서 '정병'이라고 해도 맞지 않고, 정병이 아니라고 해도 맞지 않는다. 이것이 전형적인 선문답의 함정이다.

수좌 화림은 "나무토막이라고 부를 수도 없습니다."라고 하여 언어

---

9) 『전등록』 9권, 「潙山靈祐」. "指淨瓶問云. 不得喚作淨瓶, 汝喚作甚麽. 華林云. 不可喚作木㮇也. 百丈乃問師. 師(潙山)踢倒淨瓶, 便出去. 百丈笑云. 第一座, 輸却山子也."(대정장 47권, p.577b);『무문관』 40칙 '적도정병(踢倒淨瓶, 위산이 정병을 차버리다)' 공안. 원문에 수각(輸却)은 승부에서 졌다는 뜻이고, 산자(山子)는 위산을 가리킨다. 즉 승부에서 위산에게 졌다는 뜻이다.

적 분별심을 노출했다. 한마디로 선안(禪眼)이 없는 궁색한 답이고 억지로 걸고 넘어지는 식이다. 선승다운 시원한 답이 못 된다. 반면 위산은 발로 정병을 걷어차 버렸다. 정병 자체를 없애 버린 것이다. 그러니 정병이니 아니니 할 것이 없어져 버린 것이다. 또 총림의 방장인 백장선사 앞에서 정병을 걷어차 버렸으니 그 기개는 가히 출격(出格; 틀을 벗어나다. 즉 남다른 선승)한 선승이었다. 백장 화상은 위산영우를 대위산 동경사 주지로 천거했다.

주지가 선출되면 총림의 상위직을 맡고 있는 수좌나 감원·유나 등 대표단이 구성된다. 대표단은 관행상의 요건을 갖추어 신임 주지를 찾아가서 부디 주지의 직책을 맡아서 가르침을 주실 것을 청한다. 새로 주지가 된 스님은 덕이 부족하다는 이유로 한사코 사양한다. 그러나 이것은 상례적인 것이므로 거듭 주청하는데 이러기를 세 번 해야 한다. 세 번째는 마지못해 승낙을 하는데, 승낙이 이루어지면 준비 기간을 거쳐 진산식(취임식)을 한다.

해당 총림에서 주지가 선출될 때는 그다지 복잡하지 않다. 그러나 타사(他寺)에서 모셔올 때는 매우 복잡하다. 우선 승낙을 요망하는 사절단(使節團)을 구성해야 한다. 사절단은 앞의 대표단과 같은데, 지사(知事)를 대표하여 감원이나 유나 가운데 1인, 두수 가운데 1인, 전임 지사나 두수 가운데 1인, 그리고 그 밖에도 여러 명이 선임되어 승낙 겸 주지를 모시러 간다.

준비하는 것도 상당히 많다. 관청에 올리는 소문(疏文, 주지로 천거, 임명해 달라는 글)과 첩지(帖紙, 임명장), 관아의 승관(僧官)이 날인한 서류, 그리고 타 총림에서도 주지로 임명해 주기를 원한다는 청원문과 단월(거사 신도)의 청원문, 양쪽 주현(州縣)에서 발행하는 문서, 관원의 서신, 다례(茶禮) 등을 모두 갖추어 가지고 간다. 물론 앞에서 언급한 바와 같이 주지로 선출된 스님은 '능력이 없다'고 극구 사양한다. 사양한다고 해서 돌아오면 그것은 결례다. 간곡하게 재청, 삼청을 하면 "미력하나마 힘을 다 하겠다"는 말로 겨우 승낙한다.

신임 주지의 일행이 해당 선종사원의 산문 어귀에 들어서면 기다리고 있던 대중들은 북을 치면서 영접한다. 특히 산문, 즉 정문으로 들어갈 때는 대종(大鐘)과 북(鼓) 등 종고(鐘鼓)란 종고는 모두 동원하여 일제히 울린다. 쌍수로 환영한다는 뜻이다. 이어 날짜를 잡아서 취임식, 즉 진산식(晉山式, 進山式)을 한다. 진산식이란 '주지가 되어 산문으로 들어가다'라는 뜻이다. 우리나라에서도 '진산식'이라고 한다. 또 선원으로 들어간다는 뜻에서 '입원(入院)'이라고도 하고, 주지의 직인(職印)을 보인다는 뜻에서 '시전(視篆)'이라고도 한다.

진산식에는 관아의 관료들과 사대부들, 신도들, 그리고 여타 총림과 주변 사찰에서도 대거 참석한다. 진산식의 하이라이트는 주지의 취임 법어이다. 이것을 '개당설법(開堂說法, 법당의 문을 열고 법을 설함)' 또는 '승좌설법(升座說法, 법좌에 올라가서 법을 설함)'이라고 한다.

당송시대 주지(방장)의 개당설법은 곧 고승 탄생을 알리는 일성(一聲)인 동시에 자신의 법을 펴는 사자후이다. 그것은 주지가 넓게는 종교·사회계의 전면에, 좁게는 불교계의 전면에 등장하는 것을 의미한다.

5. 다섯 명의 방장시자

주지(방장)에게는 5명의 전속 시자가 배속된다. 이것을 '방장시자(方丈侍者)', 또는 '5시자(五侍者)'라고 한다. 요즘말로 5명의 비서(秘書)이다. 시자들은 방장화상의 일거수일투족을 보좌한다. 시자들은 그 누구보다도 많은 법문과 가르침을 받을 수 있다. 5시자의 역할을 간략히 살펴 보자.

(1) 시향시자(侍香侍者): '효향(燒香)시자'라고도 한다. 비서실장격으로 방장의 상당법어와 소참법문·보설(普說)·염(拈)과 송(頌) 등 법어를 기록하며, 대중과의 면담, 방장의 향화(香火)와 의례(儀禮) 등을 담당한다.

(2) 시장시자(侍狀侍者): '서장(書狀)시자'라고도 한다. 방장화상의 서간문 기초 및 관리, 그리고 방장의 지시 사항 등 서류와 문건을 담당한다.

(3) 시객시자(侍客侍者): '청객(請客)시자'라고도 한다. 방장화상을 찾아오는 빈객 응접 및 접대 등을 담당하는 시자이다.

(4) 시약시자(侍藥侍者): '탕약(湯藥)시자'라고도 한다. 방장의 공양과 차, 탕약 등을 담당한다.

(5) 시의시자(侍衣侍者): '의발(衣鉢)시자'라고도 한다. 방장의 옷과 가사와 발우 등을 담당한다.

다섯 명의 시자 가운데 우두머리는 시향시자이다. 시향시자는 6두수는 아니지만, 거의 6두수급으로, 법랍과 수행력, 학식을 갖춘 제자가 맡는다. 시향시자는 주지 우측에 선다. 방장시자는 방장실 곁에 있는 시자료(侍者寮)에서 생활한다. 방장화상이 움직이면 시자들은 한두 명 정도만 남고 모두 그의 앞뒤를 따른다. 방장실의 시자는 자격 조건이 까다롭다. 가장 중요한 것은 첫 번째는 심성이 곧아야 하고, 두 번째는 입이 무거워야 한다.

주지를 '장로(長老)' 혹은 '당두화상(堂頭和尙, 堂의 우두머리)'이라고도 한다. 한국·중국은 지금도 '주지'라는 명칭을 그대로 사용하고 있고, 일본에서는 '주직(住職)'이라고 한다.

주지가 퇴임한 후에도 계속 해당 총림에 머물 때에는 후임 주지에게 방장실을 내주고 그는 동당(東堂)에서 기거한다. 그리고 동당과는 별도로 서당(西堂)[10]이라는 곳이 있는데, 그곳은 타사(他寺), 타 총림에서 주지를 역임했던 이가 오면 기숙하는 곳이다.

선원총림은 주지(방장)의 역량 여하에 따라 성쇠가 좌우된다. 주지의 법력과 역량이 크면 클수록 총림의 규모도 커지고 부족하면 줄어들 수밖에 없다. 예컨대 남송 때 대혜 선사가 항주 경산사 주지(방장)로 있을 때는 납자가 무려 1700명이나 운집했다. 또 굉지정각

---

10) 동당(東堂)과 서당(西堂)에 대해서는 두 가지 예가 있다. (1)선당의 동당과 서당. 『무문관』 14칙(則) 남전참묘 공안에는 동서양당의 납자들이 고양이를 가지고 싸우고 있는 장면이 나온다. 여기에 의하면 남전보원(748~834)과 조주(778~897)가 수행하던 당대에는 동당, 서당이라고 하면 선당의 양당을 가리켰다고 본다. (2)동당은 해당 총림에서 주지를 역임한 이가 기거하는 곳, 서당은 타 총림에서 주지를 역임한 이가 와서 잠시 머무는 곳이다. 송대에는 주로 (2)에 해당했다고 본다. 마조도일의 제자 서당지장(西堂智藏, 735~814)의 경우, 그가 '서당의 수좌'였기 때문에 '서당지장'이라고 부르게 되었다는 설이 있는데, 이것은 사실이 아닌 듯하다. 지장이 강서 건주(虔州)의 서산당(西山堂)에 머물면서 마조의 종풍을 널리 선양했기 때문에 '서당(西堂)'이라고 한 것이다. 진화법사(震華法師) 편, 『중국불교인명대사전』, p.766, 서당지장 항목 참고.

(1091~1157)이 천동사 주지로 있을 때는 1,000여 명이 수행했다. 이렇게 많은 대중이 운집한 큰 총림은 선불교 역사상 처음이었다. 대혜 선사와 굉지 선사에게는 납자들뿐만이 아니고 문인, 관료, 사대부, 지식층 등도 대거 귀의하여 가르침을 받았다.

10장 방장의 납자지도 방법-독대[獨參]
- 독참(獨參)과 청익(請益) -

1. 독참(獨參), 입실(入室)

선원총림은 '작불학교(作佛學校)'이다. 조실과 방장은 교장이고, 상당법어 등 법어는 고준한 작불(作佛) 강의이며, 좌선은 '작불 실수(實修)'라고 할 수 있다.

납자가 방장(주지)과 1:1로 독대하여 공부 상태를 지도·점검받는 것을 '독참(獨參)'이라고 한다. 단독으로 참문(參問)한다는 뜻이다. 스승의 방에 들어가 지도받는다고 하여 '입실(入室)'이라고도 하고, 두 단어를 이어서 '입실독참', '입참입실(入參入室)'이라고도 한다.

독참 입실은 정기적·의무적으로 5일에 한 번씩 한다. 독참은 방장과 독대하여 공안이나 화두 참구에 대하여 지도·점검받는 것이다. 그러므로 모든 대중들은 5일에 한 번씩 독대하여 점검받아야 한다. 요즘으로 말하면 '개별적인 지도 및 점검'이라고 할 수 있다.

입실 독참의 의미와 기능에 대하여 『칙수백장청규』 주지 장(章) 「입실」 편에는 다음과 같이 정의하고 있다.

입실이란 곧 스승이 학인(수행자)을 감판(勘辦, 감별, 판단)[1]하는 일이다. 아직 그 이르지 못함을 경책하고, 허항(虛亢, 건방진 것)함을 쥐어박고, 그 편중(偏重, 치우침)됨을 쳐버린다. 그것은 마치 용광로에서 금을 녹일 적에 연홍(鉛汞, 납과 수은. 즉 雜銀)이 남아 있지 않게 하는 것과 같으며, 장인이 구슬을 다룰 때 무부(珷玞, 옥과 비슷하나 옥은 아닌 돌)가 모두 제거되는 것과 같다. 저녁과 새벽, 처소를 가리지 않고 항상 행했으므로 옛적에 납자들은 항상 작은 향을 소지하고 있다가(입실·독참 시에는 향을 사른다) 북이 세 번 울리면 곧 달려가서 입실했다(지금 3일과 8일에 입실하는 것은 옛 일[古事, 제도]를 잊지 않기 위함이다).[2]

정리하면 독참은 ①수행자의 공부 상태를 점검하고, ②허황됨과 치우침(非중도) 등 잘못된 것을 제거하고 ③가짜를 걸러 낸다. 이상이 대략 독참의 기능이라고 할 수 있다.

청대 후기에 편찬(1823년)된 『백장청규증의기(百丈淸規證義記)』 5권 「입실청익」 편에는 입실의 의의와 목적에 대하여 더 구체적으로 제시되고 있다.

> 입실할 때 수행자는 반드시 진실하게 물어야 하고, 스승은 반드시 노파심으로 지도 점검해 주어야만 비로소 입실청익의 목적을 저버리지 않는 것이다. 만약 수행자로서 참학(叅學, 묻고 배우는 것)하는 것이 진실하지 못하고, 또 스승도 도안이 밝지 못하면, 비록 모양에 따라 그대로 고양이를 그린다 해도, 실제로는 옛 것을 따르는 데 불과할 뿐일 것이다. 요즘 제방 선원 가운데 진정으로 수행하는

---

1) 감판(勘辦) : 문답상량(問答商量)으로 선승과 선승, 또는 스승이 제자의 공부와 견해를 점검하고 깨달음의 깊고 낮음을 살피는 것을 말함.
2) 『칙수백장청규』 2권, 「入室」. "入室者, 乃師家勘辦學者. 策其未至, 搞其虛亢, 攻其偏重. 如烹金爐, 鉛汞不存. 玉人治玉, 砥砆盡廢. 不拘昏曉, 不擇處所, 無時而行之. 故昔時, 衲子小香合常隨身. 但聞三下鼓鳴, 即趨入室(今時以三八入室者, 備古事也)."(대정장 48권, p.1120d)

총림 한두 곳을 제외하고는 모두 입실이 드물게 시행되고 있으니 참으로 개탄할 일이다.[3]

스승이 도안을 가지고 제대로 점검해 주지 못하고, 또 수행자도 진실하게 묻지 않는다면 그 독참은 아무 소용이 없는 무의미한 독참이라는 것이다. 그런 독참은 모양(그림 본)에 의거하여 고양이를 그리는 것과 같이 형식적인 데 불과하다는 것이다.

그런데 인용문 가운데 "요즘 제방 선원에는 진정으로 수행하는 총림 한 두 곳을 제외하고는 모두 입실이 드물게 시행되고 있으니 참으로 개탄할 일이다."라는 말은 시사하는 바가 크다. 매우 눈여겨 보아야 할 부분이다.

이 말에서 확인할 수 있듯이 이미 청대에도 입실독참이 거의 행해지지 않았다. 겨우 한두 곳에 불과한 정도였다. 그 이유는 납자를 점검할 능력을 가진 방장, 안목과 지견을 갖춘 방장이 없었기 때문이다.

우리나라 역시 조선시대, 근현대 자료에서는 독참을 했다는 흔적을 찾아볼 수 없다. 이 역시 수행자의 공부 상태를 점검·간파할 수 있는 안목과 능력을 가진 선승이 없기 때문이다.

독참은 수행자 개개인이 참구하고 있는 공안(화두)에 대하여, 방장이나 조실이 제대로 참구하고 있는지 여부를 점검하는 시스템이다. 당사자는 나름대로는 잘 참구하고 있다고 해도 스승의 눈으로 볼 때는 사견(邪見)에 빠져 있는 경우, 사량분별심으로 참구하고 있

----

[3] 儀潤源洪, 『百丈淸規證義記』 5권. "證義曰, 入室之事, 學者須眞實請益, 師家須婆心指點, 方爲不負. 若學者參學不實, 師家道眼不明, 縱然依樣畫猫兒, 實應酬古事而已. 近日諸方, 除一二眞修禪林外, 並入室事, 亦少行之, 尤可慨也."(신찬속장경 63권, p.414b)

는 경우, 도가(道家)의 심신단련법에 빠져 있는 경우 등 문제가 많기 때문이다. 백장 선사가 백장청규를 제정하면서 좌선은 의무화하지 않았지만, 입실(독참)과 청익은 반드시 하도록 규정한 것은 바로 이 때문이다.

독참은 며칠에 한 번씩 한 것인가? 장로종색의 『선원청규』(1103년) 2권 「입실(독참)」편에 따르면, 입실독참은 이틀에 한 번 정도 했다고 한다.

> (日時에 정함이 없고) 어떤 때는 격일(隔日)로, 어떤 때는 배일(排日, 하루에 몇 번 나누어 독참하는 것)로 했다. 또 아침에 하기도 하고 저녁에 하기도 하는데, 주지의 뜻에 따라 정한다. 입실할 때가 되면 방장시자는 행자로 하여금 향을 피우게 하고 앞에 배석(拜席)을 마련하고 나서 주지에게 아뢴다.[4]

북송시대까지는 대체로 격일(隔日)로 했고, 시간과 장소는 구애받지 않고 했음을 알 수 있다.

그런데 남송시대(1264년)에 편찬된 『입중수지(入衆須知)』에는 "입실은 3일과 8일에 하는데, 이것은 총림의 정해진 규칙이다. 때론 시절에 구애받지 않기도 한다(入室. 三八入室, 叢林定則, 或不拘時節)."[5]라고 하여, 5일에 한 번씩, 즉 매달 3일, 8일, 13일, 18일, 23일, 28일 이렇게 여섯 번 했고, 이것은 총림의 정해진 제도였다. 1274년에 편찬된 『총림교정청규(함순청규)』「입실」편의 내용도 일시

....

4) 『선원청규』, 「입실」. "入室. (……) 或隔日或排日, 或早或晚, 各逐住持人建立. 入室時到, 侍者令行者裝香. 當面設拜席竟. 咨稟住持人."(신찬속장경 63권, p. 526c)
5) 無量宗壽, 『入衆須知』, 「入室」. "三八入室, 叢林定則, 或不拘時節."(신찬속장경 63권, p.561a)

(日時) 등에 대해서는 거의 같다.[6]

2. 독참 입실의 형식과 절차

독참이 있는 날에는 하루 전이나 몇 시간 전에 고지(告知)한다. 입실이 있음을 알리는 패(牌)를 법당과 승당, 중료(衆寮, 대중방, 큰방) 등 건물 벽에 내다가 건다. 그것을 입실패(入室牌)라고 한다.

입실할 시간이 임박해지면 납자들은 마음의 준비를 단단히 한다. 주지(방장)로부터 참구 상태에 대하여 점검받는 것이므로 긴장할 수밖에 없다. 좀 과장해서 표현한다면 마치 호랑이 굴속으로 들어가는 격이라고 할 수 있다.

독참 시간이 되면 먼저 북을 세 번 친다. 그러면 대중들은 모두 도착순으로 방장 외실(外室)에서 대기한다(但聞三下鼓鳴, 卽趨入室. 『칙수백장청규』 2권 「입실」 편). 자기 차례가 되어 방장실로 들어가면 먼저 방장화상을 향하여 오체투지의 3배를 해야 한다. 방장은 의자(즉 禪椅)에 앉아서 참선자를 직시한다. 이어 문답이 시작되는데, 먼저 납자가 자기의 소견(所見)이나 의문점을 피력하면 방장화상이 질문하는 형식이다.[7]

---

6) 惟勉, 『叢林校定淸規總要(咸淳淸規)』 하권, 「入室之法」, "入室之法. 或三八日入室, 或不定時節. 鳴鼓三下, 集衆, 侍者預令行者, 挂牌. 住持於方丈內坐. 侍者於室外東邊, 列一行立, 仍於室門限外設席. 衆人燒香, 大展三拜. 不問戒臘, 鴈行而立. 於室外西邊, 如頭首知事, 挿入不妨餘人攙行."(신찬속장경 63권, p.607c)

7) 일본 임제종의 독참 방식은 납자가 방장실로 들어가서 법명을 대고 참구하고 있는 화두나 공안을 복창하면 방장이 질문한다고 한다. 당송시대도 비슷했을 것으로 보인다.

장로종색의 『선원청규』 「입실」 편에는 문답하는 시간과 방법에 대하여 다음과 같이 설명하고 있는데, 말을 많이 하지 말라고 당부하고 있다.

> (납자가) 먼저 합장, 인사한 뒤에 소식(消息, 所見, 所疑)을 토로(吐露)하라. 어화(語話, 말, 대화)는 많이하지 말라. 또한 세속적인 한화(閑話)를 말하여 대중을 오래도록 지체시켜서도 안 된다. 토로(吐露)하는 것을 마치면 인사하고 물러서되 마주보고 예배한다.[8]

문답에 소요되는 시간은 많아야 10분 이내이다. 그리고 질문을 많이 하거나 세속적인 것을 물어서도 안 된다. 대체로 방장은 수행승을 향하여 냉엄하게 질타한다. 수행자는 나름대로 상당히 준비했을 터이지만 무용지물이다. 독참이 끝나면 참선자는 거의 지옥을 다녀온 것이나 마찬가지가 된다. 이렇게 단련시키지 않고는 재목을 만들 수 없다. 독참이 끝나면 참선자는 승당으로 돌아와서 다시 참구한다.

당송시대 방장들은 3~4번만 문답해도 공부 상태를 100% 간파했다. 금(金, 진짜)인지, 수은(水銀, 汞. 가짜)인지, 납(鉛, 가짜)인지를 감별할 수 있는 안목을 갖추고 있었고, 병통(문제점)에 대하여 즉시 처방전을 내릴 수 있는 투시력을 갖고 있어야 한다. 그렇지 못하면 수행자를 지도·점검할 수가 없다.

방장의 처방전은 파주(把住, 혹은 把定)와 방행(放行) 두 가지이다. 파주는 현재 납자가 잘못 참구할 경우 질타하고 지도하는 것을

---

8) 『선원청규』 2권, 「입실」. "又先問訊然後, 吐露消息.. 不得語話多時, 亦不得說世諦閑話, 久滯大衆. 吐露竟, 問訊退. 當面禮拜(有處一拜, 有處三拜, 有處大展, 有處觸禮)."(신찬속장경 63권, p.526c)

말하고, 방행은 잘 참구하고 있으므로 그대로 놔두는 것을 말한다. 잘 참구하고 있으면 격려해 주고 잘못 참구하면 호되게 질타한다.

참선자의 수행 상태는 개개인의 능력에 따라 천차만별이다. 그러므로 처방도 다를 수밖에 없다. 독참 시스템을 둔 것은 이 때문인데, 단체 수업에서 오는 문제점을 보완하기 위한 개별적인 점검 시스템이 독참이다.

임제 선사(臨濟禪師, ?~867)의 처방전은 '할(喝)'이었고, 덕산 화상(782~865)의 처방전은 '방(棒, 몽둥이)'이었다. '덕산방, 임제할'은 유명했는데, 그렇다고 천편일률적인 '방'이나 '할'이 아니다. 번뇌 망상과 분별심을 질타하는 방할도 있고, 잘 참구하고 있다고 칭찬하는 방할도 있다. 참선자로서 중요한 것은 그것이 어떤 의미의 '방'이고 '할'인지를 알아차려야 한다는 것이다.

입실 독참(개인지도)은 매우 체계적이고도 과학적인 납자 지도 방법이었다. 그로 인하여 당송시대에는 많은 훌륭한 선승들이 배출되었다. 당·북송시대 선불교가 중국의 전통 종교인 도교와 자웅을 나란히 할 수 있었던 것도, 중국불교를 석권할 수 있었던 것도 이런 교육 시스템의 결과였다고 할 수 있다.

오늘날 우리나라 선원에는 독참 시스템이 없다. 독참을 하지 않은 지 오래다. 적어도 근대 150년 동안에는 행해진 적이 없고, 조선시대에도 시행되었다는 기록을 찾아볼 수 없다. 독참 시스템이 없으므로 납자들이 무엇을 어떻게 참구하고 있는지 알 수가 없다. 이것이 현재 우리나라 선원의 가장 큰 문제점이라고 할 수 있다. 한마디로 납자들을 방치하고 있다고 보는 것이 정확할 것이다. 반면 일본 임제종이나 조동종은 여전히 독참을 잘 지켜 오고 있다.

다음은 입실독참을 통하여 깨닫는 장면을 보도록 하겠다. 대양 혜견(大陽慧堅, 송초의 선승, 생몰연대 미상)이 그의 스승 영천(靈泉, 송초) 화상에게 입실하여 깨닫는 장면이다. 『오등회원』 14권에 실려 있다.

> 대양혜견 선사가 처음에는 영천 화상 문하에 있었다. 입실(독참)하자 영천 화상이 물었다. "그대는 지금 어디서 오는가?" 대양혜견[師]이 답했다. "승당(僧堂, 선당)에서 옵니다." 영천 화상이 말했다. "어째서 (그대는) 노주(露柱, 승당의 기둥)와 하나[築着]가 되지 않는고?" 혜견 선사는 그 말이 끝나자마자 깨달았다.[9]

핵심은 "어째서 노주(露柱)와 하나가 되지 않는가(不築着露柱)?"이다. 노주(露柱)란 '노출(露出)되어 있는 기둥'이라는 뜻으로, 법당이나 승당의 건물 기둥을 가리킨다. 노주는 등롱(燈籠, 장명등), 와력(瓦礫, 기와), 장벽(牆壁, 담장), 석사자(石獅子) 등과 함께 정식(情識)이 사라진 무분별심의 경지를 뜻한다. 스승 영천 화상의 말에 혜견 선사는 즉시 깨달았다고 한다(師, 言下省悟).

이렇게 참선자들을 가르치고 교육하는 것을 '애찰(埃拶)'이라고 한다. '예리하게 따지고 묻다' 또는 '쥐어박다', '가르치다', '다그치다' 등의 뜻인데, 스승의 애찰(埃拶)에 제자가 공부를 하지 않을 수 없었다.

------

9) 『五燈會元』 14권. "大陽慧堅禪師. 初在靈泉. 入室次. 泉問. 甚麼處來. 師曰. 僧堂裏來. 泉曰. 為甚麼, 不築著露柱. 師於言下有省."(신찬속장경 80권, p.284c)

3. 청익(請益)의 형식과 절차

'청익(請益)'이란 '보탬[益]을 청하다'는 뜻으로 ①재삼 가르침을 바라다 ②보탬을 바라다 ③여쭈다 ④증가해 줄 것을 청하다는 뜻이다. '더 자세하게 가르침을 바라는 것'으로, 법문을 듣고 나서 미진(未盡)한 점이 있거나 평소에 궁금한 점이 있을 때 개별적으로 찾아가서 묻는 것이 청익이다(請益者, 已受教而再問未盡之蘊也). 예컨대 대학에서 정규 강의가 끝난 후 별도로 교수실로 찾아가서 묻는 것이 바로 청익이다.

청익 역시 설법, 독참 등과 함께 총림의 납자 지도 시스템 가운데 하나이다. 다만 독참과 같이 정기적·의무적인 것이 아니고 수행자의 필요에 의한 것이다.

청익 절차와 방법에 대하여 『칙수백장청규』 2권 대중 장(章) 「청익」 편의 내용을 보도록 하겠다.

> 무릇 청익을 원하는 자는 먼저 시자를 통하여 주지화상에게 아뢰게 한다. '모갑 상좌(某甲 上座)는 오늘밤 방장실로 나아가서 청익하고자 하오니 청한 바와 같이 허락하여 주십시오.'라고 아뢴다. (청익이 허락되면) 정종(定鐘, 취침을 알리는 종)[10] 후에 시자실로 간다. 방장실의 불이 밝혀지고 장향(裝香, 향을 피우는 것)할 때까지 기다린다. 시자의 안내로 주지 앞에 이르면 합장 인사하고 향을 사르고 오체투지의 9배(大展九拜)를 한다. 좌구를 거두고 나서(9배를 할 때에는 깔개를 펴고 함) '저는 생사의 일이 크고 무상이 신

---

10) 정종(定鐘) : 초경오점(初更五點, 8시 36분~9시까지임)에 치는 종으로 곧 취침하게 됨을 알리는 종. 8시 36분 경에 정종을 치면 방선하고 취침 준비를 한다. 이어 개침령(開枕鈴, 취침령)이 울리면 모두 취침한다.

속함을 해결하고자 하오니, 엎드려 바라건대 화상께서는 자비로써 방편을 개시하여 주소서.'라고 말한다. 공손하고 엄숙하게 곁에 서서 가르침을 살펴 듣는다. 마치면 앞으로 나아가 향을 사르고 역시 9배한다. 이것을 사인연(謝因緣, 인연 즉 가르침에 감사)이라고 한다.[11]

『선림비용청규』에 있는 청익 내용도 이와 거의 같다.[12] 그런데 "정종(定鐘, 8시 36분~9시. 취침종)이 지난 뒤에 시자실로 간다."고 기록하고 있는 것으로 보아, 청익은 주로 정종을 친 뒤, 즉 밤 9시 가까이 되어서 했음을 알 수 있다. 왜 늦은 시간에 했는지는 자세히 알 수 없으나 조용한 시간이라야 자세하게 가르쳐 줄 수 있기 때문이 아닌가 싶다.

방장화상에게 묻는 것은 언제든지 개방되어 있다. 그러나 많은 대중들이 있는 자리에서는 질문하기란 쉽지 않다. 질문하고자 하는 내용이 개인적으로는 매우 중요한 것이라도 다른 이들에게는 별 것 아닐 수도 있고, 또 어리석은 질문으로 치부될 수도 있다. 그리고 각각의 공부가 다르기 때문에 개별적인 대화, 개인 면담(청익)을 통하여 지도한 것은 매우 합리적인 제도라고 할 수 있다.

···············
11) 『칙수백장청규』 7권, 「請益」. "凡欲請益者, 先稟侍者, 通覆住持. 某甲上座, 今晚欲詣方丈請益. 如允所請, 定鍾後詣侍司. 候方丈秉燭裝香, 侍者引入住持前, 問訊揷香. 大展九拜. 收坐具進云. 某為生死事大, 無常迅速, 伏望和尚慈悲方便開示. 肅恭側立諦聽垂誨畢. 進前揷香大展九拜. 謂之謝因緣."(대정장 48권, p.1144a)
12) 澤山一咸, 『禪林備用淸規』 2권, 「請益」. "投情請益, 先詣侍司詳稟, 侍者吿覆住持. 某甲上座, 今晚欲詣方丈請益, 如允所請. 定鐘後, 詣侍司伺候. 侍者隨住持坐處, 令秉燭裝香, 引入問訊, 揷香一片, 大展九拜, 收具進前, 問訊云(某為生死事大, 無常迅速. 伏望, 和尚慈悲, 方便開示). 肅躬側立, 下手. 諦聽法海, 垂問來歷, 從實稟吿了. 進前問訊, 出爐則揷香一片, 大展三拜, 謂之謝因緣."(신찬속장경 63권, p.629d)

청익(請益) 제도는 백장회해(720~814)의 「고(古)백장청규」(양억, 「선문규식」)에서도 매우 중요시하여 명문화했다. 이것을 본다면 백장총림 때부터 제도화되었음을 알 수 있다.

청익은 선종사원 이전에 중국 고대부터 있었다. 『논어』에 보면 공자와 제자 자로(子路) 사이에 있었던 청익 장면이 나온다. 여기서도 청익은 보충 설명이나 추가 질문을 가리킨다.

> 어느 날 자로(子路)가 스승 공자에게 여쭈었다. "어떻게 해야 정치를 잘할 수 있습니까?" 공자가 말했다. "솔선수범하고 노력해야 한다." 자로는 이 말이 무슨 뜻인지 몰라서 더 자세하게 설명해 줄 것을 청했다[請益]. 공자가 말했다. "게으르지 말라."[13]

참으로 훌륭한 말씀이다. 학자든 수행자든 정치인이든 게으름이나 매너리즘에 빠지면 그 사람의 생명은 거기서 끝난 것이나 마찬가지다. 게으르면 아무 것도 할 수 없다. 노력하는 자만이 아름답다.

고타마 붓다의 마지막 유언도 "게으름 피우지 말고 열심히 정진 노력하여라"(팔리본 『대반열반경』)였다. '열심히 노력하라', 이것은 종교와 인류를 초월한 불변의 진리이다.

수행자나 학자는 욕심을 버리고 부단히 탐구하고 사색하고 노력해야 한다. 편안하게 살아도 죽고 고단하게 살아도 죽는다는 것 역시 불변의 진리이다. 스스로를 채근하여 '일신우일신(日新又日新)'하는 자만이 불사(不死)의 경지를 체득할 수 있고, 영원(永遠)과 동행할 수 있다.

---

[13] 『논어』, 「子路」. "子路問政. 子曰. 先之勞之. 請益. 曰, 無倦."

11장 선원총림의 요직과 상위 소임(1)
- 동서(東序) 지사(知事) -

1. 4지사(四知事)와 6지사(六知事)

　선종사원에는 주지(방장) 밑에 요직으로 6명의 지사(知事)와 6명의 두수(頭首, 이칭은 西序)가 있다. 지사를 '동서(東序)'라고도 하는데, 사무·행정·경제(재정) 등 운영 일체를 담당하고 있는 소임이다. 서서(西序) 두수(頭首)는 교육과 수행 분야를 담당하고 있는 소임이다.

　북송시대에는 4지사(四知事, 4명의 지사)·5두수(五頭首, 5명의 두수) 제도였고(당말오대도 거의 같았다), 남송·원대(元代)에는 6지사·6두수 제도였다. 지사에서 두 개 소임이, 그리고 두수에서 한 개 소임이 증설되었는데, 직책이 증설되었다는 것은 총림의 규모나 재정 등이 확장되었음을 시사한다(6두수에 대해서는 다음 장에서 설명).

　북송시대 4지사는 감원(監院)·유나(維那)·전좌(典座)·직세(直歲)이고, 남송·원대(元代) 6지사는 도사(都寺)·감사(監寺)·유나·부사(副寺)·전좌(典座)·직세(直歲)이다. 즉 감원의 업무가 과다하여 도사(都寺)·감사(監寺)·부사(副寺)로 3분(三分)된 것이다(소임명은 시대에 따름).[1] 먼저 도표를 보도록 하겠다.

〈북송 총림의 4지사〉

감원(監院)	서무, 행정, 재정, 업무 감독 일체 총괄
유나(維那)	규율, 기강, 법회, 행사 총괄
전좌(典座)	주방, 식사 담당. 별좌와 같음
직세(直歲)	건물, 산림 등 사찰관리

〈남송–원대 6지사〉

도사(都寺)	행정, 사무, 살림 일체 관리 총감독
감사(監寺)	행정, 사무, 살림 관리 집행
유나(維那)	규율, 기강, 법회, 행사 총괄
부사(副寺)	금전, 곡물 출납 등 재무 담당.
전좌(典座)	주방, 식사 담당. 별좌
직세(直歲)	건물, 산림 등 사찰 관리

----

1) 당대 선종사원의 소임에 대해서는 자료가 없어서 구체적으로 알 수는 없다. 당대 청규로는 백장회해(720~814)의 『백장고청규(百丈古淸規)』가 있지만 이미 당말오대기에 산실(散失)되어 전하지 않고, 그 대략적인 모습이 양억(楊億)의 「선문규식(禪門規式)」과 「백장규승송(百丈規繩頌)」(『선원청규』 10권 부록에 수록됨) 등에 전하고 있다. 여기에는 장로(長老, 주지), 유나(維那, 堂司), 수죄(首座), 반두, 채두, 시자가 나오고 있을 정도이다. 처음으로 4지사·5두수 제도가 보이는 곳은 북송 말 무렵(1103년)에 편찬된 자각종색의 『선원청규』 3권 「지사(知事)」 장(章)인데, "지사는 감원·유나·전좌·직세(知事, 謂監院 維那 典座 直歲)"라고 하여, 4명의 지사를 언급하고 있고, 같은 책 4권 「두수(頭首)」 장에는 "두수란 수좌·서장(書狀, 서기)·장주(藏主)·지객·욕주를 이른다(頭首者, 謂首座 書狀(書記) 藏主(知藏) 知客 浴主(知浴)"라고 하여, 5명의 두수가 있었음을 언급하고 있다.

이상이 북송과 남송시대 지사인데, 북송시대 4지사의 직무(업무)는 분명한데, 남송시대에 이르러 감원의 직무가 셋으로 나누어지면서 감사(監寺)의 업무가 매우 모호한 편이다. 도사와 감사를 합하여 '도감사'라고도 하는데, 이 두 개의 소임이 분명 다른 소임임에도 불구하고, 『선림비용청규(禪林備用淸規)』와 『칙수백장청규』에는 도감사(都監寺)를 한 장(章)에 묶어 설명하고 있다.

그런데 도사의 직무에 대해서만 명시되어 있고, 감사의 업무에 대해서는 일체 언급이 없기 때문에 감사의 직무가 무엇인지 명확하지 않다.

또 도감사(都監寺)가 하나의 소임인지, 두 개의 소임인지도 혼동이 된다. 그래서 무착도충도 『선림상기전』 7권 「도감사」 항목에서 "(도감사는) 즉 도사이다. 도감사를 약칭하여 도사라고 한 것뿐이다. 누구는 도사와 감사 두 소임을 한 번에 거론한 것이라고 말하지만, 틀린 말이다(忠曰, 卽都寺也. 都監寺, 略言都寺而已. 或以爲雙擧都寺監寺二職者, 非也)."라고 하여 도감사를 하나의 직책으로 보았다. 그러나 도감사는 도사와 감사를 병칭한 것일 뿐, 두 개의 소임인 것은 분명하다. 다음에서 고증해 보도록 하겠다.

남송 원대 선종사원(총림)에서는 6지사나 6두수 등 요직을 여러 차례 맡았던 이들에 대해서는 현직에서 퇴임 후에도 예우하여 별도로 단독 요사(寮舍)나 방사(房舍, 독방)가 배정되었다. 『칙수백장청규』 4권 「도감사(都監寺)」 장(章)의 내용이다.

"부사(副寺) 이하(부사, 전좌, 직세)는 그 소임을 3번 역임하지 않으면 전자료(前資寮)에 갈 수 없고, 감사(監寺)는 그 소임을 3번 역임하지 않으면 몽당(蒙堂)에 갈 수 없고, 도사(都寺)는 그 소임을 3번 역임하지 않으면 단독 요사에 머물 수 없다."[2]

부사, 전좌, 직세를 세 번 역임한 이들에 대해서는 전자료(前資寮)라는 요사채에 독방을 배정했고, 도사, 감사, 유나, 수좌 등 지사나 두수 가운데서도 고위직을 3번 역임한 이들은 현직에서 퇴임한 후에 몽당(蒙堂)이라는 요사채에 독실이 배정되었다. 몽당은 전자료보다 방도 크고 시설이 좋은 곳이다. 그리고 최고위직인 도사의 경우는 3번 역임하면 독립된 요사채가 배정되었다.

여기서 본다면 "감사(監寺)는 그 소임을 3번 역임하지 않으면 몽당(蒙堂)에 갈 수 없고(監寺非三次, 不歸蒙堂), 도사(都寺)는 그 소임을 3번 역임하지 않으면 단독 요사에 머물 수 없다(都寺非三次, 不得居單寮)."고 말하고 있는 것을 보아, 도사(都寺)와 감사는 하나의 소임이 아닌 분명히 다른 소임이고, 또 감사보다는 도사가 상위직이라는 것을 알 수 있다.[3]

남송 후기인 1264년에 편찬된 『입중수지(入衆須知)』에는 도사와 감사가 모두 나오고 있는데, 도사가 감사보다는 상위직이다.

남송 말인 1274년에 편찬된 된 『총림교정청규총요(함순청규)』에는

․․․․․․․․․․․․․․․․
2) 『칙수백장청규』 4권, 도감사(都監寺). "副寺以下非歷三次, 不歸前資. 監寺非三次, 不歸蒙堂. 都寺非三次, 不得居單寮."(대정장 48권, p.1132a) 도감사(都監寺)라는 용어에서도 도사가 상위임을 알 수 있다.
3) 얼마 전에 일본 서북부 가나자와현(金澤縣) 다카오카(高岡)에 있는 소동종 선종사원인 즈이류지(瑞龍寺)를 답사했다. 에도시대에 건축된 매우 큰 선종사원이고, 이곳을 답사한 것은 전형적인 남송시대 칠당가람 구조를 보기 위해서였다. 법당 내의 천정 가까운 벽 상단에 소임명, 즉 용상방이 있는데 도사, 감사, 부사 순이었다. 여기에서도 본다면 도사와 감사는 별개의 소임임을 알 수 있고, 도사가 감사보다 상위이다.

다탕(茶湯, 찻자리) 즉 다석(茶席) 배치도가 그려져 있는데, 도사(都寺)·감사(監寺)·부사(副寺) 순으로 배치되어 있다. 따라서 도사와 감사는 각각 다른 소임이고 도사가 감사보다는 상위직이다.

택산일함의 『선림비용청규(禪林備用淸規)』(1311년) 「도감사」 편에는 "도감사는 산문의 중임이다. 중요한 것은 적임자를 얻는 것이다. 백장시대 감원은 공사(公私)를 주관했는데, 오늘날, 도사(都寺)가 바로 이 소임이다(都監寺 山門重任. 貴在得人. 百丈監院, 幹辦公私. 今都寺是也)"⁴⁾라고 하여, 도사(都寺)가 곧 북송시대의 감원(監院)과 같은 직책이라고 말하고 있다. 물론 여기서도 감사에 대한 언급은 일체 없다.

이상을 종합해 본다면 도사와 감사는 별개의 소임이다. 그리고 특히 남송 원대에 편찬된 청규에서 도감사를 한 장(章)에 묶어서 설명하면서도, 도사의 직무에 대해서만 명시하고 감사의 업무에 대해서는 명시하지 않았는데, 이것은 감사의 업무가 도사와 구분되지 않았기 때문으로 보인다. 즉 감사는 도사의 지시 사항이나 업무를 집행·보조하는 역할에 지나지 않았던 것이다. 그래서 여러 청규에서 도사와 감사를 한데 묶어 '도감사' 장(章)에서 설명한 것이다.

도사(都寺)와 감사는 명말·청대에 이르러서는 감사 하나에 통합된다. 명말에 편찬된 행원(行元)의 『총림양서수지(叢林兩序須知)』 항목에는 감사수지(監寺須知)만 있고, 도사수지(都寺須知)는 없다. 따라서 명대에는 '도사'라는 명칭과 직책은 사라지고 감사가 모든 기능을 총괄했다. 여기서 감사는 북송시대 감원과 같은 것이다.

근대 우리나라 사찰의 직책 가운데, 3직으로 감무(監務), 감사(監

---

4) 택산일함, 『禪林備用淸規』(신찬속장경 63권, p.646b)

寺), 법무(法務)가 있었다(오늘날 총무, 재무, 교무의 전신). 감무는 3직 가운데 최고 자리로서 모든 사무를 총괄·감독했다. 이 감무가 바로 북송 때 감원, 남송 때 도사이고 오늘날 총무와 같은 소임이다. 또 감사는 감무를 보좌하는 직책으로 재무인데, 북송 때는 감원의 업무 속에 포함되었고 남송 때는 부사(副寺)의 소임과 같다. 법무는 교무로 개칭되었는데, 이 법무가 송대의 유나와 같은 소임이다.

2. 지사(知事)의 직무와 역할

(1) 감원(監院)

감원(監院)은 서무·행정·재정 등 사원 관리 일체를 총괄·감독하는 소임으로 승당(僧堂, 선당)의 책임자인 수좌(首座)와 함께 선원총림의 양대 요직이다.

당대(唐代)에는 주로 '원주(院主)' '원재(院宰)' '사주(寺主)'라고도 했고, 당말오대와 북송시대에는 '감원', 남송·원대에는 '도사(都寺)'였고, 명대에는 다시 감원, 또는 '감사(監寺)'라고 불렸다.

감원은 동서(東序) 4지사(감원·유나·전좌·직세) 가운데 서열 제1위이다. 남송시대에는 감원 소임이 도사·감사·부사로 3분되었으나 여전히 총 감독권은 도사(감원의 전신)가 가시고 있었디.

몇 년 전 오대산 월정사 스님들과 함께 일본 조동종 양대 본산 가운데 하나인 영평사(永平寺, 에이헤이지)를 방문한 적이 있다. 영평사는 도겐(道元, 1200~1253)이 영파 천동사에 가서 천동여정으로부터 조동선을 배우고 돌아와서 세운 도량이다.

위치는 교토 서북부 후쿠이(福井)의 깊은 산악 지대에 위치하고 있는데, 4월 10일인데도 잔설(殘雪)이 있었고, 상큼한 선기(禪機)가 육근(六根)과 오음신(五陰身)을 청량하게 했다. 미리 연락을 취한 덕에 답사 후 귀빈실에서 다과를 했는데, 외빈을 맞이하는 대표 스님의 직함이 감원이었다. 영평사에서 감원은 관수(貫首, 방장) 다음 직책인 것을 보면 고풍이 잘 전해 오고 있었다.

감원은 수좌의 직무 영역인 승당(僧堂, 선당)과 관련된 일을 제외하고는 총림의 모든 일을 총괄·감독한다. 따라서 두수 가운데 서기·지장·지객·지욕·지전의 일도 부분적으로는 감독·관장할 수밖에 없다. 감원의 임무에 대하여 장로종색의 『선원청규』에는 다음과 같이 규정하고 있다.

> "감원이라고 하는 직책은 선원총림의 모든 일을 총괄한다. 관청에 나아가는 일, 관리나 시주들이 찾아오면 영접하는 일, 길흉 등 경조사, 그리고 재정의 출입과 회계, 금전과 곡식의 유무(有無), 수입과 지출 등을 모두 담당한다."[5]

또 "감원은 어진 이와 대중을 받들며, 상하를 화목하게 하고 대중이 늘 환희심을 갖게 해야 한다. 권세를 빙자하여 대중을 경멸해서는 안 된다"고 주의를 주고 있다. 또 그 책무에 대해서도 "고사(庫司, 창고)에 재용(財用)이 부족하면 스스로 힘을 다하여 대책을 강구하되, 주지(방장)에게 알려서 마음을 쓰게 해서는 안 되며, 더구나

---

5) 장로종색, 『선원청규』 3권, 監院. "監院一職, 摠領院門諸事. 如官中應副 (……) 相看施主, 吉凶慶弔, 借貸往還, 院門歲計, 錢穀有無, 支出收入."(신찬속장경 63권, p.530a)

그 실정을 대중들이 알게 해서는 안 된다"고 당부하고 있다.

주지(방장)는 납자를 지도하여 부처를 만드는 데 힘써야 하는데, 재정 등 살림살이를 걱정하게 되면 납자 지도에 전념할 수가 없게 되고, 또 대중들이 총림의 경제 등 운영이 어렵다는 것을 알게 된다면 마음 놓고 수행할 수가 없기 때문에 이런 주의를 준 것이다.

다음은 감원과 관련한 유명한 선문답이다. 법안문익(885~958)이 주지로 있던 총림에서 감원 소임을 맡고 있던 현칙(玄則 監院)과 법안 사이에 있었던 문답 내용이다.

앞에서도 설명했는데, 당송시대 선종사원의 납자 지도 시스템 가운데에는 독참이라는 개별지도 방식이 있었다. 그런데 감원 소임을 맡고 있는 현칙은 한 번도 입실 독참하러 오지 않는 것이었다. 그래서 법안문익이 하루는 그를 불러서 물었다.

"(현)칙감원(則監院)! 어째서 그대는 입실(入室) 독참(獨參)하러 오지 않는가?"

현칙이 말했다.

"화상! 저는 이미 청림화상(靑林. 靑峰이라야 맞음) 처소에서 깨달은 바가 있습니다(그런데 굳이 입실할 필요가 있겠습니까?)."

법안이 말했다.

"아, 그런가? 어디 한번 말해 보게."

"제가 칭림 화상께 "어떤 것이 부처입니까?"라고 물었습니다. 청림화상이 "병정동자 내구화(丙丁童子 來求火)"라고 답했는데, 거기서 깨달았습니다."

법안 화상이 말했다.

"좋은 법문이네. 그런데 혹 그대가 잘못 알까 걱정이네. 다시 한 번 더 설명해 볼 수 있겠소?"

현칙이 말했다.

"병정(丙丁)은 (목·화·토·금·수 5행 가운데) 불(火)에 속합니다. 따라서 불이 불을 찾고 있다(以火求火)'는 말은, 곧 제가 바로 부처인데 다시 부처를 찾고 있다는 말입니다."

법안 선사가 말했다.

"감원, 그대는 과연 잘못 알고 있었네."

현칙은 매우 화가 났다. 자존심이 크게 상했던 것이다. 그는 곧바로 감원 소임을 사직하고 법안의 문하를 떠나가 버렸다.

법안 화상이 대중들에게 말했다.

"만일 현칙이 다시 돌아오면 구할 수 있지만, 돌아오지 않는다면 불가능하네."

그런데 현칙이 가다가 문득 생각해 보니 법안 선사의 문하에는 무려 500여 명이나 되는 많은 남자들이 수행하고 있는데, 나를 속일 리가 없다는 생각이 들어 다시 발길을 돌려 법안 화상을 찾아갔다.

법안 화상이 말했다.

"다시 내게 물어보게. 그러면 내가 그대를 위하여 말하겠네."

현칙이 물었다.

"화상, 무엇이 부처입니까?"

법안 선사가 말했다.

"병정동자 내구화(丙丁童子 來求火, 불이 불을 찾고 있다)."

현칙은 언하에 대오했다.[6]

---

6) 원오극근, 『碧巖錄』 7칙. "(玄)則監院在法眼會中, 也不曾參請入室. 一日法眼問云. 則監院何不來入室. (玄)則云. 和尚豈不知. 某甲於青林處, 有箇入頭. 法

현칙은 자신이 본래 부처임을 알았다. 그러나 그것은 관념적 지식으로만 이해했을 뿐, 정말 자기 자신이 부처라는 사실을 인식하지는 못했던 것이다. 그런데 법안 선사의 일갈(一喝)에 비로소 진정으로 자기가 부처라는 사실을 깨달았던 것이다. 똑같은 말도 언제, 누가, 어떻게 하느냐에 따라 듣는 사람에게는 매우 다르게 들린다.

(2) 도사(都寺)·감사(監寺)·부사(副寺)

도사(都寺)·감사(監寺)·부사(副寺)는 앞에서 이미 고찰한 바와 같이 감원에서 분리된 소임이다. 남송 때에 이르러 감원의 업무가 많아지자 셋으로 나눈 것이다.

도사(都寺)는 북송 시대 감원과 같다. 주지, 즉 방장을 대신하여 행정, 서무, 재정 등 서무 일체를 총괄·감독하는 소임이다. 오늘날 총무와 같다고 할 수 있는데, 실제는 방장 밑의 주지와 같은 권한을 가지고 있다.

眼云. 汝試為我舉看. (玄)則云. 某甲問如何是佛. (青)林云. 丙丁童子來求火. 法眼云. 好語, 恐爾錯會, 可更說看. 則云. 丙丁屬火, 以火求火, 如某甲是佛, 更去覓佛. 法眼云. 監院果然錯會了也. (玄)則不憤便起單渡江去. 法眼云. 此人若回可救. 若不回救不得也. 則到中路自忖云. 他是五百人善知識, 豈可賺我耶. 遂回再參法眼云. 爾但問我. 我為爾答. 則便問. 如何是佛. 法眼云. 丙丁童子來求火. (玄)則於言下大悟."(대정장 48권, p.147b)

『禪林類聚』9권. "玄則監院在法眼會下並不入室. 忽一日眼問. 汝在此, 初不見來問話. 曾參甚人,, 有何見處. 師云. 某甲曾參見青峰和尚來. 眼云有甚言句. 師云. 某甲問如何是學人自己. 峰云丙丁童子來求火. 眼云. 好語. 汝作麼生會. 師云. 丙丁屬火. 將火求火. 如將自己求自己. 眼云與麼會又爭得. 師當時不肯. 遂起發去眼. 問侍者則監院在甚處. 者云已起去也. 眼云. 此僧若過江去. 救伊不得也. 師至中途再返. 求懺悔問云. 玄則只與麼. 和尚尊意如何. 眼云汝但問. 師便問如何是學人自己. 眼云丙丁童子來求火. 師大悟於言下. 後出世金陵報恩為法眼之嗣."(신찬속장경 67권, p.55a)

감사(監寺)는 도사(감원)의 업무를 실질적으로 집행하는 실무자이다. 감사는 한때는 감원과 같은 경우도 있었다.

부사(副寺)는 회계, 금전 출납, 쌀·천·곡식 관리 등 수입 지출을 맡고 있는 소임으로 오늘날 재무에 해당한다. 부사를 고두(庫頭, 副寺의 고칭)·궤두(櫃頭)·재백(財帛)·부사(副司)·부원(副院) 등으로도 불렀다. 북송 때 장로종색의 『선원청규』에는 고두(庫頭)가 나오는데, 이 고두가 부사의 고칭이다.

(3) 유나(維那)

유나(維那)는 법도(法度)를 뜻하는 강유(綱維, 三綱·四維)의 '유(維)'와 범어 갈마다나(karma-dana, 羯磨陀那, 일을 지시하다)의 '나(那)'자를 따서 만든 중인(中印) 합성어이다.

유나는 선원총림의 기강과 규율, 그리고 법회 등 행사 진행을 담당하는 소임이다. 총림의 사법권(司法權)과 판결권을 가지고 있는데, 오늘날로 말하면 검찰 수장과 법원 수장의 기능을 합한 것과 같다. 그리고 총림의 각종 법회와 행사도 유나가 담당하고 사회도 유나가 본다.

중국불교 일반에서는 유나를 '열중(悅衆)'이라고 한다. '대중을 기쁘게 한다'는 뜻이다. 유나가 기강과 규율에 치중하다 보면 대중은 경직될 수밖에 없다. 그렇게 되면 대중생활이 힘들게 되므로 대중을 기쁘게도 해야 한다는 뜻에서 '열중(悅衆)'이라고 한 것이다. 기강(유나) 확립과 대중의 화합(열중)을 운용의 묘(妙)를 통해 조화롭게 이끌어 가고자 한 것이다.

장로종색의 『선원청규』 「유나(維那)」 장(章)에는 유나의 직무에 대하여 다음과 같이 길게 쓰고 있다.

> "범어로는 유나, 우리나라(중국)에서는 열중(悅衆)이라 한다. 유나는 대중들의 일(행동거지)을 관장한다. 새로 입방하고자 하는 자에 대하여 사실 여부를 조사, 확인하는 것은 물론이고, 승당 내의 모든 물품을 관장하되 모자라는 것이 있을 때엔 고사(庫司, 창고 담당, 부사)에게 알리고, 부서진 것은 직세(直歲, 건물 관리 보수 담당)에게 의뢰하여 보완, 충당토록 한다."

> "병승(病僧)이 있으면 연수당(延壽堂, 열반당) 담당자(간병)에게 알려서 조처하도록 하고, 당두시자(방장시자)·연수당주(열반당 책임자)·노두(爐頭, 화로 담당)·중료의 요주(寮主), 그리고 각 전각의 관리자(=殿主) 등 소직(小職)에 대한 임명 제청권도 모두 유나가 관장한다. 만일 승당 내에 분쟁 등 큰 일이 생기면 당두(주지)에게 알리고 작은 일은 유나가 규율에 의하여 처리한다. 승당 내에 분실물이 발생하여 피해자가 수색할 것을 요청하면 대중에게 알리고 수색하되, 수색한 결과 분실물이 나오지 않을 경우에는 의뢰한 당사자를 승당에서 추방하거나 전출시킨다. 가능한 화해를 시켜 소란스럽지 않게 해야 한다."[7]

유나는 대중 가운데 살(殺)·도(盜)·음(淫)·망(妄)·주(酒)를 범하거나 횡령·착복하여 사찰의 재정을 축내거나 화합을 해치는 등 청규를 위반하는 일을 하고도 참회하거나 승복하지 않을 경우에는 그들을 추방할 수 있는 권한도 갖고 있었다.

위의 인용문에서도 볼 수 있듯이 유나의 권한은 광범위하다. 예

---

7) 장로종색, 『선원청규』 3권, 「維那」(신찬속장경 63권, p.530b)

컨대 주지가 공무(公務)로 바빠서 보청(울력)에 나올 수 없을 때에는 주지를 대신하여 시자(侍者)가 나오도록 되어 있는데, 시자가 나오지 않을 때엔 주지의 시자를 추방하거나 문초·전출시킬 수 있는 권한도 갖고 있었다. 실제로 주지의 시자를 전출하거나 추방시킨 사례가 있었는지는 알 수 없지만, 이런 규정을 두었다는 것은 사법권이 독립되어 있었음을 의미한다. 공동체 속에서 사법(司法)의 기능이 제 역할을 하지 못한다면 총림의 기강은 해이해질 수밖에 없기 때문이다.

유나는 소직(小職)에 대한 인사 제청권도 갖고 있었으며, 각종 행사 진행과 사회, 그리고 망승(亡僧)의 장례도 유나가 관장한다. 특히 새로 들어오는 입방승이나 객승에 대하여, 도첩·계첩·면정유(免丁由), 병역·노역 면제증·안거증 등을 조사할 수 있는 권한(조사권)도 갖고 있었다. 만일 위조나 허위사실이 드러날 때에는 입방할 수 없는 것은 물론이고, 지방 관아에 연락하여 조처하도록 했다.

도첩제는 국가에서 승려임을 인증하는 제도인데, 북위 때부터 간헐적으로 시행되다가 당(唐) 현종 천보 6년(747년)부터는 정식으로 시행되어 송·원대는 물론이고, 명청 때까지도 그대로 시행되었던 것으로 보인다. 도첩을 가진 자에게는 세금과 병력(兵力)·노역(勞役)의 의무가 면제되는 특권을 주었다. 때문에 승려의 이동과 사망(死亡) 등에 관한 모든 사항은 반드시 지방 관아에 보고하게 되어 있었다.

(4) 전좌(典座)

전좌는 대중들의 식사, 즉 공양 일체를 관장하는 소임이다. 주방장인 셈인데, 우리나라의 별좌(別座)와 비슷한 성격이다.

전좌의 임무 가운데 가장 중요한 것은 음식을 정갈하고 맛있게 만드는 것이다. 따라서 전좌는 대부분 음식 솜씨가 있는 나이 지긋한 고참이 담당하는데, 대중들의 공양을 담당한다는 자부심과 작복(作福) 개념에서 자원하는 경우도 많다.

음식을 맛있게 만들기 위해서는 무엇보다 마음 자세가 중요하다. 음식 만드는 것을 수행의 하나로 생각해야 한다는 것이다. 마음 자세가 보살이어야 하고 대중을 위하는 마음을 갖고 있어야 한다.

전좌에 대하여 간혹 어떤 글에는 공양주(供養主)·공두(供頭)·반두(飯頭)라고 설명한 곳도 있는데, 틀린 것은 아니지만 그렇다고 정확하다고 할 수도 없다. 공양주(공두), 채두(菜頭, 菜供), 갱두(羹頭, 국을 끓이는 소임), 미두(米頭, 쌀을 관리하는 소임) 등은 전좌 밑에 딸린 소직(小職, 하급직)이다. 반면에 전좌는 이들을 통제·관장하는 상위직으로 6지사 가운데 하나이다.

전좌는 본래 대중의 침상(寢牀), 좌구(坐具, 방석 등), 와구(臥具, 침구), 그리고 음식(飮食)을 맡았던 소임이었는데, 선종사원에서는 주방의 일을 중시하여 음식을 전담하게 된 것이다.

『사분율』에는 "부처님이 기사굴산에 계실 때, 탑파마라자 비구가 대중 가운데 뽑혀서 뭇 수행자들의 상좌(床座)와 와구(臥具), 그리고 음식 분배를 맡았다(典衆僧床座, 臥具乃分飮食)."라는 설명이 있는데, 이것이 전좌의 기원이다. '전좌(典座)'라는 말도 앞의 '전중승상좌(典衆僧床座)'에서 첫 글자인 '전(典)'과 마지막 글자인 '좌(座)'에서 따온 말이다. 여기서 '전(典)'이란 '맡다' '담당하다'는 뜻이다.

장로종색의 『선원청규』 3권 「전좌」 장(章)에는 그 임무에 대하여 자세하게 쓰여 있다.

"전좌직은 대중의 재죽(齋粥, 밥과 죽)을 맡은 소임이다. 모름지기 도심을 움직여서 때에 맞게 음식을 바꾸어 대중들로 하여금 안락하게 해야 한다. 그리고 재료(材料)를 낭비하지 말라. 주방을 점검하여 깨끗하게 하라. (……) 음식을 만들 때에는 반드시 직접 살펴서 깨끗하게 해야 한다. 음식의 가지 수를 정할 때에는 미리 고사(庫司)나 지사(知事, 감원을 말함)와 상의하라. 장(醬)과 말린 나물 등은 모두 전좌가 관장하되 그 때를 잃지 말라. (……) 주방에 솥이나 기물이 오래되어 파손된 것이 있으면 그 때마다 교환, 보충하라.

또 행자를 시켜서 공양물을 승당(또는 중료)으로 보낼 때는 모름지기 하나하나 지도하되 분명하게 알게 하라. (……) 전좌는 주방에서 공양할 때 대중이 먹는 것과 달리하지 말라. 재(齋, 밥)와 죽(粥)이 준비되면 먼저 승당을 향하여 분향하고 아홉 번 예배한 다음 음식물을 보내야 한다."[8]

전좌는 승당으로 공양을 보낼 때 먼저 승당을 향하여 분향 9배(九拜)한 다음 보낸다는 것이다. 일본 조동종의 개조인 도겐(道元, 1200~1253)은 24세에 천동사에서 4년 동안 공부했는데, 전좌가 승당을 향하여 9배한 후에 공양을 보내는 모습을 보고 엄청 큰 문화적 충격을 받았다. 그래서 귀국하고 나서 특별히 전좌 소임자를 위하여 저술한 것이「전좌교훈(典座敎訓)」이다.

일함의 『선림비용청규(禪林備用淸規)』(1311년 편찬) 7권 전좌 장에는 다음과 같이 전좌의 중요성을 강조하고 있다.

"전좌 소임은 진심으로 공양을 만들고자 하는 마음이 없는 자에게는 마땅히 함부로 맡겨서는 안 된다. 승당의 전당수좌와 상의하여

---

8) 장로종색,『선원청규』3권,「典座」(신찬속장경, 63권, p.531a).

대중을 잘 받들 수 있는 자로 뽑되, 만(萬)에 하나라도 잘못되어서는 안 된다."[9]

당말의 유명한 선승 설봉의존(雪峰義存, 822~908)은 가는 곳마다 전좌 소임을 자임했다. 원오극근은 『불과격절록(佛果擊節錄)』에서 "설봉은 행각할 때 조리(笊籬, 쌀을 이는 도구)와 목표(木杓, 주걱)를 매고 다녔다. 가는 곳마다 전좌가 되었다(雪峰, 擔笊籬木杓行脚, 到處作典座)."[10]라고 기록하고 있다.

설봉의존은 당나라 후기의 선승으로 17세에 삭발했다. 24세에 회창(會昌) 폐불(廢佛) 사태를 겪으면서, 속복을 입고 부용 영훈(芙蓉靈訓)에게서 참구했다. 그 후 동산양개(洞山良价)의 문하에서 반두(飯頭, 공양주)의 일을 보았다. 양개와는 특별한 인연을 맺지 못했으나, 그의 가르침에 따라 덕산 선감(德山宣鑑)을 참문하여 깨달음을 얻었다. 설봉이 중국 선종사의 중요한 한 페이지를 차지하게 된 것도 사실은 이 조리(笊籬)와 주걱 덕분이다. 그의 선에 대하여 별명을 하나 붙인다면 조리목표선(笊籬木杓禪)이라고 해야 할 것이다.

앞에서도 언급했듯이 도겐 선사는 귀국 후 '전좌교훈(典座敎訓, 전좌에게 주는 교훈)'을 저술했는데, "전좌는 도심(道心)을 갖고 소임에 임해야 한다. 전좌는 무엇보다도 청결을 우선시해야 한다."고 그는 전좌의 마음 자세에 대하여 각별히 당부하고 있다. 정성과 도심(道心) 없이 음식을 만든다면 그 음식은 정갈하지도 않고 맛도 없을

---

9) 一咸, 『禪林備用淸規』 列項職員. "典座之職, 無眞心供養者, 不宜徇關節妄請之. 當與前堂首座謀議, 從眾擇用, 萬不失一也."(신찬속장경 63권, p.648a)

10) 『佛果擊節錄』 하권. "雪峰, 擔笊籬木杓行脚, 到處作典座."(위의 책 67권, p.244c)

것이다.

도겐 선사와 관련된 이야기를 좀 더 해 보고자 한다. 그가 영파 천동사에서 유학한 시기는 남송 때인 1224년부터 1228년까지로, 그의 나이 24세에서 28세까지였다.

당시 영파항은 국제항으로 지정된 곳으로, 수도 항주에서 그다지 멀지 않은 거리에 있었다. 막 중국 영파항에 도착하여 입국 수속도 마치기 전이라 아직 배 안에 있을 때의 일이다.

도겐은 이곳에서 두 노(老) 전좌스님을 만나게 된다. 한 분은 영파 아육왕사의 전좌로 61세였고, 다른 한 분은 천동사의 전좌로 68세였다. 모두 진갑과 고희를 바라보는 노스님들이었다. 이 중 아육왕사 노전좌스님은 40리나 되는 길을 걸어서 영파항까지 왔는데, 단오(端午)를 맞이하여 대중들에게 국수 공양을 올리기 위해 버섯을 구하러 온 것이었다.

선불교에 대하여 궁금한 것이 많았던 도겐 선사는 배 안에서 노전좌스님과 이런 저런 한담(閑談)을 나누다가 다음과 같이 물었다.

"힘든 일(전좌 소임)은 젊은 사람들에게 맡겨도 되지 않습니까? 이렇게 직접 하실 필요가 있겠습니까?"

아육왕사 노(老)전좌스님이 대답했다.

"내 나이 지금 61세로 전좌직을 맡게 되었는데, 이것이야말로 나이를 먹어서도 할 수 있는 수행이오. 그러므로 이 전좌의 일은 잠시라도 다른 사람에게 맡길 수 없소이다."

도겐이 물었다.

"번거롭게 전좌직을 맡아서 일만 하신다면 무슨 좋은 것을 기대할 수 있겠습니까?"

이에 노(老)전좌스님은 다음과 같이 말하며 자리를 떴다.

"일본의 젊은 스님! 그대는 아직 판도(辦道, 참선 공부)가 무엇인지 잘 모르고 있네."

노스님은 선당에 앉아서 좌선하는 것만이 참선수행이 아니고, 일상에서 맡은 바 소임을 충실하게 하는 것이 곧 수행이라고 일갈한 것이다.

또 68세인 천동사 노전좌스님은 허리를 구부리고 일을 해서 등이 활처럼 둥그렇게 휘어져 있는데도 한 여름 땡볕에서 삿갓도 쓰지 않은 채 김, 부각 등을 말리고 있었다. 도겐은 그 모습에서 또 한 번 큰 문화적 충격을 받았다.

당시 일본불교는 정치권력과 밀착하여 수행자 본연의 모습을 온전히 상실하고 있었는데, 맡은 바 소임이 곧 수행이라고 생각하고 있는 노전좌스님의 모습에서 그는 수행, 공부, 판도(辦道)에 대하여 새롭게 인식하게 되었다.

도겐이 중국 선종사원에서 느꼈던, 특히 아육왕사와 천동사 노전좌로부터 받은 가르침은 오늘날 우리에게도 시사하는 바가 크다.

(5) 직세(直歲)

직세는 도량, 당우, 산림(山林)의 관리, 보수 등을 맡고 있는 소임이다. '직세(直歲)'라는 말은 '바로 그 해'를 뜻하는데, 처음에는 1년마다 돌아가면서 이 소임을 맡았기 때문에 붙여진 이름이다.『선원청규』「직세」장에는 직세의 소임에 대하여 다음과 같이 쓰여 있다.

"무릇 선원과 관련된 작무(作務, 보청, 울력)는 모두 직세가 맡는다. 직세의 직무는 요사(寮舍)·창문·담장 등 당우 수리(修理)를 담당한다. 그리고 방앗간(정미소)·유방(油坊, 기름 짜는 건물)·농막·마구간·전원(田園)·선거(船車) 등을 관리하며, 산림(山林)을 보호하고 도적을 방호(防護)한다. (……) 모름지기 공심(公心)으로 일을 하되 때를 알고 옳은 바를 분별해야 한다. 만일 큰 공사(工事)나 큰 울력이 있을 때에는 주지에게 보고해야 한다. 또 지사들과 상의해서 하되 너무 자기의 견해를 고집하지 말라."[11]

직세의 업무 영역과 주의 사항을 열거하고 있는데, 여기서 중요한 점은 직세가 보청(작무, 울력) 동원권을 갖고 있었다는 것과 총림의 산림(山林) 및 도적을 막는 임무도 맡고 있다는 점이다.

전원(田園)은 총림 소유의 장원(莊園, 농장)을 뜻하고, 선거(船車)는 배와 수레를 가리키는데, 농작물을 운반하기 위해서는 배와 우(牛)수레가 있어야 하기 때문이다.

송대에는 황실과 사대부들의 기증으로 인하여 사원의 전답이 광대해져서 장원 담당인 장주(莊主) 소임을 신설(新設)했다. 장주 소임이 신설된 이후에는 농장관리, 소작관리, 방앗간·유방(油坊)·농막·마구간·전원(田園)·선거(船車) 관리 등은 장주에게 이관되었다.

---

11) 장로종색, 『선원청규』 3권, 「直歲」(신찬속장경 63권, p.531a).

12장 선원총림의 요직과 상위 소임(2)
- 서서(西序) 두수(頭首) -

1. 두수(頭首)의 직무와 역할

동서 지사(知事)가 서무, 행정, 재정 등 총림의 운영과 관련된 소임이라면, 두수는 수행, 교육 분야와 관련된 소임이다.

당·북송시대에는 5두수 제도였으나, 남송에 이르러 불전(佛殿) 담당인 지전(知殿)이 추가되어 6두수가 되었다. 그리하여 수좌·서기(書記, 서장)·지장(知藏, 藏主)·지객(知客)·지욕(知浴, 욕주)·지전(知殿)을 가리켜 6두수라 일컫게 되었다. 지전은 북송 때에는 '전주(殿主)'로 상위직이 아니었으나, 남송시대에 이르러 불전의 위상이 급상승하자 지전 소임도 덩달아 상위직인 6지사가 되었다.

〈남송시대 6두수〉

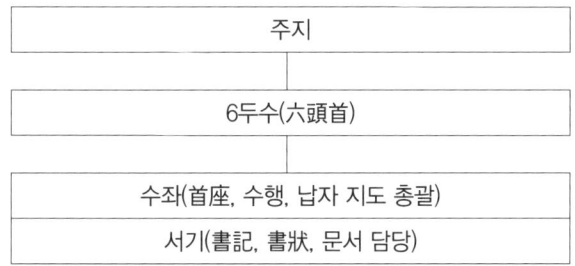

지장(知藏, 藏主, 장경각 담당)
지객(知客, 접빈 담당)
지욕(知浴, 浴主, 욕식 담당)
지전(知殿, 대웅전 담당)

(1) 수좌(首座)

수좌는 서서(西序) 두수(頭首)의 우두머리로 납자들의 참선 수행 지도 등 교육을 총괄한다. 승당(僧堂, 禪堂)의 좌차(座次, 좌석 배치) 서열 제1위이기 때문에 수좌를 '제일좌(第一座)'라고도 한다. 수좌(首座, 승당의 첫 번째 자리)라는 명칭도 그런 뜻이다.

또 좌차(座次, 앉는 차례)의 '으뜸'이라는 뜻에서 좌원(座元)이라고도 하고, 선당의 우두머리라는 뜻에서 선두(禪頭), 대중 가운데 상수(上首)이므로 수중(首衆), 또 판수(板首, 장련상 판의 첫째 자리)라고도 한다. 6두수의 2위는 서기(書記)이고, 3위는 장주(藏主, 지장)이다.

수좌는 선원의 수석 선승으로 매우 중요한 자리인 동시에 명예스러운 자리이기도 하다. 예컨대 주지(방장)가 공무(公務)로 장기간 총림을 비우거나 일시적으로 궐위(闕位)가 되었을 때에는 수좌가 주지를 대신하여 소참, 조참, 만참 등의 법문을 한다. 이때 법문은 정식 설법 장소인 법당이 아닌 조당(照堂)에서 이루어진다. 법당에서 하는 법문은 주지 외에는 할 수가 없기 때문이다.

수좌는 별도로 수좌료(首座寮)라는 당우가 주어지는데, 생활은 수좌료에서 하지만 좌선과 공양 등은 승당에서 대중과 함께 한다. 선종사(禪宗史)에서 보면, 일파(一派)나 일가(一家)를 이룬 선승 중에 수좌직을 거치지 않은 이가 드물다. 수좌직은 곧 고승으로 가는 길목, 또는 그 전단계라고 할 수 있다.

승당이 크고 대중들이 많을 때에는 두 명의 수좌를 두는데, 이를 전당수좌(前堂首座)와 후당수좌(後堂首座)라고 한다. 이 중에 전당수좌가 상위이고 후당수좌는 부(副)로서 전당수좌를 보좌한다(전·후당의 구분은 승당(선당)을 반으로 나누었을 때 앞을 전당, 뒤를 후당이라고 하는데 그 기점은 승당에 모셔져 있는 문수상으로 한다).

그렇다고 전당수좌는 전당에 있는 납자들만 관장하고, 후당수좌는 후당에 있는 납자들만 관장하는 것은 아니다. 승당은 모두 전당수좌가 총괄하고 후당수좌는 전당수좌를 보필할 뿐이다. 승당을 출입할 때에도 전당수좌는 앞뒤 문을 구별하지 않고 출입할 수 있지만, 후당수좌는 후문으로만 출입해야 한다. 이렇게 전후 양당(兩堂)으로 나누는 것은 승당의 규모가 크고 납자들이 많을 때이다.

특히 송대(宋代)에는 한 승당 내에서 많은 납자들이 생활했다. 보통 300명 이상이 있었는데, 많을 때에는 천 명 이상이 있었다. 예컨대 대혜종고(1089~1163) 선사가 항주 경산사(徑山寺) 주지(방장)로 있을 때에는 한 승당 내 무려 1700명이나 운집해 있었다. 천승각(千僧閣)이라는 대승당을 신축했을 때에는 그곳에 850명가량 기거했다. 한 승당에 이렇게 많은 납자들이 생활했기 때문에 수좌 한 명으로는 통제하기가 어려웠을 것이다.

동양덕휘의 『칙수백장청규』 「전당수좌」 장에는 "전당수좌는 총림의 모범이며, 인천의 안목이다. 주지(방장)를 대신하여 분좌설법(分坐說法)하며 후배를 지도한다. 좌선할 때는 대중을 이끌고 규칙을 지키게 한다. (……) 대중들이 예의법도를 지키지 않을 때는 규율에 의하여 벌을 내린다."[1]라고 수좌의 임무와 역할에 대하여 규정하고 있다.

'분좌설법(分坐說法)'이란 다자탑전 분반좌(多子塔前 分半座)에서 비롯된 말로 법좌의 반을 나누어 법을 설하게 한다는 뜻이다. 석존께서 어느 날 설법하기 위하여 법상에 올라가 앉으셨는데, 마침 저쪽에서 상수제자인 가섭 존자가 오고 있었다. 석존께서는 앉아 있던 자리의 반을 나누어 그를 앉게 하고는 법을 설하게 했다고 한다. 이것은 장래 자신의 후계자는 바로 마하가섭임을 선언하는 것이나 다름없다.

우리나라 총림이나 선원에서도 수좌의 서열은 방장이나 조실 다음이다. 수좌직을 맡고 있는 이를 '수좌'라고 부르는데, 한편으로는 젊은 스님에게도 법명 앞에 수좌를 붙여서 'ㅇㅇ수좌'라고 부르는 경우도 많다. 수좌라고 하는 존칭이 하향하여 젊은 스님에게 쓰는 미칭(美稱)으로 덧붙이게 된 것이다.

그리고 수좌 외에 별도로 입승수좌(立僧首座)라는 소임이 있다. 총림에 덕(德)이 높은 스님이 있을 경우 별도로 수좌 한 명을 더 두는데, 그를 '입승수좌'라고 불렀다. 이에 대한 내용이 장로종색의 『선원청규』 7권 「청입승(請立僧, 입승을 청하여 모심)」 편에 언급되고 있다.

"퇴원(退院)한 존숙(尊宿, 주지)이나 전(前) 수좌, 전(前) 장주(藏主)를 지낸 이로 덕망이 높아서 대중의 여망에 합당하면 입승수좌로 모신다. 주지가 승좌하여 거백(擧白, 천거)을 마치면 지사(知事, 두수 포함)와 대중들은 그의 요사(寮舍)로 가서 예를 올리고 (立僧

---

[1] 『칙수백장청규』 「전당수좌」. "前堂首座, 表率叢林, 人天眼目, 分坐說法, 開鑿後昆, 坐禪領衆, 謹守條章 (……) 僧行失儀, 依規示罰."(대정장 48권, p.1131a)

수좌로) 청한다."[2)]

이와 같이 입승수좌는 때론 주지를 대신하여 법문을 하기도 한다. 전임 주지나 전임 수좌를 역임했으므로 수좌보다는 상위이지만, 그 역할은 어디까지나 승당의 제일좌인 수좌를 돕는 입장이다.

(2) 서기(書記=書狀)

서기는 서서(西序) 6두수(六頭首) 서열 가운데 두 번째다. 당 북송시대에는 주로 서장(書狀)이라고 했고 남송시대에는 서기라고 했다. 또 제1좌인 수좌에 이어 제2좌(第二座)라고 한다.

서기는 문한(文翰)을 담당하고 있는 소임이다. 총림의 대내외적인 문서 담당으로 관청에 보내는 공문(公文), 표문(表文), 소문(疏文, 보고문) 등을 작성·송부(送付)·관리한다. 그리고 선원의 각종 법회와 행사 때 사용되는 취지문, 축원문, 방함록, 결제방, 다탕방(茶湯榜) 등 방문(榜文)도 모두 서기가 쓴다. 따라서 서기는 공문 작성 능력과 문장력을 갖추고 있어야 한다.

자각종색의 『선원청규』 4권 「서장(書狀)」 편에는 서장 소임에 대하여 다음과 같이 규정하고 있다.

> "서장이라고 하는 직책은 산문의 서소(書疏; 서간, 서찰 등)를 담당한다. 그러므로 마땅히 글씨는 방정(方正)해야 하고 언어는 정제(整齊)해야 하며, 봉투를 접는 것이 여법해야 한다. 그리고 언어 사

---

2) 장로종색, 『선원청규』 7권, 「請立僧」, "退院尊宿首座藏主, 如合衆望, 可舉立僧. 即住持人陞座舉白訖, 知事大衆詣寮禮請."(신찬속장경 63권, p.541c)

용이 존비(尊卑), 촉정(觸淨), 승속(僧俗)에 맞아야 한다. 만일 관원에게 서신을 보낼 때는 더욱더 함부로 보내서는 안 된다. 매년 시주에게 보내는 글은 미리 먼저 잘 안배(按排)하여 때에 맞도록 자세히 점검하라. 봉투를 비틀게 접어서는 안 되고 시주의 명함(직함 등 官位)이 누락되지 않도록 해야 한다. 常住(총림)의 서신을 쓸 때에는 상주의 지필(紙筆)을 써야 하며, 당두(堂頭, 주지)의 서신을 쓸 때에는 당두의 지필을 써야 하며, 자기의 서신을 쓸 때엔 사중(寺中)의 지필을 침범하지 말라. 가벼운 티끌도 쌓이면 죄가 되므로 경계하라. (……) 원문(院門, 총림)의 대방재회(大牓齋會)의 소문(疏文) 등을 지을 때는 여법하게 써야 하고 마땅히 고금의 서계(書啓)와 소사(疏詞)를 보아서 찬(撰)해야 한다."[3]

서기가 작성하는 문장은 총림 전체의 지적 수준과 품위를 가늠하는 척도가 된다. 따라서 관청이나 사대부들에게 문한(文翰)을 보낼 때에는 문장이 조리가 있고 우아해야 한다. 문장이 옹졸하고 천박하면 하찮게 보일 수밖에 없다. 예컨대 조선시대에도 중국에 보내는 표문(表文)이나 소문(疏文) 등은 성균관과 홍문관에서도 문한(文翰)에 능한 학자가 작성했다. 문장 하나에서 모든 것이 평가되기 때문이다. 또 중국에서 사신이 오면 대신(大臣) 가운데 고금의 지식과 시문(詩文)에 가장 뛰어난 이를 접빈사로 정했는데, 고압적이던 중국 사신도 접빈사의 해박한 지식과 시작(詩作)에 반하여 아무 탈 없이 일이 잘 풀린 경우도 적지 않았다.

---

3) 장로종색, 『선원청규』, 「書狀」. "書狀之職, 主執山門書疏. 應須字體眞楷, 言語整齊, 封角如法. 及識尊卑觸淨僧俗所宜. 如與官員書信, 尤不得妄發. 每年化主書疏, 預先安排, 即時應副子細點拾. 恐封角差賺及漏落施主明銜. 如寫常住書信, 即用常住紙筆. 如寫堂頭書信, 即用堂頭紙筆, 如發自己書信, 不宜侵用. 輕塵積嶽宜深戒之. (……) 院門大牓齋會疏文, 並宜精心製撰, 如法書寫. 古今書啓疏詞文字, 應須遍覽." (신찬속장경 63권, p.532a)

장로종색의 『선원청규』에서는 서기에 대하여 다음과 같이 주의를 주고 있다.

> 선월(禪月)과 제기(齊己)는 단지 시승(詩僧)일 뿐이다. 그리고 가도(賈島)와 혜휴(惠休)도 속환(세속인, 세속의 識者)으로 흘러갔다. 어찌 출가자의 본의라고 할 수 있겠는가?[4]

문한을 맡은 서기의 입장에서는 당연히 문장에 신경을 쓸 수밖에 없다. 다만 지나친 문장치레는 지양하고, 내용이 진솔해야 한다는 것이다.

선월(禪月)·제기(齊己)·가도(賈島)·혜휴(惠休)는 모두 당대(唐代)에 내로라하는 문장력을 갖춘 시승(詩僧)들이었다. 그 가운데서도 특히 가도(賈島, 779~843)의 문장이 뛰어났다. 가도는 중당(中唐)의 시인으로 법명이 무본(無本)이었는데, 그는 한때 승려가 되어 산천을 방랑하기도 했다. 그의 시 가운데 '은자를 찾아갔으나 만나지 못하다(尋隱者不遇)'라는 시가 있다. 『고문진보』 전집(前集, 시문편)에도 실려 있다.

> 소나무 아래 동자에게 물었더니,
> 말하기를 스승은 약 캐러 산에 갔더란다.
> 이 산속 어디엔가 있을 터이지만,
> 구름이 깊어 어느 곳에 있는지 알 수 없구나.
> 松下問童子 言師採藥去 只在此山中 雲深不知處
> —無本—

---

[4] 장로종색, 『선원청규』, 「書狀」. "禪月齊己, 止號詩僧. 賈島慧休, 流離俗寶, 豈出家之本意."(신찬속장경 63권, p.532a)

이쯤에서 가도(賈島)와 한유(韓愈) 사이에 있었던 그 유명한 '퇴고(推敲)의 고사(故事)'를 이야기하지 않을 수 없다.

 가도(賈島)가 무명의 나그네였던 시절의 일이다. 어느 날 수염이 하얀 늙은 나귀를 타고 장안(長安, 당시 兩京의 하나) 거리를 지나가다가 처량한 자신의 모습을 보고 문득 시상(詩想)에 잠기게 되었다.

 1, 2구는 생략하고, 3구는 '조숙지변수(鳥宿池邊樹, 새들은 연못가의 나무 위에서 잠들고)', 4구는 '승고월하문(僧敲月下門, 객승은 달빛 아래서 문을 두드리고 있네).'이라고 썼다.

 가도는 이렇게 시를 지어 놓고 4구에 '고(敲, 문을 두드린다)' 자를 쓸지, '퇴(推, 문을 밀치고 들어가다)' 자를 쓸지 고민하다가 그만 맞은편에서 오는 '경조윤(京兆尹, 장안 市長)'의 행차와 정면으로 맞닥뜨렸다. 신세타령을 하다가 고관대작에게 피마(避馬)의 예를 지키지 못한 것이다.

 경조윤(京兆尹)은 조선시대 한성(漢城, 서울) 판윤(判尹, 오늘날의 서울시장)과 같은 벼슬로 정2품 당상관이다. 당상관이 거마(車馬)나 가마를 타고 가면 평민들은 피마(避馬, 엎드리며 길을 비켜 주는 것)를 해야 한다. 피마를 하지 않으면 볼기를 쳤는데, 가도(賈島)는 시를 퇴고(推敲)하다가 어이없이 볼기를 맞게 된 것이다.

 당시 경조윤(장안 市長)은 당대 4대 문장가 중의 한 명인 한유(韓愈) 한퇴지(韓退之, 768~824)였다. 경조윤의 호위시종(護衛侍從)들은 가도를 붙잡아서 볼기를 치려고 했다. 한퇴지는 피마를 못한 이유가 궁금해서 가도에게 물었다. 가도는 '퇴(推)'자와 '고(敲)'자를 놓고 고심하다가 피마를 못했다며 용서를 구했다. 한유는 그 말을 듣고 내심 웃음이 터져 나왔다. 한유 역시 내로라하는 문장가였으니,

가도의 마음을 이해하고도 남았다. 한유는 잠시 생각하다가 "거기엔 '두드릴 고(敲)'자를 쓰는 것이 더 좋겠네."라고 했다.

이 일을 계기로 가도는 한퇴지(韓退之)와 문장을 절차탁마하는 사이가 되었다. 무명의 가도가 당대 최고의 문장가 겸 든든한 권력자를 얻게 되었던 것이다. '전화위복(轉禍爲福)'이란 바로 이런 경우를 두고 하는 말이 아닐까?

한유와 가도 사이에 있었던 '퇴고(推敲)'의 고사는 그 후 1500년이 넘도록 문단의 이야깃거리가 되었고 향후에도 오래도록 회자될 것이다. 회자되고 있는 한 이 두 사람의 이름은 없어지지 않을 것이다. 이후 시(詩)나 글을 다듬는 것을 '퇴고(推敲)'라고 하게 되었다. 우리나라의 대표적 단편소설 작가로 평가받는 상허 이태준 선생은 『문장강화』에서 이 고사를 예로 들며 퇴고의 중요성을 강조했다.

(3) 지장(知藏)

지장(知藏)은 당 북송 때는 장주(藏主)라고 했고, 남송 때는 지장이라고 했다. 지장은 장전(藏殿), 즉 장경각을 관리하고 경전과 어록 등 전적을 관리·대출해 주는 소임을 말한다. 오늘날의 도서관장이라고 할 수 있다.

그러나 선종사원의 장전(장경각)은 오늘날 우리가 생각하는 장경각과는 다르게 경전이나 대장경, 경판(經板)이나 전적들을 보관·관리하는 역할보다는 도서관처럼 열람과 대출해 주는 역할이 큰 비중을 차지한다.

장로종색의 『선원청규』 4권, 「장주(藏主)」 편에는 그 직무에 대하여 다음과 같이 규정하고 있다.

> "장주(藏主, 지장)는 금문(金文, 경전)을 관장한다. 어긋남 없이 궤안(几案, 책상)을 마련하고 차(茶湯)와 기름(油火)·등불(香燭)을 준비하여야 한다. 장주는 통로에 알림장을 붙이되, 본당(선당) 및 경전을 보고자 하는 대중들이 모두 볼 수 있도록 해야 한다. (대중들이) 간경하고자 책상을 청할 때는 먼저 간경당 수좌(장주)에게 아뢰되, 자리(案位)가 있는지 여부를 물은 다음 청한다. 만일 자리가 있으면 곧 장주를 보고 말한다."[5]

장주는 항상 책상과 차(茶), 기름(油)과 불(火), 향촉(香燭)을 준비하여 경전을 보고자(看經) 하는 대중들에게 편의를 제공해야 한다는 것이다. 또 납자들이 장경각이나 간경당에서 경전을 보거나, 경전을 대출하여 중료(衆寮, 대중방)에서 독서할 때 주의할 사항이 길게 나열되어 있다. 여기서는 대략적인 것만 소개하겠다.

> "경전을 대출받은 사람은 먼저 장전(장경각)에서 향을 사르고 예배해야 한다. (衆寮로 오는) 길(路中)에서 경전을 들고 말장난을 하거나 농담을 해서는 안 된다. 책상에 경을 두고 그 위에 붓이나 벼루, 잡물, 선책(禪策) 등과 경전 이외의 책을 얹어 두지 말라.
> 간경당 안에서는 빈객을 접대하지 말라. 간경당 창밖에서 남과 이야기하면서 떠들지 말라. 대중을 시끄럽게 할까 염려스럽다. (……) 몸으로 책상에 기대어서 경을 누르는 일을 하지 말라. 경전을 소리 내어 읽지 말라. 경전과 책상 주변에서 의복을 벗거나 걸어두지 말라. 모르는 글자가 있어서 물을 때는 먼저 편운(篇韻, 字典)을 찾아

---

5) 장로종색, 『선원청규』 4권, 「藏主」. "藏主, 掌握金文. 嚴設几案, 準備茶湯油火香燭. 選請殿主, 街坊表白, 供瞻本寮及看經大衆. 請案之法, 先白看經堂首座, 借問有無案位, 欲來依捿, 如有案位卽相看藏主白之." 번역문은 최법혜 역, 『고려판 선원청규 역주』(가산불교문화원, 2001), pp.179~182 참조 인용.

보고 그 후에도 알 수 없을 때에는 물어야 한다. 묻는 일이 잦으면 타인의 간경을 방해할 수 있다. 그러므로 자주 물어서는 안 된다. 만일 잠시 책상을 떠날 때는 반드시 보고 있던 경전을 덮어 두어야 한다. 가사를 개어 경전 위에 얹지 말라. 간경할 때에는 단정히 앉아 간경하되 소리를 내거나 입술을 달싹거리지 말라. 경전의 출납(出納)은 분명하게 장부에 적어야 한다."[6]

위의 기록은 북송 말경에 장로종색이 편찬한 『선원청규』의 내용이다. 이를 통해 불립문자를 표방하는 선종사원에서도 장경각을 설치하여 납자들이 경전이나 어록을 볼 수 있도록 했다는 사실을 알 수 있다. 다만 선당 내에서는 경전이나 어록을 볼 수 없고, 좌선 시간에도 볼 수 없다. 당대(唐代)는 잘 알 수 없으나 『선원청규』의 내용을 참고해 보면, 당대에도 북송 때처럼 한정적으로 간경·독서를 한 것으로 보인다.

원대에 편찬된 동양덕휘의 『칙수백장청규』 「지장(知藏)」 편에는 더 구체적으로 간경의 당위성을 설명하고 있다.

"본래 우리 선종이 지향하는 바는 교외별전이다. 그럼에도 장전을 관리하는 지장을 두는 것은 부처님의 말씀을 가지고 교율(敎律)로 삼고 있기 때문이다. 그러할진대 어찌 승(僧)으로서 부처님의 언행을 따르지 않을 수 있겠는가? 우리가 증득하고자 하는 바는 문자에 빠지지 않고 언행의 표면을 뛰어 넘어 자성의 묘함을 보는 데 있는 것이다. 조사의 뜻은 경전을 두루 열람하여 외모(外侮, 외부인의 모함, 비판 등)에 무궁하게 대응하기를 바라는 것이다. 이것이 이른바 부즉불리(不卽不離)라는 것이다."[7]

---

6) 장로종색, 『선원청규』 4권, 「장주」. 번역문은 앞의 책, pp.179~182 참조하여 축약.
7) 『칙수백장청규』 4권. "推原吾宗, 既日教外別傳, 猶命僧專司其藏者何也. 以佛

문자를 모르면 무지할 수밖에 없고 무지해서는 깨달을 수 없다. 중요한 것은 문자를 보되 문자의 표면을 뛰어넘어 자성을 보는 데 있다. 그리고 외모(外侮), 즉 외부인들(유생 등의 속인)의 모함과 비판, 멸시 등에 대처하기 위해서라도 경전을 공부하고 문자를 알아야 한다는 것이다. 그리고 선과 경전(교학)은 떼려야 뗄 수 없는 부즉불리의 관계라는 것이다.

대부분의 선승들은 불립문자(不立文字)를 금과옥조로 여겨서 경전이나 조사어록 등 책은 일체 보지 말라고 한다. 그러나 선원에서도 최소한 『임제록』·『무문관』·『육조단경』·『화엄경(요약본)』·『유마경』·『금강경』은 공부해야 한다.

(4) 지객(知客)

지객(知客)은 6두수의 하나로 빈객 접대를 맡은 소임이다. 객승(客僧)과 신도들을 영접·안내하고 방사(房舍) 등을 배정·관리한다. 그래서 지객을 객전(典客)·객사(客司)·전빈(典賓)이라고도 한다. 다음은 『칙수백장청규』「지객」장(章)의 일부분이다.

> "지객은 빈객을 영접하는 소임이다. 무릇 관원(官員)·단월(신도)·존숙(고승), 그리고 제방의 명덕(明德)들이 오면 향과 차로 영접, 수행하고 행자를 시켜서 방장(주지)에게 알린다. 그런 뒤에 방장실로 가서 뵙게 한 다음 방사로 안내한다. 만일 일반적인 손님이라면 단

之所言所行爲教律, 而僧有不遵佛之言行乎. 特吾之所證所得不溺於文字, 而超乎言行之表, 以見夫自性之妙焉. 又祖之意, 欲吾徒遍探諸部與外之百氏, 期以折衝外侮應變無窮. 所謂不即不離者是也."(대장장 48권, p.1131b)

지 객실에서 본다. 만일 방장, 고사(庫司, 고원), 기타 여러 요사의 담당자를 만나고자 한다면 행자로 하여금 안내하여 만나게 한다. 단과료(旦過寮, 객실)의 침상과 물건, 등불, 숯(炭)은 항상 깨끗하게 청소해 두고 준비해 두어야 한다. 새로 온 객승에게는 모름지기 따뜻하고 편안하게 해야 한다."[8]

자각종색의 『선원청규(禪苑清規)』 4권 「지객」 편에는 "빈객을 맞이할 때는 공손히 해야 하며, 망담(妄談)으로 무익한 일은 해서는 안 된다. 항상 모름지기 주지와 지사들, 두수와 대중들의 아름다운 일을 찬탄하여 그들로 하여금 선심(善心)을 내게 할지언정 밖으로(손님들에게) 가추(家醜, 사원의 단점)를 말해서는 안 된다."[9]라고 주의를 주고 있다.

보조국사 지눌의 『계초심학인문』에는 "다만 선원의 불사(佛事)를 찬탄할지언정 집안의 단점을 이야기해서는 안 된다[單讚院門佛事, 不得揚於家醜]."라고 주의를 주고 있는데, 『선원청규(禪苑清規)』 4권 「지객」 편의 말을 원용한 것이다.

지객(知客) 밑에서 일을 거드는 행자를 객두행자(客頭行者)라고 한다. 객승은 타 총림에 들어서면 먼저 지객을 찾아야 한다. 하루만 묵고 갈 것인지 입방하러 온 것인지를 밝힌 다음 지객의 안내로 단과료(旦過寮, 객실)에서 묵는다. 그러나 객승이든 입방승이든 간에 3

---

8) 『직수백장청규』 4권. "職典賓客. 凡官員檀越尊宿, 諸方名德之士相過者. 香茶迎待隨, 令行者通報方丈. 然後引上相見, 仍照管安下去處. 如以次人客. 只就客司相款. 或欲詣方丈庫司諸寮相訪. 令行者引往. 其旦過寮床帳什物燈油柴炭. 常令齊整. 新到須加溫存."(대장장 48권, p.1131b)
9) 장로종색, 『선원청규』 4권, 「知客」. "賓客相看, 並須恭謹, 不得妄談無益之事. 常須如實讚歎主人知事頭首, 並大衆美事, 令人生善, 家醜不得外揚."(신찬속장경 63권, p.532c)

일 이상은 묵을 수가 없다. 입방승은 3일 안에 입방 절차를 마치고 승당으로 들어가야 하고, 객승은 늦어도 3일째 되는 날에는 다른 곳으로 가야 한다. 이것이 객실의 규정이다. '단과료(旦過寮)'도 '하루만 묵고 가는 곳'이라는 뜻이다. 재미있는 이름이다.

(5) 지욕(知浴)

지욕은 욕실(목욕탕)을 관리·담당하는 소임이다. 6두수의 하나로 '욕주(浴主)'라고도 한다. 우리나라에서는 흔히 '욕두(浴頭)'라고 하는데, 욕두는 지욕 밑에서 욕실의 일을 돕는 하급 소임으로 주로 행자들이 맡는다.

목욕하는 날은 정해져 있다. 『칙수백장청규』 「지욕」 편에는 "동절기에는 4일·9일·14일·19일·24일·29일에 5일마다 한 번씩 목욕을 하고, 하절기에는 매일 목욕을 한다(寒月五日一浴, 曙天每日淋汗)"라고 규정하고 있다.

율장 사분율에는 15일에 한 번 목욕을 하게 되어 있고, 우리나라도 해인사의 경우 동(冬)하절기에 관계없이 15일에 한 번씩 목욕을 한다.

그런데 지금으로부터 천 년 전에 중국 선종사원에서 '겨울에는 5일에 한 번 목욕을 한다'는 것도 율장의 규정과는 너무나 상이(相異)해서 쉽게 이해가 되지 않았지만, 더더욱 이해할 수 없는 것은 하절기에는 매일같이 목욕(淋汗, 샤워)을 하도록 규정한 사실이다. 이것은 실제 적용되었는데, 비록 땀을 씻어내는 정도지만, 지금과 같이 샤워 시설이나 목욕 문화가 발달하지 못한 그 시대에, 여름에 매일같이 목욕을 한다는 것은 불가능한 일로 이는 청규상의 착오라고 판단했다.

그러던 차에 2008년 7월 초에 중국 영파, 항주 등에 있는 선종사원을 답사하게 되었다. 항주와 영파는 남송시대 5산인 영은사, 정자사, 경산사가 천동사, 아육왕사 등이 있는 곳이다.

7월 1일에 가서 5일에 돌아왔는데, 이 지역 여름은 정말 찜통이었다. 7월 초면 초여름인데도 온도는 37℃였고 습도는 80%가 되었다. 땀이 물처럼 줄줄 흘렀다. 첫날은 답사를 하고 싶은 마음이 없었다. 그때 비로소 여름에는 매일같이 목욕을 한다는 말을 이해하게 되었다. 그런데 그곳 안내자의 말은 더욱 기가 막혔다. 한 여름 8월에는 45℃까지 치솟고 1년에 약 230일 정도가 흐리거나 비가 와서 습도가 매우 높다는 것이다.

욕실의 구조에 대해서는 「선종사원의 가람 구성(1)」 욕실 항목에서 자세히 기술하였으므로 여기서는 생략하고자 한다.

(6) 지전(知殿)

지전은 불전(佛殿, 대웅전) 담당이다. 불전의 향화(香火)와 불공(佛供), 기도, 관리 등 불전에 관한 모든 것은 지전이 담당한다.

북송시대에 편찬된 장로종색의 『선원청규(禪苑淸規)』에는 '전주(殿主, 佛殿의 主)'라는 소임이 나오고 있는데, 이 전주가 바로 지전이다. 그러나 북송시대 전주는 6두수에 속해 있지 않았다. 북송시대 전주 즉 지전(知殿)은 하위직으로 중요한 소임이 아니었다. 이것은 불전(佛殿, 대웅전)의 위상이 미미했음을 시사한다. 지전이 상위직인 6두수에 포함되는 것은 남송 때인데, 이때 불전의 위상은 급상승하여 법당의 위상과 같았다.

우리나라에는 지전(知殿)에 대한 이칭이 많다. 그리고 한자 표기도 다양하다. 우리나라에서는 '知殿'을 흔히 '持殿'이라고 쓰고 있는데 이것은 잘못이다. 목탁을 잡고 있으므로 '가질 지(持)'자를 써서 '持殿'이라고 써야 타당할 것 같지만, '知殿'이라고 써야 한다. 여기서 '知'는 '담당하다,' '맡다'는 뜻이다. '전(殿)'은 불전(佛殿)을 뜻한다. 6두수 가운데, 장경각 담당을 知藏이라 하고, 접빈담당을 知客이라고 하며, 욕탕 담당을 知浴, 불전 담당을 知殿이라고 한다. 모두 '知'자를 쓴다. 그러나 여전히 각 사찰의 용상방에는 '持殿'이라 쓰고 있는 곳이 많다.

그리고 '노전(爐殿)'과 '부전(副殿)'이 있다. 노전(爐殿)은 대웅전이나 적멸보궁의 불단을 맡은 소임이다. 대웅전이나 적멸보궁의 향로(香爐)를 관리하는 당우인 향로전(香爐殿, 香閣)에서 따온 말이다. 부전은 불단과 큰방(衆寮) 관리를 맡은 소임이다.

운허 스님 편 『불교사전』(동국역경원, 1974, 개정판)에 따르면 대웅전이나 적멸보궁의 불단을 맡은 소임을 노전(爐殿)이라고 하고, 큰방 불단을 맡은 소임을 부전(副殿)이라고 한다. 부전은 우리나라에만 있는 명칭이라고 생각한다.

그리고 6두수에는 들어가지 않지만 방장실의 시향시자(侍香侍子=燒香侍子, 비서실장)도 두수급이다. 명대 청규인 행원(行元)의 『총림양서수지(叢林兩序須知)』에는 시향시자가 두수에 들어가 있다.

13장 선원총림의 중하위 소임−소직(小職)

1. 중위직 소임

선종사원(총림)의 상위직은 6지사(六知事)와 6두수(六頭首)이다. 그 가운데서도 양 날개는 감원(남송·원대에는 도사)과 수좌이다. 그리고 그 밑에 25개 이상의 중하위 소임이 있다. 이것을 소직(小職)·소두수(小頭首)·열직(列職) 등이라고 한다.

강원의 교과서인 『치문』에는 장로자각(종색)의 「구경문(龜鏡文)」이[1] 실려 있는데, 거기에는 장로(長老, 주지), 수좌(首座), 감원(監院), 유나(維那), 전좌(典座), 직세(直歲), 고두(庫頭, 훗날 副寺), 서장(書狀, 書記), 장주(藏主, 知藏), 지객(知客), 시자(侍者, 방장시자), 요주(寮主, 衆寮 즉 큰방 관리자), 연수당주(延壽堂主), 욕주(浴主, 知浴), 수두(水頭), 탄두(炭頭, 화로에 사용하는 숯 관리자), 노두(爐頭, 화로 담당), 가방화주(街坊化主, 화주), 원두(園頭), 마두(磨頭), 장주(莊主, 전답, 농장 담당. 農監), 정두(淨頭), 정인(淨人) 등 23개의 소임만 열거되어 있다. 그런데 그가 편찬한 『선원청규』에는 이보다

---
1) 「長蘆慈覺賾禪師龜鏡文」, 『치문』(대정장 48권, p.1069a).

훨씬 더 많은 소임들이 열거되어 있다.

(1) 요주(寮主)

요주(寮主)는 중위직이다. 중료(衆寮), 즉 대중방(큰방)을 관리하는 책임자로 우리나라의 큰방 부전과 같다고 할 수 있다. 요원(寮元) 혹은 요수좌(寮首座)라고도 한다.

요주의 임무 가운데 가장 큰 것은 큰방에 있는 각 개인의 책상과 물품, 비품(備品) 등이 분실되지 않도록 관리하는 것이다. 분실될 경우 관리 소홀로 문책을 받게 되고 심하면 중료를 수색해야 하는 등 일이 커지기 때문이다. 요주 밑에는 부료(副寮)가 있는데, 요주를 도와 중료를 관리하는 소임이다. 요주가 정(正)이고, 부료(副寮)가 부(副)이다.

승당이 좌선, 침식(寢食)의 공간이라면 중료는 차(茶), 간경(看經) 그리고 기타 잡무를 보는 일상생활의 공간으로, 송대에 새로 생긴 건물이다. 또 총림에 따라서는 중료에서 공양을 하기도 한다.

(2) 장주(莊主)

장주(莊主)는 농장의 관리자로 도장(都莊)이라고도 한다. 장주도 중위직이다. 장주는 총림의 전답 일체를 관리하며 일꾼을 동원하여 파종·관리·수확하고, 또 소작인들로부터 소작료를 걷는 것도 담당한다.

'장주'라고 하는 소임은 송대(북송)에 이르러 황실과 관료, 사대부 등으로부터 많은 토지가 기증되어서 선종총림의 장원이 비대해지면서 생긴 소임인데, 그 이전에는 지사의 하나인 직세(直歲)가 이 일을 담당했다. 장주는 많은 식량과 곡식 등을 관리하는 소임이므로 서로 장주 소임을 맡으려고 애썼고 부정도 적지 않았다. 남송·원대에는 오히려 시시한 지사나 두수보다도 인기가 있었다.

원대에 편찬된 『칙수백장청규』「주지」 편에는 장주를 서로 맡으려고 했던 경우를 볼 수 있는데, "근래는 풍속이 매우 나쁘다. 승려들이 장주(莊主)나 고사(庫司, 감원이나 부사 등), 혹은 집사(執事, 지사)에 임용되기를 원했으나 뜻대로 되지 못한 자들, 혹은 사중(寺中)의 재물을 도둑질(횡령)한 자들이 있어서 주지가 공명정대하게 빈벌(擯罰)했다. 그런데도 어떤 악도(惡徒)는 자신의 허물은 놔두고 분한(憤恨)만 품는다. 주지가 천화(遷化, 입적)하자 즐거운 듯 악언으로 매도하고 심하게는 관(棺)을 부수고 주지가 쓰던 가사와 발우 등을 가져가는 등 흉포한 짓을 마음대로 한다."[2]라고 하여 말세임을 탓하고 있다.

(3) 연수당주(延壽堂主)

연수당주(延壽堂主)는 몸이 불편한 스님, 병에 걸린 스님들을 치료·요양시키는 소임으로 중위직이다. 우리나라 간병 소임과 같다. 간병 소임을 맡은 이는 마음이 자비스럽고 너그러워야 하며, 인내할 줄 알아야 한다. 그렇지 않고는 이 소임을 감당할 수 없다. 연수당에서

---

2) 동양덕휘, 『칙수백장청규』,「주지」. "近時風俗薄惡. 僧輩求充莊庫執事不得. 或盜竊常住. 住持依公擯罰. 惡徒不責己過, 惟懷憤恨. 一聞遷化, 若快其志, 惡言罵詈, 甚至椎擊棺龕槍, 奪衣物逞其凶橫."(대정장 48권, p.1127c)

잡일을 하는 소임을 열반두(涅槃頭)라고 하는데, 이 일은 주로 행자가 맡는다.

연수당주에 대하여 청규에는 탕약을 써도 차도가 없을 때에는 특별히 육류(肉類)를 사용해도 좋다고 말하고 있다. 목숨이 귀중하므로 치료하는 데 필요하다면 육류를 쓸 수도 있다는 것이다.

연수당(延壽堂)의 이칭은 매우 많다. 열반당(涅槃堂)·무상원(無常院)·성행당(省行堂)·장식료(將息寮)·중병각(重病閣)·안락당(安樂堂) 등이 그것이다.

연수당(延壽堂)은 수명을 연장하는 곳이라는 뜻인데, 거꾸로 생각하면 이곳은 곧 죽음을 맞이하게 되는 곳이다. 인간의 목숨을 마음대로 늘릴 수 있는 것은 아니지만, 누구나 수명을 더 누리기(=延壽)를 바랄 것이다. 하지만 중병의 괴로움보다는 내생의 안락이 더 나을지도 모른다.

무상원(無常院)은 '제행무상(諸行無常)'에서 따온 말이다. 유형적인 모든 것은 무상한 것임을 실감하라는 뜻일 것이다. 『석씨요람(釋氏要覽)』하(下)에는 "무상원은 죽음을 맞이하는 장소로서 열반당의 이칭이다. 무상원은 인도 기원정사에 있는 49개의 외원(外院, 별원) 가운데 하나로서 정사의 서북쪽에 있다. 대중 가운데 중환자를 이 원에 보내어 부처님의 상호를 생각하면서 세상에 대한 집착을 끊고 안락국(극락)에 왕생케 하는 곳이다."라고 쓰여 있다.

성행당(省行堂)은 얼마나 수행을 잘했는지 반성해 보라는 뜻이다. 중병각(重病閣)은 말 그대로 중환자실이다. 3일간 열반당에서 치료해도 차도가 없을 때는 중환자실인 중병각으로 옮기는데, 아마 이곳에 들어가면 나오는 이가 몇 안 되었을 것 같다. 또 열반당을 장식료

(將息寮)라고도 한다.

(4) 화주(化主)·가방화주(街坊化主)

가방화주(街坊化主)는 간단히 '가방(街坊)' 또는 '화주(化主)'라고도 하는데, 오늘날 우리나라에서 말하는 화주(化主)와 같으며 중위직이다.

화주(化主)는 권선문을 들고 여기저기 다니며 사람들에게 불법의 인연을 맺어줌과 동시에 보시(시주)를 받아 사원에서 쓸 비용을 마련하는 소임이다. 그래서 '가방(街坊, 저잣거리, 坊坊曲曲)' 또는 '가방화주(街坊化主)'라고 한다. 초기 선종사원이 재정적으로 빈약할 때 이들이 방방곡곡(坊坊曲曲) 거리(街)를 다니면서 시주를 받아 왔던 것이다. 그러므로 화주는 신심이 대단한 이, 마음이 보살 같은 이가 맡아야 한다.

화주란 원래 중생을 교화하는 '교화주(敎化主)'의 준말로서, 부처님이나 장로(長老, 덕망이 높은 스님, 고승), 또는 주지를 가리키는 말이었는데, 이것이 변하여 화주가 된 것이다.

근현대 우리나라 사찰에서도 불사를 할 때에는 경제적 능력이나 신도들과 인연이 많은 스님을 화주스님으로 모셨다. 또 화주보살도 있었다.

당송시대 선종사원의 화주(가방화주)는 그 종류가 다양하다. 죽가방(粥街坊)은 조죽(朝粥, 아침 공양은 죽이었음) 거리를 화주 받아 오는 스님이었고, 미맥가방(米麥街坊)은 쌀과 보리를 화주 받아 오는 스님이었고, 채가방(菜街坊)은 특수한 채소를 화주 받아 오는 스님이었고, 장가방(醬街坊)은 된장과 장물 등을 화주 받아 오는 스님이었다. 이들은 모두 총림을 위하여 자원했던 일시적인 소임이었다. 갖가지 화주가 있었던 것으로 보아 초기 선종사원의 경제가 매우 어려웠음을 알 수 있다. 밥을 짓는 공양주(供養主)도 원래는 가방화주를 지칭하는 소임이었다.

(5) 방장시자(方丈侍者)

방장시자(方丈侍者)는 방장화상의 시자, 즉 주지의 시자이다. 말하자면 주지의 비서인데, 모두 5명의 시자가 있다. 이들을 통칭하여 방장시자(方丈侍者), 또는 5시자(五侍者)라고 한다. 5시자 가운데 비서실장은 시향시자(侍香侍者)이다. 따라서 '방장시자'라고 하면 비서실장격인 시향시자를 가리킨다. 방장시자는 중위직이지만, 사실은 상위직에 가깝다. 또 방장의 상당법어 등 모든 법문을 필기해 두어야 하기 때문에 승랍과 안목 등이 있어야 한다. 모든 선승들의 어록은 1차적으로 이들의 손에 의해 이루어진다.

5명의 시자는 시향시자(侍香侍者, 비서실장), 시장시자(侍狀侍者, 書狀 등 문서 담당), 시객시자(侍客侍者, 접빈 담당), 시약시자(侍藥侍者, 湯藥 담당), 시의시자(侍衣侍者, 가사 등 옷과 발우 담당)이다.

(6) 능엄두(楞嚴頭)

남송시대 후기부터는 선원총림에 능엄주와 능엄경을 독송하는 법회가 있었다. 그것을 능엄회라고 한다. 결제 때는 대중들이 매일 조석으로 능엄주나 능엄경을 독송했는데, 앞에서 선창(先唱)하는 사람을 '능엄두'라고 한다.

그 밖에 『선원청규』에는 화엄두(華嚴頭)·반야두(般若頭)·경두(經頭)·미타두(彌陀頭) 등이 나온다. 여기의 화엄두 등은 앞의 능엄두와는 다르다. 이들은 가방화주와 같이 일반 신자들을 대상으로 화엄경, 반야경 등의 경전을 낭독, 강경(講經), 강의해 주는 동시에 신자들에게 불법(佛法)을 권장하고 화주(化主)를 하여 총림의 재용(財用)에 도움이 되기 위해서였다. 당사자 역시 도업(道業)을 이루기 위하여 하는 경우도 있었다.

이것의 기원은 당대(唐代)부터 있었던 '속강(俗講)'이다. 속강은 강창문학(講唱文學)의 일종으로 입담 좋은 스님이 시중(市中)의 넓은 장소가 있으면 어디서든지 사람을 모아 놓고 경전이나 불교에 대해 이야기해 주면서 포교를 하고 화주를 받았던 것이다.

2. 하위직 소임

(1) 다두(茶頭)

다두(茶頭)는 차를 끓이는 소임이다. 우리나라에서는 다각(茶角)이라고 한다. 다두는 승당(僧堂, 禪堂)의 다두를 지칭하지만, 그 밖에도 각 요사마다 다두가 있었다. 방상(주지실)의 다두, 수좌료(首座寮)의 다두, 유나료의 다두, 지객료의 다두, 고원(庫院)의 다두 등이 그것이다.

'다반사(茶飯事)'라는 말처럼 중국 총림에서도 차를 우려 마시는 것은 일상이었다. 방장과 승당의 다두를 제외한 각 요사의 다두는 보통 행자들이 맡는 경우가 많았는데, 이들을 일컬어 '다두행자(茶頭行者)'라고 한다. 소임 끝에 붙어 있는 '두(頭)'자는 머리, 또는 우두머리를 뜻하는 것이 아니고 명사 뒤에 붙는 접미사로서 앞 글자를 명사화하는 역할을 하는 것이다.

(2) 원두(園頭)

원두(園頭)는 채소밭을 관리하며 채소를 제때 재배(栽培)해서 고원(庫院, 주방)에 공급해 주는 소임으로 원주(園主)라고도 한다. 『칙수백장청규』 「열직잡무(列織雜務)」 편에는 "원두는 근고(勤苦)를 아끼지 말고 몸으로 솔선해야 한다. 채소를 파종해야 할 시기를 놓치지 말고, 물을 주고 길러서 주방에 공급해야 한다. 채소가 결핍되는 일이 없도록 해야 한다."고 말하고 있다.

원두는 우리나라의 농감(農監)과 같은 소임이다. 원두가 주로 재배하는 채소는 상추, 순무, 근대, 가지, 호박, 오이, 해바라기, 무, 장다리, 시금치, 난향(蘭香, 香味料의 일종), 결명자(決明子) 등이었다. 특히 결명자 씨앗은 간(肝)의 열(熱)을 내려서 눈을 밝게 하며 두통, 변비에도 좋기 때문이라고 한다.

(3) 마두(磨頭)

마두(磨頭)는 마주(磨主)라고도 하는데, 정미(精米)·제분(製粉) 담당이다. 『칙수백장청규』에는 "마두는 반드시 도심(道心)이 있는 사람을 택해야 한다."고 당부하고 있는데, 쌀 한 알, 곡식 한 알도 함부로 해서는 안 되기 때문이다. 마두 밑에 여러 명의 마두행자가 있는데, 그 유명한 6조 혜능 선사도 행자 시절(노행자)에 8개월 동안 이 일을 했다고 한다. 혜능 선사가 방앗간에서 디딜방아로 쌀을 찧는 장면은 사찰의 벽화에도 나온다.

선원총림에는 직영 정미소가 있었는데, 그것을 '마원(磨院)'이라고 한다. 정미(精米)나 제분(製粉)은 주로 연애(碾磑, 맷돌)라고 하는 큰 맷돌을 사용했는데, 말이나 당나귀가 돌리는 육연애(陸碾磑)와 물방아를 이용하는 수연애(水碾磑)가 있었다. 당대(唐代)는 주로 물을 이용하는 수연애를 사용했고, 송대에는 육연애를 사용했다. 수연애는 속도가 느리고, 육연애는 속도와 힘이 있었기 때문이다.

(4) 수두(水頭)

수두(水頭)는 세면장 물 공급, 세면장 청소 관리를 담당하는 소임이다. 그중에서도 가장 중요한 일은 새벽 기상 때에 사용하는 온수를 끓여서 공급하는 일이었다. 『칙수백장청규』「열직잡무」 편에는 "반드시 오경(4시)에 탕(더운 물)을 끓여서 대중의 세수, 양칫물을 공급해야 한다."라고 규정하고 있다. 그 밖에 아약(牙藥, 치약), 수건(手巾), 면분(面盆, 세숫대야) 등도 항상 갖추어 두고, 또 겨울에는 수건을 잘 말려야 한다고 당부하고 있다.

(5) 노두(爐頭)

노두(爐頭)는 승당(선당)의 화롯불 담당자이다. 우리나리와는 달리 당송시대 강남의 선종사원의 승당은 모두 마루(장련상)였다. 온돌방은 우리나라에만 있다. 여름에는 상관없지만 겨울이 되면 냉기가 돌아 화로를 피워 냉기를 제거했다.

화로는 승당 한 가운데를 조금 파고 설치한다. 연료는 숯(炭)이다. 가을에는 음력 10월 1일에 설치하여 다음 해 2월 1일에 철수한다. 화로를 설치하는 것을 개로(開爐)라고 하고 철거하는 것을 폐로(閉爐)라고 하는데, 설치하고 나서는 방장으로부터 법문을 듣는다. 개로한 후에 듣는 법문을 개로상당(開爐上堂), 철거한 이후에 듣는 법문을 폐로상당(閉爐上堂)이라고 한다.

(6) 탄두(炭頭)

탄두(炭頭)는 숯을 만들어서 공급하는 소임인데 숯은 겨울철에 화로(火爐)·난로(煖爐)와 차를 달이는 데 사용했다. 청규에서 "노두(爐頭)와 탄두 이 두 소임은 서로 조화가 잘되는 사람으로 택하라."고 당부하고 있듯이, 화롯불 담당인 노두와 숯 담당인 탄두는 떼려야 뗄 수 없는 사이이다.

(7) 화두(火頭)

화두(火頭)는 부엌에서 공양주가 공양을 지을 때 아궁이에 불을 지피는 일을 맡은 소임이다. 『선원청규』 9권 작무제삼(作務第三)에는 "화두는 불을 지핌에 항상 긴만(緊慢, 화력을 강하게 하고 약하게 함)을 알아야 한다."고 말하고 있다. 즉 불 조절을 잘해 주어야만 맛있는 공양을 지을 수가 있다는 것이다. 우리나라의 화대(火臺)는 주로 각 방에 불을 때는 소임이다.

(8) 욕두(浴頭)

욕두(浴頭)는 목욕탕을 관리하는 지욕(知浴)이나 욕주(浴主) 밑에서 잡무를 돕는 행자를 말한다. 지욕이나 욕주는 6두수의 일원으로서 상위직이고 욕두는 하위직이다.

(9) 등두(燈頭)

등두(燈頭)는 등불과 등유(燈油) 등을 맡은 소임인데 우리나라에서는 명등(明燈)이라고 한다. 주로 장명등, 무진등 등 불전(佛殿)이나 대중전 등 전각 앞에 등불을 관리한다.

(10) 시두(柴頭)

시두(柴頭)는 땔나무를 공급·관리하는 소임이다.

(11) 반두(飯頭)·공두(供頭)·공사(供司)·공양주(供養主)

위의 4가지는 명칭만 다를 뿐 모두 부엌에서 밥을 짓는 소임을 가리킨다.

(12) 채두(菜頭)

반찬 등 부식물을 만드는 소임인데 우리나라에서는 보통 채공(菜供)이라고 한다.

(13) 종두(鐘頭)

조석예불 및 법회 등이 있을 때 종을 치는 소임이다.

(14) 정두(淨頭)

동사(東司), 즉 화장실 청소를 담당하는 소임으로 지정(持淨)이라고도 한다.

(15) 마호(磨糊)

빨래에 먹이는 풀을 쑤는 일을 담당하는 소임이다. 어떤 책에서는 마호를 마두(磨頭)라고 한 곳도 있으나 그것은 사실이 아니다. 마두는 정미소 담당이다.

(16) 정인(淨人)

정인(淨人)은 속인으로 절에 살면서 부목(負木) 등 잡무를 맡고 있는 사람을 가리킨다. 원래 정인(淨人)이란 인도불교 계율에서 나온 것으로, 비구는 농사도 못 짓고, 땅도 못 파고, 나무 하나도 베지 못하게 되어 있다. 그 과정에서 곤충 등을 죽일 수 있기 때문이다. 이것을 대신해 주는 사람을 정인이라고 하는데, 사찰에 종사하는 일반인을 지칭한다. 요즘 종무원들도 모두 정인에 속한다.

3. 최근 우리나라 선원의 새로운 소임

오늘날 우리나라 선원에는 선덕(禪德)·선백(禪伯)·선현(禪賢), 한주(閑主), 열중(悅衆), 청중(淸衆)이라는 소임이 있다. 그런데『선원청규』,『칙수백장청규』등 청규에는 열중(悅衆)만 있고 나머지 소임에 대한 언급은 없다. 그러나 한번 고찰해 보도록 하겠다.

선덕(禪德)은 소임명이 아니고 선원의 대중들을 높여 부르는 말[존칭]이다. 우리말로는 '여러분' 혹은 '대덕스님' 정도가 될 것이다.

그 한 예를 보도록 하겠다.

> 어떤 스님이 조주 선사에게 질문했다. "도인들끼리 서로 만날 때에는 어떻게 합니까?" 조주 선사가 말했다. "칠기(漆器)를 드린다." 이것을 두고 설두중현이 말했다. "여러 선덕(禪德)들이여, 조주의 뜻을 알겠습니까? 함께 상량(商量, 거량, 문답, 논의)해 봅시다. 만약 분명하게 가리지 못한다면 처음부터 거론해 보시오. 그러면 그대를 점검해 주리라. 49는 36이오."[3]

선백(禪伯), 선현(禪賢) 역시 존칭일 뿐, 청규에는 그런 소임이 나오지 않는다. 한주(閒/閑主)는 한가하게 있는 사람이라는 정도의 뜻인데, 이 역시 『칙수백장청규』 등 청규에는 없는 소임이다. 이 역시 소임이라기보다는 무위자적하게 살아가고 있는 스님에 대한 존칭이나 덕담의 하나로 보인다. 또 "선덕(禪德)과 선현(禪賢) 가운데 어떤 소임이 더 상위인가?" 라는 질문을 받는데, 이 역시 덕망 있는 스님에 대한 존칭일 뿐 청규에는 없는 소임이다.

다음은 열중(悅衆)과 청중(清衆)이 있는데, 열중은 유나의 중국 명칭이다. '유나(維那)'라는 말은 법도(法度)를 뜻하는 강유(綱維, 三綱·四維)에서 '유(維)'와 범어 갈마타나(羯磨陀那, 일을 지시하다)에서 '나(那)'자를 따서 만든 용어로, 이를테면 중인(中印) 합성어이다. 그러므로 열중은 곧 유나이다. 장로종색의 『선원청규』 「유나」 장(章)에는 "범어로는 유나, 우리나라(중국)에서는 열중(悅衆)이라 한다."라고 밝히고 있다.

---

[3] 『禪林類聚』 17권. "趙州諗禪師, 僧問. 道人相見時如何. 師云, 呈漆器. 雪竇顯云, 諸禪德, 還有識趙州底麼. 出來相共商量. 若未能辨明, 大好從頭擧. 與你點破. 四九三十六." (신찬속장경 67권, p.101a)

청중(淸衆)은 청규에 나오는 소임 명칭이 아니다. 청중은 '청정한 선원의 대중', 즉 청정대해중(淸淨大海衆, 청정한 대해 같은 대중)의 준말이다. 승당(선당)의 대중을 가리키는 말인데, 소임이었다면 열중이나 유나와 같은 소임이라고 할 수 있다.

그런데 조선, 근대에 선덕(禪德)·선백(禪伯)·선화(禪和)라는 소임이 있었다. 조선 중기 『작법규감』 용상방에는 선덕(禪德)·선백(禪伯) 등의 소임명이 나오고 있는데, 차례대로 열거하면 다음과 같다. "證明·會主·秉法·衆首·禪德·禪伯·禪和·持殿·察衆·維那"등이다. 위계(位階)는 선덕(禪德)·선백(禪伯)·선화(禪和) 순이다. 그리고 선덕과 선백은 1928년에 발행된 『조선승려수선제요朝鮮僧侶修禪提要』에도 나오다. 그러나 선현(禪賢)은 없다.

14장 선종사원의 법어와 그 형식
- 한 마디에 공문(空門)으로 급제(及第)하다 -

1. 법어의 역할과 의의

'언하에 대오하다(言下大悟)' '언하(言下)에 활연히 돈오하다(師於言下, 豁然頓悟)'란 선문답이나 법어 한마디에 즉시 깨달았다는 뜻이다.

방장의 법어는 수행자를 개안(開眼)시키기 위한 것, 반야지혜의 안목, 정견(正見), 정안을 갖추게 하기 위한 것으로, 당송시대에는 좌선보다도 더 중시했다. 좌선에 대해서는 '하루 몇 번 좌선하라는 규정을 두지 않았지만, 법문은 반드시 들어야 한다고 규정한 데서도 알 수 있다. 수행자들은 방장의 법어를 통하여 고정관념의 벽(관념)을 뚫고 본래면목을 직시한다.

당송시대 선승들의 오도기연(悟道機緣)을 살펴보면, 좌선을 하다가 깨달았다는 선승은 찾아보기 어렵다. 대부분 언하대오(言下大悟), 즉 법문이나 선문답을 통하여 깨달았다거나 '영운도화(靈雲桃花=靈雲見處桃花開)'[1]나 '향엄격죽(香嚴擊竹)'[2]처럼 사물의 변화를 보

---

1) 영운견도(靈雲見桃) 공안 : 영운지근(靈雲志勤) 선사가 위산(潙山)에서 복숭아꽃을 보고 도를 깨달았다고 함. 그리고는 다음과 같은 게송을 지었다. "30년 동안 검(劍)을 찾던 나그네. 몇 차례나 잎이 지고, 가지가 돋았는가? 복숭아꽃을 한 차례 본 뒤로는 오늘까지 다시는 의심치 않는다."(禪門拈頌 15권,

고 깨달았음을 알 수 있다.

당송시대 선종사원에서는 불전(대웅전)보다 법당(法堂, 설법당)을 중시했던 것도, 납자 지도에서 방장의 법문을 우선시했던 것도 이 때문이다.

당송시대 선종사원의 주지는 상당법어, 조참, 만참 등 한 달에 약 30회 이상[3] 법문을 했다. 상당법어는 오참상당(五參上堂)이라고 하여 5일에 한 번씩 했고, 조참(朝參, 早參, 아침 법문)·만참(晩參, 저녁 법문)은 매일 있었고, 그 밖에 소참(小參, 隨時설법)과 보설(普說, 대중 법문)도 수시로 했다. 수행자는 방장의 법문 여하에 따라 언하(言下)에 깨달아 부처가 되기도 하고, 제방(諸方)을 전전하다가 일생을 마치기도 한다. 그러므로 법문은 매우 중요하다. 정견을 열어 주지 못하는 법문은 업식(業識)을 가중시킬 뿐이기 때문이다.

당말의 선승 취암영참 화상이 하안거를 마치고 나서 다음과 같은 해제 법문을 했다.

    하안거 한철 동안 형제(대중들)들에게 이런저런 법문을 했는데, 지금 내 눈썹이 남아 있는지 한번 보시오.[4]

    590칙 「桃花」章)
2) 향엄격죽(香嚴擊竹) : 향엄 지한(香嚴智閑) 선사는 기와 조각을 던지다가 대〔竹〕에 맞아 나는 소리를 듣고 깨달았다고 한다(『祖堂集』 19권 「香嚴」章).
3) 상당법어는 5일에 1회씩 한 달에 모두 6회 있었고, 조참(早參)과 만참(晩參)은 조석법문으로 매일 있었다. 그리고 소참(小參)은 수시(隨時)법문으로서 어느 때든 필요하면 했는데, 후대에는 조참과 만참을 합하여 소참이라고 하기도 했다. 따라서 당대(唐代)에 주지가 한 달에 행하는 법문 횟수는 적어도 30회 이상이 된다. 상당법어는 남송 때부터는 그 횟수가 줄어들어 초하루와 보름날에만 있었다. 그것을 단망상당(旦望上堂)이라고 한다.
4) "翠巖示眾云, 一夏與諸兄弟, 東語西話, 看翠巖眉毛在麼."(신찬속장경 82권, p.571c)

중국 속담에 선생으로서 제자를 잘못 가르치면, 눈썹이 빠진다는 말이 있다. '내 눈썹이 남아 있는지 보라'는 것은 90일 동안 이런저런 말(즉 법문)을 많이 했는데, 쓸데없는 말을 했으므로 눈썹이 다 빠졌을 것이라는 뜻이다. 이것을 '석취미모(惜取眉毛)'라고 하는데, '눈썹(眉毛)을 아껴라(惜取)' '눈썹을 소중히 하라'는 뜻으로, 엉터리 법문, 법에 맞지 않는 말을 하면 안 된다고 경계한 말이다. 이는 『벽암록』 8칙 「취암미모(翠巖眉毛, 또는 翠巖夏末)」 공안에도 나온다.

2. 법어의 형식과 절차

법어·법문은 주로 법당(설법당)에서 한다. 주지가 법을 설할 때는 부처(법신불)를 대신하여 법을 설하는 법왕의 자격을 지닌다.

주지의 법문을 들을 때는 법당 양쪽에 도열해서 선 채로 듣는다. 법상(法床)을 중심으로 동서(東序)인 감원(도사, 감사, 부사)·유나·전좌·직세 등 지사(知事)는 동쪽(좌측)에 서서 듣고, 서서(西序)인 수좌·서기(書記)·장주(藏主, 知藏)·지객·욕주(浴主, 知浴)·지전(知殿) 등 두수는 서쪽(우측)에 서서 듣는다(직제에 대해서는 3장 「선종사원의 직제와 조직」 항목 참조). 방장실의 시자들은 두수 쪽에 서서 듣는다. 이것을 '안립(雁立)' '안행(雁行)'이라고 하는데, 기러기가 줄을 지어서 날아가는 모습과 같다는 뜻이다(徒衆, 竝雁行立, 側聆).

법문을 서서 듣는 것은 당송 때 정부에서 조회할 때의 방식을 따른 것이라고 한다. 그런데 『조정사원』에는 "직지인심, 견성성불하게 하는 것이 선이므로, 제접하는 학인들도 일언지하에 몰록 무생법인

(無生法印)을 깨닫게 하고, 또 모인 대중들도 오래 있지 않았기 때문에 앉을 필요 없이 서서 듣는 것이다"5)라고 설명하고 있다.

〈동서 지사와 서서 두수의 도열 위치도〉

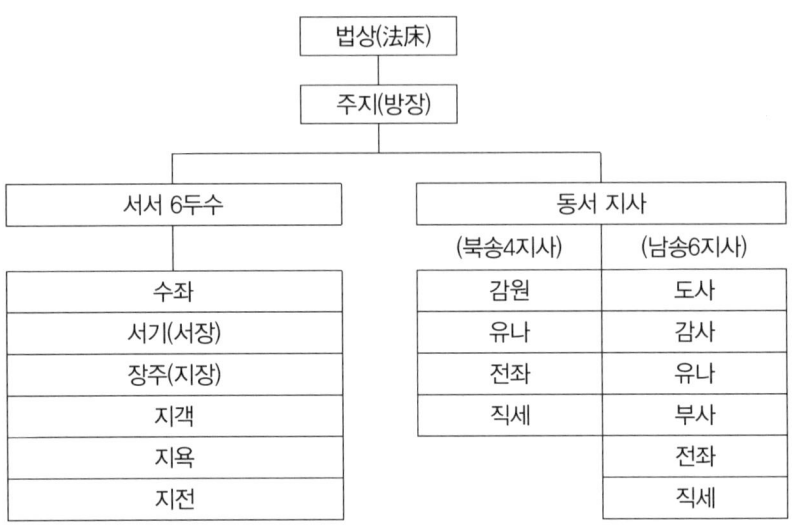

위 표에서 동쪽과 서쪽의 구분은 법상(法床)을 기준으로 한다. 법당 내에서 법상은 북쪽, 즉 불단(佛壇)과 같은 위치(북쪽)에 설치한다. 법상에서 봤을 때 좌측은 동쪽이 되고 우측은 서쪽이 된다. 동서 지사는 좌측, 서서 두수는 우측에 도열한다. 법상은 남쪽(바깥쪽)을 바라보게 되어 있는데, 이것을 남면(南面)이라고 한다. 남면은 군왕만 할 수 있다. 그런데 선종사원의 주지가 법문을 할 때에 남면을

---

5) 『祖庭事苑』8권, 雜志, 上堂. "今禪門, 自佛敎東流後六百年. 達摩祖師方至漢地. 不立文字, 單傳心印, 直指人心, 見性成佛. 所接學者, 俾於一言之下, 頓證無生, 所聚之衆, 非久而暫. 故不待坐而立也. 百丈曰. 上堂升座, 主事, 徒衆鴈立側聆. 賓主問酬, 激揚宗要, 示依法而住. 此其(百丈)深意也."(新纂續藏經 64권, No.1261)

한 것은 법왕으로서 부처님(법신불)을 대신하여 법문을 했기 때문이다. 이 하나만으로도 선승들의 기개가 대단했다고 할 수 있다.

당송시대 법좌(法座, 法床)는 매우 크고 웅장했다. 법좌의 높이는 약 2미터 가량 되고, 넓이도 사방 약 2미터 가량 된다. 전면과 양쪽에는 올라가는 계단이 설치되어 있고, 상단에는 난간이 설치되어 있다. 그 위에 의자가 있는데, 그것을 선기(禪椅) 혹은 선상(禪床)이라고 한다(기타 의자도 선상이라고 함). 주지는 이 선상에 앉아서 법문을 한다. 법좌의 모양과 형태는 규모에서 차이가 있을 뿐, 군주가 앉는 옥좌(玉座)와 거의 같다.

선어록에는 "선사께서 불자로 선상(禪床)을 한 번 치고 법좌에서 내려 오셨다(師以拂子, 擊禪床, 下座)" 또는 "선상(禪床)을 치고 법좌에서 내려오셨다(擊禪床, 下座)", "선사는 마침내 선상을 한 번 치고 말씀하셨다(師遂打禪床一下云)" 등으로 기록되어 있다. 여기서 선기(禪椅)·선상(禪床)은 의자를, 하좌(下座)는 법좌(法座, 법상)를 가리킨다.

방장의 책무 가운데 가장 중요한 것이 법문이다. 몸이 불편하거나 행사 등 특별한 일이 없는 한 방장은 법문을 빼먹을 수가 없다. 주지가 없을 때는 수좌(首座)나 원로격인 입승수좌가 대신하는데, 이들은 법당 대신 승당 뒤에 있는 조당(照堂)이라는 당우(건물)에서 한다. 법당에서 법문은 주지만 할 수 있다.

방장(주지)이나 조실이 부득이한 사정으로 인하여 법문을 거르는 것을 '방참(放參)'이라고 한다. 주로 몸이 불편하다든가 고급 관료나 귀한 외빈이 왔을 때, 또는 행사, 불사 등으로 인하여 바쁠 때는 법문을 하지 않는다. 이때는 미리 승당과 중료(衆寮, 대중방) 등에 방

일본 우지(宇治)에 있는 만복사(상)와 교토에 있는 대덕사 법당 내부와 법상(하). 당송시대 법좌는 사방 약 2미터, 높이 약 2미터이고, 사방에 난간이 설치되어 있다.

참패(放參牌)를 걸어서 알리고 방참종을 친다. 상당법어를 쉴 때는 상당방참패를, 조참을 쉴 때는 조참방참패를, 만참을 쉴 때는 만참방참패를 건다.

법좌를 중심으로 양쪽으로 도열할 때는 북소리에 맞춰 동서 지사 계열과 서서 두수계열로 나누어 도열한다. 첫 북소리가 울리면 서서(西序)인 6두수들이 수좌·서기·장주·지객·지욕·지전 순으로 각각 서쪽에 도열해 선다. 이어 두 번째 북소리가 울리면 동서(東序) 지사들이 도사·감사·유나·부사·전좌·직세 순으로 각각 동쪽에 서로 마주보고 선다. 선당의 대중들과 방장시자 등 두수 쪽 소직(小職)은 두수 쪽에, 지사 계열 소직은 지사 쪽에 선다. 행자들은 맨 끝에 서고 신도들은 지객 뒤편에 선다. 양쪽을 모두 합하면 12줄이 된다.

TV에서 조선시대 사극(史劇)을 보면 조회(朝會)에서 양반(兩班), 즉 동반(東班, 문반)과 서반(西班, 무반)이 좌우측에 도열하여 조회(朝會)하는 모습을 볼 수 있는데, 이때 동반인 문반은 동쪽(좌측)에 서고 서반인 무반(武班)은 서쪽(우측)에 선다. 선종사원도 그와 같다. 선종사원에서 법문을 들을 때 양쪽에 도열해서 듣는 것은 조례(朝禮)에 따른 것이다.

이어 세 번째 북소리가 울리면 방장실(주지실)의 시자는 방장실로 가서 주지화상에게 대중이 다 모였음을 아뢴다. 이어 시자들이 주지를 모시고 법당으로 들어오면 대중들은 일제히 합장하고 반배의 예를 갖춘다. 주지가 법좌에 올라가 의자 앞에 서면 먼저 비서실장격인 시향시자(侍香侍者, 燒香侍者)가 선 채로 합장 배례한다. 이것을 '문신(問訊)'이라고 하는데, 이는 문안 인사 혹은 상면했을 때의 인사를 말한다. 이어 수좌·서기·장주 등 6두수들이 문신하고, 다음에는 감원·도사·감사·유나·전좌 등 지사가 문신한다. 이때 뒤에 있는 하위직 소임자들도 따라 문신한다. 끝으로 사미승과 행자, 신도들이 문신하면 비서실장 격인 시향시자가 대중을 대신하여 법을 청하는 의미에서 향을 사르고 정례삼배(頂禮三拜, 반배가 아닌 오체투지 삼배)를 한다.

3. 방장의 법어는 직절법문

법어는 선지(禪旨)를 간명하게 보여 주어야만 언하(言下)에 대오(大悟)할 수 있다. 조실이나 방장의 법문이 제일의(第一義)를 보여 주는 직절(直截)법문이 아니고, 의리선적이거나 세속적인 것[俗諦]을 보여 준다면, 그것은 깨달은 선승의 법문이라고 할 수 없다.

시향시자가 3배를 하고 제자리로 돌아가면 법식(法式)과 기강(紀綱)을 담당하고 있는 유나(維那)가 인경(引磬, 지름 25센티미터 가량의 대접 모양 종)을 세 번 치고, 백퇴(白椎, 의사봉과 같은 나무망치)를 한 번 친 다음 대중을 향하여 다음과 같이 말한다.

> 법연용상중(法筵龍象衆), 당관제일의(當觀第一義).
> (법연(法筵, 法席)에 참석한 용상(龍象) 같은 대중들이여, 마땅히 제일의(第一義, 언어도단의 경지, 궁극의 진리)를 관(觀)하십시오.)

법문을 들을 때는 제일의 진리, 즉 궁극의 진리를 제시한 핵심구(句)를 간파해야 한다는 것이다.

주지가 법당에 들어와서 법좌에 앉은 이후에는 대중들이 더 이상

법당으로 들어올 수 없었다. 만일 부득이한 일이 있어서 늦게 들어올 경우에는 면학 분위기를 해치지 않도록 옆문으로 요령껏 살짝 들어와야 한다. 방장이 법신불을 대신하여 법문을 하고 있는 곳에 늦게 온다는 것은 수행자의 바른 자세가 아니기 때문에 더욱 조심해야 했다.

법문을 마칠 때에는 유나가 백퇴를 한 번 치고 나서 대중들을 향하여 다음과 같이 말한다.

> 제관법왕법(諦觀法王法), 법왕법여시(法王法如是).
> (똑똑히 법왕(주지=방장)의 법을 관찰하시오, 법왕의 법은 이와 같습니다.)

라고 한다. 이어 법좌에 달려 있는 인경(引磬)을 한 번 치면 대중들은 모두 방장화상을 향하여 정례(頂禮) 1배(拜)를 한다. 방장이 법당 밖으로 나가면 뒤이어 대중들도 흩어진다. 여기서 '법왕의 법은 이와 같다'는 것은 제일의(第一義), 즉 가장 수승한 직절법문을 뜻한다(지금 우리나라에서 행해지고 있는 청법게는 이와는 전혀 다르다).

4. 선문답은 총림의 생명

법문 중에는 언제든지 문답(법거량)을 할 수가 있다. 주로 법문이 끝난 후에 거시(擧示)된 공안을 가지고 하지만, 때론 법어를 시작하기 전에 하는 경우도 있다. 그리고 일상 속에서 문답하는 경우도 많다. 이것은 항상 불도수행이 이루어지고 있음을, 항상 탐구적인 정신

속에서 살아가고 있음을 뜻한다. 문답(토론)이 활발하다는 것은 그 집단이 매우 역동적임을 말해 준다. 다만 질문할 때에는 예의를 갖추며 앞으로 나와 공손하게 합장한 다음 물어야 한다.

문답을 자유롭게 한 이유는 문답을 통해서 깨닫거나 지견이 열리는 경우가 많기 때문이다. 이에 대해 청규를 제정한 백장회해(720~814)는 다음과 같이 말한다.

> 법을 듣는 사람(賓)과 법을 설하는 사람(主, 방장, 선사)이 묻고 답하여 종요(宗要, 第一義. 즉 핵심)를 격양(激揚, 드날림)하는 것은 법(法)에 의하여 머물고 있음을 나타낸 것이다(賓主問酬, 激揚宗要者, 示依法而住也).[6]

법을 듣는 사람(賓, 납자, 수행자)과 설하는 사람(主, 방장, 선사)이 문답을 통하여 종요를 격양시키는 것은 항상 법(法)에 의하여 살고 있음을 나타낸 것이라는 이 말은 곧 항상 깨어 있음을 뜻한다. 사실 당말오대 선승들의 어록을 보면 선문답은 법당 말고도 차(茶)밭에서 차를 따다가, 부엌에서 공양을 짓다가, 울력을 하다가 이루어지는 경우도 많다. 생활자체가 선의 생활이기 때문이다.

다음은 『임제록』의 일단인데, 상당법어가 시작되기 직전에 이루어진 선문답이다.

> 임제 선사가 상당했다(법문하러 상당한 것임). 어떤 납자가 물었다. "어떤 것이 불법(佛法)의 대의(大意)입니까?" 임제 선사가 불자(拂子)를 세웠다. 그 납자가 곧 할(喝)을 하자 임제 선사가 즉시 한방

---

[6] 『전등록』 6권 「백장회해」 장 부록(대정장 51권, p.250c), 『송고승전』 10권 「百丈傳」(대정장 50권, p.770c).

때렸다."(上堂 僧問 如何是佛法大意 師竪起拂子 僧便喝 師便打 『임제록』5-1단)

임제 선사가 상당했다. (역시 법문을 하기 직전임) 어떤 납자가 물었다. "어떤 것이 칼날 위의 일입니까?" 임제 선사가 말했다. "위험하고 위험한 일이네." 그 납자가 머뭇거리자(사량분별심이 작동 중임) 임제 선사가 곧 (그를) 한방 때렸다.(上堂 僧問 如何是劍刃上事 師云 禍事禍事 僧擬議 師便打 『임제록』6-1단)

이렇게 문답이 활발했다. 그런데 남송 후기 무렵부터는 선불교가 지리멸렬해져서 상당법어 후에 질문하는 납자가 없었다. 부득이 유나가 법어 전에 고참 납자 한두 명을 지정하여 질문하도록 하기도 했는데, 이것은 진정으로 공부하는 납자가 없었기 때문이다. 그만큼 남송 이후, 특히 원대의 선은 형편없었다.

또 송대에는 방장이 상당법어를 하기 전에 먼저 축수(祝壽, 황제의 수명장수)를 하는 경우가 많았다. 향을 사르고 '황제폐하 수만세'라고 했는데, 이런 일이 남송 이후에는 더욱 심해졌다. 이것은 선불교가 정치권력에 예속되었음을 뜻한다. 이것이 법어 형식에서 나타난 당대와 송대, 그리고 남송, 원대의 차이 가운데 하나이다.

법문을 마치면 방장(주지)은 대중들에게 상례적으로 "진중(珍重)" 또는 "구립진중(久立珍重)"이라고 한다. '진중' 혹은 '구립진중'은 헤어질 때 쓰는 인사말이다. 그 뜻은 '몸조심하시오.' 또는 '몸을 소중히 하시오.'라는 뜻이다. 그리고 구립진중(久立珍重)은 '오래도록 서서(久立) 법문을 듣느라고 수고했습니다.'라는 뜻이다. 이와 관련해서 『임제록』1단의 장면을 보도록 하자.

임제 선사는 할(喝)을 한 번 하고 나서 다음과 같이 말했다.
"믿음이 적은 사람은 끝내 마칠 날(깨달을 날)이 없을 것이다. 구립 진중."
(喝一喝云 小信根人 終無了日 久立珍重)

『나옹어록』에도 '진중(珍重)'이라는 말이 나온다. 『나옹어록』 「결제일 상당 보설」과 「해제일 상당」 끝에 보면 "양구 후에, 반짝거리는 온갖 풀잎마다 반짝반짝 조사의가 아롱지네. 진중. 곧 법상에서 내려오셨다(良久云 明明百草頭 明明祖師意 珍重 下座)."라는 대목이 있다. 이는 일체 만물이 다 조사의(祖師意)라는 뜻이다.

이상은 장로종색의 『선원청규』 상당(上堂) 항목과 『백장청규증의기(百丈淸規證義記)』 5권 상당 항목, 그리고 『조정사원(祖庭事苑)』 8권 백퇴 항목 등에 나오는 것이다.

5. 우리나라의 청법 형식

장로종색의 『선원청규』 등 청규를 바탕으로 오늘날 우리나라 총림과 선원에서 행해지고 있는 상당법어의 법식에 대하여 살펴보면 시종일관 맞지 않는 것이 많다.

우리나라 총림이나 선원에서는 방장이나 조실이 법상에 올라가 정좌를 하면 대중 모두 목탁소리에 맞추어 정례 삼배를 한 다음 잠시 입승의 죽비 소리에 맞춰서 입정(入定)한 후에 법어가 시작된다. 앞에서 본 "법연용상중, 당관제일의(法筵龍象衆 當觀第一義: 법연에 참석한 용상 같은 대중들이여. 마땅히 제일의를 관하십시오)" 같은 말은 없다.

그리고 우리나라에서 행해지는 다른 형식이 하나 있다. 먼저 청법게(請法偈), 즉 "차경심심의 대중심갈앙 유원대법사 광위중생설(此經甚深意 大衆心渴仰 唯願大法師 廣爲衆生說: 이 경의 깊고 깊은 뜻을 대중들은 목마르게 갈구합니다. 오직 원컨대 대법사님께서는 중생들을 위해 널리 법을 설해주소서)"라고 하는데, 이것은 『선원청규』 등 선종 청규서에는 찾아볼 수 없는 내용이다. 이 청법게는 그 내용(즉 此經甚深意)으로 보아 선종의 청법게는 아니다. 교종이나 일반 불자들을 위해서 법문할 때의 청법게라고 생각한다.

다음은 법어를 마칠 때이다. 우리나라 총림이나 선원에서는 방장이나 조실의 법문이 끝나면 대중 모두가 목탁소리에 맞춰 잠시 석가모니불 정근을 하는데, 결론부터 말하면 이것은 '일초직입여래지(一超直入如來地, 한 번에 여래의 경지로 들어간다)'와 돈오(頓悟)를 추구하는 선종에서는 도저히 있을 수 없는 일이다.

청규에는 앞에서 본 바와 같이 시작할 때는 유나가 백퇴를 한 번 치고 나서 "법연용상중(法筵龍象衆), 당관제일의(當觀第一義)."라고 하고, 마칠 때는 "제관법왕법(諦觀法王法), 법왕법여시(法王法如是)."라고 한다.

방장이나 조실의 법문은 그 내용이야 어떻든 간에 최고의 경지, 즉 제일의(第一義)를 보여 주는 고준한 법문이다. 그런데 끝마칠 때 목탁을 치면서 석가모니불 정근을 한다는 것은 청규의 내용과 격식에 전혀 맞지 않는다. 또 어떤 고승은 법문을 마칠 무렵 시조(時調)나 산조 가락으로 "나-무-아-미-타-불"을 하는데, 이런 형식이 언제 어디서 생긴 것인지 도무지 알 수 없다.

현재 우리나라 선원이나 총림에서 행해지고 있는 법어 전후의 법식은 『선원청규』 등의 청규에는 없는 내용으로 행해지고 있다. 선원의 법식은 청규를 따라야 하는데, 이는 법에도 맞지 않을뿐더러 전통을 완전히 무시하는 것이다.

15장 법어(法語)의 종류와 성격
- 언하(言下)에 대오(大悟)하다 -

1. 상당법어(上堂法語)

법어는 선안(禪眼)을 열어 주는 지혜의 언어다. 법문을 듣지 않고는 정견이 열리지 않고 깨달음을 이룰 수 없다. 깨달아도 염소처럼 외마디 소리를 하는 데 그칠 뿐, 다양한 창조적인 법문을 할 수가 없다. 그러므로 청법(聽法)은 좌선수행에 앞선다.

당송시대 선원총림에서 행해진 법어는 상당법어(上堂法語, 정식법문)·조참(朝參, 무參, 아침 법문)·만참(晩參, 저녁 법문)·소참(小參, 약식 법문, 수시법문)·보설(普說, 대중적인 법문) 등 크게 다섯 가지가 있었다.

상당법어(上堂法語)란 법당(法堂)에 올라가서(上) 행하는 법어를 가리킨다. 주지(방장)가 수미단(須彌壇, 須彌座, 法座)에 올라가서 설하는 정식 법문이 상당법문이다. 법좌에 올라가서 설법한다고 하여, '승좌설법(陞座說法)'[1]이라고도 하고, 노 정식법문이기 때문에 '대참법문(大參法門)'이라고도 한다.

....
1) 승좌설법(陞座說法) : 때론 보설을 가리키기도 함. 주 13 참조.

당송시대 상당법어는 1일·5일·10일·15일·20일·25일로 한 달에 여섯 번 있었다. 이것을 5일마다 한 번씩 있었다고 하여 '오참상당(五參上堂)'이라고 한다. 이렇게 5일에 한 번씩 상당법어를 했던 것은 당시 조정(朝廷)에서 5일마다 한 번씩 조회를 열어 천자(天子)를 배알(拜謁)하고 교지(教旨)를 받들었던 데에서 기인한다.

상당법어는 여러 법문 가운데서도 가장 높은 경지, 제일의(第一義)를 보여 주는 법문이고, 격조와 격식을 갖춘 법문이다. 상당법어에서는 언어도단, 사량불급처(思量不及處)의 활구법문이 제시된다. 알아차리는 사람은 언하(言下)에 깨닫는 것이고, 모르는 사람은 더욱 집중적으로 참구해야 한다.

당대(唐代) 총림의 납자들은 선당에 앉아서 주지의 상당법어를 참구했고, 송대에는 당대에 형성된 공안(화두)을 참구했던 것으로 보인다. 임제의현의 상당법어를 보도록 하겠다.

> 임제 선사가 상당하여 말했다. "한 사람은 영원히 도중에 있다. 그러나 본래의 자기 집을 떠나지 않고 있다. 또 한 사람은 본래의 자기 집을 떠났지만 도중에도 머물러 있지 않다. 자 그러면 어떤 사람이 인천(人天)의 공양을 받을 만한 자격이 있는가?" 하고는 법상에서 내려왔다.
> (上堂云 有一人 論劫在途中 不離家舍. 有一人離家舍 不在途中. 那簡合受人天供養 便下座)[2]

이 상당법어에서 볼 수 있는 바와 같이 방장의 법어는 그 자체가 하나의 현성(現成) 공안이었다. 따라서 당대(唐代)에는 제일의(第一

---

2) 『임제록』 8단(대정장 47권, p.497a).

義)를 보여 주고 있는 방장화상의 법어가 곧 공안이었다. 납자들은 선당에 앉아서 그것(방장의 법문)을 참구했다. 송대에는 이미 성립한 공안을 참구하기도 하고 또 그날그날의 방장의 법어도 참구했다.

5일에 한 번 있었던 오참상당은 북송을 지나 남송 무렵(1126년)부터는 점차 그 횟수가 줄어들었다. 그리하여 5일에 한 번씩 하는 곳도 있었지만, 대부분 포살일인 초하루(1일)와 보름(15일)으로 정례화되었다. 이는 한 달에 여섯 번에서 두 번으로 대폭 줄어든 것인데, 그 이유는 주지(방장)가 양통(兩通, 宗通, 說通)을 하지 못했기 때문이다. 이는 선불교가 정치권력과 왕래가 잦았던 것과도 무관하지 않은데, 주지가 출세간사보다는 세간사에 관심을 더 갖다 보니 지견을 갖출 여유가 없었던 것이다.

공자는 『논어』에서 "배우기를 싫어하지 말고 가르치는 것을 게을리 하지 말아야 한다(學不厭, 敎不捲)."라고 했는데, 배우는 제자만이 아니라 가르치는 스승도 게을러서는 안 된다. 좋은 법문(정규 강의)을 듣지 못하면 납자(학인)들은 과거(科擧)에서 급제(及第=覺, 깨달음)할 수 없다.

상당법어는 대부분 아침 공양 직후[粥罷]에 시작한다. 상당법어가 있는 날에는 대중들은 아침 공양 후 가사를 입은 채 잠시 승당에서 대기한다. 조금 후에 고루(鼓樓)에서 북 소리가 나면, 선원의 수석 선승인 수좌를 필두로 법당으로 올라간다.

상당법어의 소요 시간은 길지 않나. 내중 모두가 선 채로 들었고 간결 고준(高峻)하기 때문에 길어야 20분 이상을 넘지는 않았을 것이다. 여기에 대하여 『조정사원』 8권 상당 항목에는 "납자들은 일언지하에 몰록 무생법을 깨닫기 때문에 모인 대중들도 잠시이고 오

래 서 있지 않았다. 그래서 앉을 필요 없이 서서 들었던 것이다(所接
學者, 俾於一言之下, 頓證無生. 所聚之衆, 非久而暫. 故不待坐而立
也)."라고 말하고 있다.

 상당법어의 종류는 매우 많다. 정기적으로 5일에 한 번씩 설하는 오참상당(五參上堂) 외에도 초하루와 보름날에 하는 단망상당(旦望上堂), 하안거 결제일의 결하상당(結夏上堂), 해제일에 하는 해하상당(解夏上堂), 욕불상당(浴佛上堂, 불탄일), 성도절(12월 8일)에 하는 납팔상당, 단오상당(端午上堂, 단오절), 중추상당(中秋上堂), 동지상당(冬至上堂) 등 20여 가지 이상이 된다. 간단히 그 종류를 열거해 보도록 하겠다.

- 오참상당(五參上堂) : 5일에 한 번씩 하는 정기적인 상당법어.
- 세단상당(歲旦上堂) : 세단(歲旦)은 원단(元旦)과 같은 말이다. 정월 초하룻날에 행하는 법어로 세조상당(歲朝上堂)이라고도 한다.
- 원소상당(元宵上堂) : 정월 대보름에 하는 상당법어.
- 단망상당(旦望上堂) : '단(旦)'은 초하루이고, '망(望)'은 보름이다. 즉 초하루와 보름날에 행하는 법어로서 '삭망상당(朔望上堂)'이라고도 한다.
- 욕불상당(浴佛上堂) : 4월 8일 석가탄신일에 행하는 법어. 석가탄신일에는 부처님을 목욕시키는 의식을 행하기 때문에 욕불일(浴佛日) 혹은 관불일(灌佛日)이라고도 했다.
- 결하상당(結夏上堂) : 하안거 결제일인 음력 4월 15일에 하는 법어이다. 결하(結夏)란 '하안거(夏)를 맺다(結, 묶다)'는 뜻이다.

이날 상당법어는 의미심장한 법어이다.

- 중하상당(中夏上堂) : 하안거 45일이 되는 날에 행하는 반(半)결제 법문.
- 해하상당(解夏上堂) : 하안거가 끝나는 해제일인 7월 15일에 행하는 법어이다. 동안거 결제일과 해제일에도 상당법어를 했을 것으로 생각되나, 여러 청규에서 그 내용을 찾을 수는 없었다. '결동상당(結冬上堂)', '해동상당(解冬上堂)'이라는 말 자체가 없다.
- 개당설법(開堂說法) : 원래는 선종사원을 창건하고 난 다음 처음 법당 문을 활짝 열고 행하는 법어를 일컬었으나 후대에는 주로 주지(방장)가 부임하는 날, 즉 진산식 날에 행하는 법어를 일컫게 되었다.
- 단오상당(端午上堂) : 음력 5월 5일 단오에 행하는 법어.
- 월석상당(月夕上堂) : 8월 15일 추석에 행하는 법어. 중추상당(中秋上堂)이라고도 함.
- 납팔상당(臘八上堂) : 성도절인 음력 12월 8일에 행하는 법어.
- 동지상당(冬至上堂) : 동지에 하는 상당법어.
- 기청상당(祈晴上堂) : 하늘이 맑아지기를 비는 날의 상당법어.
- 기우상당(祈雨上堂) : 비가 오기를 바라는 기우제를 지낸 후의 상당법어.
- 축성상당(祝聖上堂) : 황제의 생일에 만수무강을 비는 상당법어.
- 성절상당(聖節上堂) : 축성상당과 같음. "奉爲祝嚴 今上皇帝 聖壽 萬歲萬歲萬萬歲'로 시작한다.
- 개로상당(開爐上堂) : 개로상당은 승당에 화로를 설치한 후 설하는 상당법문이다. 화로는 동안거 보름 전인 10월 1일에 설치

하여 다음 해 2월 1일에 폐로(閉爐, 철거)한다.
- 폐로상당(閉爐上堂) : 10월 1일에 설치한 화로는 다음 해 음력 2월 1일에 폐쇄(철거)한다. 화로를 철거하고 나서 행하는 법어를 폐로상당이라고 한다. 2월 1일이라면 양력으로 3월 초쯤 된다.
- 인사상당(因事上堂) : 어떤 일을 계기로 상당하여 설법하는 것. 예정에 없는 상당법어로서 때에 따른 법어라고 하여 수시상당(隨時上堂)이라고도 한다. 예컨대 고승의 입적이 있거나 타사에서 고승이 왔을 때 청하여 듣는 법어 등이 이에 해당한다.
- 퇴원상당(退院上堂) : 선종사원의 주지가 그 직책을 그만두는 것을 퇴원이라고 한다. 현임 주지가 임기만료로 타사(他寺)로 전출되거나, 이거(移居)하거나 혹은 건강 등의 이유로 그 자리에서 물러나는 날에 행하는 법어로, 주지로서는 마지막으로 행하는 고별(告別) 법어이다.

정해진 날에 주지나 고승이 법당에 올라가서 하는 법어를 '정시상당(定時上堂)'이라 하고, 어떤 일을 계기로 예정에 없이 설법하는 것을 '수시상당(隨時上堂)'이라고 한다. 인사상당(因事上堂) 같은 것이 수시상당에 해당된다. 그 밖에도 개산조사의 기일(忌日)에 행하는 상당법어, 하발(煆髮)상당, 수좌가 청해서 하는 상당법어(請首座上堂), 전좌가 청해서 하는 상당법어(請典座上堂), 지사가 청해서 하는 상당법어(請知事上堂), 다리를 놓은 다음 행하는 상당법어(請造橋上堂) 등 그 종류는 많다. 어떤 일이 있으면 반드시 주지의 법어가 뒤따른다.

2. 소참(小參)

소참은 상당법어인 대참과는 달리 약식 법문이다. 그 내용은 주로 선원의 생활규칙, 수행자의 자세, 마음가짐, 행동규범 등 가훈적인 내용들에 역점을 두었는데, 때론 상당법어와 같이 법을 거양하기도 한다. 그래서 소참을 세속의 가훈(家訓)과 같은 것이라고 한다. 다음은 장로종색의 『선원청규』 2권 「소참」 편의 내용이다.

> "소참은 가훈으로 총림의 강기(綱紀)이다. (……) 제창(提唱) 밖에 위로는 지사와 두수로부터 아래로는 사미와 행자에 이르기까지, 무릇 대중 가운데 법도에 맞지 않으면(법도에 어긋나는 것이 있으면) 일의 대소를 막론하고 모두 마땅히 규칙대로 하라."[3]

소참은 훌륭한 수행자상을 갖추는 데 역점을 두고 있다. 총림에서 지켜야 할 법도, 수행자로서 갖추어야 할 예의범절, 인격 등에 초점이 맞추어져 있다. 예컨대 보조지눌의 『계초심학인문』에는 "공양할 때는 소리를 내지 말라, 걸음을 걸을 때는 팔을 내젓지 말라."는 내용이 나오는데 이것은 모두 장로종색의 『선원청규』 「소참」 편의 내용을 발췌한 것이다.

소참은 약식 법문, 즉 비정기적인 법문으로 때와 장소를 가리지 않고 하는 법문이다. 이 법문은 참석하는 대중이 많을 것 같으면 법당에서 하고, 적을 것 같으면 방장실이나 중료(衆寮, 큰방, 대중방)에서 했다. 『칙수백장청규』(1338년) 「주지」 편 소참에는 "소참법문을 하는

---

[3] 장로종색, 『선원청규』, 「小參」. "小參家訓, 綱紀叢林 (……) 提唱之外, 上自知事頭首, 下至沙彌童行, 凡是衆中, 不如法度, 事無大小, 並合箴規."(속장경 63권, p.527c)

장소는 처음부터 정해진 곳이 없다. 대중이 많은지 적은지(多少)를 헤아려서 침당(寢堂, 방장, 주지실)에서 하기도 하고 법당에서 하기도 한다(小參, 初無定所, 看衆多少, 惑就寢堂, 惑就法堂)."[4]라고 나온다.

소참은 주지(방장)가 필요에 의하여 하는 수시법문(隨時法門)이다. 상당법어, 조참, 만참과는 다르게 별행(別行)했던 법문으로 당대(唐代)부터 있었다. 그런데 후대(송대)에는 '조참(朝參, 아침 법문)'과 '만참(晚參, 저녁 법문)'을 통칭하여 '소참'이라고 한 경우도 있고, 만참만 소참이라고 한 경우도 있다. 이에 관해 최법혜 스님은 『고려판 선원청규 역주』[5]에서 "소참은 주지가 수시로 행하는 설법으로서 정기적인 상당의 간극(間隙)을 보충하는 중요한 의미를 갖는다. 이것이 아침에 행해지면 신참(晨參, 무參)이고, 밤에 행해지면 만참(晚參)이다."라고 하여, 조참과 만참을 통칭 명칭으로서의 소참을 설명하고 있다.

고마자와(駒澤) 대학 선학대사전 편찬소의 『선학대사전』 「소참」 항목에는 "선원의 모든 대중들은 아침에 참문하고 저녁에 모여 참문했다(闔院大衆, 朝參夕聚)"라고 하는 「선문규식」의 내용을 인용하면서 "당대(唐代)에는 주지가 수시로 하는 법문을 소참이라고 했는데, 송대에는 저녁 법문인 만참을 소참이라고 하였다."[6]고 한다. 여기서는 저녁 법문인 만참만 소참이라고 밝히고 있는데, 이것은 아마도 장로 종색의 『선원청규』 2권 「소참」 장(章)의 내용을 참고한 듯하다.

북송 후기에 편찬된(1103년) 자각종색의 『선원청규』 2권 「소참」 편

---

4) 동양덕휘 편, 『칙수백장청규』, 「小參」 (대정장 48권, p.1119c).
5) 최법혜 역주, 『고려판 선원청규』, p.50, 가산불교문화연구원, 2001.
6) 고마자와(駒澤) 대학 선학대사전편찬소 편, 『선학대사전』, p.547, 大修館, 1978.

의 설명을 본다면 분명 시간으로 봐서는 만참인데도 소참이라고 말하고 있다.

> 소참은 초야(初夜)에 종이 울리면 침당(寢堂, 방장, 주지실)에 자리를 마련한다. 지사(知事, 여기서는 지사와 두수를 가리킴)와 대중들이 운집하며, 빈주(賓主, 법문을 듣는 대중과 주지)가 서로 묻고 답하는 것 등은 모두 조참과 같다.[7]

이 내용을 따른다면 북송시대에는 만참을 소참이라고도 한 것이다. 장소는 침당(寢堂), 즉 방장실에서 했으며, 문답은 조참처럼 자유롭게 했다. 『칙수백장청규』(1338년) 「주지」 편 소참에도 저녁에 했다고 말하고 있다.

> 정오 후에 방장시자는 주지에게 "오늘 밤 소참이 있습니다."라고 아뢴 다음 객두행자(客頭行者, 방장실의 지객 담당 행자)로 하여금 대중에게 알리고 소참 패(牌)를 걸게 한다. 당일 저녁에는 방참종(소참이 없음을 알리는 종)은 치지 않는다. 혼종(6시 45분~7시)이 울리면 행자는 주지에게 아뢰고 북을 쳐서 대중들을 모은다. 양서(兩序, 東序 知事와 西序 頭首)는 제 위치로 가서 자리하고 주지는 법상에 오른다. 간곡 자세하게 제강(提綱 설법)한 후에 고칙을 거양(擧揚)하고 결좌(結座, 拈提, 방장의 착어)한다.[8]

그런데 『칙수백장청규』(1338년) 「주지」 장(章)에는 별도로 만참과

──────────

7) 장로종색, 『선원청규』 「小參」, "夫小參之法, 初夜鐘鳴, 寢堂設位. 集知事徒衆, 賓主問酬, 並同早參."(신찬속장경 63권, p.527c)
8) 『칙수백장청규』 「住持」, 小參. "至日午後, 侍者, 覆住持云, 今晚小參. 令客頭行者, 報衆, 掛小參牌. 當晚不鳴放參鐘. 昏鐘鳴時, 行者覆住持, 鳴鼓一通, 衆集兩序歸位, 住持登座(與五參上堂同). 提綱敘謝委曲詳盡, 然後擧古結座."(대정장 48권, p.1119c)

소참 항목을 나누어 설명하고 있고, 일함의 『선림비용청규』(1311년)에도 만참과 소참을 나누고 있다. 또 목암선향(睦庵善鄕)의 『조정사원(祖廷事苑)』(1108년)에는 "선문(禪門)에서 아침(詰旦)에 법당에 올라가 법문하는 것을 조참(早參)이라고 하며, 일포(日晡, 晡時. 오후 4시)에 염송(念誦, 염불, 예송, 誦經)을 일러 만참(晚參)[9]이라 하며, 정해진 때 없이(非時) 수시로 하는 설법을 일러 소참(小參)이라 한다."[10]고 하여, 조참, 만참, 소참을 각각 다르게 설명하고 있다.

3. 조참(朝參, 早參)

조참(朝參)은 아침 법문이다. 아침 공양 후에 하는데, 당말오대에는 법문이 매일 있었으나 송대부터는 5일에 한 번, 즉 3일과 8일에만 있었다. 조참이 있는 날에는 법당에 있는 북을 친다. 조참이 없을

---

9) 목암선향(睦庵善鄕)은 『조정사원(祖廷事苑)』 8권 「雜志」에서 "일포(日晡, 晡時. 오후 4시)에 염송(念誦)을 일러 만참(晚參)이라고 한다."고 하여 염송이 곧 저녁 법문인 만참이라고 했는데, 이것은 틀린 말이다. '參'은 모두 법문을 뜻한다. "무릇 대중을 모아 놓고 법을 보여 주는 것은 모두 참(參)이라고 한다(凡集衆開示, 皆謂之參)."는 『칙수백장청규』 「만참」 편의 설명과 같이, 조참(朝參)·만참(晚參)·소참(小參) 등 '참(參)'이라는 글자가 들어간 것은 모두 법문을 가리킨다. 그리고 염송(念誦)은 전각(殿閣)에서 청정법신비로자나불 등 십불명(十佛名)을 외우는 것을 뜻하기 때문에 성격이 전혀 다르다. 여기에 대하여 무착도충도 『선림상기전』 11권(불광대장경, 禪藏, 「선림상기전」 2권, p.818)에서 "일포(日晡, 晡時. 오후 4시)에 염송(念誦)을 일러 만참(晚參)이라고 하는 것은 와언(訛言)이다"라고 말하고 있다. 참고로 목암선향의 『조정사원』은 그다지 신뢰도가 높은 자료는 아니다.
10) 목암선향(睦庵善鄕), 『祖廷事苑』 8권, 「雜志」. "禪門, 詰旦升堂, 謂之早參. 日晡念誦, 謂之晚參. 非時說法, 謂之小參."(신찬속장경 64권, p.431a)

때는 법당 앞에 있는 작은 종을 세 번 친다.[11] 물론 전날 저녁에 조참이 있음을 알리는 조참패(牌)를 법당과 방장 혹은 승당(僧堂, 禪堂)과 중료(衆寮, 큰방, 대중방) 등에 건다. 조참은 법당에서 한다. 그리고 상당법어가 있는 날에는 별도로 하지 않는다. 후대에는 거의 상당법문에 버금가는 형식과 규모로 진행되어서 조참은 곧 상당법어처럼 인식되었다.

4. 만참(晩參)

만참(晩參)은 저녁 법문이다. 『선문규식』에서 말하는 '조참석취(朝參夕聚, 아침에 참문하고 저녁에 모이다)'에서 '석취(夕聚)'가 곧 만참이다.

『칙수백장청규』 주지 「만참(晩參)」 편에는 만참의 성격과 시간에 대하여 다음과 같이 기록하고 있다.

> 무릇 대중을 모아 놓고 법을 보여 주는 것은 모두 참(參)이라고 한다. 고인(古人)은 대중을 바로 잡는 데(대중을 일깨워줌), 그것[參]을 사용하여 조석으로 가르쳤다. 어느 때든 이 방법으로 격양하지 않은 적이 없었다. 그래서 매일 저녁에는 반드시 참(參=晩參)을 하였는데, 포시(哺時, 4시)에 있었다.[12]

---

11) 장로종색, 『중조보주 선원청규』 6권, 「警衆」. "堂前鳴小鐘子三下, 乃放早參也. 如不放參, 堂上鳴鼓者, 陞堂也." (신찬속장경 63권, p.539c)
12) 『칙수백장청규』 「주지」 만참. "凡集衆開示, 皆謂之參. 古人匡徒, 使之朝夕咨扣, 無時而不激揚此道, 故每晩必參則在哺時." (대정장 48권, p.1119c)

매일 저녁 포시(哺時)에 반드시 참(參=晩參)을 하였다고 기록하고 있는데, 포시(哺時)라면 오후 3시에서 5시까지인데 그 사이 정확히 언제를 말하는 것인가? 『칙수백장청규』(1338년)보다 약간 앞서 편찬(1311년)된 『선림비용청규(禪林備用淸規)』 「좌참(坐參)」 장(章)에는 "만참을 마치면 대중들은 흩어져서 각각 요사로 돌아가 약석(藥石, 저녁 공양)을 한다."[13]라고 기록하고 있는 것으로 보아 만참은 저녁 공양 전에 한 것이다. 약석(저녁 공양)은 여름에는 늦어도 5시에, 겨울에는 4시 30분에는 했으므로, 만참은 4시나 4시 30분경에는 했을 것으로 생각된다.

5. 보설(普說)

보설(普說)이란 '널리 정법을 설하다'는 뜻으로 대중적 성격을 띤 법문이다. 보설은 상당법어와 조참, 만참처럼 정기적인 법문이 아니고, 수좌나 유나, 또는 특정한 재가 신자의 요청이 있을 때에만 한다.

보설은 장소의 제한은 없다. 법상이 설치되면 어디서든지 하는데, 불전에서 하기도 하고 법당이나 방장에서 하기도 한다. 그러나 많은 대중을 상대로 하는 법문이므로 법당에서 하는 경우가 많다. 이는 상당법어가 아니므로 주지와 대중 모두 평상복 차림으로 참석한다.

동양덕휘의 『칙수백장청규』(1338년) 「보설」 편에는 다음과 같이 설

---

13) 『禪林備用淸規』, 「坐參」, "晩參畢, 衆散, 各歸寮 藥石."(신찬속장경 63권, p.626b)

명하고 있다.

> 대중들이 향을 사르고 청하면 자리가 마련된 곳에서 설한다. 또 특별히 단월(신도)의 청이 있다거나 주지가 대중을 위하여 법을 개시할 것이 있으면, 법좌에 올라가 설한다. 무릇 보설이 있을 때에는 방장시자(비서실장)는 객두행자(방장실의 지객 행자)로 하여금 보설 패를 걸어 대중들에게 알린다. 자리는 침당(寢堂, 방장) 혹은 법당에서 한다. 아침 공양 후[粥罷]에 행자는 주지에게 아뢴 다음 느린 속도로 북을 네 번 친다. 시자는 대중이 모이기를 기다렸다가 주지에게 나오기를 청한다. 거좌(據坐)하여 보설하는 법식은 소참의 예와 같다.[14]

'보설의 법식은 소참과 같다'고 했는데 주지와 대중 모두 편안한 평상복 차림으로 법문을 하고 들은 것을 말한다.

보설은 북송 말에 새로 생긴 대중적 성격의 법문이다. 보설을 처음 시작한 이는 진정극문(眞淨克文, 1025~1102) 선사이다(주15 참조). 그런데 동시대 장로종색이 편찬한 『선원청규』(1103년)에는 보설 항목이 없다. 이것으로 보아 당시에는 보설이 보편화되지는 않았던 것으로 보인다. 그런데 그 후 남송 말기인 1274년에 편찬된 『총림교정청규총요』(일명 함순청규)와 원대인 1338년에 편찬된 『칙수백장청규』에는 별도로 보설 항목이 실려 있다.

무착도충(無着道忠, 1653~1744)의 『선림상기전(禪林象器箋)』 11권 「보설」 항목에는 보설의 기원 등에 대하여 다음과 같이 설명하고

---

14) 『칙수백장청규』, 「주지」, 보설. "普說. 有大衆告香而請者, 就據所設位坐. 有檀越特請者, 有住持為衆, 開示者則登法座. 凡普說時, 侍者令客頭行者, 掛普說牌報衆. 鋪設寢堂或法堂. 粥罷行者覆住持. 緩擊鼓五下, 侍者出候衆集, 請住持出. 據坐普說, 與小參禮同."(대정장 48권, p.1120d)

있다.

> 보설은 곧 승좌설법(昇座說法)이다. 상당법문도 승좌설법이다. 다만 차이점이 있다면 보설을 할 때는 향을 사르거나 축향(祝香, 설법 전에 향을 사르는 것)하지는 않는다. 법의도 입지 않는다. 보설은 진정극문으로부터 시작되었다. 삼불(三佛)도 행했는데, 대혜종고에 이르러 바야흐로 크게 성행했다.[15]

'삼불(三佛)'이란 5조 법연(1024~1104)의 세 제자인 불안청원(佛眼淸遠, 1067~1120), 불감혜근(佛鑑慧勤, 1059~1117), 불과원오(佛果圓悟, 1163~1135)를 가리킨다. 그 가운데 불과원오는 『벽암록』의 찬자이다.

보설은 진정극문이 시작했다. 그리고 삼불이 이어 받았고 대혜종고 때에 크게 성행했는데, 그 누구보다도 보설을 통하여 자신의 이상을 펼쳤던 이는 간화선을 완성시킨 대혜 선사(1089~1163)이다. 그는 대중 및 특정 신자(고위관료나 그 부인 등)들의 요청에 의하여 많은 보설을 남겼는데, 『대혜어록』 30권 가운데, 무려 5권(제13권~18권)이 보설이다. 보설은 상당법어와 비교하면 내용이 길고 군더더기가 많은데 대중적 성격을 띠다 보니 그런 것이 아닌가 생각된다.

선불교가 가장 융성했던 시기는 당대(唐代) 조사선 시대이다. 이 시기 선불교는 고칙·공안·어록, 그리고 사상적인 정화(精華)를 이루어 가던 시대였다.

한편 선불교의 다양성 면에서는 북송대에 가장 융성했다. 설두중

---

15) 무착도충 『禪林象器箋』 11권, 「普說」. "普說卽陞座也. 上堂亦陞座也. 但普說不炷祝香, 不搭法衣以爲異. 普說自眞淨始, 三佛亦行之, 到大慧方盛." (佛光大藏經, 禪藏, 2권, p.822, 臺灣 佛光出版社, 1994)

현의 송고(頌古)를 비롯한 송고문학과 선문학도 이 시기에 탄생했고, 선시(禪詩)·선화(禪畵)·다도(茶道) 등 선문화도 이 시기에 꽃을 피웠다. 뿐만 아니라 각종 어록이 편찬·간행된 것도 이때였고, 사대부 지식층들과의 지적(知的)·문화적인 교류도 이 시기에 절정을 이루었다. 선을 모르면 지식층이 아닐 정도였다. 선의 르네상스 시대였다고 할 수 있다.

16장 선종사원의 가람 구성(1)-칠당(七堂)
- 오도(悟道)의 가람 시스템 -

1. 칠당가람

　선종사원의 가람은 수행생활에서는 없어서는 안 될 7개의 중요한 당우로 구성되어 있는데 이것을 '칠당가람(七堂伽藍)'이라고 한다.
　칠당가람은 남송시대에 정형화되었다.[1] 칠당가람 안에 불전이 포함되어 있는데, 불전이 중요한 당우가 된 것은 남송 때이다.
　칠당에는 선종의 칠당과 교종의 칠당이 있다. 선종의 칠당은 법당(法堂, 설법당)·불전(佛殿, 대웅전)·산문(山門, 三門)·고원(庫院, 庫裡, 주방)·승당(僧堂)·욕실(浴室)·동사(東司, 화장실)이고, 교종의 칠당은 탑(塔)·금당(金堂, 佛殿, 대웅전)·강당(講堂)·종루(鐘樓, 鐘閣)·장경루(藏經樓, 經藏, 經堂, 장경각)·승방(僧坊)·식당(食堂, 齋

---

1) '칠당' 또는 '칠당가람'이라는 말이 언제부터 정형화되었는지는 분명하지 않으나 대체로 남송시대로 보인다. 그 이유는 7당 속에 불전(대웅전)이 들어가 있기 때문이다. 당말까지 불전은 백장회해(720~814)가 청규에서 제정한 '불립불전 유수법당(不立佛殿 唯樹法堂, 불전은 세우지 않고 오직 법당만 세운다)'의 원칙에 의하여 건축되지 않았다. 오대(五代) 송초 무렵에 비로소 조그맣게 세워졌지만 가람의 중심적 위치는 아니었다. 불전이 법당과 함께 가람의 중심이 된 것은 남송 때이다. 7당 속에는 당연히 방장이 들어가야 하는데, 포함되지 않았다. 이것은 교종의 7당의 기준에 맞춘 것이 아닌가 생각한다.

堂, 庫院)이다.

칠당 가운데 선종에서 가장 중시하는 당우는 법당(설법당)이다. 법당은 방장화상이 공의 관점에서 '무설무문(無說無聞)의 법'을 설하는 곳이다. 교종에서 가장 중시하는 당우는 불상을 모신 금당(金堂, 대웅전)이다. 선종에서는 법당을 중심으로, 교종에서는 금당을 중심으로 가람이 배치되어 있다.

칠당가람 가운데서 선종과 교종에 공통되는 당우는 불전(대웅전)=금당(대웅전) / 고원(주방)=식당 / 법당=강당 / 승당=승방의 4가지이다. 나머지 3가지는 각기 다른데, 교종의 경우에는 탑(塔)·장경루(장경각)·종루(종각)가 있고, 선종에는 산문·욕실·동사(화장실)가 있다. 그와 같은 차이는 선종에서는 수행에 필요한 건물을 우선시하고, 교종에서는 종교성을 우선시한 결과로 보인다.

〈선종 칠당가람도 위치〉

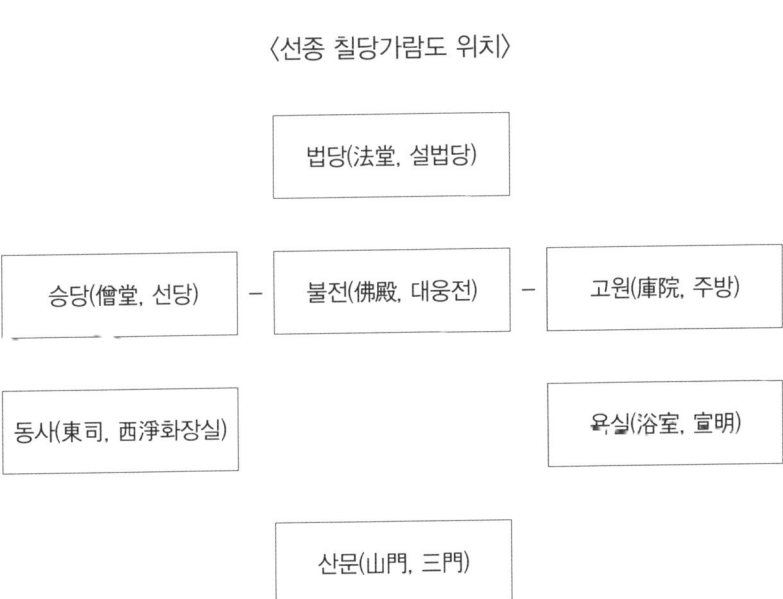

선종의 칠당가람 배치도를 보면 가운데 불전을 중심으로 앞에는 산문(山門, 三門), 뒤에는 법당이 있고, 좌측에는 승당(선당)과 동사(東司, 西淨, 화장실)가 있으며, 우측에는 고원(庫院, 주방)과 욕실(浴室. 宣明이라고도 함)이 있다.[2] 그 가운데서도 선종에서 가장 중요하게 여기는 당우(건물)는 법당이다. 법당은 주지가 법문을 하는 공간으로, 납자들은 주지의 법문을 통하여 반야지혜를 갖추고 깨달음에 이를 수 있기 때문이다.

칠당은 공용(共用)의 의미를 갖고 있으며, 대중생활에 필요한 기본적인 건물이라고 할 수 있다. 그렇다고 이 일곱 개의 당우만 가지고 모든 대중들을 다 수용할 수 있었던 것은 아니다. 칠당을 중심으로 맨 뒤에는 방장(주지실)이 있고, 중료(衆寮, 큰방, 대중방), 장전(藏殿, 장경각), 종루(鐘樓, 종각), 조사당 등 50여 채 이상의 요사(寮舍, 건물)가 있었다. 칠당의 가람배치는 인체(人體)에 비유하여 머리는 법당, 가슴은 불전, 하체는 산문, 두 팔은 승당과 고원이고, 두 다리는 동사와 욕실에 비정(比定)되고 있다.

현재 우리나라에서 선종의 칠당가람의 전형을 볼 수 있는 곳은 없다. 모두 앞에는 탑이 있고 뒤에는 불당이 있는 당대(唐代)의 전탑후당(前塔後堂) 양식으로 지어진 것들이다. 선종의 칠당구조는 지금 중국에서도 보기 힘들다. 그러나 일본에서는 영평사(永平寺), 가나자와(金澤) 다카오카(高岡)에 있는 국보 고찰인 서룡사(瑞龍寺, 즈이류지) 등 여러 곳에서 볼 수 있다.

....
2) 『남송오산십찰도』를 보면 총림에 따라서는 욕실이 우측에 있지 않고 좌측 승당 주변에 있는 경우도 있다. 물 수급 때문이 아닌가 생각된다. 또 동사(화장실)는 한 곳만 있는 것이 아니고 3곳 정도 더 있다.

다음으로 각 당우의 의의와 역할에 대하여 고찰하고자 한다.

2. 산문(山門, 三門)

산문은 선원총림의 정문이다. 이곳을 기점으로 불문(佛門)과 속세, 그리고 성(聖)과 속(俗)이 갈라진다. 산문 밖은 예토(穢土)로 고(苦)와 번뇌의 세계이고, 산문 안은 정토(淨土)로 해탈과 니르바나의 세계이다. 또 산문 밖은 근심과 걱정, 불안 초조 등이 연속하는 중생계지만, 산문 안은 번뇌 망상과 근심 걱정이 미치지 못하는 피안의 세계이다.

산문(山門)은 대문(大門)으로 곧 그 사찰의 규모를 나타낸다. 산문이 크면 사찰의 규모도 크고 사격(寺格)도 높다. 예컨대 남송 오산(五山) 가운데 사격(寺格)이 3위였던 영파 천동사의 경우 불전과 법당은 모두 5칸이었지만, 산문은 그보다 2칸이나 큰 7칸이었고, 단층이 아닌 2층 누각 형식으로 이루어져 있었다. 대혜 선사가 간화선을 폈던 항주 경산사는 남송 오산 가운데 사격(寺格)이 1위였는데, 그곳 산문은 천동사보다 훨씬 더 커서 9칸에 2층 누각 형식으로 되어 있었다.

당·북송 때의 산문은 단층(單層) 형식이었는데, 남송 때의 산문은 2층 누각(樓閣)으로 된 웅장한 형식이었다. 현재 우리나라는 물론이고 중국에도 남송시대 산문은 거의 찾아볼 수 없다. 우리나라의 경우 형식상에서는 문경 봉암사 남훈루(南薰樓)가 중국 남송시대 삼문(三門)과 거의 같다. 일주문·불이문·해탈문(삼해탈문) 등도 모두 산문에 해당된다.

중국의 사찰은 신해혁명 직후부터 서서히 파괴되기 시작하여 문화혁명 기간(1967~1977)까지 약 90%가 파괴되었다. 사찰이 공자의 사당(祠堂)과 함께 부르주아 계급의 유산으로 간주되었기 때문이다. 오늘날의 중국 사찰은 대부분 최근 20, 30년 사이에 급조한 콘크리트로 만든 건물이다. 청대의 가람도 남아 있는 곳은 겨우 영파 천동사, 아육왕사, 국청사 정도에 불과하다.

오늘날 남송 시대의 웅장한 산문 형식을 볼 수 있는 곳은 교토(京都) 동복사, 남선사, 천용사, 후쿠이 영평사 등 일본 선종사원들이다. 일본 선종사원은 거의 남송시대 산문 형식 그대로인데, 2층 누각 형식으로 규모가 매우 크다. 그리고 우지(宇治)에 있는 황벽산 만복사 산문은 단층형의 명대(明代) 산문이지만, 우뚝 치솟은 모습이 선불교의 기상을 유감없이 발휘하고 있다.

산문을 '삼문(三門)'이라고도 한다. 당대(唐代)에는 주로 '삼문', 송대에는 '산문'이라고 불렀다. '삼문(三門)'이란 삼해탈문(三解脫門)의 약칭으로 『유마경』「입불이법문품」에 나온다. 공문(空門)·무상문(無相門)·무작문(無作門, 혹은 無願門)으로 해탈로 가는 세 가지 문(길)을 상징한다. 보통 이 세 개의 문이 하나로 구성되어 사찰 입구에 일(一)자 형식으로 배치되어 있는데, 중앙에 있는 큰 문이 정문이고 좌우 양측에 붙어 있는 작은 문을 동협문(東夾門, 좌측문), 서협문(西夾門, 우측문)이라고 한다.

'공문(空門)'이란 대승불교의 대표적 사상인 공(空)을 가리킨다. 즉 일체개공(一切皆空)의 이치이다. 그래서 불교 특히 대승불교를 가리켜 공문(空門)이라고도 한다.

'무상문(無相門)'이란 공(空)을 뜻한다. 대상(對相)이 있다면 그것은 공(空)일 수가 없다. 의식 속에서 형성된 세계는 번뇌 망상의 소산일 뿐, 실존하는 것이 아니다. 그것은 마음이 만들어낸 미혹에 지나지 않는다. 그래서 『화엄경』에서는 "마음은 마치 그림을 그리는 화가와 같다(心如畵師)" 또는 "일체유심조"라고 한 것이다. 화가가 하얀 백지 위에 그림을 그리지만 그 세계는 그림 속의 세계일 뿐 실존하는 것이 아니다.

'무작문(無作門)'이란 '의식함이 없다'는 뜻이다. 어떤 것을 의식하고 있다면 그것은 아직 마음의 해탈을 얻지 못한 것이다. 무원(無願)은 바라는 바, 목적하는 바가 없다는 뜻이다. 바라는 것이나 목적이 있다면 그 역시 공(空)의 마음이 아니다. 공의 마음은 번뇌 망상이 사라진 상태, 청정심(淸淨心)을 뜻한다.

산문에는 주로 그 사찰 이름을 쓴 편액을 건다. 남송 당시 항주 영은사는 '경덕영은지사(景德靈隱之寺)'라는 편액을, 천동사는 '칙사천동지사(勅賜天童之寺)'라는 편액을 붙였다. 우리나라 동대문에도 '지(之)'자를 넣어 '흥인지문(興仁之門)'이라고 했듯이, 편액에 '지(之)'자를 넣는 것은 풍수지리적인 역할도 하지만, '지(之)'자를 하나 더 추가함으로써 4자 혹은 6자가 되어 편액 전체가 훨씬 힘이 있어 보이고 배열도 어울리기 때문이다. '칙사(勅賜)'란 천자(天子)나 왕이 내린 글씨라는 뜻이다.

산문은 세간과 출세간, 승(僧)과 속(俗)의 분기점이다. 선승들은 외출할 때 산문에서 몸단장을 한다. 장로종색의 『선원청규』에는 "(외출했다가) 들어올 때는 반드시 산문에서 삿갓을 벗고 3배하라."고 규정하고 있는데, 삿갓은 들어올 때만이 아니고 나갈 때에도 산문에서 삼배를 하고 쓴다. 경내에서는 삿갓을 쓰지 못하게 되어 있다. 또 관리를 영접하거나 배웅할 때도 산문까지만 배웅하고 그 이상은 배웅하지 않는다. 조선시대 어느 스님의 수행 설화에는 스님을 사모하던 여인이 죽어 악귀가 되어 쫓아왔는데 산문까지 와서는 더 이상 쫓아오지 못하고 돌아갔다는 이야기도 있다.

3. 불전(佛殿)

불전(佛殿, 대웅전)은 칠당의 하나로 불상을 모신 곳이다. 앞에서 이미 여러 차례 서술한 바와 같이 당말까지 선종사원에서는 불전을 세우지 않았다. 백장회해(720~814)가 청규에서 제정한 '불립불전(不立佛殿, 불전은 세우지 않고) 유수법당(唯樹法堂, 오직 법당만 세운다)'의 원칙에 의하여 가람 구성에서 제외되었다.

오대(五代) 송초 무렵에 비로소 신자들을 위한 기도처의 용도로 마지못해 불전이 세워지기 시작했지만, 그 위상은 작은 당우에 지나지 않았고, 또 가람의 중심적 위치를 차지하고 있는 것도 아니었다. 한낱 부속 건물에 지나지 않았다.

불전이 크게 건축되면서 법당과 함께 가람의 중심이 된 것은 북송이 망하고 난 다음인 남송 때부터이다. 남송시대 선종사원은 황제의 수명장수와 국태민안을 비는 국가 기원도량이었다. 바람 앞에 등불 같은 존재가 되어 버린 황제와 그 국가의 운명을 비는 기도처 성격의 당우가 남송시대 불전이었다. 위치도 법당 앞에 세워져서 그 위상에서는 법당을 능가하게 되었고 우뚝하게 가람의 핵심 당우가 되었다.

남송 때 항주 영은사와 만년사 편액은 '불전(佛殿)'이었고, 천동사는 석가불·아미타불·약사여래불을 모셨다고 하여 '삼세여래(三世如來)'라는 편액을 붙였다. 원대 이후에는 주로 '대웅전(大雄殿)' 또는 '대웅보전(大雄寶殿)'이라는 편액을 많이 붙였는데, 우리나라도 그와 같다. 그 밖에 노사나전, 무량수전 등 주불(主佛)의 성격에 따라서 여러 가지 이름으로 불렸다.

4. 법당(法堂)

법당은 선종사원에서 가장 중요한 건물이다. 칠당의 하나로 주지(방장)가 대중을 위하여 법을 설하는 곳이다. 상당법어, 소참, 조참(朝參, 아침 법문), 만참(晚參, 저녁 법문) 등 모든 법문은 다 법당에서 이루어진다. 법문을 통하여 정견과 반야지혜를 갖추게 하는 곳이 법당이라면, 승당(좌선당)은 좌선을 통하여 선정(禪定)을 닦게 하는 곳이다. 가람구조에서 중국 선종사원의 수행 시스템을 본다면 정혜쌍수(定慧雙修)[3]라고 할 수 있지만, 좌선보다는 지혜가 더 중심이다.[4]

법당은 설법당(說法堂)의 준말로, 교종 등 여타 종파에서는 '강당(講堂)'이라고 한다. 선어록에서 '강당'이라는 말이 나오는 곳은 『육조단경』이다. 『육조단경』 첫 장에는 "혜능대사 어대범사강당중 승고좌 설

---

3) 정혜쌍수(定慧雙修) : 선정(禪定)과 지혜(智慧) 두 가지를 병행하여 수행하는 것. 고려시대 보조국사 지눌(1158~1210)이 특히 강조했다. 쉬신 십메, 즉 선정을 통하여 번뇌가 일어나는 장애[煩惱障]를 다스리고, 지혜로 지식의 장애[所知障], 즉 지식적인 분별심을 치유한다.
4) 지혜만을 중시하면 행(行, 酒色 등)을 소홀히 할 수 있고, 선정(좌선)만을 중시하면 지혜가 부족하여 정안을 갖추지 못할 수가 있다. 그러므로 지혜와 선정, 이 두 가지를 잘 병행[定慧雙修]해야 한다는 것이다.

마하반야바라밀법 수무상계(惠能大師, 於大梵寺講堂中, 昇高座, 說摩訶般若波羅密法, 授(受)無相戒)"라고 하여, 혜능 대사가 대법사 강당에서 육조단경을 설한 것으로 되어 있다. 이때만 해도 선불교가 율종사원에 의탁해 있었기 때문에 법당이라는 말을 쓰지 않은 것이다.

가람건축에서 '법당(法堂)'이라는 말을 처음 쓴 것은 백장회해이다. 그는 처음으로 율종사원으로부터 독립하여 선원총림을 세웠는데, "불전은 세우지 말고 오직 '법당'만 세운다(不立佛殿, 唯樹法堂)"라고 하여, 불전(佛殿, 대웅전)을 폐지하고 법당만을 세웠다. 부처를 이루게 하는 가장 큰 역할을 하는 공간은 불전이 아니고 법당이라고 여겼기 때문이다.

'법당(法堂)'이라는 말이 처음 나오는 곳은 『화엄경』 입법계품이다. "부처의 경계를 사유하여 이 법당에 안주한다(思惟佛境界, 安住此法堂)"5)라고 했듯이 '법당은 불법의 당(佛法之堂)'이고, '불경계(佛境界)의 당(堂)'이며, '일체중생에게 많은 이익을 제공하는 진여(眞如)의 당(堂)'이다. 백장 선사가 쓴 '법당'의 의미도 여기에서 따온 것이다.

법당의 규모는 각 총림마다 다르다. 『남송오산십찰도』와 장십경(張十慶) 저 『강남선종사원건축』을 보면, 남송 오산의 하나인 천동사와 영은사 법당은 전면 5칸, 측면 3칸이었고, 5산 가운데 가장 컸던 경산사는 중각(重閣, 2층)이었다. 이는 붓다 당시에 있었던 중각강당(重閣講堂)을 모방한 것인데, 이후에는 경산사 법당의 영향을 받아서 대부분 2층으로 지어졌다. 명청시대에는 1층은 법당, 2층은 주로

---

5) 『화엄경』, 「입법계품」. "爾時, 善財以偈頌曰 : 安住大慈心, 彌勒摩訶薩, 具足妙功德, 饒益諸群生. 住於灌頂地, 諸佛之長子, 思惟佛境界, 安住此法堂. 一切諸佛子, 常履大乘行, 遊行諸法界, 安住此法堂. 施戒忍精進, 禪智方便願, 究竟彼岸者, 安住此法堂."(대정장 9권, p.770c)

대장경을 보관하는 장경각으로 사용되었다.

당대(唐代) 조사선 시대에는 고칙(古則)[6]·공안(公案)[7] 만들었고, 송대는 그 고칙에 대하여 송고(頌古)와 착어(着語)[8]·대어(代語)·별어(別語) 등 코멘트를 붙이는 시대였다. 법당에서는 고칙 공안을 거양하고 좌선당에서는 그 고칙 공안과 착어 등을 참구했다.

(1) 약산유엄과 법당

자신의 열반(입적)을 법당이 무너져 가고 있음에 비유한 지혜 넘치는 선승, 그가 바로 약산유엄(藥山惟儼, 751~834)이다. 그는 17세에 출가하여 석두희천과 마조도일로부터 가르침을 받고 대오(大悟)했다. 대화 8년(834) 2월 어느 날, 열반을 앞두고 있는 84세의 노승 약산 선사가 승당(僧堂)을 향하여 큰 소리로 외쳤다.

"법당이 무너져 가고 있다. 법당이 무너져 가고 있다!"
(法堂倒, 法堂倒)[9]

------

[6] 고칙(古則) : 참선학도의 궤범이 되는 고인(古人)의 언행을 법칙에 비유한 것임. 공안과 같은 뜻임.
[7] 공안(公案) : '공부(公府, 관청)의 안독(案牘, 공문서)'에서 '공(公)'과 '안(案)'만 따온 말로, '헌법'·'법령'·'공문' 등을 뜻하는 당시 행정 용어이다. 공무원들에게 국가에서 제정한 법령이나 상부기관의 공문은 공무(公務)에서 반드시 지켜야 할 규칙(準則), 길잡이다. 그와 같이 깨달음을 이루고자 하는 수행자도 옛 조사 선지식들의 기연어구(機緣語句)니 선문답 등 법칙이 되는 말씀을 참구해야만 깨달음을 이룰 수 있기 때문에, 그것을 '공적(公的)으로 따라야 할 안내(案內)'라는 뜻에서 '공안'이라고 한 것이다.
[8] 착어(着語) : 고칙(古則)·공안(公案)에 대하여 자신의 해석이나 촌평을 붙인 것.
[9] 『전등록』14권, 「약산유엄」. "師大和八年二月, 臨順世叫云. 法堂倒法堂倒. 衆皆持柱撐之. 師擧手云. 子不會我意, 乃告寂. 壽八十有四. 臘六十."(대정장 51권, p.312c)

대중들은 너나 할 것 없이 일제히 각목을 들고 법당을 향해 달려갔다. 그런데 무너지고 있다는 법당은 아무 이상 없이 서 있었다. 모두가 놀라서 어리둥절해 하고 있을 때 약산 선사가 손을 흔들면서 나왔다. 그리고는 대중을 향하여 말했다.

"그대들은 나의 말뜻을 잘 모르고 있구먼."

선사는 그 말을 마치고 곧 입적했다고 한다. 약산 선사가 가리키는 '법당'은 목조로 건축된 법당이 아니고, 오래도록 법당에서 법을 설한 약산 선사 자신을 가리키는 말이었다. 그의 육신이 곧 법이 머물고 있는 법당이었던 것이다.

법당의 편액으로는 '법당(法堂, 법을 설하는 곳)'·'대각당(大覺堂, 대각을 얻는 곳)'·'무외당(無畏堂, 두려움을 없애 주는 곳)'·'무설당(無說堂, 설한 것이 없음)'·'장광설(長廣舌, 무한한 설법)' 등을 붙인다. 이렇게 많은 명칭은 의미상에서 다양하게 쓴 것인데, 장광설은 매우 해학적인 명칭이고, 무설당(無說堂)은 『유마경』에 나오는 '무설무문(無說無聞)이 진설진문(眞說眞聞)', 즉 '설한 것도 없고 들은 것도 없는 것이 참 설법이고 진정한 들음'이라는 말에서 따온 것이다.

선사의 생각 속에 법문을 했다는 의식이 남아 있고 수행자가 법문을 들었다는 의식이 남아 있다면 그들은 아직 속제(俗諦)에 머물러 있는 존재다. 자기 존재를 잊지 못한 중생이다. 공(空)·무상(無相)과 하나가 되지 못한 존재이다.

불국사에 가면 불상을 모시지 않은 '무설전(無說殿, 설법을 했지만 설한 것이 없다는 뜻)'이라는 곳이 있다. 『불국사고금창기(佛國寺古今創記)』를 바탕으로 1970년대에 복원한 곳인데, 신라 때는 여기서 『화엄경』을 강의했다고 한다. 멋있는 이름이다.

우리나라에서는 법당과 대웅전(불전)을 혼칭하고 있다. 그러나 이 두 당우는 지금까지 고찰한 바와 같이 전혀 다른 곳이다. 법당은 설법하는 곳이고, 대웅전은 부처님을 모신 곳이다. 엄연히 다른 명칭인데도 불구하고 언제부터 법당=대웅전(불전)으로 혼칭하게 되었는지 알 수 없다. 조선시대 13개 종파가 선교양종으로 통폐합되어 선종의 특성이 사라지고, 또 대웅전에서 설법을 하게 되면서 혼칭하게 된 것이 아닌가 싶다. 중국·일본에서는 이 둘을 지금도 여전히 구분하고 있다.

5. 승당(僧堂, 禪堂)

승당은 수행자들이 숙식과 좌선과 공양을 함께 하는 곳이다. 선당(禪堂)·좌선당(坐禪堂)·운당(雲堂)·선불장(選佛場)이라고도 하는데, 칠당의 하나로 매우 중요한 건물이다. 산문에서 보면 불전 좌측에 위치해 있고, 규모면에서도 매우 크다.

승당의 내부는 한 가운데 승형문수보살상(僧形文殊菩薩像)을 모신다. 그리고 가운데는 복도이고 사방은 마루로 이어져 있다. 이 마루를 '길게 이어진 상'이라는 의미로 '장련상(長連床)'이라고 한다. 이 장련상에서 좌선과 공양, 취침 등을 한다. 한 사람에게 할애된 공간은 가로 1미터, 세로 2미터 정도로 다다미 또는 합판 한 장 정도에 불과하다. 이것을 '삼조연하(三條椽下) 칠척단전(七尺單前)'이라고 한다. 서까래 세 개(三條椽. 폭 1미터) 아래이고 7척(길이 2미터 10센티 가량) 단(單) 앞이라는 뜻인데, 한 사람이 생활하는 수행 공간을 가리킨다.

겨울에는 승당 바닥에 화로를 여러 개 설치한다. 연료는 숯이다. 숯을 피워서 냉기를 제거한다.

승당의 내부 구조와 기능 등에 대해서는 앞(8장 수행승의 생활공간, 승당)에서 자세히 서술했으므로 여기서는 중복 설명을 피하기로 한다.

6. 고원(庫院)

고원은 칠당의 하나로 불전 좌측에 있다. 주방(廚房)과 식자재 창고, 그리고 총림의 모든 살림살이도 고원에 집결되어 있다. 또 총림의 사무소도 고원에 있고, 감원·도사·감사·부사·전좌의 방도 고원에 있다. 따라서 고원은 선종사원의 본부라고 할 수 있다.

고원 전체를 관장하고 있는 소임자는 감원이고, 주방 책임자는 전좌(典座)이다. 이들은 모두 6지사인데 그 가운데 감원이 수장이다. 전좌 밑에는 밥 짓는 소임으로서 공두(供頭)·공양주(供養主)가 있고, 또 반찬 만드는 소임인 채공(菜供) 등이 있다.

고원에 대한 이칭은 매우 많다. 고리(庫裏)·고당(庫堂)·고주(庫廚)·향적주(香積廚)·향적당(香積堂)·향적실(香積室) 등. 항주 영은사 가람배치도에는 '고당(庫堂)'과 '향적주(香積廚)'를 동시에 써 놓았다. '향적주'라는 말은 『유마경』 향적품에 나오는 말이다. 향적품에는 '향반(香飯)'이라는 말이 나온다. '향기 가득한 음식'이라는 뜻이다. 명대(明代)에는 고원 옆에 재당(齋堂, 식당)이 신설되어 거기서 공양을 했는데, 당송시대에는 승당이나 중료(衆寮, 대중방)에서 발우공양을 했다.

(1) 『유마경』 향적품 이야기

유마 거사의 처소에는 곧 문수보살과 유마 거사 사이에 벌어질 법전(法戰)을 청취하기 위하여 많은 대중들이 운집(雲集)했다. 가히 입추의 여지가 없다고 해도 과언이 아니다. 법전은 막상막하의 공방전으로 인하여 곧 정오를 바라보고 있었다. 사리불의 걱정은 태산 같았다.

"정오가 다 되어 가는데 이 많은 대중들이 점심을 어떻게 해결할꼬?"

유마 거사는 법안으로 사리불의 걱정을 알아채고 그에게 말했다.

"지금 청법(聽法) 중인데 먹을 것을 걱정하시다니요."

이렇게 핀잔을 주고 나서 신통력으로 향적국(香積國)을 보여 주었다. 향적국에는 향기 나는 맛있는 음식[香飯]이 가득히 쌓여 있었다. 사리불은 깜짝 놀라서 토끼 눈이 되었다. 유마 거사는 화보살(化菩薩, 변화보살)을 향적불(香積佛, 향적국의 主佛)께 보내어 일발(一鉢)의 공양을 얻어 오도록 했다. 그리고는 그 일발(一鉢)의 공양을 신통력으로 수만 그릇으로 변화시켜서[變食], 그 자리에 운집한 대중들이 공양하도록 했다. 사리불은 또 한 번 유마 거사의 신통력에 토끼 눈이 되었다.

'향적주(香積廚)'란 '향기 나는 음식이 가득 쌓여 있는 주방'이라는 뜻으로 조선 후기의 명필이자, 불교와 차(茶)문화의 대가였던 추사

(秋史 金正喜, 1786~1856)의 시에도 나오는 말이다.

추사가 활동하던 당시 쌍계사 육조탑 아래에 차 만드는 솜씨가 남달랐던 만허(晩虛) 스님이 있었다. 5월 어느 날, 만허 스님이 추사 선생에게 정성스럽게 만든 우전차를 보내 드리자 추사 선생은 그 정성과 차 맛에 감동되어 "향적주에 있는 음식 가운데 아마 이보다 더 묘미(妙味) 나는 것은 없을 것입니다(香積廚中, 恐無此無上妙味)."라고 답서를 써 보냈다. '묘미(妙味)의 차(茶)'라고 극찬한 이런 감사의 편지를 받고 만허스님은 매우 흐뭇했을 것이다.

선종사원에서 사용하는 언어는 무미건조한 것이 드물다. 단어 전부 아름답고 향기 나는 것들이지만, 그 가운데서도 주방을 '향적주'라고 하고 그 음식(공양)을 '향반(香飯)'·'향적반(香積飯)'이라고 한 것은 특히 아름답다. 음식을 대할 때 항상 '향반'이라고 생각한다면 그 음식은 위성도업(爲成道業)의 자량(資糧)이 될 것이다.

우리나라 사찰의 고원, 즉 주방에서는 조왕대신을 모신다. 그러나 중국 사찰에서는 위타천신상(像)을 모신다. 당나라 때 위타천신이 도선율사에게 귀의한 이후 시작되었다고 한다. 이는 율종의 영향을 받은 것인데, 당 중기 백장 선사에 의하여 선원이 독립하기 전에는 선승들이 율종사원에 의탁해 있었기 때문이다.

18세기 말에서 19세기 초, 청나라 후기의 문인(文人)으로 소주(蘇州)에 살았던 심복(沈復)의 『부생육기(浮生六記)』에는 "원각사에 갔더니 가운데는 불전이 있고 위에는 방장이 있으며, 그리고 왼쪽에는 주방인 향적주가 있었다."는 대목이 나온다.

백양사, 금산사, 계룡산 동학사 등 우리나라 사찰에서도 주방의 명칭을 향적당·향적실이라고 붙인 곳이 있다. 또 공양할 때 외우는 게송이 오관게이기 때문에 오관료(五觀寮)라고 부르기도 한다. 이런 명칭과 비교해서 '공양간'이라는 명칭은 그다지 향기 나는 말은 아니다.

7. 욕실(浴室)

욕실은 선종사원의 공동 목욕탕으로 칠당 가람의 하나이다. 위치는 산문 오른쪽 편에 있는데 때로는 그 반대편인 승당 아래나 또는 뒤쪽에 있는 경우도 있다. 이와 같이 욕실의 위치가 일정하지 않은 것은 급수 조건 때문일 것이다. 즉 경사가 완만하여 물이 잘 흘러 들어오는 곳을 고려하여 위치가 정해진 것으로 보인다.

욕실을 '선명(宣明)'이라고도 한다. '선명(宣明)'이란 깨끗하고 상쾌하다는 뜻이다. 욕실에는 발다바라 존자상을 모신다.

『능엄경』 5권에는 발다바라 존자가 16명의 보살들과 함께 욕실에 갔다가 나왔더니 몸과 마음이 아주 선명(宣明)해졌다는 법화(法話)가 나온다. 여기서 연유하여 욕실을 '선명(宣明)'이라 하고, 또 발다바라 존자상을 모시게 된 것이다. 몸의 때(垢)는 욕실에서 선명(宣明)하게 제거하고 마음의 때(번뇌)는 좌선당에서 제거하여 항상 내외명철(內外明徹), 안과 밖을 선명(宣明)하게 하고자 했던 것이다.

또 욕실을 '향수해(香水海)'라고 한다. '향수(香水)의 바다'라는 뜻인데, 항주 경산사·영은사·천동사 욕실 편액은 향수해이고, 지금 일본 영평사 욕실 편액도 향수해(香水海)이다.

욕실의 물은 깨끗할 수가 없다. 그런데도 향수(香水)라고 미칭했으니 명작(名作)의 대가는 모두 선승들이라고 할 수 있다. 중국 선승들은 항상 화엄의 '일체유심조' 관점에서 사물을 대했던 것 같다.

선종사원에서 목욕은 계절에 따라 조금 다른데, 겨울에는 5일에 한번, 여름에는 '임한(淋汗, 샤워)'이라고 하여 매일같이 했다. 『칙수백장청규』 「지욕(知浴)」 장(章)에는 "동절기에는 5일에 한 번(4일·9일·14일·19일·24일·29일) 목욕을 하고, 하절기에는 매일 목욕(샤워)을 한다."[10]라고 나온다.

여름에는 매일같이 샤워를 한 것은 무덥고 땀이 많이 나기 때문인데, 고온다습한 환경에서 매일같이 목욕을 하지 않으면 피부병 등이 발생하게 되고, 또 피부병이 전 대중들로 전염될 수도 있기 때문이다. 이렇게 매일같이 목욕을 하도록 했으니, 선종사원은 번뇌[塵埃]가 잠시라도 머물 수가 없었을 것이다.

목욕 시작을 '개욕(開浴, 욕실의 문을 열다)'이라고 한다. 목욕은 점심 공양이 끝난 직후에 시작하는데, 그에 앞서 공양하기 전에 목욕패(목욕을 알리는 패)를 승당과 중료(대중방) 앞에 내다 건다. 그리곤 공양 후 종(鐘)과 판(板)을 쳐서 곧 목욕이 시작됨을 알린다.

욕실에서의 예법은 매우 까다롭다. 욕실은 삼묵당(三黙堂, 욕실, 동사, 승당)의 하나로 일절 잡담을 할 수 없다. 또 탕(湯=鑊) 속에 들어가서도 안 되고, 함부로 목욕물을 끼얹어서도 안 되고, 욕실에서 옷을 빨거나 이를 잡아서도 안 된다. 또 발가벗고 욕실 안을 왔다 갔다 하지 말아야 하고, 사용한 도구는 반드시 제자리에 두고, 벗은 승복은 잘 정리해 두고, 항상 깨끗하게 사용할 것 등 지켜야 할 규칙이 매우 많다.

----

10) 『칙수백장청규』, 「知浴」, "凡遇開浴, 齋前掛沐浴牌. 寒月五日一浴, 曙天每日淋汗."(대정장 48권, p.1131b)

목욕을 하는 순서도 정해져 있다. 대중을 우선시했던 당·송·원대에는 목욕 1순위가 선당의 수행승(즉 衆僧)들이었다. 2순위는 종두(鐘頭)·채두(菜頭)·수두(水頭) 등 하급 소임자들과 행자들이고, 3순위가 주지와 6지사 등 상급 소임자들이었다. 그런데 명대에 와서는 순서가 주지·6두수·6지사·단월거사(신도)·수행승(대중) 순으로 역전되었다.

욕실 책임자(소임)를 '욕주(浴主, 당·북송시대)' 또는 '지욕(知浴, 남송시대)'이라고 한다. 우리나라에서는 이들을 흔히 '욕두(浴頭)'라고 하는데, 욕두는 상급소임자(6두수)인 지욕 밑에서 잡일을 돕는 소임으로 주로 행자들이 맡는다.

현재 일본 교토에 있는 임제종 총본산 묘심사(妙心寺)와 동복사에는 400년 된 전통 선종사원의 욕실(浴室)이 있다. 중요 문화재로 지정되어 있는 그곳은 관람료 500엔을 내면 내부까지 볼 수 있다. 실내를 살펴보니 한 번에 약 20명 정도가 목욕할 수 있고, 큰 확(鑊)을 설치하여 온수(溫水)를 데웠고, 몸을 씻을 때는 큰 통에 온수를 옮겨 바가지로 떠서 쓰도록 되어 있었다. 물은 밖에서 대나무 수로를 통하여 저절로 흘러 들어오게 되어 있었다. 그리고 확탕(鑊湯) 위에는 사우나 방이 있는데, 5~6명 정도가 앉을 수 있는 크기였다. 욕실 한쪽에는 탈의실 겸 휴게실도 있었다.

일본에서 편찬된 『선학대사전』 흑백도록 26쪽에는 남송시대 천동사의 욕실 평면도가 나오는데, 확인해 보니 확(鑊)의 위치 등이 묘심사 욕실 내부와 거의 같았다.

여담이지만 일본에는 1700년 초부터 대중목욕탕이 있었다. 대중목욕탕을 '센토(錢湯, 돈 내는 목욕탕)'라고 하는데, 일본 최초의 대중탕을 묘심사에서 운영했다. 위치는 묘심사 앞의 대로(大路)변에 있었다. 이 대중탕은 문을 열자마자 인기 폭발이어서 날마다 장사진을 이뤘다고 한다. 이곳은 돈을 벌기 위한 목적보다 서민들도 목욕을 할 수 있게 하기 위한 복지 차원의 공간이었다고 한다.

8. 동사(東司)

동사(東司), 즉 화장실 역시 7당의 하나로 위치는 승당 밑에 있다. 화장실은 이곳 말고도 3~4곳에 더 있다.

동사의 이칭에는 동정(東淨)·서정(西淨)·등사(登司)·설은(雪隱) 등이 있다. 동정(東淨)은 동쪽 화장실, 서정(西淨)은 서쪽 화장실, 등사(登司)는 남쪽 화장실, 설은(雪隱)은 북쪽 화장실를 가리킨다고 하는데, 확실하진 않다. 등사는 화장실 귀신 이름이라고 하고, 설은(雪隱)은 설두중현, 즉 명각 화상이 영은사 화장실 청소를 도맡아한 이후 붙여진 명칭이라고 한다.

(1) 동사(東司)와 설두중현

『설두송고(雪竇頌古)』로 유명한 설두중현(雪竇重顯, 980~1052, 諡號 明覺禪師) 화상이 항주 영은사(일설에는 설보사라고 하나 영은사가 맞다)에 있을 때 오랜 기간 동안 남몰래 화장실 청소를 도맡아 했다. 그래서 그에게 '설은(雪隱)'이라는 미칭(美稱)이 붙었다고 하는데, 설은(雪隱)의 의미가 무엇인지는 잘 알 수 없다. 세 가지 추정이 가능한데, ①화장실을 눈[雪]처럼 하얗게 가려[隱] 깨끗하게 한다. ②설두(雪竇)의 자(字)가 은지(隱之)인데 앞 글자만 따서 설은(雪隱). ③설두[雪]의 숨[隱]은 공덕행'.

어떤 자료에는 설두가 아니고 설봉의존(822~908)이 매일같이 자발적으로 화장실을 청소하다가 오도(悟道)했기 때문에 '설은(雪隱)'이라고 했다고 하나, 설봉은 설두가 와전된 것으로 보인다.

또 동정(東淨)은 동서(東序, 감원 등 6知事)들이, 서정(西淨)은 서서(西序, 수좌 등 6頭首)들이 사용하는 화장실이라는 설도 있는데, 이 역시 맞다고 할 수 없다. 남송 때 항주 영은사 화장실 현판은 위치와 관계없이 '설은(雪隱)'이라고 붙였기 때문이다. 후대에는 모두 '동사(東司)'로 통일됐다.

화장실은 왜 '동사(東司)'라고 불렸을까? 중국 남부에서는 일반 사람들도 화장실을 '동사'라고 부른다고 한다. 대부분의 선종사원이 남쪽, 즉 강남지역에서 번창했기 때문에 '동사'라고 쓴 것이 아닌가 싶다. 또 『대한화사전』에는 "측간의 귀신을 '등사(登司)'라고 하는데, 동사(東司)는 그 전와(轉訛)다."라고 밝히고 있다.

동사(東司) 소임을 '정두(淨頭)' 또는 '지정(持淨)'이라고 한다. 정두는 총림의 소임 가운데서도 하급 소임이다. 그래서 승려들이 가장 맡기 싫어하는 소임 가운데 하나이다. 설두 화상과 같은 경우엔 그 일을 자청했는데, 간화선의 대성자 대혜 선사(1089~1163)도 9개월 동안이나 자청해서 정두 소임을 맡았다. 하심(下心) 공부는 뒷간 청소만 한 것이 없다. 더러움과 깨끗함(染淨)의 분별심을 버리는 데도 정두 소임만 한 것이 없다.

장로종색의 『선원청규』 6권 「대소변리(大小便利, 화장실 사용법)」

편에는 화장실 사용법과 그 후속조치에 대하여 설명하고 있는데, 그 보다 더 자세하게 기록하고 있는 것이 도겐(道元, 1200~1253)의 『정법안장』 7권 「세정(洗淨)」 편이다.

> 동사에 갈 때는 반드시 수건을 가지고 가라. 편삼(偏衫, 중국 스님들이 입는 장삼 같은 겉옷)을 벗어서 수건과 함께 동사 밖에 있는 횟대(=衣架)에 건 다음, 정통(淨桶, 뒤를 씻는 물통)에 물을 담아 가지고 들어가라. (……) 용변을 다 본 후에는 반드시 먼저 대나무 막대기를 사용해서 닦아내라. 종이를 사용할 때는 더러운 종이를 사용해서는 안 된다. (……) 막대기는 삼각형으로 길이는 8촌(8×3cm=24cm)이며 두께는 엄지손가락 크기만 하다. 더러운 막대기(사용한 것)는 통에 넣고 깨끗한 막대는 선반 위에 있다. (……) 막대기나 종이를 사용한 후에는 오른 손으로는 정통(淨桶)을 들고 왼손으로 물을 떠서 씻어야 한다. 먼저 소변을 3번 씻고 다음에 대변을 씻는다. 여법하게 깨끗하게 씻어야 한다.[11]

동사(화장실)에서 대변을 보고 나와서는 손을 깨끗이 씻어야 한다. 먼저 숟가락으로 재(灰)를 조금 떠서 물과 섞어서 기왓장에 문질러 세 번 씻는다. 다음에는 흙에 물을 조금 섞어 세 번 씻는다. 그 다음에는 조협조두(皂莢藻豆, 세정제)[12]를 사용하여 씻되 팔꿈치까지 깨끗하게 씻어야 한다. 이렇게 하여 재로 세 번, 흙으로 세 번, 조두로 한 번, 모두 일곱 번 씻어야 한다. 그런 다음에는 반드시 양치

---

11) 『정법안장』 7권, 「세정(洗淨)」. 한보광 역주, 『역주 정법안장강의』 제1권, pp.258~304. 여래장, 2006. 필요한 곳을 부분적으로 인용했음.
12) 조협(皂莢)은 쥐엄나무 열매인데, 콩(豆)과에 속해서 비누를 만드는 재료로 쓰였다. 씨는 약용으로 쓴다고 함. 조두(藻豆)는 콩가루인데 여기에 조협 등 약품을 섞어서 비누를 만듦. 조협조두는 모두 콩이나 녹두, 팥 등으로 만든 비누로서 율장에도 나온다. 인도, 중국과 한국에서도 예부터 사용해 왔다. 조협, 조두는 욕실에서도 비누로 쓰였다.

질을 해야 한다. 양치질은 양지(楊枝, 버드나무 가지)를 입 안에 넣고 씹어서 문지른다.

(2) 동사(東司)와 간시궐 화두

동사(東司)에서 대변을 본 후 1차적으로 닦아내는 막대기를 측주(厠籌), 측궐(厠橛), 측비(厠篦, 篦는 빗치개), 측간자(厠簡子)라고 한다. 또 '간시궐(乾屎橛)'이라고도 하는데 별칭이 아닌가 생각한다.

'간시궐'은 화두로 유명하다. 어떤 스님이 운문(雲門, 864~949) 선사에게 "무엇이 부처입니까[如何是佛]"라고 묻자 "간시궐!"이라고 대답한 것은 매우 유명한 일화다. 일반적으로 간시궐은 '마른 똥 막대기'로 번역된다. 그러나 간시궐은 '마른 똥 막대기'도 아니고 또 '똥이 말라 막대기처럼 된 것'도 아니다. 그것은 용변 후 대변을 1차적으로 닦아내는 측주(厠籌)·측궐(厠橛)을 가리킨다.

측주는 삼각형 모양으로 두께는 엄지손가락만 한 크기(1.5센티 가량)에 길이는 8촌(24cm) 정도 되는 대나무 쪽이다. 사용 후에는 깨끗이 씻은 다음 말려서 또 사용하는데, 그 건조된 측주·측궐을 바로 '간시궐'이라고 한다. 우리말로 정확히 표현한다면 '대변을 닦아내는 마른 막대기'인 것이다.

율장에도 '측주(厠籌)'가 나온다. 측주는 고대 인도 일반에서 널리 사용했던 것으로, 중국 선원총림에서도 율상의 규정에 따라 대변을 본 후에 사용한 것이다. 이미 사용한 것은 '촉주(觸籌)', 아직 사용하지 않은 깨끗한 것은 '정주(淨籌)' '정목(淨木)'이라고 한다. 즉 사용하지 않은 건조된 깨끗한 정주(淨籌)가 바로 간시궐(乾屎橛)이다. 사용한 촉주를 세척하여 건조시키는 것은 화장실 담당인 정두(淨頭)가 한다.

선원총림에서는 화장실을 매우 청결하게 사용하도록 규정하고 있다. 주의사항은 "변기 양쪽을 더럽히면 안 된다. 말을 하거나 웃거나 노래를 불러서도 안 되고, 코를 풀거나 침을 뱉어서도 안 된다. 측주(厠籌) 막대기로 바닥을 그어서도 안 된다. 물로 뒤를 씻을 때는 더운 물로 씻지 말라(오래도록 더운 물을 사용하면 항문이 탈장, 출혈하는 병을 얻게 된다고 함). 용변을 본 후에 손을 씻지 않고 불전이나 법당, 승당으로 들어가면 안 된다." 등이 있다.[13]

또 화장실에서는 다섯 개의 진언을 외워야 한다. 이것을 입측오주(入厠五呪)라고 하는데, 먼저 화장실에 들어갈 때에는 입측진언(入厠眞言)을 외운다. "옴 하로다야 사바하"(3번).

다음에는 용변 후에 왼손으로 뒷물 하고 나서 세정진언(洗淨眞言)을 외운다. "옴 하나마리제 사바하"(3번).

그 다음에는 손을 씻으면서 세수진언(洗手眞言)인 "옴 주가라야 사바하"를 3번 외운다.

이어 모든 더러움을 제거하는 거예진언(去穢眞言)을 외운다. "옴 시리예바혜 사바하"(3번).

맨 마지막으로 몸을 깨끗하게 하는 진언인 정신진언(淨身眞言)을 세 번 외운다. "옴 바아라 뇌가닥 사바하"(3번).

장로종색의 『선원청규』 「대소변리」 편은 내용이 한 페이지 정도에 불과하지만 도겐(道元)의 『정법안장』 「세정(洗淨)」 편에는 매우 자세히

---

13) 동사 사용에 대한 설명은 한보광 역주 『정법안장강의』(1권) 7 「세정」 편(洗淨篇)(2006, 여래장) 참조.

기술되어 있다. 선종사원에서 위생관념이 매우 철저했음을 알 수 있다.

교토(京都) 동복사(東福寺)에는 400년이나 된 동사(東司, 화장실)가 있다. 내부 구조는 남송시대 중국 선종사원의 동사와 같다. 400년 된 화장실을 그대로 보존하고 있다니, 일본인들의 문화사랑은 남다르다. 쉴 새 없이 헐어버리고 새로 짓기를 좋아하는 우리의 정서와는 대조적이다.

우리나라 사찰 화장실 가운데 가장 오래된 것은 강원도 영월 보덕사에 있다. 1882년에 지어졌다고 하니 130년가량 된 것이다. 그 밖에 선암사 화장실과 통도사 극락암 해우소(화장실)도 유명하다. 화장실 편액을 '동사(東司)'라고 붙인 곳은 봉암사 선원이다(최근).

우리나라에서는 일반적으로 사찰 화장실을 '해우소(解憂所)'라고 부른다. '근심을 풀어주는 곳'이라는 뜻이다. 갑자기 배탈이 났을 때 가는 해우소는 그야말로 극락세계이다. 처음으로 화장실을 '해우소(解憂所)'라고 이름을 붙인 분은 통도사 극락암에 주석하셨던 경봉(1892~1982) 스님이라고 한다.[14]

••••••••••••••••
14) 이것은 이철교 선생의 증언에 따른 것으로, 선생은 경봉 스님으로부터 직접 "해우소라는 말은 내(경봉)가 처음 썼지."라는 말을 들었다고 한다.

17장 선종사원의 가람 구성(2)-기타 당우

1. 방장(方丈)

　방장은 본래 직함이 아니고 주지가 기거하는 거실 이름이었다. 당호(堂號)가 후대에 직함이 된 것인데, 방장은 개인적인 거실이 아니고 납자로 하여금 본래면목을 깨닫게 하는 오도(悟道)의 공간이다.
　자각종색의 『선원청규』(1103년 편찬)와 『총림교정청규』(함순청규, 1274년)에는 당호로만 사용되었는데, 그 후에 편찬된 『선림비용청규』(1311년)와 『칙수백장청규』(1338년) 등에는 종종 직함으로도 사용되고 있음을 알 수 있다. 예컨대 '방장이 특별히 새로 괘탑(입방)하는 납자를 위하여 차를 내다[方丈特爲新掛搭茶]' 등이 그것이다.
　방장은 주지실이므로 7당에는 포함되지 않는다. 그러나 주지가 총림의 최고 어른으로서 수행자를 지도·교육하고 있고, 또 법왕으로서 부처를 대신하여 법을 설하고 있으므로 그 어느 당우보다도 중요한 당우이다. 선종사원이 화재나 수해(水害) 등으로 폐허가 되었을 때 가장 먼저 세우는 당우가 법당과 방장이라는 점에서 그 중요성을 알 수 있다.
　앞에서 방장은 개인적인 공간이 아니라고 하였는데, 여기에 대하여 『전등록』 6권 「백장회해」 장(章) 부록 「선문규식(禪門規式)」에는 "방장은 개인적인 침실이 아니다. 정명(유마)의 방과 같은 곳이다."[1] 라고 정의하고 있고, 또 백장 선사도 "방장은 개인의 방이 아니다. 법을 통하여 수행자를 교육시키는 장소"라고 말하고 있는 바와 같이, 방장은 불이(不二)의 법을 보여 주는 곳, 납자들에게 법의 진수를 보여 주는 공적인 장소이다.

당대(唐代) 선종사원의 방장은 크지 않았다. 그러나 송대에 와서 주지의 역할과 위상이 증대되고 사대부들과의 교류가 빈번해지면서 방장의 규모도 커졌다. 특히 남송 때에는 주지의 위상이 최고조에 달해 방장실을 두 채나 두었다. 이를 전방장(前方丈)과 내방장(內方丈, 혹은 小方丈)이라고 하는데, 전방장은 소참법문, 독참, 접빈실, 회의실로 사용되었고, 내방장은 주지의 개인적인 거실, 즉 침소(寢所)로 사용되었다. 그래서 침당(寢堂)·정당(正堂)·정침(正寢)이라고 한다.

남송시대 전방장의 규모는 매우 컸다. 『남송오산십찰도』를 보면 전면 5칸, 측면 3칸으로 불전·법당과 같았다. 대혜 선사가 주지로 있던 경산사는 법당을 중각(重閣, 2층)으로 지어서 아래층은 법당으로, 위층은 전방장으로 사용했다. 전방장의 편액이 '능소지각(凌霄之閣)'이었다. 이는 '능소지지(凌霄之志)'에서 따온 말로서 '웅비하다'·'날아오르다'는 뜻이다. 중생에서 부처로 거듭난다는 뜻일 것이다. 능소화(凌霄花)도 같은 의미일 것이다.

주지실의 당호를 처음으로 '방장(方丈)'이라고 쓴 것은 백장회해이

---

1) 『전등록』 6권 「백장회해」, 禪門規式. "方丈, 同淨名之室. 非私寢之室也."(대정장 51권, p.251a)

다. 이것은 유마 거사의 방이 '4방 1장(四方一丈=方丈)'이었던 데서 따온 말이다. 사방 1장이라면 약 3.3m²로서 1평 정도에 불과하다. 두세 명만 앉아도 눈이 마주 닿을 정도로 좁은 공간이지만 용량은 무한대여서, 유마 거사는 이곳에서 3만 명의 보살들에게 불이(不二)의 법을 보여 주기도 했다. 이것이 바로 유마경에서 말하는 불가사의(不可思議) 해탈경계 가운데 하나이다.

『유마경』은 불이(不二)와 공(空)을 실천적으로 보여 준 경전이다. 『금강경』보다도 훨씬 더 선불교에 영향을 준 경전이다. 중국 선승들의 사고 및 대화 전개 방식은 거의 『유마경』의 논법에 바탕하고 있다고 해도 과언이 아니다. 선기(禪機)가 물씬 풍기는 경전이다.

선문답 가운데는 방장이 등장하는 경우가 꽤 많다. 종종 선승들은 법어를 마무리 하면서 아무 말 없이 방장으로 돌아간다[歸方丈]. 방장은 어떤 의미일까?

> 임제 스님이 상당하여 말했다. "벌거벗은 신체에 하나의 지위 없는 참사람[無位眞人]이 있다. 그는 항상 그대들의 얼굴(面門)로 출입하고 있다. 아직 그것을 파악하지 못한 사람은 지금 즉시 살펴보도록 하라." 그때 어떤 스님이 나와서 물었다. "어떤 것이 지위 없는 참사람입니까[無位眞人]?" 임제 선사가 선상에서 내려와서 그 스님의 멱살을 쥐고 다그쳤다. "말해 봐라 말해 봐!" 그 스님이 머뭇거리자 임제 스님은 그를 밀쳐 버리고 말했다. "지위 없는 참사람이라고! 이 무슨 마른 똥 막대기 같은 소리인고!" 하고는 곧 방장으로 돌아가 버렸다.[2]

---

2) 임제의현, 『임제록』 3단. "上堂云, 赤肉團上 有一無位眞人, 常從汝等諸人面門出入. 未證據者看看. 時有僧出問, 如何是無位眞人. 師下禪牀, 把住云, 道道. 其僧擬議. 師托開云, 無位眞人 是什麼乾屎橛. 便歸方丈."(대정장 47권, p.496c)

황벽이 하루는 백장 선사에게 물었다. "위로부터 전해온 법을 화상께서는 어떻게 사람들에게 가르치시겠습니까?" 백장 화상이 선상에 기대어 앉아 있었다. 황벽이 말했다. "후대 아손(兒孫, 후학들)들은 장차 무엇을 전수받습니까?" 백장이 말했다. "나는 평소에 그대가 상당한 경지에 오른 사람(箇人)이라고 생각했는데." 하고는 곧 방장실로 돌아가 버렸다(歸方丈).[3]

'귀방장(歸方丈)'은 선어에 '귀가온좌(歸家穩坐, 집에 돌아가 편안히 앉다)'라는 말이 있는데, 그와 같은 뜻이다. 온좌(穩坐)는 고향의 의미로 본연의 자리를 뜻한다. 그리고 또 한편으로 그것은 '잘 생각해 보라'는 상징적인 의미가 담겨 있는 말이기도 하다.

일본 선종사원의 방장은 매우 크다. 방장 건물을 중심으로 앞에는 석정(石庭, 枯山水)이 있고, 후원(後苑)에는 산을 배경으로 한 연못과 정원이 있다. 교토(京都)에 있는 텐류지(天龍寺), 료안지(龍眼寺) 등 선종사원의 방장은 그 규모가 조계사 대웅전을 무색케 하는데, 앞뒤 문을 열면 일시에 만법일여(萬法一如)의 세계가 나타난다. 앞에는 카레산스이(枯山水) 석정(石庭)이 있고, 후원(後苑)에는 아름다운 정원이 별세계를 연출한다. 분명 사바세계이지만, 그 정경은 이국(異國)이다. 이곳이 바로 극락정토가 아니고 무엇이리오. 여기에서 돈·출세·명예 따위는 중생들의 부질없는 욕망일 뿐이다.

그중에서도 료안지(龍眼寺) 방장의 '카레산스이(枯山水 石庭)'[4]는

---

3) 『古尊宿語錄』41권. "黃檗一日問百丈云. 從上相承底事, 和尚如何指示於人. 百丈據坐. 檗云. 後代兒孫將何傳受. 百丈云. 我將謂你是箇人. 便歸方丈."(신찬속장경 68권, p.266b)
4) '카레산스이(枯山水)'란 '마른 산수'라는 뜻으로 물 대신 돌과 모래를 가지고 산수를 표현한 정원을 말한다. 선종 특유의 정원으로 '석정(石庭, 돌 정원)'이라고도 한다. 바위로는 섬을 표현하고, 써레로 모래를 손질해서 물결을 표현

세계문화유산으로 등재되기까지 했다. 그곳은 15개의 돌과 모래를 적절히 배치하여 산수를 나타내고 있는데, 돌의 크기와 위치 등이 가히 예술적이라는 평을 받고 있다. 이 석정에 대한 해석은 매우 다양하며 거기에 정해진 답은 없다.

우리나라에도 방장 흔적을 볼 수 있는 곳이 있는데, 바로 하동 쌍계사에 있는 동방장(東方丈)과 서방장(西方丈)이다. 현재는 선방으로 사용하고 있으나 원래 그곳은 방장채의 하나였다. 봉암사에도 최근에 동방장 건물이 신축되었는데, 수좌스님의 거실이라고 한다. 동방장, 서방장의 명칭은 원대에 생긴 것이다. 동방장(東方丈)이라는 편액을 붙인 당우가 있다는 것만 해도 다행한 일이다.

현재 방장이라는 명칭의 쓰임을 보면, 중국에서는 직함 겸 주지의 거실 당호로 쓰고 있고, 일본에서는 주지의 거실 이름으로만, 우리나라에서는 직함으로만 쓰고 있다.

2. 중료(衆寮)

중료는 승당(선당)에 부속된 요사(寮舍)로 우리나라 사찰의 '대중방', '큰방'과 같은 곳이다. 이곳은 송대에 새로 생긴 당우인데, 좌선·취침·공양은 승당에서 하고 간경(看經)·끽다(喫茶)·휴식 등 기타 일

....
한다. 일본 선종사원의 정원은 중국의 수묵화, 특히 송(宋)·명(明)시대의 산수화(山水畵)의 영향을 많이 받아 발전했다고 한다. 석정 가운데서도 가장 유명한 곳은 교토에 있는 료안지(龍安寺) 방장(方丈) 석정과 다이토쿠지(大德寺)의 방장(大仙院) 석정이다. 선종사원은 아니지만, 고야산의 고곤부지(金剛峰寺) 석정(石庭)도 유명하다. 이곳이 규모면에서는 가장 클 것이다.

상적인 것은 모두 중료에서 한다. 총림에 따라서는 중료에서 공양을 하는 곳도 있다.

중료는 고원(庫院, 창고 및 주방) 옆에 있다. 중료의 내부 구조는 승당과 거의 같다. 가운데는 통로이고 사방에는 장련상(長連床, 긴 마루)이 설치되어 있다. 다른 점이 있다면 안쪽에 간독상(看讀床, 앉은뱅이책상)이 설치되어 있다는 것이다. 간독상은 경전이나 어록을 독서하기 위한 것인데, 불립문자, 직지인심, 견성성불을 표방한 선종사원에서도 독서를 했음을 알 수 있다.

중료의 책임자는 요주(寮主)이다. 요주는 요수좌(寮首座)·요원(寮元)·좌원(座元)·지료(知寮)라고도 한다. 『선원청규』에는 요주의 임무에 대하여 다음과 같이 기록되어 있다.

> 중료에서 사용하고 있는 물품과 대중들의 의발(衣鉢)을 잘 간수해야 한다. (……) 중료에 비치되어 있는 경문(經文)과 일용 물건, 그리고 차(茶)·숯(炭) 등을 관리하며 청소 등을 담당한다.

영평사 도겐(道元, 1200~1253)은 『영평청규』「판도법(辦道法)」에서 "대중들은 운당(雲堂, 승당, 선당)에서 점심 공양을 마친 후 포단(蒲團, 방석)을 들고 중료에 가서 쉬는데, 간독상(看讀床, 앉은뱅이책상)을 펴고 경을 보다가 포시(哺時, 3시~5시. 여기서는 3시임)가 되면 운당으로 돌아와 좌선한다."라고 쓰고 있다.

중료 바로 옆에는 파침처(把針處)가 있다. 파침처는 바느질을 하는 곳, 해진 옷을 수선하는 곳이다. 여러 종류의 바늘이나 실 등을 개인적으로 마련하기보다는 공동 수선처(修繕處)를 두었던 것이다. 공용 파침처가 있을 정도이니 얼마나 많은 대중들이 생활했는지 알 수 있다. 파침처는 승당(선당) 부근에도 있었다. 여러 명의 수행승들이 함께 모여 바느질하고 있는 광경은 상상만 해도 명화(名畵)의 소재이다.

3. 열반당(涅槃堂)

열반당은 몸이 불편한 스님, 병에 걸린 스님들이 치료, 요양하는 곳이다. 한마디로 병원인데, 이곳에 들어와서 열반(입적)하는 경우가 많으므로 '열반당'이라고 한 듯하다. 그러나 한편으로는 번뇌 망상과 함께 육체적인 괴로움도 완전히 사라진 상태를 '완전한 열반[般涅槃]'이라고 하므로, 그런 의미일 수도 있다.

열반당의 이칭은 매우 많다. 연수당(延壽堂)·무상원(無常院)·성행당(省行堂)·장식료(將息寮)·중병각(重病閣)·안락당(安樂堂) 등. 연수당(延壽堂)은 수명을 연장하는 곳이라는 뜻인데, 병치레 후 수행생활로 돌아갈 수도 있겠으나 거꾸로 생각하면 이곳은 곧 죽음을 맞이하게 될 곳이라는 말이기도 하다. 목숨은 마음대로 할 수 있는 것이 아니지만 누구나 오래 살기[延壽]를 바란다.

무상원(無常院)이라는 말은 제행무상에서 따온 말이다. 유위법은 모두 무상한 것이다. 『석씨요람』 하(下)에는 "무상원은 죽음을 맞이하는 장소로서 열반당의 이칭이다. 무상원은 인도 기원정사에 있는 49개의 외원(外院, 별원) 가운데 하나로서 정사의 서북쪽에 있다. 대중 가운데 중환자를 이 원에 보내어 부처님의 상호를 생각하면서 세상의 집착을 끊고 안락국(극락)에 왕생케 하는 곳이다."라고 쓰여 있다.

성행당(省行堂)은 진실하게 열심히 수행 정진했는지, 마지막 순간에라도 성찰해 보라는 뜻일 것이다. 죽음에 이르러 평소 자신이 했던 행실을 반성해 보라는 의미가 담겨 있다. 날마다 지대방에서, 토굴에서 빈둥거렸다면 후회막급일 것이다.

중병각(重病閣)은 말 그대로 중환자실을 말한다. 열반당에서 3일간 치료해도 차도가 없을 때는 중환자실인 중병각으로 옮기는데, 이곳에 들어가면 밖으로 나오는 이는 드물다. 또 열반당을 장식료(將息寮)라고도 하는데, '보양한다(將息)', '휴식한다(將息)'는 뜻이다.

열반당에서 병든 수행승들을 돌보는 소임을 연수당주(延壽堂主)·열반두(涅槃頭, 열반두는 행자임)라고 한다. 우리나라 선원에서는 간병(看病)이라고 하는데, 간병 소임을 맡은 이는 마음이 자비스럽고 너그러워야 하며, 인내할 줄 알아야 한다.

4. 장전(藏殿)

장전(藏殿)은 대장경과 조사어록 등 전적(典籍)을 보관하는 곳이다. '경장(經藏)'·'경당(經堂)'·'장경루(藏經樓)'라고도 하는데, 요즘말로 하면 도서관인 셈이다. 선종사원의 장전(藏殿)은 단순히 경전을 보관만 하는 곳이 아니고, 납자들에게 경전이나 어록 등 불서(佛書)를 대출해 주는 이른바 도서관 기능이 더 강하다. 우리나라 장경각과는 기능적으로 조금 다르다고 할 수 있다. 불립문자를 주장하는 선종사원에 장경각이 있었다는 것은 그 의미를 깊이 새겨 볼 만한 일이다. 이것은 선승들도 경전을 읽었음을 말해 준다.

장전(藏殿) 책임자를 '장주(藏主)' 혹은 '지장(知藏)'이라고 하는데 당·북송시대에는 장주라고 했고, 남송시대에는 '지장'이라고 했다. 상위직인 6두수 가운데 하나이다. 수행승들은 좌선 시간 외에 개별적으로 경전과 어록을 대출하여 간경당(看經堂)이나 중료(衆寮, 대중방) 등에서 읽었는데, 대출 규정과 대출 장부도 있어서 이와 같은 시스템이 매우 체계적이었음을 알 수 있다.

5. 조사당(祖師堂)

선종의 조사를 받들어 모시는 당우를 조사당(祖師堂)·조사전(祖師殿), 또는 조당(祖堂)·조전(祖殿)이라고 한다. 우리나라에서는 선원의 최고 어른을 '조실(祖室)'이라고 하는데, 조실은 조사당·조당에서 나온 말이다. 1900년대 초에는 조당과 조실을 혼용했다. 또 조실을 주실(籌室)이라고도 했다.

중국 선종사원의 조사당에는 세 분의 조사상을 모신다. 중앙에는 선을 전래한 초조(初祖) 보리달마의 상(像)을 모시고, 그 오른편에는 백장청규를 제정하여 총림제도를 확립한 백장회해의 상을, 왼편에는 당해 선원을 창건한 개산(開山) 조사의 상을 모신다. 총림에 따라서는 2조 혜가나 6조 혜능, 마조도일의 상을 모시기도 하는데『칙수백장청규』등 대부분의 청규서에는 달마와 백장회해, 개산 조사의 상을 모신다고 규정하고 있다. 이것을 본다면 백장회해의 역할이 얼마나 컸는지를 알 수 있다. 선을 전래한 달마의 역할은 두말할 것도 없다.

6 종루(鐘樓)와 고루(鼓樓)

종루(鐘樓)는 범종(대종)을, 고루(鼓樓)는 큰 북을 달아 두는 누각을 말한다. 종루는 산문 우측에 있고 고루는 좌측에 있다. '루(樓)'라고 한 것으로 봐서 건축양식은 단층이 아닌 2층임을 알 수 있다. 종과 북은 모두 위층에 매달아 두는데, 그 이유는 높아야만 소리가 멀리까지 들리기 때문이다.

선종사원은 묵언의 공간이다. 따라서 선종사원에서는 말 대신에 종과 북, 목어와 판(板)을 쳐서 알린다. 종과 북 등은 몇 번을 어떻게 치느냐에 따라 고지(告知)의 내용이 다르다.

우리나라에서는 조석예불 때와 사시(巳時) 마지 때만 종과 북을 치고, 그 외에는 모두 목탁을 쳐서 알린다. 이와 달리 중국에서는 목탁을 치는 경우는 거의 없고 종과 북, 판을 친다.

이 밖에도 수륙당(水陸堂)·단과료(旦過寮, 객실)·토지당(土地神을 모시는 곳)·몽당(蒙堂, 감원, 수좌 역임자의 거처)·전자료(前資寮, 감원, 수좌를 제외한 6두수 6지사 역임자들의 거처)·후가(後架, 후원)·마원(磨院, 정미소)·세면처(洗面處, 세수하는 곳)·시자료(侍者寮, 방장시자료)·행자료(行者寮, 행자들이 기숙하는 곳)·회랑(回廊) 등 많은 당우가 있었다.

당송시대와 같은 가람 구성을 가신 총림이 우리나라에도 있었는지는 구체적인 문헌이 없어서 알 수 없다. 그러나 보조국사 지눌(1158~1210)이 정혜결사를 펼쳤던 송광사, 해인사, 통도사, 범어사 같은 곳은 모든 면에서 충분히 총림이 되고도 남는다.

또 고려 말 나옹 화상이 법을 폈던 양주 회암사의 경우 지금은 옛터만 남아 있지만, 가람 배치도와 각 당우(건물)의 명칭을 보면 총림의 가람구조이다. 다만 '동방장' 등 명칭에서 보면 송대 총림보다는 원나라 때 선종총림의 가람구조이다.

18장 선종사원의 규율–벌칙과 추방
- 가사와 발우, 승복을 벗기다 -

1. 살도음망을 범하면 추방

불살생(不殺生)·불투도(不偸盜)·불사음(不邪淫)·불망어(不妄語)는 승가에서 엄격히 지켜야 할 4가지 중요한 계(戒)이다. 살(殺)·도(盜)·음(淫)·망(妄)[1]을 '사바라이(四波羅夷)' 또는 '사중죄(四重罪)'라고 한다. 바라이는 '극악(極惡, 극악한 파계)'이라는 뜻이다.

4가지 바라이 죄(罪)를 범하면 승단에서 축출·추방되어 승려의 자격이 박탈[2]된다. 오늘날 체탈도첩이나 멸빈과 같다. 또 승려로서의 생명(자격)이 단절되기 때문에 '단두(斷頭, 목을 끊음)'라고도 한다. 사회법으로 말하면 사형과 같은 의미이다. 또 함께 살 수 없다는 뜻(추방)에서 '불공주(不供住)'라고도 한다

살도음망의 사바라이 다음으로 승잔죄(僧殘罪)라는 것이 있다. '승

---

1) 투도(偸盜)는 사중(寺中)의 물건이나 개인의 물건, 금전 등 재산을 횡령·절도한 경우이고, 망어(妄語)는 깨닫지 못했으면서 깨달았다고 거짓말을 하는 경우, 또는 커다란 거짓말을 하여 총림의 근간을 뒤흔드는 사건일 경우에도 추방된다.
2) 승적을 박탈하는 것을 '체탈도첩(褫奪度牒, 도첩 박탈)' 또는 '멸빈(滅擯)'이라고 한다. 그의 이름을 승적(僧籍)에서 삭제하고(滅), 이어 빈척(擯, 축출, 추방)해 버린다는 뜻이다.

잔(僧殘)'이란 바라이보다는 가벼운 죄로, 추방하지는 않고 승단에 남겨 둔다는 뜻이다. 승잔(僧殘)에는 13~16가지 정도가 있는데 이 죄를 범하면 묵빈(黙擯) 결정을 내린다. 묵빈(黙擯)이란 '침묵으로 빈척하다'는 뜻으로, 대중 모두가 일정 기간 동안 그 사람과 일체 왕래도 하지 않고 말도 하지 않는 것을 말한다. 그가 말을 걸어 와도 대중 모두가 침묵으로 일관하는 것이다. 요즘말로 하면 '왕따'다. 얼마 동안 왕따를 시켜서 스스로 반성하게 하는 것이다. 참회·반성하지 않으면 그 역시 추방한다. 중국 선종사원에서는 묵빈 대신 곤장을 친다.

중국 선종사원의 규칙과 벌칙 등에 대하여 규정해 놓은 것이 '청규(淸規)'이지만 벌칙·추방 등에 대하여 일목요연하게 정리되어 있는 곳이 없다. 현존하는 가장 오래된 청규인 장로종색의 『선원청규』에는 별도의 항목은 없고, 「소참(小參)」편과 규율 담당인 「유나(維那)」편, 그리고 부록으로 첨부되어 있는 「백장규승송」 등에 산발적으로 기록되어 있을 뿐이다.

그 밖에 『총림교정청규총요(함순청규)』·『입중수지』·『선림비용청규』 등에도 벌칙에 대한 별도의 항목은 없다. 다만 『칙수백장청규』에는 「숙중(肅衆)」편을 두어서 규정하고 있는데 그 역시 개략적이다. 이것은 『사분율』·『범망경보살계본』 등이 있기 때문이 아닌가 싶다. 여기서는 청규에 나타나 있는 것을 중심으로 서술하겠다.

중국 선종사원에서도 가장 중징계에 해당하는 벌칙은 추방이다. 추방은 승려가 사바라이, 즉 살도음망(殺盜婬妄)을 범했을 때에 행해지는데, 초기 인도불교와 마찬가지로 살도음망을 범한 승려는 승가에서 영원히 축출(逐出)·퇴출(退出)된다. 이것을 『칙수백장청규』

등의 청규에서는 '빈출(擯出, 물리쳐 내쫓음)', '빈벌(擯罰, 축출 벌칙)', '삭적(削籍, 승적에서 삭제함)', '멸빈(滅擯)', '구빈(驅擯, 내몰아 쫓음)', '출원(出院, 선원에서 축출함)' 등 여러 가지로 표현하고 있다. 또 곤장으로 쳐서 내쫓는다고 하여 '추빈(箠擯)'이라고도 한다.

우리나라에서는 흔히 '체탈도첩(摭奪度牒, 도첩을 빼앗아 버림)' '산문출송(山門黜送, 절에서 내쫓다)'이라고 한다. 도첩은 고려와 조선시대 때 정부에서 발행하던 국가 인증 승려증으로 이것을 빼앗아 버린다. 지금은 국가에서 발행하는 도첩 제도는 없어졌다. 산문출송은 대중들이 보는 앞에서 승복을 벗기고 속복을 입혀서 일주문 밖으로 추방하는 것을 가리킨다. 심지어 등에 북을 지워서 마을 밖까지 북을 두드리면서 내쫓는 경우도 있었다.

멸빈(滅擯)이란 승적에서 없애 버리고 내쫓는다는 의미로, 살(殺)·도(盜)·음(淫)·망(妄)을 범하면 멸빈시킨다. 그 밖에도 총림의 근간을 뒤흔드는 큰 사건(사기, 망어, 횡령, 절도)을 일으키거나, 승가의 화합을 깨뜨린 경우에도 바라이와 같은 중죄(重罪: 추방)로 다스린다.

2. 추방·축출의 방법

선종사원에서 범계자를 추방하는 방법은 매우 특이하다. 『칙수백장청규』 주지 「숙중(肅衆)」 편에는 "신분을 사칭하고 들어와서 소란을 일으킨 자는 추방하라"고 규정한 다음, 추방 방법에 대해서도 자세히 명시하고 있다.

혹 신분을 사칭[假號, 가짜 승려]하고 외모를 가장[竊形, 승복을 입고서]하여 대중 속에 섞여서 소란[喧擾]을 일으키는 자가 있으면 유나는 마땅히 당사자를 검거하여 입방명단에서 삭제하고 선원에서 축출해야 한다. 청중(淸衆)의 평안(平安)을 존중하기 위해서이다. 혹 범(犯, 犯戒, 규율 위반 등)한 일이 있으면 주장으로 곤장을 치고 대중을 모아 의발과 도구를 불태우고, 편문(偏門, 쪽문)으로 내보내라. 이것은 치욕을 드러내기 위한 것이다. 이 규정에는 네 가지 이익이 있다. 첫째는 대중들을 오염으로부터 막고 공경과 신뢰를 위함이고, 두 번째는 승적에서 추방하고 부처님 제도를 지키기 위함이고, 셋째는 이로 인하여 공문(公門, 관아)을 시끄럽게 하는 것을 막고 옥송(獄訟)을 덜게 하기 위함이고, 넷째는 총림의 추한 일이 외부에 알려지는 것을 방지하기 위해서이다.[3]

축출 집행은 규율 담당자인 유나가 한다. 그러나 일방적으로 축출하는 것은 아니다. 승려의 범법(犯法), 범계(犯戒) 사실이 드러나면 유나는 이 사실을 먼저 주지에게 보고하고, 그런 다음 대중들을 동원하여 당사자를 검거한다. 증인이 있고 당사자를 조사하여 범죄 사실이 틀림없으면 대중들이 지켜보는 가운데 승복을 벗기고 곤장을 친다. 그리고 가사와 발우 등 도구 일체를 불태워 버리고 산문 밖으로 축출한다.

추방할 때는 도첩은 물론이고 수계첩과 면정유(免丁由, 부역, 병력, 세금 면제증) 등 증명서를 모두 압수한다. 따라서 그에게 주어졌

---

3) 『칙수백장청규』, 주지 「肅衆篇」. "有或假號竊形混于淸衆, 別致喧撓之事, 即當維那撿舉, 抽下本位掛搭, 擯令出院者, 貴安淸衆也. 或彼有所犯, 即以拄杖杖之, 集衆燒衣鉢道具. 遣逐偏門而出者, 示恥辱也. 詳此一條制有四益. 一不污淸衆生, 恭敬故. 二不毀僧形, 循佛制故. 三不擾公門, 省獄訟故. 四不泄於外, 護宗綱故."(대정장 48권, p.1121e)

던 부역, 병역 등 특혜도 멸빈과 동시에 박탈한다. 만일 축출된 후에 승복을 입고 다니다가 관아의 나졸들에게 검문당하면 그대로 포박하여 곤장을 쳐서 노역장으로 보낸다.

또 추방할 때는 정문(正門)이 아닌 편문(偏門, 쪽문)으로 쫓아 버린다. 범죄자는 정문을 사용할 수 없다는 것이다. 따라서 편문(偏門)은 '추방의 문'이요, '모멸의 문'이라고 할 수 있다. 산문출송(山門出送, 추방)할 때는 승복을 벗기고 속인 옷으로 갈아입힌다. 그리고 범계 사실과 법명, 이름, 사자(師資, 스승의 이름) 관계 등을 적어서 타 사찰에 통문을 보내어 알린다. 따라서 멸빈 결정을 받고 추방당하면 남아 있을 수가 없다. 그래서 '단두(斷頭)'라고 한다. '사형(死刑) 언도'와 마찬가지라는 뜻이다.

이와 같이 모든 대중들이 지켜보는 공개적인 장소에서 곤장을 쳐서 추방하는 이유는 당사자에게 심각한 모멸감을 주어서 다시는 총림 부근에 얼씬거리지 못하게 하기 위해서이다. 한 사람으로 인하여 총림 전체가 흔들리거나 오염되어서는 안 되기 때문이다. 그리고 누구든 중죄(重罪)를 지으면 이런 식으로 추방당하게 된다는 경고의 의미도 있다. 장로종색의 『선원청규』(1103년) 10권(부록) 「백장규승송(百丈規繩頌)」에는 그 이유에 대하여 다음과 같이 설명하고 있다.

> 혹 규칙을 범하는 자가 있으면 모름지기 대중 앞에서 주장(拄杖)으로 치도록 하라. 도구(道具, 가사와 발우 등 일체)를 모두 불태우고 편문(偏門)으로 내보내라. 이것은 치욕을 드러내 보이기 위한 것이다. 중계(重戒, 四重罪 : 殺盜婬妄)를 범하면 의발(衣鉢)을 불태워 버리고, 대중을 집합시켜라. 산등(山藤, 칡나무 매질)으로 치는 것은 오로지 치욕을 드러나게 함이니, 구빈(驅擯, 곤장으로 쳐서 축

출함)하여 편문(偏門)으로 내보내라.[4]

'구빈(驅擯)'이라는 말은 곤장으로 쳐서 축출하는 것을 말하는데, 이는 『근본설일체유부비나야』에도 나온다. 이로 본다면 구빈은 중국 선종사원에서 처음으로 실시한 것이 아니고 인도불교에서 시행되던 것을 채용한 방법임을 알 수 있다. 그리고 멸빈에 해당하는 것이 아니면 가능한 참회할 기회를 준다. 그런데도 참회하지 않을 때는 더 이상 제도할 수 없다고 판단하여 추방한다.

장로종색의 『선원청규』 10권 「백장규승송」에는 특히 몇 가지를 열거하고 있다. 즉 주색(酒色)을 한 자, 싸움(鬪爭)한 자, 규율을 문란하게 한 자(汚衆), 소란(喧亂者) 등을 범한 자, 시비를 일으켜서 화합을 깨뜨린 자는 추방하라고 규정하고 있다.

> 대중 가운데 혹 남의 물건을 훔친 자나 주색(酒色)질을 하는 자나 투쟁(鬪爭, 싸움질을 하는 자), 오중(汚衆, 규율을 문란하게 한 자), 훤란(喧亂, 총림을 시끄럽게 한 자) 등 계율을 지키지 않은 자가 있으면 대중을 모아 놓고 축출·퇴원(退院, 추방)시켜라. 재물을 도둑질하고 투쟁하며 술과 여색을 가까이하여 승가의 규율을 더럽히면 속히 추방하여 대중으로부터 떠나게 하라. 머물게 하면 대중을 부패하게 하리라.[5]

또 가짜 승려도 추방해야 한다고 규정하고 있다.

---

4) 『선원청규』 10권, 「百丈規繩頌」. "或有所犯, 即須集衆, 以拄杖杖之. 焚燒道具, 逐從偏門而出者, 示恥辱也. 犯重焚衣缽, 應當集衆人, 山藤聊示恥, 驅擯出偏門." (신찬속장경 63권, p.550c)

5) 장로종색, 『선원청규』 10권, 「百丈規繩頌」. "一聖衆內, 或有盜竊酒色及鬥諍汚衆喧亂不律等事, 皆集衆棄逐出院. 不從即聞公, 盜財並鬥諍, 酒色汚僧倫, 速遣離淸衆, 容留即敗群." (신찬속장경 63권, p.552b)

혹은 신분을 사칭(假號)하고, 외모를 가장(竊形)하여 청중 속에 섞이며, 훤요(喧擾, 소란이나 문제를 야기하는 것)하는 일이 있으면 유나(維那)는 해당 승려의 자리와 소지품을 점검하여 선원에서 내쫓으라. (……) 떠나가서는 머리를 돌리지 말라(가짜승은 다시는 입산하지 말라는 것).

또 시비(是非)를 일으켜서 화합을 깨뜨리는 자는 추방하라고 규정하고 있다.

> 총림의 청중(淸衆, 대중)은 주지가 산문을 장악(掌握, 사중의 일을 집행하는 것이)함이 부족하다 하더라도 대중을 따라 일을 하고 아침과 점심 공양 외에 마땅히 스스로 자기 자신을 살펴서 저마다 분업(分業, 맡은 소임)을 지키며 덕을 쌓고 도(道)를 융성하게 하여 총림을 빛나게 하여야 한다. 자기 일이 아닌데 간섭하며 함부로 일을 만들며, 시비(是非)를 부채질 하여 대중을 어지럽혀서 안정을 해치는 자는 총림의 규칙에 의하여 처리하라.

다음은 단순 절도에 대한 사항이다.

> 승당이나 요사에서 옷이나 물건 등을 도난당했을 경우 의물(衣物)의 색깔과 개수, 잃어버린 장소와 때를 정확하게 적어서 요주(寮主, 衆寮의 요주)에게 고(告)하라. 요주는 분실한 물건의 유무와 허실 등 사실 여부를 확인하여, 상황이 중대하면(잃어버린 물건이 매우 중요할 경우) 유나(維那)에게 알려서 대중을 동원하여 승당과 요사를 수색하라. 훔친 자에게는 공행(公行, 규율대로 처리)할 것이며, 허위로 도난당했다고 신고한 자에게는 추방하든가 아니면 거처를 옮겨라.[6]

---

[6] 『선원청규』 10권, 「百丈規繩頌」. "一堂中及寮內, 去失衣物等, 須具衣物色數, 時節, 處所, 聞白主首. 驗認有無虛實. 如情理重者, 自堂司集衆搜堂及寮. 犯者公行, 妄者棄衆." (신찬속장경 63권, p.552b)

이것은 불투도(不偸盜)의 계를 범한 것이다. 그런데 사중(寺中)의 재산(공금)을 팔아먹거나 횡령한 것은 아니고 소소한 단순 절도, 즉 잡범(雜犯) 수준의 경우에 의물(衣物)을 도난당한 자는 먼저 의물(衣物)의 색깔과 개수(個數), 잃어버린 장소와 때를 정확하게 적어서 요주(寮主, 衆寮, 대중방 관리자)에게 알린다. 그러면 그것이 사실이라고 판단될 경우 요주는 대중을 동원하여 승당과 중요(衆寮)를 수색한다. 그런데 수색해도 도난당한 것이 나오지 않고, 또 조사 결과 도난당했다는 사실이 허위일 경우 고발 당사자를 추방하거나 대중과 별리(別離)시키라고 규정하고 있다. 이와 같이 허위 신고에 관한 벌칙 조항도 있었으므로 도난당했다고 함부로 신고할 수는 없었다.

그런데 대중을 동원하여 승당과 중료를 수색하는 것은 매우 소란스러운 일이다. 100여 명 이상이나 되는 대중들의 사물함이나 발낭을 모두 수색해야 하기 때문이다. 그래서 잃어버린 물건이 가벼운 것일 경우 대중을 동원하여 수색하기보다는 가능한 잃어버린 사람을 달래는 것으로 그쳤다.

3. 경범죄에 대한 벌칙

사바라이나 승잔이 아니고 가벼운 계율을 범한 경범(輕犯)이 있다. 소소한 규칙이나 잘못된 행동을 했을 때 내리는 벌칙이다.

경범죄에 대한 벌칙은 벌전(罰錢)·벌향(罰香)·벌유(罰油)·벌차(罰茶)·108참회 등이 있다.

벌전(罰錢)은 오늘날로 말하면 벌금형인데, 구체적으로 얼마의 벌금을 물었는지는 알 수 없다. 벌향(罰香)은 불전(佛殿)에 올리는 향(香) 대금을 내는 벌칙이다. 벌유(罰油)는 불전(佛殿)이나 장명등을 밝히는 등유(燈油) 대금을 내는 벌칙이다. 벌차(罰茶)는 대중들이 마시는 차를 사는 대금을 내는 벌칙이다.

　벌전·벌향·벌유·벌차의 벌금 액수가 어느 정도였는지는 알 수 없지만, 매우 재치있는 처리 방법이다. 그리고 소소한 계를 범했을 때 108번 참회를 시키는 벌칙이 있는데, 이는 우리나라에서 많이 사용하는 참회 방식이다. 좋은 참회 방법이라고 생각한다.

19장 선종사원의 입방(방부) 방법
- 발낭과 석장(錫杖)을 풀다 -

1. 입방(방부)·괘탑(掛搭)

하안거, 동안거 등 결제(結制)가 임박해 오면 납자(衲子, 수행승)들은 법력과 지견이 높은 고승이 주석하고 있는 곳(선원)으로 가서 안거를 한다. 고승의 지도에 힘입어 깨달음을 이루어 보자는 것이다.

안거 신청을 청규에서는 '괘탑(掛搭)'이라고 한다. 우리나라 선원에서는 '방부 들인다'라고 하는데, 이는 청규에도 선문헌에도 없는 격이 떨어지는 용어로서 조선말 근대 어느 때쯤 생긴 말일 것이다.

'괘탑(掛搭)'은 입방이 결정되면 메고 다니던 발낭을 승당 벽 갈고리[搭勾]에 걸어 두었던[掛搭] 데서 비롯된 말인데 이는 당송시대 승당 내부 구조를 설명해야만 이해가 가능하다.

당송시대 승당의 내부 구조를 보면 가운데는 복도이고 사방에는 장련상(長連床, 긴 마루)이 놓여 있다. 장련상은 평상의 일종인데, 납자들은 이 장련상 위에서 좌선과 숙식 등을 해결했다. 그리고 사방 벽에는 탑구(搭勾), 즉 발낭을 걸 수 있는 갈고리가 설치되어 있는데, 입방을 하면 자신의 소지품이 들어 있는 발낭(鉢囊)을 승당 벽(壁) 탑구(搭勾, 갈고리)에 걸었다. '갈고리에 발낭을 걸어두다[掛

搭]'는 뜻에서 입방을 '괘탑(掛搭)'이라고 한다. 송대에는 갈고리 대신 벽에 사물함을 설치하여 발낭과 소지품 등을 넣어 두었다.

또 입방을 '괘석(掛錫, 석장을 걸어둠)'이라고도 한다. 입방을 하면 행각할 때 짚고 다니던 석장(錫杖, 주장자)을 승당 밖의 벽에 걸어 두기 때문이다. 간혹 고승들의 행장(行狀)을 읽다 보면 'OO寺에서 석장(錫杖)을 풀다' 또는 '괘석(掛錫)하다'라는 말이 나오는데, 이는 곧 '주석(住錫)하다'는 뜻이다. 그 밖에 중료(衆寮, 대중방)로 들어간다는 뜻에서 '입료(入寮)'라고도 하고, 대중 속으로 들어간다는 뜻에서 '입중(入衆)'이라고도 한다. 하지만 방부의 고유한 명칭은 어디까지나 괘탑(掛塔)이다.

우리나라 선원에서도 1900년대 초까지만 해도 '방부'보다는 '괘탑(掛塔)'이라고 썼음을 알 수 있다. 구한말 근대 초 가야산 해인사 퇴설선원 결제 방함록 1899년~1908년까지를 보면 제목이 '삼동결제(혹은 삼하결제) 괘탑시 선중방함(三冬結制(혹은 三夏結制) 掛塔時 禪衆芳啣)'이었다. 그런데 그 후 언제부터는 '괘탑'이라는 말을 쓰지 않고 '방부(榜付)'라는 말을 쓰고 있다.

그렇다면 '방부'란 무슨 뜻일까? '방(榜)'은 방문(榜文)으로, 관아에서 백성들에게 알리는 벽보 성격의 고지문(告知文)을 말한다. '부(付)'는 '붙이다'로, 방문을 붙이는 것이 바로 방부(榜付)이다. 사찰의 결제 대중 용 상방(龍象榜)도 소임자 이름을 붙이는(付) 방문(榜文)이므로 '방부(榜付)'라고 부르게 되었다고 생각한다. 옛날에도 백성들에게 무엇을 알릴 때는 '방(榜, 牓. 벽보)'을 붙여서 고지(告知)했는데, 그것을 '패방(牌牓)'·'방자(牓子)'라고 한다.

입방의 한자어는 두 가지가 있을 수 있는데, '入榜'과 '入房'이 그것이다. 이 중에 '入榜(입방)'은 결제를 하게 되면 소임자 이름을 용상방(龍象榜)에 써 붙이는데, 이 '방(榜)에 이름이 들어갔다'는 뜻일 것이고, '入房(입방)'은 '대중방으로 들어간다'는 뜻일 것이다. 그 의미로 보아 여기서는 '入房' 보다는 '入榜'이라고 써야 더 맞는 것으로 보인다.

2. 괘탑(掛搭, 입방)의 절차와 방법

괘탑(掛搭, 입방)의 과정, 절차 등은 조금 까다롭다. 요즘 우리나라 선원에서는 결제 시작 2~3일 전에도 입방이 가능하지만[1], 천년 전 당송시대에는 결제(안거) 15일 전에 괘탑(입방)해야 한다. 따라서 실제 괘탑 시한은 하안거 때는 음력 3월 30일까지이고, 동안거 때는 9월 30일까지이다. 4월 1일, 10월 1일부터는 입방을 받지 않을 뿐더러 객실인 단과료(旦過寮) 자체를 폐쇄해 버린다(『칙수백장청규』「절랍장」, 月分須知). 객실을 폐쇄한다는 것은 입방을 더 이상 받지 않는다는 뜻이다.

이렇게 결제 15일 전에 괘탑을 종료(終了)했던 까닭은 다법(茶法), 즉 끽다(喫茶)의 예의와 절차 등을 익히는 시간이 필요하기 때문이다. 장로종색의 『선원청규』 2권 「결하(結夏, 하안거 결제)」 편에는 괘탑 시한과 그 이유에 대하여 다음과 같이 밝히고 있다.

---

1) 해제를 하면 납자들은 모두 행각을 떠나기 때문에 선원에서는 약간의 노자(路資, 교통비)를 지불한다. 당송시대에는 짚신 3켤레 값 정도였다. 근래 우리나라 선원에서는 '해제비(解制費)'라고 하여 노자(路資, 교통비)를 지불하는데, 해제비 액수가 높은 곳(선원)은 한두 달 전부터 입방을 예약해야 한다고 한다.

행각승(객승)이 하안거 결제를 하고자 할 때는 모름지기 반월(半月, 15일) 전에는 괘탑(입방)하여야 한다. 중요한 것은 다탕(茶湯, 차)의 인사(人事)를 창졸하지 않게 하기 위해서이다.

'다탕(茶湯, 차)의 인사(人事)'란 다법(茶法)인데, 새로 입방하는 수행자가 총림의 다법, 다례(茶禮), 행다(行茶) 등을 모두 숙지하자면 적어도 안거 15일 전에는 입방해야 한다는 것이다.

선종사원의 다탕(茶湯, 찻자리)·다석(茶席, 찻자리)은 매우 많다. 찻자리는 주지가 대중들을 위하여 내는 차, 감원·유나 등 상위 소임자들이 대중들을 위하여 내는 차, 대중 전체가 점심 공양 후에 마시는 차 등 20여 가지나 된다. 찻자리마다 장소와 예법이 다르기 때문에 이것을 숙지하기 위하여 15일 전에 입방을 종료했던 것이다. 그 밖에 결제 전에 소임을 정해야 하는 것도 고려되었을 것이다.

총림에 새로 괘탑(입방)하는 객승을 당송 시대에는 '신도'(新到, 새로 온 납자)라고 했다. 또 '객실에서 잠깐 머문다'고 하여 '잠도(暫到)'라고도 했는데, 신도와 잠도를 구분해 보자면, 신도는 괘탑하고자 하는 스님이고, 잠도는 그야말로 하루 자고 가는 객승이라고 할 수 있다.

신도든 잠도든 타사(他寺)에 가면 먼저 지객(知客) 스님을 찾아가야 한다. 객승은 행자의 안내로 지객료(知客寮, 지객실)로 가서 문 앞에서 "신도, (혹은 잠도) 상간(相看, 뵙기를 청한다)입니다"라고 하면 지객스님이 나온다. 괘탑하고자 하는 납자는 입방 의사를 밝힌 다음 입방 신청서 양식에 자신의 본명과 법명·나이·본사·은사스님, 그리고 전년도에 하안거를 했던 사찰 등을 적어서 제출한다. 그런 다음 행자의 안내로 단과료(旦過寮, 객실)에 가서 허락을 기다린다.

괘탑(입방) 절차는 1차 서류심사와 2차 면접심사가 있다. 1차 서류심사는 주지·지객·감원 등이 하고, 2차 면접심사는 규율 담당으로서 총림의 사법권을 가지고 있는 유나(維那)가 한다.

1차 서류 심사에서 통과된 입방승은 모두 지객의 안내로 유나실로 가는데, 한 명씩 가지 않고 여러 명이 함께 가도록 되어 있다. 그러나 아무리 많아도 한 번에 9명을 초과해서는 안 된다. 9명 이상이 되면 번잡하기 때문이다. 이때 입방승 가운데 선두에 서는 고참(古參)을 참두(參頭, 新參의 우두머리)라고 한다. 신참승(新參僧)은 아직 총림의 예절이나 입방 절차 등에 익숙하지 못하기 때문이다.

유나실에 도착한 괘탑승(입방승)들은 유나스님에게 오체투지의 배례(拜禮)를 한다. 그런 다음 "신도(新到) 상간(相看)입니다."라고 말한다. 이는 "새로 온 객승입니다. 문안드립니다."라는 뜻인데, 우리나라 선원에서 "객승 문안드리오."라고 하는 것과 같은 것이다.

자리에 앉게 되면 먼저 입방승들이 매뉴얼대로 유나스님에게 "오래 전부터 도풍이 울려 퍼지니 이곳 한 쪽에 의탁하고자 합니다. 자비를 바랍니다."라고 말한다. 그러면 유나 역시 정해진 매뉴얼대로 "광림(光臨)해 주셔서 산문(山門)으로서는 영광일 뿐입니다." 하고 응대한다.

괘탑을 청할 때는 신청서에 기재된 서류도 함께 가지고 가서 제출해야 한다. 준비해야 할 서류는 4가지이다. 계첩(수계첩)과 국가에서 발행하는 도첩, 그리고 병역과 노역 면제증인 면정유(免丁由)와 전년도 하안거 증명서인 좌하유(坐夏由)가 그것이다. 이는 승려의 신분을 입증하는 가장 중요한 서류들로서 객승은 이것들을 항상 지참하고 있어야 한다. 이 중에 한 가지라도 없으면 입방할 수가 없고 '가짜승'

으로 의심받을 수 있기 때문이다. 이 네 가지 서류를 넣어가지고 다니는 통을 사부통(祠部桶, 서류통)이라고 하는데, 당시 사찰을 관리하는 관아의 명칭이 예부(禮部)에 소속된 사부(祠部)였기 때문이다.

유나는 입방승이 제출한 서류에 가짜가 없는지 면밀히 확인한다. 국가에서 발행한 도첩과 면정유의 경우 특히 가짜가 많았기 때문이다. 도첩이 있으면 각종 세금이 면제되고, 면정유가 있으면 각종 노역과 병력이 면제되었다. 의심이 나면 증빙서류를 지방 관아에 보내서 확인하는 경우도 있다.

유나의 면접 심사가 통과되면 객승들은 역시 매뉴얼대로 "온존(溫存, 보살핌)함에 깊이 감사드립니다."라고 한다. 그러면 유나는 "너그럽게 대하지 못해서(까다롭게 심사했으므로) 송구합니다."라고 말한다. 이어 유나실의 시자는 입방승들에게 "상좌(上座, 객승에 대한 존칭)께서는 승당으로 가서 괘탑(掛塔, 발낭을 거십시오) 하십시오."라고 말한다. 입방을 '괘탑'이라고 하는 것은 여기에서 유래한다. 이어 입방이 결정된 스님들을 승당으로 안내한다. 신참승이 승당으로 들어가는 것을 '신도참당(新到參堂, 신도가 승당에 참여)'이라고 한다.

입방승들은 먼저 승당(僧堂, 선당) 한 가운데 있는 성승상(聖僧像, 僧形문수상) 앞으로 가서 오체투지의 3배를 한다. 이것을 '대전삼배(大展三拜)'라고 한다. 이때 동행한 유나실의 시자는 두 손으로 사부통(도첩·계첩 등)을 높이 받쳐 든다. 3배가 끝나면 입방승들은 승당 안을 한 바퀴 돌면서 대중들에게 인사를 한다. 유니는 입방승들에게 법랍에 따라 각각 자리를 배정해 준다. 법랍이 많으면 괘탑 시기와 관계없이 상간(上間, 윗자리)에 배정된다. 이 절차가 끝나면 비로소 유나는 각자에게 계첩·도첩·면정유·좌하유 등 서류를 넣은 사부통을 돌려준다.

다음은 주지(방장)스님에게 감사 인사를 해야 할 차례이다. 이것을 '사괘탑(謝掛搭, 입방을 허락해 주셔서 감사)'이라고 한다. 주지의 거처인 방장실로 가서 시자에게 "신도(新到), 화상을 배알코자 하오니 번거롭지만 여쭈어 주십시오."라고 하면, 시자는 "입실제자입니까? 문도입니까?" 하고 묻는다. 문도보다 타사(他寺) 출신에게 우선적으로 배알하게 해 준다. 방장화상에게 3배를 하고 나서 "오래 전부터 화상의 도풍을 높이 들었사옵니다. 이제야 존안을 받들 수 있게 되었습니다. 은혜를 베풀어 주시니 더없는 기쁨입니다."라고 말한 다음 계절에 따른 인사말을 한다. 이 역시 정해진 격식이다.

정월에는 "맹춘유한(孟春猶寒, 맹춘인데 여전히 춥습니다)입니다."라고 하고, 2월에는 "중춘점훤(仲春漸暄, 중춘에 점점 더워집니다)", 3월에는 "계춘극훤(季春極暄, 봄 끝인데 매우 덥습니다)", 4월에는 "맹하점열(孟夏漸熱, 맹하에 점점 더워집니다)"이라고 한다. 8월에는 "중추점량(中秋漸凉)", 9월에는 "계추상냉(季秋霜冷, 가을 끝인데 서리가 찹니다)"라고 한다. 3월에 '매우 덥다(極暄)'고 한 것을 보면 선종사원이 집중되어 있는 중국 강남 지역은 기후가 매우 따뜻했던 것 같다. 강남 지역은 한여름이면 수은주가 45도 정도 올라가므로 3월에는 우리나라 6월 정도의 날씨가 아닌가 생각된다. 주지는 이런 인사말을 건네며 신도(新到, 입방승)들에게 차를 대접한다.

다음으로 신도들은 중료(衆寮, 대중방)로 가서 중료의 책임자인 요주(寮主, 寮元)에게 입방 인사를 해야 한다. 역시 요주에게도 "신도(新到, 새 입방승) 상간(相看, 문안)입니다."라고 인사를 한 다음 3배를 한다. 요주는 새로 입방한 스님들에게 각각 앉는 자리와 그리고 경전을 볼 때 사용하는 책상, 즉 간독상(看讀床) 등을 지정해 준다. 그 밖에 중료의 생활규칙 등에 대해서도 간단히 알려 준다.

3. 입방승들의 차(茶)공양

이렇게 사괘탑(謝掛탑, 입방 인사)이 끝나면 새로 입방한 스님들은 며칠 내로 날을 정하여 총림의 모든 대중들에게 차(茶) 공양을 올려야 한다. 이것을 '중료(衆寮)로 들어 갈 때 내는 차(茶)'라는 뜻에서 '입료차(入寮茶)'라고 한다. 이는 송대 후기에 생긴 풍습이다. 말하자면 대중스님들과 상견례를 겸한 '입방 신고식' 같은 것이다.[2] 입료차는 입방 순서대로 하므로 입방한 스님들이 많을 때는 며칠씩 기다려야 한다.

입료차의 절차에 대하여 원대(元代)에 편찬된(1338년) 동양덕휘의 『칙수백장청규』 「절납(節臘)」 장(章)에는 다음과 같이 기록하고 있다.

> 새로 괘탑한 이는 중료(衆寮)에 들어온 다음 예(例)에 따라 약간의 배료전(陪寮錢, 차 공양 대금)을 낸다. 요주(寮主)스님에게 어느 날 차 공양을 하게 되는지 확인한 후 차례가 되면 '오늘 점심 공양 후에 누구누구의 상좌들이 대중에게 차 공양을 올립니다.'라고 쓴 점차패(點茶牌)를 걸어서 대중에게 알린다. (……) 다두(茶頭)는 중료 앞의 판(板)을 친다. 입방승은 미리 중료 앞으로 가서 줄을 지어 서

....
2) 입료차는 세속에서 관료들이 처음 출사(出仕)하면 동료 관원들에게 한턱을 내는 풍습에서 비롯된 것이다. 우리나라 조선시대에도 출사(出仕)하면 한턱을 냈다. 그것이 너무 부담이 되어 시험에 합격하고도 출사하지 않는 경우도 있었다.

서 대중들이 오기를 기다린다. 대중이 도착하면 읍(揖)하고 맞이하여 각각의 자리에 앉게 한다. 차 공양을 올리는 이는 한 줄로 서서 인사하고 읍하고는 앉게 한다. (……) 차 공양을 올리는 입방승은 많아야 9인 이상을 넘지 않는다.[3]

선종사원에서 입방 후에 차(茶)를 내는 풍습은 당대(唐代)에는 없었다. 송대 후기에 생긴 것인데, 이것은 그 명칭이 입료차(入寮茶)인 것에서도 알 수 있다. 즉 입료차(入寮茶)란 중료(衆寮, 대중방)에 들어간다는 뜻으로, 중료는 송대에 신축된 당우이다.

대중들에게 차(茶)를 공양할 때는 당사자가 차를 미리 준비해 와도 되지만 대부분 그 비용을 사중에 위탁하면 사중에서 차를 사서 대중공양을 한다. 그 차값을 배료전(陪寮錢)이라고 한다. 남송 말 원대에도 총림의 대중이 100명에서 300여 명 정도는 되므로 납자에게 배료전(陪寮錢)의 부담이 적지 않았다. 또 좋은 차를 내면 후한 대접을 받는 등의 문제점이 생기면서 결국 폐지되었다.

괘탑(입방) 이후에는 일체 외출할 수가 없다. 다만 부득이한 경우에 한해서 외출할 수가 있는데, 반드시 15일 이내에 귀사(歸寺)해야 한다. 15일 귀사의 예외 사항은 부모나 스승의 상사(喪事)이다. 외출을 '청가(請暇, 휴가를 청하다)' 또는 '잠가(暫暇, 잠시 휴가)'라고 한다. 『선원청규』 10권 백장규승송에는 외출에 대하여 다음과 같이 규정하고 있다.

---

[3] 동양덕휘, 『칙수백장청규』 7권, 「節臘」. "新掛搭人, 入寮後, 照列納陪寮錢, 若干. 候寮元輪排. 當在何日, 掛點茶牌報衆. 書云, 今晨齋退, 某甲上座某甲上座列寫. 或三人, 六人, 九人為度. 須各備小香合, 具威儀. 預列衆寮前, 右邊立候衆下堂. 茶頭即鳴寮前板. 衆至揖迎歸位立定, 點茶人列一行問訊, 揖坐坐畢 (……) 燒香人多不過九人." (대정장 48권, p.1150b)

청가(請暇, 외출) 유산(遊山)은 오직 반월(15일)만 가능하다. 혹 기한을 넘기는 자는 승당의 규정에 따라 다시 사부(祠部, 도첩과 면정유 등 신분증 서류 일체)를 당사(堂司, 유나)에게 올리고 괘탑(입방) 절차를 밟아야 한다. 만일 어기면 원규(院規, 청규)에 준하여 시행하라.[4]

『칙수백장청규』 5권에는 "외출을 청하는 것은 반월(半月, 15일)만 할 수 있다. 기한을 넘기면 다시 괘탑해야 한다. 혹 스승의 기일(忌日)이나 부모가 질병에 걸리거나 사망하는 것은 이 기한에 준하지 않는다."[5]라고 기록하고 있다. 15일이 넘으면 승당과 중료의 단위(單位, 자기 자리)에 붙어 있는 이름표를 떼어 버린다. 이것을 기단(起單, 단=좌선 자리에서 떠나보냄)이라고 하고, 우리나라에서는 '방부 뗀다'[6]라고 했다. 15일이 지났을 경우 재입방하고자 한다면 다시 처음과 똑같은 괘탑절차를 밟아야 한다.

객실인 단과료도 이용 규정이 있다. 객승은 신도(新到, 입방승)든 잠도(暫到, 잠간 묵고 가는 객승)든 3일 이상은 단과료에서 묵을 수가 없다. 그러므로 잠도는 3일이 지나면 다른 절로 떠나가야 하고, 괘탑(입방)하고자 하는 납자는 3일 이내에 입방 절차를 마치고 승당으로 들어가야 한다.

선종사원에서 납자들의 입방은 부득이한 경우가 아니면 거부할 수

----

4) 장로종색, 『선원청규』 10권, 「백장규승당」. "請假遊山, 只可半月. 或過限者, 須呈祠部再守堂儀. 如違則準院施行."(신찬속장경 63권, p.551b)
5) 동양덕휘, 『敕修百丈淸規』 5권. "請假遊山者, 常將半月期, 過期重掛搭, 依舊守堂儀. 如迫師長父母疾病喪死者, 不在此限."(대정장 48권, p.1140c)
6) 기단(起單) : 운허용허, 『불교사전』, p.106 〈기단〉 항목에는 "또는 추단(抽單)·잠가(暫暇). 단(單)을 뗀다는 뜻으로, 선승(禪僧)이 절을 떠나가는 것을 말한다. 우리나라 속어로 "방부 뗀다"는 말과 같다."고 되어 있다.

가 없다. 총림은 어느 한 개인의 소유가 아니고 부처를 이루고 조사를 만드는(成佛作祖) 공주처(共住處), 즉 공동 공간이기 때문이다. 다만 서류상 문제가 있거나 입방승의 행실이 좋지 못하거나 또는 좋지 않은 소문이 퍼진 납자나 가짜승의 경우는 입방을 거절한다.

일본 선종사원에서는 승려들이 단과료에 머무는 3일 동안 갖가지 테스트를 한다. 객승이 입방 서류를 써서 내밀면 쳐다보지도 않고 "본 도량은 인원이 이미 다 찾기 때문에 입방할 수 없으니 돌아가시오."라고 거절한다. 그러고는 하루 종일 거들떠보지도 않는다. 객승은 지객료(知客寮, 지객실) 현관에 쭈그리고 앉아서 하루를 보낸다. 하루가 지나면 단과료(객실)로 안내해 준다. 냉랭하기가 북풍한설보다도 더하다. 객실에서 하룻밤만 자고 가라는 것이다. 그러나 인내심을 갖고 객실에서 하루를 더 버티면 그제야 입방을 허락해 준다.[7]

말하자면 호락호락 입방을 승낙해 주지 않겠다는 것인데, 이 역시 아만, 즉 자존심을 낮추는 하심(下心) 수행의 하나이다. 못 참고 돌아가는 자는 분노를 극복하지 못한 것이고, 또 자비심을 배양하지 못하게 되므로 부처가 되기는 애시당초 틀린 것이다.

일본 조동종의 양대 본산인 영평사(永平寺)·총지사(摠持寺)는 아직까지도 입방을 '괘탑'이라고 하고, 객실을 '단과료'라고 한다. 입방 절차도 까다롭다. 작은 암자의 세습 주지라도 공식적인 수행 과정(본사에 들어가서 2~3년 좌선 수행)을 거치지 않고는 임명장이 나오지 않고 주지 행세를 할 수가 없다.

---

7) 사토우(佐藤義英), 석원연 옮김, 『선방의 아침』, 들꽃누리, 2000. 이 기록은 1930~40년대 일본 선종사원의 입방에 대한 기록이다.

20장 선승의 필수품과 도구(道具)
- 검약지족(儉約知足) -

1. 비구 육물(比丘六物)

　불도수행이란 다름 아닌 공(空)·무소유를 실천하는 길이다. 물질적으로도 무소유가 되어야 하고 심적(心的)으로도 번뇌를 제로(0%)로 만들어서 공(空)한 상태가 되어야 한다. 가지고 있는 것이 많으면 욕망과 애착이 생겨서 불도를 이룰 수 없다. 덜어내고 또 덜어내어서(損之又損之) 적나나(赤裸裸, 벌거숭이 상태), 적쇄쇄(赤灑灑, 깨끗한 상태)한 상태가 되는 것이 수행자의 길이다.

　'도구(道具)'란 일반적으로는 연장이나 기계·기물 등을 가리키지만, 본래는 선종사원에서 불도수행에 필요한 물건, 또는 참선수행에 필요한 물건이나 기물(器物) 등을 가리킨다. 도(道)를 닦는 데 갖추어야 할 필수적인 물건이라는 뜻이다.

　보조국사 지눌(1158~1210)은 『계초심학인문』에서 "불도 수행에 필요한 도구를 갖추되 모름지기 검소하고 조촐한 것으로써 만족하게 여길 줄 알아야 한다(辦道具, 須儉約知足)."고 하여, 사치를 금하고 소박한 것을 택하라고 당부하고 있다.

　고대 인도에서 불교 수행자가 꼭 준비해야 할 도구(道具)는 여섯 가지에 불과했다. 여섯 가지란 세 종류의 가사(袈裟)와 발우 한 벌(이 것을 三衣一鉢이라고 함), 그리고 니사단(尼師壇, 즉 坐具)과 물 거르는 주머니인 여수낭(濾水囊, 濾水羅)이다. 이것이 초기 인도불교시대의 '비구 육물(六物)'이었다.

가사란 스님들이 평상시에 입는 옷, 곧 승복이다. 우리나라에서는 장삼과 함께 법복이라고 하여 예불·행사·법문 등 중요한 때만 착용하고 있지만, 인도·미얀마·태국·라오스 등 동남아 상좌부 불교에서는 그냥 승복의 하나로 여긴다.

비구 육물 중에 세 종류의 가사[三衣]는 대가사(大袈裟)인 승가리(9조 이상 가사)와 울다라승(7조 가사), 안타회(5조 가사)를 가리킨다. 승가리는 외출(外出, 出他) 및 법문할 때에 착용하는 가사이고, 울다라승은 승가리보다 한 단계 낮은 가사로 예불·예참·간경·좌선·공양할 때 등 평상시에 착용하는 가사이다. 그리고 안타회는 울력 등 작업할 때 착용하는 가사이다. 용도별로 세 종류의 가사를 둔 것이다.

오늘날 동남아 스님들을 보면 속옷 위에 그냥 가사 하나만 착용한다. 탁발 등 외출을 하고 돌아와서, 또는 작업한 후에는 물에 훌훌 빨아서 빨래 줄에 걸었다가 마르면 다시 툭툭 털어서 입는다. 처음 이런 장면을 본 우리나라 불자들은 매우 의아하게 생각할 것이다. '법복을 저렇게 함부로 취급하다니…….' 하고.

2. 투타십팔물(頭陀十八物)과 선(禪)

인도불교에서 '비구 육물'은 무소유를 상징한다. 그런데 대승불교시대에 와서는 육물이 확대되어 모두 열여덟 가지가 되었다. 이것을 '두타십팔물(頭陀十八物)'이라고 한다.

두타십팔물은 ①삼의(三衣, 가사 3벌), ②발우(鉢盂), ③좌구(坐具, 앉거나 누울 때 까는 깔개), ④여수낭(濾水囊, 물을 거르는 주머니. 여수라濾水羅, 녹수낭漉水囊이라고도 한다. 물을 마실 때 벌레 등 살생을 방지함과 동시에 티를 제거하는 데 쓰인다), ⑤석장(錫杖, 주장자, 육환장), ⑥조두(澡豆, 비누, 세정제로서 녹두 등 콩으로 만든 가루비누), ⑦양지(楊枝, 버드나무를 가늘게 쪼개서 만든 칫솔. 齒木이라고도 함), ⑧정병(淨甁, 물병), ⑨향로(香爐), ⑩수건(手巾, 땀 닦는 수건), ⑪도자(刀子, 머리 깎는 삭도 등 칼 종류), ⑫화수(火燧, 불을 피우는 부싯돌. 오늘날의 성냥), ⑬섭자(鑷子, 코털을 뽑는 작은 집게. 오늘날의 족집게), ⑭승상(繩床, 앉거나 누울 때 사용하는 노끈으로 만든 의자), ⑮경전(經典), ⑯율(律, 계본), ⑰불상(佛像), ⑱보살상(菩薩像) 등이다. 여기서는 삼의를 하나로 계산했는데, 하나하나 계산한다면 20가지가 된다.

중국 선종사원에서는 모두 25가지 도구를 열거하고 있다. 자각종색의 『선원청규』 제1권 「판도구(辨道具)」 편에는 "장차 총림에 들어가고자 하는 사람은 먼저 도구를 준비해야 한다."고 전제한 다음 ①산립(山笠) ②발우(鉢盂) ③주장(柱杖) ④계도(戒刀) ⑤사부통(祠部筒) ⑥발낭(鉢囊) ⑦혜대(鞋袋) ⑧침자(枕子) ⑨령구혜(鈴口鞋) ⑩각병(脚絣) ⑪전후포건(前後布巾) ⑫백견부포(白絹複包) ⑬조포(條包) ⑭침대(枕袋) ⑮개포(蓋包) ⑯소유단(小油單) ⑰시유단(柿油單) ⑱포와단(布臥單) ⑲면피(綿被) ⑳정건삼조(淨巾三條) ㉑소정병(小淨甁) ㉒

욕건(浴巾) ㉓욕군(浴裙) ㉔함궤소쇄(函櫃小鏁) ㉕다기(茶器), 기타 의물(衣物)" 등을 열거하고 있다. 이 물건들을 구체적으로 설명하면 다음과 같다.

①산립(山笠): 삿갓. '개립(蓋笠)'이라고도 한다. 삿갓은 비나 눈 또는 햇볕을 막기 위하여 쓰는 것으로 주로 행각·만행할 때 사용한다. 삿갓과 도롱이를 묶어 '사립(簑笠)'이라고 부른다. 재료는 대나무나 갈대 등으로 만든다. '삿갓'하면 유명한 방랑 시인 김삿갓(김병연)을 떠올리게 된다. 청규에서는 총림으로 들어올 때는 반드시 산문(山門, 선원의 정문)에서 삿갓을 벗도록 규정하고 있다. 물론 외출할 때도 산문을 나간 후에 삿갓을 쓰도록 규정하고 있다.

②발우(鉢盂): 공양할 때 사용하는 4합 주발.

③주장(拄杖): 행각할 때 사용하는 지팡이. 호신용 겸 의지용 막대기로 머리 부분에 가지가 있는 쪽을 '촉두(觸頭)'라 하고 없는 쪽을 '정두(淨頭)'라고 한다. 석장(錫杖, 주장자)의 일종이지만 조금 다르다. 석장은 '육환장(六環杖)'이라고도 하는데, 모두 여섯 개의 고리가 끼워져 있으며 머리 부분은 둥글다. 짚고 다니면 절그렁 절그렁 소리가 나서 짐승, 벌레 따위를 쫓거나 일깨운다. 걸식할 때는 이것을 흔들어서 탁발하러 왔음을 알린다. 『선원청규』(1103년)에는 주장(拄杖)만 명시되어 있고 석장은 없으나, 그 후대에 편찬된 『칙수백장청규』(1338년)에는 석장과 주장을 모두 별도로 열거하고 있는 것으로 보아 이 두 가지는 구별되었던 것 같다. 길에서 서로 인사를 해야 할 경우 왼손에는 주장자를, 오른손에는 삿갓을 들어 가슴에 대고 인사한다.

④계도(戒刀): 칼. 용도에 따라 몇 종류의 칼을 열거하고 있는데,

그 가운데 대표적인 것이 삭도(削刀)이다. 삭도는 삭발, 즉 머리를 깎는 데 사용하는 것으로 놋쇠로 만든다. 재의(裁衣)는 옷을 기울 때 천을 자르는 작은 칼이다. 그 밖에 할피용(割皮用)·전갑용(剪甲用)·파창용(破瘡用)·정과용(淨果用) 등을 들고 있다. 이것을 '계도(戒刀)'라고 하는 것은 '일체 모든 악을 끊는다'는 뜻이다. 할피용(割皮用)이란 나무껍질 등을 베길 때 사용하는 칼이고, 전갑용(剪甲用)은 손톱이나 발톱을 깎을 때 사용하는 칼이고, 파창용(破瘡用)은 종기나 부스럼 등에 사용하는 칼이다.

⑤사부통(祠部筒): 도첩(정부에서 발행하는 출가 허가증)·계첩(수계증)·면정유(정부에서 발행하는 노역 면제증)·좌하유(하안거 결제 증명서), 이상 4가지를 넣어 가지고 다니는 서류통(筒)이다. 이것을 '사부통'이라고 하는 것은 당송시대 예부(禮部) 밑에 도첩 등을 관리하는 부서 명칭이 사부(祠部)였기 때문이다. 사부첩(祠部牒)이라고도 한다. 이상 4가지 증명서는 신분증명서로서 입방할 때 반드시 제출해야 한다. 사부첩을 발행하기 시작한 것은 당 현종 6년부터이다.

⑥발낭(鉢囊): 발우를 넣는 주머니. 발대(鉢袋, 발우 넣는 자루)라고도 한다. 이 발낭이 변하여 '바랑'이 되었고, '걸망'이라고도 한다. 주장자, 삿갓 등을 제외한 모든 도구는 발낭에 넣어서 가지고 다닌다.

⑦혜대(鞋袋): 신발 넣는 주머니.

⑧침자(枕子): 잠잘 때 베는 베개.

⑨침대(枕袋): 베개를 넣는 사우.

⑩령구혜(鈴口鞋): 령구혜는 앞이 풍경이나 요령 입처럼 터진 신발로 요즘으로 말하면 '토 오픈 슈즈(toe open shoes)'와 같은 것이다.

⑪각병(脚絣): 발목에서 무릎 아래까지를 둘러싸는 천으로서 행

전(行纏)을 말한다. 일본에서는 각반(脚絆)이라고 한다. 주로 행각할 때 다리에 차는데, 추위를 방지하기도 한다.

⑫전후포건(前後布巾): 전포(前布), 후포(後布)로 모두 보자기인데, 전포에는 가사(袈裟), 편삼(偏衫), 상의(上衣) 등 깨끗한 옷을 싸고, 후포에는 침구로서 깔개, 덮는 것, 솜바지, 내의 등을 싸 둔다.

⑬백견부포(白絹複包): 흰 명주 천으로 된 보자기로 속옷을 싸는 보자기이다. 속옷은 후포에 싸기 전에 먼저 백견에 싼다.

⑭조포(條包): 보자기를 묶는 끈.

⑮개포(蓋包): 물건을 싸는 보자기.

⑯시유단(柿油單): 유단(油單)은 오동나무 기름을 먹인 방수용 천, 혹은 종이로, 주로 걸망을 덮는 덮개로 사용하며, 때로는 도구 등 물건을 땅이나 바닥에 내려놓을 때 밑에 까는 용도로도 사용한다. 시유단(柿油單)이란 주황색 유단(油單)을 말한다.

⑰소유단(小油單): 작은(小) 유단(油單).

⑱포와단(布臥單): 면단(眠單)이라고도 한다. 누울 때 잠잘 때 바닥에 까는 천으로서 앉을 때는 반으로 접어서 그 위에서 좌선한다. 오늘날 담요나 모포 같은 것이다.

⑲면피(綿被): 솜을 넣어 만든 포대기의 일종으로 침구로 사용하며 추울 때는 이것을 두르고 좌선하기도 한다.

⑳정건삼조(淨巾三條): 청결한 수건 3장. 하나는 발우를 싸서 덮는 수건이고, 하나는 무릎을 덮는 개슬건(蓋膝巾)이다. 개슬건은 공양할 때 음식물이 가사 등 옷에 묻지 않도록 하기 위한 것이다. 그리고 하나는 일상적으로 쓰이는 수건, 즉 땀 등을 닦는 수건이다.

㉑소정병(小淨瓶): 정병(淨瓶)은 물병을 가리킨다. 즉 작은 물병.

행각 때 마시기 위한 식수용 물병이다. 또는 음식을 먹기 위하여 손을 씻을 때도 이 병에 있는 물을 사용한다.

㉒욕건(浴巾): 목욕할 때 쓰는 수건.

㉓욕군(浴裙): 목욕탕에서 입는 하의(下衣). 치마처럼 생겼는데, 하체를 가리기 위하여 입욕 직전과 입욕 후에 입는다.

㉔함궤소쇄(函櫃小鏁): 함궤(函櫃)는 함(函), 소쇄(小鏁)는 작은 열쇠. 즉 함궤를 잠그는 열쇠. 함궤는 승당 벽에 설치되어 있는데, 물건을 넣고 잠근다. 함이 없는 승당에는 도구를 걸망채 벽에 걸어 둔다. 중료(衆寮, 큰방, 대중방)에 두기도 한다.

㉕다기(茶器): 찻잔 등 차 마실 때 사용하는 도구.

이상이 장로종색의 『선원청규』에서 열거하고 있는 도구들이다. 그런데 가사(袈裟), 즉 삼의와 불상, 보살상은 이 목록에 반드시 들어가야 하는데도 들어가 있지 않은 것으로 보아 『선원청규』에서는 대략적인 것만을 열거하고 있는 것으로 보인다. 인도 율장에서 열거하고 있는 비구 18물(物)과는 상당히 다른데, 이는 풍토에 따른 생활 문화적인 차이에 의한 것으로 보인다. 일치하는 것은 발우·정병·계도(戒刀), 주장자 정도이다.

또 후대에 편찬된 『칙수백장청규』에는 "삼의(三衣)·좌구(坐具, 니사단)·편삼(偏衫, 上衣)·군자(裙子, 허리에 매는 치마 모양의 하의)·직철(直裰, 편삼과 군자를 합친 것)·발우·석상(錫杖)·주장(拄杖)·불자(拂子)·수주(數珠, 염주)·정병·여수낭·계도(戒刀)·보자기만 열거하고 있는데, 장로종색의 『선원청규』와 다른 것, 또는 추가된 것은 삼의(三衣, 가사)·좌구·편삼·군자·직철·불자(拂子)·염주 등이다.

이 역시 구체적인 열거는 아닌 듯하다.

인도불교의 비구 18물에는 있으나 중국에는 없는 것은 ⑥조두(澡豆)·⑦양지(楊枝)·⑨향로(香爐)·⑫화수(火燧)·⑬섭자(鑷子)·⑭승상(繩床)·⑮경전(經典)·⑯율(律)·⑰불상(佛像)·⑱보살상(菩薩像) 등이다.

이 가운데 ⑰불상 ⑱보살상 등은 모시고 다녔을 것으로 생각된다. 그리고 조두(澡豆)·향로(香爐)·화수(火燧)는 휴대는 하지 않았으나 선종사원의 사중(寺中)에서는 사용했고, 양지(楊枝)는 화장실에서 용변을 본 후에 입안을 청결하게 하는 용도로 사용했다. 양지는 치목(治木, 칫솔)으로도 사용했을 것으로 생각되나 그런 기록은 없다.

1200년대 초 중국 영파 천동사에서 수행한 도겐(道元)의 기록에 따르면, 중국 선승들은 양치를 하지 않아서 악취가 심했다고 한다. 당시 중국에서는 양지(楊枝, 버드나무 가지)를 화장실에서 용변을 본 후에만 사용하고 이를 닦는 치목(治木)으로는 사용하지 않은 것으로 보인다. 오늘날 우리가 사용하는 '양치질'이라는 말은 '양지(楊枝)'에서 온 말이다. 일본에서는 양지(楊枝)를 '요지(이쑤시개)'라고 한다.

장로종색의 『선원청규』에는 각종 도구를 사용하는 절차와 방법, 그리고 도구를 승당에 두는 위치 등에 대해서도 설명하고 있다. 그리고 외출 거리가 30리가 넘을 때는 반드시 도구를 챙겨야 한다고 규정하고 있다. 30리가 넘으면 원족(遠足, 장거리)에 속하며 원족의 경우 필요한 것이 많기 때문에 규정한 것이다. 그리고 고중세 시대에는 군인들의 하루 행군거리가 30리였다. 30리를 행군하고는 천막을 치고 자는데, 규정상 그 이상은 행군하지 못하였다.

21장 선승의 입적과 장송(葬送) 의식
- 공(空)의 세계로 돌아가다 -

1. 죽음이란 공성(空性)의 실현

선승의 죽음을 열반·입적·입멸·원적(圓寂)이라고 한다. 모두 적멸(寂滅)을 뜻한다. 또 육체적 욕망과 동시에 번뇌의 불이 완전히 꺼졌다는 뜻에서 반열반(般涅槃)·무여열반(無餘涅槃)이라고도 한다.

일체 존재의 귀착지는 '무(無)', '공'이다. 이 공의 길을 바꿀 수 있는 존재는 아직은 없어 보인다. 죽음이란 공(空)과 합일을 의미한다. 붓다는 물론이고 달마도 공으로 돌아갔다. 그것이 입신안명처(立身安命處)이기도 하다.

선종사원에는 납자들이 입적하면 화장(火葬)을 거쳐 장송(葬送) 의식을 행한다. 그 과정은 시종일관 제행무상(諸行無常)과 일체개공(一切皆空)의 관점에서 시행되고 있음을 알 수 있다.

장송의식은 고승과 일반 승려의 경우가 조금 다르다. 현임 주지(방장)나 고승의 경우는 관청, 사대부, 그리고 인근 사찰 등에 부고를 보내는 등 법식과 절차가 많다. 그러나 일반 승려의 경우는 그런 것 없이 간소하게 연수당(열반당)이나 중병각에서 장례가 이루어진다. 다음은 일반 승려의 장의 절차이다.

2. 열반당과 병승(病僧)의 입적

병승(病僧, 환자)이 발생하면 열반당주(堂主, 혹은 연수당주)는 먼저 수좌·감원·유나 등 상위 소임자들에게 보고한다. 그런 다음 병승을 연수당이나 열반당으로 옮겨서 치료한다.

그런데 병승(病僧)이 열반당에 들어온 지 3일이 지나도 아무런 차도가 없거나 병이 더욱 악화되면, 간병은 병승을 일반 환자실인 열반당에서 중환자실인 중병각(重病閣)으로 옮긴다.

중병각에서도 차도가 없거나 악화되면 대중들은 병승의 침상 앞에 불상을 모시고 향촉을 밝힌 다음 경전을 염송(念誦)하고, 청정법신비로자나불 등 10불 명호를 외우면서 "엎드려 바라건대 일심(一心)이 청정하고 사대가 편안하며 수명과 혜명을 연장하여 육체도 법신처럼 견고하소서."라고 쾌유를 빈다.

그럼에도 불구하고 병이 점점 더 악화되면 다시 대중들은 병승을 위하여 아미타불을 100번, 관세음보살, 대세지보살, 청정대해중보살을 각각 10번 부른다. 그리고는 "엎드려 원컨대 지금 병에 든 비구 ○○는 인연이 아직 다하지 아니했다면 속히 쾌유하게 하여 주사이다. 만일 대명(大命, 죽음)을 벗어나기 어렵다면 속히 안양국(정토)에 태어나게 하사이다."라고 기원·염불한다.

장로종색의 『선원청규』 6권 「망승(亡僧)」 편에는 병승이나 망승에 대하여 다음과 같이 대처하라고 당부하고 있다.

> 만약 병세가 점점 더 악화되면 연수당주(간병)는 유나·감원·수좌·장주·서기·지객과 함께 상의하여, 병승으로부터 유언을 받아

기록해 두고, 사부(祠部, 도첩, 면정유, 수계첩, 좌하유)와 의발, 도구 등을 모아서 함(函)에 넣어 유나실에 보관한다. 수좌는 함(函)에 봉인(封印)을 하고 자물쇠로 잠근다. 그런 다음 지사(유나)는 (병승 발생 사실을) 관청에 신고한다. 만약 병세가 위독해지면 재차 위독하다고 신고하고, 천화(遷化, 입적)하면 관청에 신고한 다음 장송(葬送, 장례)을 청한다. 병승(病僧)이 입적하면 3일 안에 사부첩(祠部牒)을 반납해야 한다.[1]

당송시대에는 불교는 거의 국가의 관리 하에 있었다. 따라서 병승이 발생하면 관아에 병승 발생 보고를 비롯해 병승이 위독하거나 사망하면 그 사실 등에 대하여 관아에 자세히 보고해야 한다.

당송시대 종교를 관장하는 관아는 예부(禮部) 산하의 사부(祠部)였다. 새로 승려가 되거나 입적하면 반드시 관할 사부에 신고를 해야 하는데, 그러지 않으면 제재했다. 사부에서는 승려의 이동 및 변동사항을 파악하고 있어야 하고, 또 국가에서 발행한 도첩(승려허가증), 면정유(免丁由, 부역 면제증), 계첩(수계첩, 사찰 발행) 등의 '사부첩(祠部牒)'을 관리해야 하기 때문이다.

병승(病僧)의 병세가 더욱 위독해지면 연수당의 당직 행자인 직병자(直病者)는 연수당주에게 고하고, 연수당주는 수좌와 감원, 유나 등에게 알린 다음 함께 병승 앞에 와서 유언을 받아 적는다. 유언을 구사(口詞)라고 하는데 정해진 양식은 다음과 같다.

병승(病僧) ○○는 본관은 ○주(州)이고, 성(姓)은 ○인데, ○○해

---

1) 장로종색, 『선원청규』 6권, 「亡僧」. "如僧人病勢稍困, 堂主, 計會維那監院首座藏主書記知客, 同共抄劄口辭收祠部. 并衣物入堂司收掌. 首座封押并收掌鑰匙, 知事申官, 如加病勢, 即再申困重. 如已遷化, 又申官乞行殯送. 三日內繳納祠部."(신찬속장경 63권, p.541a)

(年)에 ○○곳에서 도첩을 받고 승려가 되었습니다. ○○년에 ○○사(寺)에 괘탑(掛搭, 입방)하였으나, 지금 와서 포병(抱病, 병에 걸림)하니 지수화풍 부정(不定, 일정하지 못함)할까 염려됩니다. 몸에 소유하고 있는 행리(行李, 의발과 도구 등 소지품)를 기록하여 주시고 사후문제는 모두 총림의 청규에 의하여 장송(葬送)해 주시기 바랍니다. ○년 ○월 ○일 포병승(抱病僧) ○○는 유언하나이다.[2]

유언장의 요점은 사후 처리 및 소유하고 있는 의발, 도구 일체를 모두 총림에 위임하니 청규에 따라 장송(葬送)해 주기 바란다는 것이다. 그런데 유언의 내용으로 보아 개인 귀중품 등 재산에 대하여 제자나 속가의 가족들이 개입하여 문제를 일으키는 경우가 있었던 모양이다.

유언을 받은 다음에는 그 스님이 가지고 있던 물건은 모두 함궤 속에 넣고는 봉인(封印)한다. 다만 상하복(上下服, 즉 直裰)과 괘락(掛絡, 5조 가사)·속옷·염주·행전·신발·수건 등은 시신(屍身)을 염할 때 필요하므로 남겨 둔다.

3. 장례 절차

일반 승려의 장례는 며칠 장(葬)으로 했는지 나와 있지 않다. 그러나 "도첩은 3일 안에 반납해야 한다." 또 『선원청규』「망승」편에 "이 날 밤에 법사(法事)와 송계(誦戒, 염불, 독경)를 하여 회향한다. 다음

---

[2] 『칙수백장청규』 7권, 「病僧念誦」. "抱病僧某. 右某本貫某州某姓幾. 歲給到某處度牒為僧. 某年到某寺掛搭. 今來抱病. 恐風火不定. 所有隨身行李合煩公界抄箚. 死後望依叢林清規津送. 年月日 抱病僧 某甲口詞."(대정장 48권, p.1147c)

날 아침이나 점심 공양 후 바로 진송(津送, 葬送)한다."[3]라는 문구가 있는 것으로 보아 특별한 일이 없는 한 일반 승려들의 경우는 입적한 다음 날이나 그 다음날에 바로 장례와 다비를 한 것으로 보인다.

병승이 입적하면 연수당주는 감(龕, 棺)과 욕선(浴船, 시신을 물 위에 놓고 목욕시키는 배)을 준비한 다음 조두(澡豆, 비누)를 사용하여 망승(亡僧)의 시신을 깨끗하게 목욕하고 삭발을 시킨다. 그리고 속옷과 상하의(上下衣)와 오조가사를 입혀서 나무로 만든 통(桶) 속에 가부좌 자세로 앉힌다(눕히는 것이 아님). 그런 다음 다시 감(龕, 棺)에 넣어서 연수당 내에 안치하고 위패를 써서 관 앞의 탁자 위에 놓는다.

위패를 쓰는 방식에 대하여 장로종색의 『선원청규』에는 "殁故(몰고) ○○上座之靈"이라 되어 있고, 후대에 편찬된 『칙수백장청규』에는 "新圓寂 ○○上座 覺靈"이라고 되어 있다. 우리나라 사찰에서는 "新圓寂 ○○○○ 覺靈"이라고 쓰는데, 이는 『칙수백장청규』의 양식을 따르고 있다고 볼 수 있다. '몰고(殁故)'는 '고인(故人)'과 같은 뜻으로 죽은 이에 대한 존칭이다. '신원적(新圓寂)'이란 '금방 입적'을 뜻하고, '상좌(上座)'는 존칭이고 '각영(覺靈)'은 '영가(靈駕)'와 같은 말인데 그냥 영가가 아니라, 깨달은 영가를 말한다. 전임 주지의 경우는 "前住 ○○寺 ○○禪師之靈"이라고 쓰고, 나머지는 직함에 따라 쓴다.

위패를 지키는 행자를 '직영행자(直靈行者, 영가를 지키는 당직 행자)'라고 한다. 직영행자는 출상(出喪) 때까지 조석으로 영단(靈壇)에 죽(아침엔 죽)과 밥(점심에는 밥)을 올린다. 유나와 수좌 등은 하루

---

3) 장로종색, 『선원청규』 6권, 「亡僧」. "是夜法事誦戒迴向, 來日早晨或齋後津送."(신찬속장경 63권, p.541a)

3번 차(茶)를 올리고 향을 사른다. 초하루와 보름 그리고 경명일(景命日, 천자 즉위일)에는 출상(出喪)하지 않는다. 초하루와 보름엔 총림에 정기적인 상당법어 등 행사가 있기 때문이다. 그리고 망승의 시신을 목욕시킬 때 사용한 천은 목욕시킨 사람에게 주고 수건은 삭발시킨 사람에게 준다.

출상(出喪), 다비(茶毘, 화장)하는 날, 즉 장례일에는 유나스님은 아침 공양이 끝나자마자 백퇴(白槌, 망치의 일종)를 한 번 치고 나서 대중에게 알린다.

> 대중스님들께서는 죽후(粥後, 선원에는 아침은 죽. 만일 점심 공양 후에 다비를 할 경우는 '齊後'라고 함)에 종을 치면 각기 가사를 수하고 망승을 보내는 법사(法事)에 동참하여 주시기 바랍니다. 각 요사의 책임자를 제외하고는 모두 일제히 나와 주십시오. 삼가 아룁니다.[4]

곧이어 종과 북이 울리면 연수당 앞에서 망승(亡僧)을 보내는 장송의식이 거행된다. 대중들이 모두 모이고 주지화상 이하는 모두 차례대로 향을 사르고 합장한다. 이어 유나가 장중한 음성으로 염송(念誦, 독경, 염불)을 마치면 북을 친다. 대중들은 북소리와 함께 감(龕), 즉 관(棺)을 들어서 다비장으로 이운(移運)한다. 나머지 대중들은 번(幡, 세속의 輓詞)과 향로 등을 들고 뒤를 따른다.

운구(運柩)가 다비장에 도착하면 장작더미 위에 관(棺)을 얹어 놓고 망승(亡僧)의 왕생정토를 위하여 염불 등 법식을 행한다. 주지 이하 6지사, 6두수 등 중요 소임자들이 마지막으로 향을 사르고 합장

---

4) 장로종색, 『선원청규』 6권, 「亡僧」. "白槌一下云. 大衆粥後(或齋後), 聞鐘聲各具威儀, 普請送亡僧. 除諸寮頭首並皆齊赴. 謹白."(신찬속장경 63권, p.541a)

한다. 이어 주지가 횃불을 잡고서 장작더미에 점화(點火)를 한다.

　주지화상은 점화 후에 무상법문(제행무상을 설하는 법문)을 한다. 대중들은 모두 함께 아미타불을 십념(十念)하면서 다비식을 마친다. 다음 날 아침에 연수당주와 유나는 다비장으로 가서 유골을 수습하여 물에 뿌리든가 아니면 보동탑(普同塔)에 안치한다. 보동탑은 대중 모두의 유골을 안치하는 탑이다.

22장 망승(亡僧)의 다비와 유품 경매
- 차안(此岸)에서 피안(彼岸)의 세계로 -

1. 망승의 다비(茶毘)

당송시대에는 한 총림에 200여 명 이상이 함께 수행했다. 그중에는 종종 이승과 인연을 고(告)하는 납자도 있었다. 그를 망승(亡僧)이라고 한다. 망승의 마지막 장송 장면은 화염 속의 다비(茶毘, 火葬)이다. 다비는 제행무상, 공(空)의 이치를 보여 주는 단막 드라마다.

선종사원에는 정식 다비장(茶毘場)이 갖추어져 있다. 화장(火葬)을 하기 위해서는 다비장이 넓어야 한다. 좁으면 불꽃이 튀어 산불이 날 위험이 크기 때문이다.

다비 순서는 먼저 참나무 장작을 높이 쌓은 다음 그 위에 망승의 시신(屍身)이 들어 있는 감(龕, 棺)을 올려놓는다. 그런 다음 또 장작을 높이 쌓아 올리고 점화한다. 이것이 정식 다비(화장)이다. 우리나라 사찰에서도 정식 다비는 이와 같이 한다.

그런데 요즘은 정식 다비를 할 수 있는 넓은 장소가 없으므로 대부분 약식 다비를 한다. 약식(略式) 다비는 요즘 흔히 TV에서 보여 주는 것과 같은데, 땅을 약 50센티 가량 파서 고랑을 만들고 그 위에 장작을 1미터 정도 쌓고 관을 올려놓고 또 장작을 올린다. 그런 다음 물에 젖은 볏짚으로 여러 겹 영을 두른 후 다비를 하면 불꽃은 튀지 않고 하얀 연기만 피어오른다.

망승(亡僧)의 장례와 장송의식은 규율과 행사 담당인 유나(維那)가 집전한다. 유나의 지시에 따라 망승의 관(棺)을 다비장으로 옮겨서 장작더미 위에 올려놓는다. 그런 다음에 불을 붙이는데, 그것을 '하화(下火), 또는 '병거(秉炬, 횃불을 잡다)'라고 한다. 하화(下火)나 병거는 부득이한 경우가 아니라면 주지 외의 다른 사람은 할 수 없도록 되어 있다. 주지가 횃불을 잡으면 유나는 감(龕, 관)을 향하여 다음과 같이 염송한다.

> "오늘은 신원적(新圓寂) ○○상좌가 인연에 따라 순적(順寂, 입적에 순함)하였나이다. 이에 법에 의거하여 다비하나이다. 백 년 동안 불법을 홍도(弘道)한 몸을 화장하나이다. 한결같이 곧장 열반(涅槃)으로 가사이다. 존귀한 대중들의 법력에 의거하여 각령(覺靈, 영가)의 열반길을 자조(資助, 돕다)하고자 하나이다. 나무서방극락세계 대자대비 아미타불.(아미타불을 열 번 하고 마친다.)"[1]

하화(下火, 點火) 후에 다비가 완전히 마무리되려면 하룻밤이 지나야 한다. 이때 납자들은 여러 명이 함께 다비장을 지키고 앉아서 영가가 가는 길을 돕는다. 다음 날 아침에 날이 밝으면 납자들이 유골을 수습하여 대중들의 공용탑인 보동탑(普同塔)에 안치한다. 주지(방장)나 고승의 경우는 다비 후 별도로 사리탑을 조성하여 그 속에 안치한다. 이것으로써 다비 절차는 끝난다.

---

1) 『칙수백장청규』 7권, 「대중」. "維那向龕念誦云. 是日則有新圓寂某甲上座, 旣隨緣而順寂. 乃依法以茶毘. 焚百年弘道之身, 如一路涅槃之徑. 仰憑尊衆資助覺靈. 南無西方極樂世界 大慈大悲阿彌陀佛. 十聲罷."(대정장 48권, p.1148c)

다음은 망승의 유품 처리 과정이다.

2. 망승의 소지품 경매-창의(唱衣)

망승(亡僧)의 가사, 발우 등 유품 일체는 다비 다음 날 대중들을 불러놓고 경매(競賣)한다. 이것을 '옷값을 부르다'는 뜻에서 '창의(唱衣)'라고 한다. 일반 승려뿐만이 아니라 주지(방장) 등 고승의 유품도 특별한 것을 제외하고는 모두 경매한다. 망승의 유품을 사중(寺中)에 귀속시키거나 대중들에게 나누어 주지 않고 굳이 경매에 붙이는 까닭은 무엇일까?

망승의 유물을 경매하는 것에 대하여 장로종색의 『선원청규』 6권 「망승(亡僧)」 편에는 다음과 같이 말하고 있다.

> 무릇 망승의 의물(衣物)을 창의(唱衣, 경매)하는 것은 이는 이른바 간심(慳心·慳貪心)을 파(破)하고, 망승과 인연을 맺게 하고자 하는 것이다.[2]

위의 자료에서는 망승의 유품(가사·발우 등 일체)을 다비 직후에 곧바로 경매하는 이유가 대중들로 하여금 간탐심(慳心·慳貪心)을 제거하게 하고, 경매 물건을 통하여 망승과 인연을 맺게 하기 위해서라고 말한다. 즉 살아 생전에 물건에 탐착해 봤자 죽으면 다 경매되어 버리므로 탐착하지 말라는 의미이다. 이것은 경매를 지켜보고 있는

---

2) 장로종색, 『선원청규』 6권, 「망승(亡僧)」. "凡唱亡僧衣物, 此謂對破慳心, 及與亡僧結緣."(신찬속장경 63권, p.541b)

생자(生者)에게 시사하는 바가 적지 않다.

창의(唱衣, 경매)는 주로 점심 공양 후에 한다. 경매의 주관자는 유나(維那)이다. 유나는 경매에 들어가기 전에 망승의 유품에 대하여 기본 값, 즉 시초가를 책정한다. 이것을 고의(估衣)·고직(估直)·고가(估價)라고 한다. 고의(估衣)는 주지·수좌·감원·유나 등이 참여하여 책정한다. 고의는 절대로 처음부터 값을 높게 정하지 않는다. 경매를 하는 의도가 금전을 모으기 위한 것이 아니고, 탐착심을 제거해 주기 위한 것이기 때문이다.

경매 장소는 승당 앞이나 법당 안에서 한다. 경매 준비가 완료되면 유나는 종두(鐘頭)로 하여금 종과 북을 쳐서 대중들을 모이게 한다. 일반인은 경매에 참여할 수 없고 스님들만 참여할 수 있는데, 참여 여부는 자유였다. 경매에 참여하는 납자들이 많았고 경매도 열기가 있었다. 또 경매를 구경하는 재미도 있어서인지 적지 않은 대중이 모였음을 알 수 있다. 대중들이 다 모이면 유나는 인경(印磬, 경쇠의 일종)을 한 번 치고 나서 게송을 읊는다.

> 뜬구름 흩어져서 그림자마저 사라졌네
> 남은 촛불 다하여 그 빛은 저절로 소멸했네
> 지금 여기에 고창(估唱, 경매)하나니 그것은 일체가 무상함을 나타내기 위함이네
> 우러러 대중을 의거하여 ○○상좌를 위하여 받드나니
> 각영(覺靈, 영기)온 이것을 바탕으로 성토에 왕생하소서
> 염(念)하나이다 청정법신비로자나불[3]

---
[3] 『칙수백장청규』 7권, 「대중」. "浮雲散而影不留, 殘燭盡而光自滅. 今玆估唱用表無常, 仰憑大衆奉爲某甲上座, 資助覺靈, 往生淨土. 念. 清淨法身毘盧遮那佛."(대정장 48권, p.1149a)

여기서도 유나는 '고창(估唱, 경매)하는 것은 일체가 무상함을 나타내기 위함이다'라고 말하고 있다. 이어서 유나는 또 한 번 인경을 친 다음 창의(唱衣, 경매) 방법에 대하여 고지(告知)한다.

> 이 창의(唱衣)의 법은 오래 전부터 상규(常規)로서 이어온 것입니다. 물건이 새것인지, 오래된 것인지, 또는 장단점에 대해서는 스스로 잘 파악해야 합니다. 창의가 결정되어 인경을 친 다음에는 번복할 수가 없습니다. 삼가 아룁니다.[4]

3. 낙찰은 최고가를 쓴 사람에게

경매는 최고가를 써낸 사람에게 낙찰시킨다. 그런데 한 번 낙찰이 결정되면 절대 번복해서는 안 된다.

유나는 경매 대상 물건에 대하여 낱낱이 번호를 매겨서 대중 앞에 나열한다. 물건 번호는 천자문(千字文) 순서를 따른다(즉 天-地-玄-黃-宇-宙-洪-黃 순서). 예컨대 첫 물건의 경우는 '천자일호(天字一號)'이고, 다음 물건은 '지자이호(地字二號)', 세 번째 물건은 '현자삼호(玄字三號)'라고 써 붙인다. 이렇게 하여 물건이 20가지면 '왕자이십호(往字 二十號)'까지 나간다. 번호를 매기는 것은 경매를 원활하게 하기 위해서인데, 천자문에다가 숫자를 합하여 빈틈없도록 했다.

이어 유나는 행자로 하여금 경매할 물건을 들어서 대중들에게 보여 준다. 경매하는 물건이 새것이면 '신(新)'이라 하고, 헌것이면 '구

---

4) 『칙수백장청규』 7권, 「대중」. "夫唱衣之法, 蓋稟常規. 新舊短長自宜照顧. 磬聲斷後不許翻悔. 謹白."(대정장 48권, p.1149a)

(舊)', 좀 찢어지거나 손상된 것이면 '파(破)'라고 한다. 그런 다음 "천자일호(天字一號) ○○물건, 값 ○○요"라고 부르면(唱), 유나실의 행자는 다시 큰소리로 대중들을 향하여 복창한다. 낙찰을 받고자 하는 이는 나무 판에 자기 법명을 쓴 다음 "청수(請受, 매수)요"라고 써서 나무 판을 올린다. 더 높은 가격의 응찰자가 나타나지 않으면 유나는 "천자일호(天字一號)의 ○○ 물건은 값 ○○에 ○○상좌 청수(請受, 매수)요. (혹은 打與합니다)"라고 말하고 인경을 한 번 치면 낙찰이 결정된 것이다. 만일 더 높은 가격을 제시하는 납자가 있으면 그때부터는 값이 올라간다.

창의 과정에서 좋은 물건의 경우 경매가 과열되기도 한다. 응찰자가 많으면 많을수록 낙찰가는 계속 올라가는데, 낙찰가가 예정가보다 너무 높아질 경우 유나는 대중들에게 "다시 모름지기 자세히 살피시오. 나중에 후회한들 번복하기 어렵습니다(維那即云, 更須子細, 後悔難追)."라고 하여 주의를 환기시켜 준다. 그런데도 낙찰이 과열되면 그 물건을 유찰시켜 버리는데, 이것을 '쌍파(雙破)'라고 한다. 양쪽 모두 낙찰을 파(破)해 버린다는 뜻이다. 유찰된 물건은 재경매를 한다.

낙찰이 확정되면 유나실의 행자는 전표를 끊어서 낙찰 받은 스님에게 준다. 지객은 그 스님의 이름과 물건, 값 등을 장부에 기록하고, 행자는 물건을 바구니에 담아서 전표와 교환한다. 낙찰은 번복할 수 없도록 되어 있다.

그런데『칙수백장청규』「창의(唱衣)」편에는 "3일이 지나도 찾아가지 않을 경우 가격을 참조하여 내다 판다."는 말이 있는 것으로 보아 간혹 낙찰 받은 물건을 찾아가지 않은 경우도 있었던 모양이다. 찾아

가지 않은 물건은 경매가 아닌 수의계약으로 타인에게 팔아 버린다.

경매에는 특혜가 없다. 청규에는 설사 주지나 수좌 등 상위직 소임자라 해도 망승의 유물을 취득하고자 할 경우에는 반드시 경매를 통하도록 규정하고 있다.

창의(唱衣)에서 얻어진 수익금은 장례비용으로 쓰고, 남을 경우에는 영가 앞에서 독경한 스님들과 장례식에 참석한 이들, 그리고 창의 주관자 등에게 골고루 나누어 보시한다. 그러고도 남는 것은 사중(寺中) 수입으로 계정(計定)한다. 경매가 끝나면 다음 날(열반 3일째)에는 바로 경매와 관련된 수지(收支) 명세서를 방(榜)에 붙여 공개하는데, 그것을 '판장식(板帳式)'이라고 한다. 단 매수자의 이름은 쓰지 않는다.

장로종색의 『선원청규』에는 병승이 숨을 거두면 즉시 창의하도록 규정하고 있다. 창의를 통하여 장례비용을 마련함과 동시에 사중의 재정을 아끼고자 한 것이다. 그런데 후대 청규인 『칙수백장청규』에는 다비가 끝난 후에 창의하도록 규정했는데, 이것은 다비식 후에 하는 것이 덜 복잡하기 때문이 아닌가 생각된다.

장로종색의 『선원청규』에 기록되어 있는 장의법(葬儀法)은 당대(唐代)에서 북송 때까지의 장의법이라고 할 수 있고, 『칙수백장청규』에 기록되어 있는 장의법은 남송 중기에서 원대까지의 장례법이라고 할 수 있다.

그런데 망승이 일반 승려가 아닌 6지사(知事)나 6두수 등 총림의 요직을 역임한 선승의 경우에는 개인 소유물도 꽤 많고 값이 나가는 물건도 있어서 경매 수입도 높았다. 그 경우 경매한 돈으로 특별 공양을 낸다거나 고승을 초청하여 영가법문을 하기도 한다.

4. 망승의 도첩 처리

또한 망승의 도첩, 면정유 등 사부첩 처리에 대해서도 『선원청규』 (1103년 편찬)에는 3일 이내에 국가에 반납하도록 규정하고 있는데 반하여, 후대 청규인 동양덕휘의 『칙수백장청규』(1338년 편찬)에는 경매를 시작하기 직전에 "망승의 도첩 한 통을 대중이 보는 앞에서 가위로 잘라서 파(破)합니다."라고 하여, 원대에는 관청에 반납하는 방식보다는 대중 앞에서 공개적으로 파쇄해 버린 것 같다.

대중들에게 망승의 유물을 나누는 것에 대하여 『칙수백장청규』 7권 「대중」 편에서는 다음과 같이 증휘기(增輝記)의 내용을 인용하여 언급하고 있다.

> "불교제도(佛制)에 망승의 옷을 나누는 뜻은 지금 남아 있는 이들로 하여금 저 망승의 물건이 여러 대중에게 나누어지는 것을 보고 사유(思惟, 제행무상)하게 하기 위함이다. 망자(亡者)의 물건이 이미 이와 같이 되었으니 그 물건이 나에게 돌아와도 똑같이 될 것이다. 이것을 계기로 탐구(貪求, 탐욕)심을 다스리게 하기 위함이다. 지금 탐심을 성찰하지 않고 오히려 창의할 때 값을 다투어 시끄럽게 하는 것은 어리석음이 심한 것이다."[5]

총림에서 망승의 물건을 경매하는 과정을 살펴보면 매우 체계적임을 알 수 있다. 오늘날의 경매 방법과 별 차이가 없는데, 이것이 선 송사원에서 시작한 것인지, 당시 세속에도 이런 경매 방법이 있었는

---

5) 『칙수백장청규』 7권, 「대중」. "增輝記云. 佛制分衣意, 令在者, 見其亡物分與衆僧, 作是思惟. 彼旣如斯, 我還若此. 因其對治息貪求故. 今不省察, 翻於唱衣時爭價喧呼, 愚之甚也."(대정장 48권, p.1149a)

지는 알 수 없다.

그런데 한편 "창의(唱衣, 경매)할 때 시끄럽게 값을 다툰다. 어리석음도 심하다."라고 비판하고 있는 것으로 보아 망승의 물건을 경매하는 과정에서 아름답지 못한 일도 종종 일어났던 것 같다. 세속인들이 경매에서 다투는 것은 흉이라 할 것이 없지만, 선원의 수행자들이 경매 물건을 놓고 다투는 것은 부끄러운 일이다. 본질적으로는 부처지만 아직은 깨닫지 못한 부처이기 때문일 것이다.

원대(元代)에는 창의(경매)과정에서 오는 문제점, 즉 과열 등을 보완하기 위하여 구염법(鬮拈法)이 채택되었다. 구염법이란 '제비뽑기' 방법인데, 천자문 순서대로 전표를 두 장씩 만들어서 한 장은 응찰자들에게 나누어 주고, 한 장은 통 속에 넣고 모두 섞는다. 그런 다음 통 속에 있는 전표를 한 장씩 뽑는다. 해당 번호를 소지하고 있는 사람에게 응찰할 수 있는 자격이 주어지는데, 낙찰에 응할지 여부는 응찰자의 자유였다. 낙찰받기 싫으면 응찰하지 않으면 된다. 그러면 다시 추첨한다. 이런 구염법을 도입한 이후에는 잡음이 적어졌다고 한다.

23장 선원총림의 하안거와 동안거
- 90일의 결투 -

1. 안거의 의미

안거(安居)란 정주(定住)를 뜻한다. 즉 수행자들이 90일 동안 출입을 일절 금하고 공부에 전념하는 기간을 안거라고 한다.

안거는 고대 인도불교 시대부터 시작되었는데, 빠알리어로는 '밧사(vassa)', 산스끄리뜨어로는 '바르사(varsa)'라고 한다. 우기(雨期)를 가리키는 말이다. 그래서 하안거를 우안거(雨安居)라고도 한다.

인도는 6월 초부터 9월까지 약 3~4개월 동안 몬순기(Monsoon, 계절풍)이다. 몬순기에는 폭풍을 동반한 많은 비가 내린다. 비가 내리면 저지대에 있는 개미 등 파충류들은 모두 고지대로 이동한다. 이때 수행자들이 유행(遊行, 만행, 행각)하게 되면 본의 아니게 생명을 밟아 죽이게 되기 때문에, 수행자들은 바깥출입을 금하고 한 곳에 정주(定住)하여 수행에 전념토록 한 것이다.

2. 하안거 결제

선종사원에서는 하안거를 '구순안거(九旬安居, 90일 안거)'·'일하 구순(一夏九旬, 여름 90일)'·'구순금족(九旬禁足, 90일 동안 금족함)'·'좌하(坐夏)'·'좌랍(坐臘)'이라고 한다. 또 하안거를 시작하는 것을 '결하(結夏)'·'결제(結制)'라고 하고, 하안거가 끝나는 것을 '해하(解夏)'·'해제(解制)'라고 한다.

당송시대 선종사원에서 하안거 결제일은 해제일, 동짓날, 정월 초하루와 함께 '4절(四節)' 가운데 하나이다. 이날엔 방장의 결제법어·다회(茶會)·대중공양 등이 열리는데, 이런 결제의식에는 90일 동안 정진 수행하여 깨달아 보자는 결의가 담겨 있다. 이것은 오늘날 우리나라 선원도 마찬가지다.

자각종색의 『선원청규』 2권 「결하(結夏)」 편과 『칙수백장청규』 「결제예의」 편 등에는 결하(結夏)의식에 대하여 서술하고 있는데, 주로 상견례에 관한 것이 많다. 여기서는 『칙수백장청규』 8권 「결제예의」 편에 있는 내용을 간추려 보고자 한다.

결하일(結夏日, 결제일)이 되면 새벽 4시에 수좌·유나·감원 등 대소 소임자들과 대중들은 모두 방장실로 가서 주지화상에게 삼배를 올린다. 대중들이 "안거가 되어 건병(巾瓶, 수건과 물병, 즉 방장화상을 모시게 됨을 뜻함)을 받들게 되었습니다. 오직 방장화상의 법력에 의지하오니 난사(難事) 없기를 바라나이다."라고 하면, 주지는 답례로 "다행히 함께 안거를 하게 되었습니다. 또한 바라건대 모든 대중들도 서로 법력을 도와서 어려운 일이 없기를 바랍니다."라고 한다. 이어 아침 공양을 마치면 법당에서 주지의 결제 상당법어가 있다. 법어가 끝나면 각 소임자들과 대중들은 일일이 돌아가면서 상견례를 한다.

안거 기간에는 5일마다 한 번씩(5일·10일·15일·20일·25일·30일) 방장화상의 상당법어가 있다. 5일마다 법어가 있다고 하여 이를 '오참상당(五參上堂)'이라고 한다. 인도 초기불교에서는 안거 기간에는 보름에 한 번씩 '포살(布薩)'이라고 하여 전(全) 대중이 모여 법문을 듣고 바라제목차(戒조목)를 낭송하면서 각자 계율에 저촉되는 일이 있으면 참회했다. 또 안거가 끝나는 해제일에는 '자자(自恣, 대중 앞에서 자신의 죄를 고백하는 것)' 의식도 함께 행했는데, 중국 선종사원에서도 포살과 자자(自恣)가 있었는지는 알 수 없다.

장로종색의 『선원청규』와 동양덕휘의 『칙수백장청규』에는 자자(自恣)나 포살(布薩)에 대한 언급은 없다. 『굉지선사광록(宏智禪師廣錄)』 2권 「장로자각선사 염고송고집 序」 끝에 "건염(建炎) 3년 자자일에 쓰다(建炎三年自恣日敍)"라는 말이 있지만, 이것으로써 선종사원에서 자자와 포살이 시행되었다고 보기란 어렵다.

결제 기간에는 '구순금족(九旬禁足, 90일 금족)'이라는 말에서도 알 수 있듯이 절대 외출할 수가 없었다. 다만 건강상의 이유 혹은 스승이나 부모의 사망 등의 경우에 한하여 주지의 허락을 받아 외출할 수는 있었다.

하안거를 무사히 마치는 것을 '과하(過夏)'라고 하고, 어떤 이유로든 중도에 탈락하는 것을 '파하(破夏)'라고 한다. 하안서를 마치면 해당 총림에서는 하안거 증명서인 '좌하유(坐夏由)'를 발급해 준다. 좌하유는 어느 사찰에 가든 괘탑(掛塔, 입방) 할 때 반드시 제출해야 하는 서류이다. 이것이 없으면 방부를 받아 주지 않는다.

안거를 하면 소임자 명단을 써서 벽에 붙이는데 그것을 '집사단(執事單, 소임자 명단)'이라고 한다. 우리나라에서는 용상방(龍象榜)이라고 하는데, 이는 남송 후기, 원나라 때의 용어이다. 깨달아서 용이나 코끼리 같은 존재가 되라는 뜻이다.

하안거 90일 가운데 반(半)이 되는 45일을 '반하(半夏)'·'중하(中夏)'라고 한다. 또는 앞을 '전안거(前安居)', 뒤를 '후안거(後安居)'라고도 하는데 우리나라에서는 흔히 '반(半)결제', 또는 '반(半)살림'이라고 한다. 이날은 성찬을 준비하여 대중공양을 한다. 시작이 반인데 이미 반을 채웠으니 나머지 기간도 아무런 마장(魔障) 없이 공부가 잘 되기를 바라는 의미이다.

3. 하안거 해제

해제일의 의식은 결제 때의 의식과 비슷하다. 아침 공양 후 해제법어가 끝나면 대중들은 모두 승당에 모여 인사를 한다. 먼저 수좌·감원·유나 등 6지사와 6두수들이 방장화상에게 메뉴얼대로 "법(法)은 원만하였으며, 일체 난사(難事)는 없었습니다. 이는 모두 방장화상의 도력 때문입니다. 그 은혜 감당할 수 없나이다."라고 하면, 방장화상도 "원만히 안거를 마치게 되어서 매우 감사하다."는 말을 한다.

그런 다음 6지사와 6두수가 함께 대중에게 고한다. "대중들께서는 모름지기 다탕(茶湯, 차 공양)을 드시고 행각 길에 오르시기 바랍니다. 뜻을 받아 주시기 바랍니다."라고 한 다음 대중 모두가 한자리에 모여 '해하(解夏)의 차(茶)'를 마신다. 덕담(德談)이 오가는 가운데 다석(茶席)이 마무리 되면 소임자와 문도 등 일부만 남고 모두 행각 길에 오른다. 총림에서는 떠나는 납자들에게 짚신 2~3켤레 정도의 노자(路資, 여비)를 준다.

당송시대 행각(만행)은 단순한 여행이 아니다. 훌륭한 선승을 찾아가서 그동안 공부한 것을 배우고 묻는 절차탁마의 행각이다. 수행의 연장선에서 이루어지는 구도의 행각이다.

4. 동안거와 선종

동안거 때는 음력 12월 1일부터 12월 8일까지 7일간 집중수행을 한다. 부처님께서 음력 12월 8일 샛별을 보고 깨치신[見明星悟道] 것처럼 수행자들도 그때 깨달아 보자는 의미이다. 이것을 우리나라에서는 '7일 용맹정진(勇猛精進)'이라고 한다. 중국에서는 예나 지금이나 그것을 '선칠(禪七, 7일 좌선)'이라고 하고 하루 3시간만 자고 정진한다. 일본에서는 '섭심(攝心)'·'접심(接心)'이라고 하고 역시 3시간 정도만 자고 정진한다.

그런데 초기 인도불교에서는 우안거(雨安居, 하안거)만 있었고 동안거 제도는 없었다. 동안거는 한대(寒帶) 지역인 중국·한국·일본에서 생긴 것인데, 이 3국은 겨울이 되면 매우 춥고 눈이 많이 오기 때문에 한 곳에 머물면서 수행하도록 한 것이다. 그래서 동안거를 '설안거(雪安居)'라고도 한다.

동안거에 대한 경전적 근거는 대승계를 설하고 있는 『범망경』 하권에 있다.

> 불자들은 항상 봄과 가을 두 때(해제)에는 두타행(행각, 만행)을 행하고, 겨울과 여름에는 좌선하고 하안거를 행해야 한다.[1]

이상과 같이 『범망경』에서 하안거와 동안거에 대해서 언급하고 있지만 실제 중국에서 동안거가 시행된 적은 없다고 한다.

동안거에 대하여 13세기 중국 천동사에서 4년간 수행했던 일본의 도겐(道元, 1200~1253)은 『정법안장』「안거」편에서 "범망경 속에 비록 동안거에 대한 글이 있기는 하지만, 그 법(동안거)은 전해지지는 않았으며, 다만 구순안거(九旬安居, 하안거) 법만 전해졌다."[2]라고 하며 동안거가 시행되지 않았다고 말하고 있다. 하지만 이 문장만 가지고는 그것이 과거형인지 현재형인지 알 수 없다. 즉 과거에는 시행되지 않았는데 지금은 시행하고 있다는 것인지, 당시에도 여전히 시행되지 않았다는 것인지 불분명하다.[3]

그런데 현존하는 청규 가운데 가장 오래된 자각종색의 『선원청규』(1103)는 물론이고, 『총림교정청규총요(함순청규, 1274)』, 『선림비용청규』(1311), 『칙수백장청규』(1338) 등 여러 청규에도 하안거에 대한 설명은 있으나 동안거에 대한 말은 일체 없다.

『칙수백장청규』「월분수지(月分須知, 매월 행사표)」 10월 행사표에는 "초1일(初一日)에는 (승당에) 화로를 설치하고 방장화상을 배알한다. 초5일(初五日)에는 달마조사의 기일이다(初一日開爐, 方丈大相

---

1) "若佛子, 常應二時頭陀, 冬夏坐禪, 結夏安居."(대정장 24권, p.1008a에서 재인용)
2) 道元, "梵網經中, 雖有冬安居文, 其法不傳, 但九旬安居法傳焉."(선림상기전 3권, 「冬安居」에서 재인용)
3) 일본에서 동안거를 시작한 것은 영평도원(永平道元, 1200~1253)이 천동사에서 4년간 수행하고 돌아온 이후(1227년)부터라고 한다. 그렇다면 도원이 중국에서 공부하던 때는 동안거가 시행되었다는 것으로 볼 수 있다.

看. 初五日, 達磨忌.)"라고 하여 10월의 일정에 대하여 순서대로 명기(明記)하고 있는데, 동안거 결제일인 10월 15일에는 아무것도 명기되어 있지 않다. 뿐만 아니라 『총림교정청규총요(1274)』「월분수지」와 『선림비용청규』(1311) 「월분표제(月分標題)」에도 "初一日, 開爐方丈大相看. 初五日達磨忌"라고 10월 행사에 대하여 명기하고 있는데, 역시 동안거 결제일에 대해서는 언급이 없다.

청규 가운데 처음으로 동안거에 대한 기록을 남기고 있는 청규는 훨씬 후대인 청대에 편찬된 『백장청규증의기(百丈淸規證義記)』 8권(1823)이다. 8권 서두에는 "오늘날 총림에서 하안거 결제는 4월 15일이고 해제는 7월 15일이다. 이 3개월로써 하안거를 삼는다. 동안거 결제는 10월 15일이고 해제는 정월 15일이다. 이 3개월에는 오로지 참선에만 힘쓴다. 이 제도가 성립된 지는 오래되었다."[4]라고 고증하고 있다. 그런데 오래되었다고 막연하게 말할 뿐 구체적으로 언제부터 시작되었는지 알 수는 없다.

일본 임제종의 개조 에이사이(榮西, 1141~1215) 역시 도겐과 비슷한 시기에 중국 선종에 유학했는데, 그는 『흥선호국론(興禪護國論)』에서 하안거는 물론 동안거도 있었다고 말하고 있다.

> 4월 15일 하안거 결제를 하고 7월 15일 하안거 해제를 한다. 또 10월 15일 수세(受歲)하고 정월 15일 해세(解歲)한다. 1년 두 번 안거는 모두 성제(聖制, 부처님 제도)이다. 믿어 행하지 않으면 안 된다. 우리나라(일본)에는 이 제도가 끊어신 시 오래이다. 대송국

---

[4] 『百丈淸規證義記』 8권, 「節臘」. "今叢林結夏以四月望, 解夏以七月望. 此三月為安居. 又結冬以十月望, 解冬以正月望. 以此三月專務禪那. 成規久立."(신찬속장경 63권, p.499c)

(大宋國) 비구들은 두 번 안거를 빠트리지 않았다.[5]

남송 초기의 선승인 정자혜휘(1097~1183)의 어록(淨慈慧暉語錄)에는 "10월 동안거 상당왈(十月安居結冬上堂日)"[6]이라는 말이 나오고, 또 원대 선승인 중봉명본(中峰明本, 1263~1323)의 『천목명본선사잡록(天目明本禪師雜錄)』 1권에는 "동안거 시중(冬安居示徒)"[7]이라는 말이 나온다. 이로써 보건대 적어도 남송시대부터는 동안거가 시행되었다는 사실을 알 수 있다.

그런데 왜 청규에서는 이에 대해 일체 언급하지 않았는지 알 수 없다. 최소한 10월 행사표에는 들어가 있어야 하는데, 모든 청규들이 한사코 언급을 하지 않는 것은 무슨 까닭인가. 동안거는 하안거처럼 정식 안거가 아니어서 명기하지 않은 것이 아닌가 생각한다.

우리나라의 경우 고려시대 원감충지(1226~1292)의 어록인 『원감록(圓鑑錄)』에는 「축성동안거기시소(祝聖冬安居起始疏)」가 있고, 또 『태고화상어록』에도 "도를 닦는 데 도움이 될 만한 곳이 있어서 동안거 결제를 청했다(可以助道之地 請結冬)."는 대목이 있다.

하안거를 시작하는 날에 대한 두 가지 설이 있는데, 하나는 음력 4월 15일부터 7월 15일까지라는 설과 하나는 음력 4월 16일부터 7

---

5) 榮西和尙, 『興禪護國論』. "夏冬安居. 謂四月十五日結夏, 七月十五日解夏. 又十月十五日受歲, 正月十五日解歲. 二時安居, 幷是聖制也. 不可不信行. 我國此儀絕久矣. 大宋國比丘者, 二時安居無闕怠." (無著道忠, CBETA 大藏經補編, 第19冊 No. 0103 『禪林象器箋』 제4권, 第四類 節時門 0086b14, 동안거 항목에 수록)
6) 신찬속장경 72권, p.133b.
7) 신찬속장경 70권, p.716a.

월 15일까지라는 설이 있다. 즉 시작하는 날이 하루가 차이가 있는 것이다. 『사분률산번보궐행사초(四分律刪繁補闕行事抄)』에는 "안거(하안거)는 4월 16일에 시작하여 7월 15일에 마친다."고 기록되어 있다.

장로종색의 『선원청규』 2권 「결하(結夏)」 편과 「해하(解夏)」 편, 그리고 동양덕휘의 『칙수백장청규』 「월분수지(月分須知)」 편에는 하안거 결제일에 대하여 4월 15일에 시작하여 7월 15일까지로 규정하고 있다. 현재 우리나라는 하안거가 4월 15일부터 7월 15일까지이고, 동안거가 10월 15일부터 다음 해 1월 15일까지인 것으로 보아 『선원청규』의 규정을 따르고 있다고 할 수 있다.

24장 선종사원의 발우공양
- 공양은 식도락(食道樂)이 아니다 -

1. 중국·한국·일본의 발우공양과 차이

공양할 때, 우리나라와 일본의 선종사원에서는 4합 발우를 사용한다. 그러나 오늘날 중국은 4합 발우를 사용하지 않고 주발(周鉢) 두 개만 가지고 공양한다.

발우공양의 형식은 한국과 일본은 거의 같다. 우리나라는 큰방(즉 衆寮)에서 발우 4개를 펴 놓고 공양하고, 일본의 대표적 선종사원인 영평사(永平寺)도 중료(衆寮, 큰방)에서 발우 4개를 가지고 공양한다. 다만 중국과 대만은 중료(衆寮, 큰방)가 아닌 재당(齋堂, 식당. 교회 내부처럼 긴 책상과 긴 의자)에서 주발(周鉢) 두 개만 가지고 공양한다. 주발 하나에는 밥, 하나에는 반찬을 담는다. 왜 4합 발우를 사용하지 않고 주발(또는 사발)을 가지고 재당에서 하게 되었는지는 알 수 없다.

당송시대 선종사원은 승당(僧堂)이나 중료(衆寮, 큰방)에서 발우 4개를 가지고 공양했다. 당대(唐代)에는 승당에서 했고, 송대에는 중료(衆寮, 큰방)가 신축되면서 중료에서 공양한 곳도 있고 승당에서 한 곳도 있다. 명대(明代)에는 고원(庫院) 내에 식당인 재당(齋堂)을 신축하여 거기서 공양했다. 굳이 재당을 고원 내에 신축한 것은 공양을 승당이나 중료까지 들고 가야 하는 불편함을 줄인 편의성 때문이라고 할 수 있다.

명대 선종사원의 공양처인 재당은 그 내부 모습이 어땠는지는 알 수 없다. 다만 그곳은 공양만 할 수 있도록 만든 건물이므로 오늘날 '식당'과 같은 기능을 하는 장소였다. 그런데 오늘날 중국 재당 내부를 보면 성당이나 교회 내부와 같이 긴 책상(폭 약 50센티)과 긴 의자가 있고, 거기서 공양한다. 명대 재당 모습도 이와 거의 같았을 것으로 보인다.

중국 선종사원에서는 언제부터 4합 발우 대신 주발 두 개를 가지고 공양하게 되었는지는 잘 알 수 없다. 자료를 추적해 보았으나 아직은 알 수 없는데, 더욱 의아한 것은 지금 중국이나 대만스님들은 4합 발우 공양에 대하여 물으면 아는 스님이 거의 없다는 것이다. 몇몇 중국(대만) 스님들에게 물어보았으나 원래부터 주발 두 개를 가지고 공양한 것으로 알고 있다. 4합 발우로 공양하는 법은 없었던가?

공양 절차와 순서, 예절에 대하여 규정해 놓은 것이 청규의 「부죽반(赴粥飯, 공양에 나감)」편이다. 먼저 북송 후기에 편찬(1103)된 자각종색의 『선원청규』 1권 부죽반이다.

> "발우를 펼 때(展鉢)는 먼저 합장하라. 다음에는 복파(複帕; 鉢袋, 발우를 싼 자루)를 풀고, 발식(鉢拭: 鉢巾, 수건)을 꺼내서 작게 접는다. 시저대(匙筯袋, 수저, 젓가락 주머니)는 몸 가까이 마주보이는 곳에 가로로 놓는다. 그런 다음에는 정건(淨巾)을 펴서 무릎 위를 덮는다. (……)
> 좌측 손을 하늘로 향하게 해서 발우를 잡아서 발단(鉢單, 장련상

앞부분) 위에 발우를 놓는다. 좌측 두 엄지손가락으로 분자(鎭子, 발우 4개 중에 작은 발우 3개를 가리킴), 즉 작은 발우부터 꺼내어 차례로 편다. 소리가 나면 안 된다."[1]

발우를 펴는 법은 우리나라와 똑같다. 그런데 여기에는 모두 4개의 발우가 등장한다. 분자(鎭子)란 어시발우를 제외한 작은 발우 3개를 가리킨다. 즉 발우를 펼 때는 작은 발우부터 꺼내어 차례로 놓으라는 것이다. 만일 자리가 좁으면 3개(三鉢)만 펴도 된다는 것이다. 여기서도 본다면 분명히 4합 발우를 사용했음을 알 수 있다. 그리고 원대(1338년)에 편찬된 동양덕휘의 『칙수백장청규』 「대중」 장(章)에 나오는 전발법(展鉢之法)에 대한 설명도 4합 발우를 사용했음을 알 수 있다.

그런데 중국에서 언제부터 4합 발우공양 대신 주발 두 개로 공양하게 되었는지 알 수 없다. 원나라 때까지는 4합 발우로 공양하였다면 명대에 재당(齋堂, 식당)이 생긴 이후일 가능성이 높다.

요즘 우리나라 총림이나 본사급 사찰과 선원에도 발우 대신 군대에서 사용하는 것과 같은 식판을 가지고 식당에서 공양하는 곳이 점점 증가하고 있는데, 중국 사찰에서 4합 발우에서 주발 2개만 가지고 공양을 하게 된 것도 이와 같은 변화의 과정 속에서 생긴 것이 아닌가 생각한다. 이러다 보면 우리나라 역시 100년 후에는 발우공양은 모르고 원래부터 식판으로 공양한 것으로 알 것이다.

우리나라도 공양할 때는 오관계를 염송하는 등 의식이 좀 있지만,

---

1) 『선원청규』 1권 赴粥飯. "展鉢之法, 先問訊, 解複帕, 取鉢拭, 疊令小. 及匙箸袋當面近身橫放, 次展淨巾蓋膝. (……) 仰左手取鉢安單上, 左邊以兩手頭指拼取鎭子, 從小次第展之. 不得作聲. 如坐位稍窄, 只展三鉢."(신찬속장경 63권, p.525b)

당송시대 공양 과정은 훨씬 더 길고 많다. 장로종색의 『선원청규』에 서술되어 있는 아침 조죽(朝粥) 과정이다.

> 다음에 운판을 길게 치면 대중들은 발우를 내린다(대중은 일시에 入堂한다). 목어(木魚)를 치면 대중들은 각각 자리에 앉는다(후에는 들어올 수 없다). 이어 북을 3번 치면 주지가 승당으로 들어온다(공양하기 위하여). 승당의 소종(小鐘)을 치면 대중들은 장련상(공양하는 자리)에서 내려와 주지(방장)화상에게 합장, 배례한다. 다음에 유나가 백퇴(白槌, 방망이)를 치면 발우를 연다(백퇴 소리에 맞추어서 반야심경을 3번 외운다). 다음에 백퇴를 한 번 치면 죽의 의미를 아뢴다(疏文, 告諭文. 즉 죽의 의미를 아뢰는 글). 다음에 백퇴를 열 번 치면 십불명(十佛名, 청정법신 비로자나불 등)을 외운다. 또 백퇴를 한 번 치면 유나가 시죽게(施粥偈)를 한다. 다시 한 번 치면 죽을 돌린다. 죽 공양을 마치고 백퇴를 한 번 치면 대중들은 하당(下堂)한다(주지가 승당을 나가면 대중들은 발우를 올린다).[2]

반야심경을 3번 외우고, 죽의 의미를 아뢰는 고유문(告諭文, 疏文)을 낭독하고, 다음에는 십불명(十佛名, 청정법신 비로자나불 등)을 외우고, 그리고 유나가 시죽게(施粥偈)를 외우면 그때서야 공양한다.

선원총림에서는 공양을 '재죽(齋粥)'이라고 한다. '재(齋)'란 밥을 뜻하고 '죽(粥)'은 죽을 뜻하는데, 아침에는 죽(粥)을 공양했고, 점심

---

[2] 장로종색, 『선원청규』 6권, 「警衆」. "次打長版者, 衆僧下鉢也(衆僧一時入堂). 次打木魚衆僧集定也(後到者更不得入堂). 三通鼓鳴者, 住持人赴堂也. 堂前小鐘子鳴者, 衆僧下床祇候問訊住持人也. 維那最初打槌一下者, 衆僧開鉢也(隨槌聲白念心經三卷). 次打槌一下者, 白設粥意也(或表歎讀疏). 次打槌十下者, 念十佛名也. 次打槌一下者, 首座施粥也. 又打槌一下者, 粥遍也. 粥罷打槌一下者, 衆僧下堂也(住持人出堂, 衆僧方可上鉢)."(신찬속장경 63권, p.539c)

에는 밥(齋)을 공양했다. 저녁은 오후불식(午後不食)이라고 하여 공양하지 않았으나 남송시대에는 '약석(藥石)'이라고 하여 저녁도 공양했으나 '만죽(晩粥)'이라는 말에서도 알 수 있듯이 죽을 공양했다.

2. 공양의 목적은 위성도업(爲成道業)

백장회해(720~814)는 선원의 규칙인 청규(백장청규)를 제정하면서 공양은 하루 두 번으로 제한했다. 그것을 '이시죽반(二時粥飯)' '재죽이시(齋粥二時)'라고 하는데, 아침에는 죽, 점심에는 밥을 공양했다. 물론 이것은 율장의 오후불식을 따른 것이지만,[3] 그 이면에는 절약하기 위해서였고, 또 보청(普請)으로 자급자족하는 입장에서 하루 세끼를 다 먹을 수 없었던 이유 때문이기도 했다.

송초(宋初)의 한림학사 양억(楊億, 974~1020)은 그 사실을 「선문규식(古淸規序)」에서 다음과 같이 기록하고 있다.

> 밥(齋)과 죽(粥)으로 마땅히 두 때에 따라 고루 미치도록 한 것은 절약과 검소에 힘쓰고 법(法, 율장)과 음식이 함께 함을 표방한 것이다(齋粥隨宜二時均遍者, 務于節儉, 表法食雙運也).[4]

수행승에게 있어서 공양은 식도락(食道樂)이 아니다. 공양을 식도락으로 여긴다면 그는 수행자의 정신을 망각한 것이나 다름없다. 공양은 보조지눌의 『계초심학인문』에서도 강조하고 있는 바와 같이 깨

---
[3] 원래 오후불식은 오전에 한 끼만 먹는 것을 뜻한다.
[4] 『전등록』 6권, 「백장회해」 장 부록(대정장 51권, p.251a); 『송고승전』 10권(대정장 50권, p.770c); 장로종색 『선원청규』 10권 「백장규승송」.

달음을 성취하기 위하여 먹는 것에 지나지 않는다(但療形枯, 爲成道業).

하루 두 끼 공양, 즉 '이시죽반(二時粥飯)'의 규칙을 어기고 하루 삼시(三時, 3번) 공양을 하게 된 것은 북송 말이나 남송 초(初)부터라고 생각한다. 총림에서는 저녁 공양을 '약석(藥石, 치료)'이라고 하는데, 이 말이 처음으로 등장하는 청규는 남송 중기 때(1209) 무량종수(無量宗壽) 선사가 편찬한 『입중일용청규(入衆日用淸規)』이다.

> 중료(衆寮, 대중방)로 돌아가 약석(藥石)한다. 각각 자리로 가서 앉되 먼저 일어나서 음식을 발우에 담지 말라. 소리 높혀 죽반(粥飯)과 짜다 시다(鹽醋)를 찾지 말라. 공양이 끝나면 중료에서 나간다.[5]

또 남송 말인 1264년에 편찬된 『입중수지(入衆須知)』에도 '약석(藥石)'이라는 말이 나오고 있다. 이로 보아 선종사원(총림)에서 저녁 공양을 하기 시작한 것은 북송 말에서 남송 초, 즉 1103년 이후(장로종색의 선원청규 이후)에서 1209년(입중일용청규) 사이라고 생각한다.

물론 약석(藥石)이라는 말은 이들 청규에 앞서 북송 말에 편찬된 장로종색의 『선원청규』에도 한 곳 나오고 있지만, 여기서는 "비시식(非時食, 오후불식)에는 소식(小食)·약석(藥石, 여기서 약석은 藥食임)·과자(菓子)·미음(米飮)·두탕(豆湯)·채즙(茶汁) 종류도 먹어서는 안 된다. 아침 죽과 점심 밥 두 끼 외에는 모두 먹을 때가 아닌네 믹

---

5) 無量宗壽, 『入衆日用』. "歸寮藥石, 各就案位, 不得先起盛食. 不得高聲呼索粥飯, 鹽醋之類, 食罷出寮."(신찬속장경 63권, p.558b)

는 것이다"⁶⁾라고 하여, 12시 이후에는 간단한 약식(藥食)이나 채즙·과자 등도 먹을 수 없다는 뜻에서 약석(藥石)이라는 말이 사용되고 있다.

비시식(非時食)은 '먹을 때가 아니다'라는 뜻으로, 시간적으로는 낮 12시부터 다음 날 아침 공양 시간 전까지가 비시식(非時食) 시간이다. 이 시간에는 물 외에는 일체 먹지 못한다. 율장에서 말하는 오후불식(午後不食)이 곧 비시식(非時食)이다. 따라서 장로종색의 『선원청규』가 편찬되던 시대인 1100년대까지는 저녁 공양을 하지 않았다고 할 수 있다. 물론 미음(米飮), 과자, 채즙 같은 주스 종류도 먹을 수 없었다.

총림에서 '약석(藥石, 기갈병을 치유하기 위하여 먹다)'이라는 이름으로 저녁 공양을 하게 된 이유는 총림의 재정이 과거 대비 풍부해서이고, 또 하나는 젊은 납자들이 점심 공양 후 다음 날 아침까지 배고픔(기갈)을 견딘다는 것이 어렵기 때문이었다.

『황벽청규』에서는 그 까닭을, "약석은 만식(晚食, 저녁)이다. 원래 비구들은 정오가 지나면 먹지 않았다. 그래서 저녁을 약석(藥石)이라고 한 것은, 배고픔과 기갈병(飢渴病)을 치료하기 위해서이다(黃蘗淸規云. 藥石晚食也. 比丘過午不食. 故, 晚食名藥石. 爲療飢渴病)"라고 밝히고 있다. 기갈을 위로하기 위하여 저녁을 먹었지만 '만죽(晚粥, 저녁은 죽)'이라는 말에서도 알 수 있듯이 차마 밥을 먹을 수는 없어서 죽을 먹었다.

약석(藥石)은 의학용어로 '약(藥)과 침(針)'을 뜻한다. 침(針) 자 대

---

6) 장로종색, 『선원청규』 1권, 「護戒」. "非時食(小食藥石與果子米飮荳湯茶汁之類. 如非齋粥二時, 並是非時之食也)."(신찬속장경 63권, p.523b)

신에 '돌 석(石)' 자를 쓴 것은 고대에는 제련기술이 없어서 금강석 같은 야무진 돌을 갈아서 침을 만들어 사용했다.

오늘날에는 한국, 중국, 일본 모두 하루에 세 번 공양한다. 한국, 중국은 세끼 모두 밥을 공양한다. 일본 조동종 영평사는 천 년 전 당송시대와 다름없이 아침에는 죽을 공양한다.

3. 천수물은 절수(折水)의 와전

우리나라에서는 공양 후 발우를 씻은 물, 즉 세발수(洗鉢水)를 '천수물'이라고 하고, 수거하는 물통을 '천수통'이라고 한다. 그러나 이것은 우리나라에서만 사용하고 있는 잘못된 표기이다. 중국의 선종청규인 장로종색의 『선원청규』, 『칙수백장청규』 그리고 무착도충의 『선림상기전(禪林象器箋)』 등 선문헌 그 어디에도 세발수(洗鉢水)를 '천수물'이라고 하고 수거하는 물통을 '천수통'이라고 한다는 말은 찾아볼 수 없다.

또 어떤 이들은 세발수를 '퇴수물(退水-)'이라고도 하는데, 이 역시 없는 말이다. 우리나라에서 쓰고 있는 '천수물', '천수통'은 아무런 문헌적인 근거도, 문화적인 근거도 없는 말이다. 천수물, 천수통은 '절수(折水)' '절수통(折水桶)'의 와전이다. '바리때' '바루때'는 발우의 비속어이다. 그런데노 올바른 말인 줄 사용하고 있는 점을 미루어 본다면, 천수물도 같은 경우가 아닐까 생각된다.

세발수(洗鉢水)를 '천수물'이라고 설명한 곳은 운허용하 편 『불교사전』(1961년) 천수물[千手水] 항목에서다.

스님들이 공양할 때에 먼저 받아 놓은 맑은 물. 이 물로 발우와 수저를 씻은 뒤 한곳에 모아서 아귀(餓鬼)들에게 주어 먹게 함. 이 물을 천수물이라고 하는 것은, 절에서 큰 방 천정에 천수주(千手呪)를 써 붙여서, 그 글이 받아 놓은 물에 비치게 하고, 이 비치는 천수주의 신력으로 물이 감로수와 같이 되어 아귀에게 주어서 그들이 받아 마셔도, 그것이 불로 변하여 고통을 받는 일이 없이 능히 배고프고 목마름을 면하게 할 수 있으므로 천수물이라 한다 함.[7]

큰 방 천정에 천수주(千手呪)를 써 붙여 놓고서, 천수통에 물에 그 글자(천수주)가 비칠 정도로 맑아야 하고, 또 그 비치는 천수주의 신력으로 천수통의 물이 감로수가 되어 아귀들이 마셔도 고통을 받는 일이 없고 또 능히 목마르고 배고픔을 면하게 할 수 있으므로 천수물이라 한다"라고 설명하고 있으나, 전혀 그 근거를 찾을 수 없다. 백파의 『작법규감』 등 의식집에도 그런 설명을 찾아볼 수 없다. 운허 스님 역시 당시 그냥 야담처럼 전해 오는 이야기를 그대로 서술한 것이라고 생각된다.

『불교사전』의 설명이 맞다면 총림이나 본사급 사찰의 큰방 천정에는 천수다라니(千手陀羅尼)가 붙어 있어야 하는데, 해인사, 통도사 등 그 어디에도 큰방 천정에 천수다라니가 붙어 있는 곳은 볼 수 없다. 김천 청암사 큰방 천장에는 천수다라니(千手陀羅尼)를 붙여 놓고서 그 밑에 천수물 동이를 놓고 밥알이 있는지 여부를 확인한 다음 버린다고 하여, 직접 확인한 결과 예전부터 전해 내려오던 것은 아니고 근래 10년 사이에 새로 만들어졌다는 것이다.

---

7) 운허용하 편 『불교사전』(동국역경원, 1961), p.844, 천수물[千手水] 항목.

장로종색의 『선원청규』(1103년), 무량종수의 『입중수지(入衆須知)』(1264년), 유면(惟勉)이 편찬한 『총림교정청규총요(叢林校定淸規總要, 함순청규)』(1274년), 『선림비용청규』(1311년), 동양덕휘의 『칙수백장청규』, 그리고 『선학사전』 등 선문헌 그 어디에도 세발한 물을 '천수물'이라고 하고, 그 물통을 '천수통'이라고 서술한 곳은 없다. 그리고 큰방 천장에 천수다라니를 그려 놓고 그곳에 천수물 동이를 비추어서 깨끗한지 여부를 확인한 후 버린다고 서술한 곳은 더욱더 없다.

『칙수백장청규』 「주지」 장(章)에는 세발수를 '절수(折水)'라고 표기하고 있고, 「대중」 장에는 '절발수(折鉢水)'라고 표기하고 있다. 그리고 전발(展鉢)과 세발(洗鉢) 등 상세한 것에 대해서는 무량종수의 「일용궤범(日用軌範, 入衆日用)」에 있는 세발법(洗鉢法)을 그대로 옮겨 놓고 있는데, 거기에는 다음과 같이 기록하고 있다.

> "발우를 씻을 때에는 먼저 두발(頭鉢, 어시 발우)에 물(淨水)을 붓는다. (두발을 씻은 다음) 차례대로 작은 발우를 씻되, 두발 안에서 수저와 작은 발우를 씻지 말라. 네 번째 손가락과 다섯 번째 손가락은 사용하지 말라. 그 물을 마실 때 소리를 내지 말라. 물을 발우에 토하지 말라. 더운 물로 발우를 씻지 말라. 세발수를 절수(折水)하기 전에 먼저 개슬건(蓋膝巾, 무릎 덮은 수건. 淨巾)을 거두지 말라. 개슬건으로 땀을 닦지 말라. 절수(折水)를 할 때는 마음 속으로 게송을 외우되,「나의 이 세발수는 하늘의 감로수와 같다. 아귀에게 주노니 모두 다 포만(飽滿)함을 얻을 지어다. 옴 마휴라세 사바하.」"[8]

....
8) 無量宗壽, 『入衆日用』. "洗鉢以頭鉢盛水, 次第洗鎭子, 不得於頭鉢內洗匙筋幷鎭子. 仍屈第四第五指. 不得盥漱作聲, 不得吐水鉢中, 不得先盛熱水, 洗鉢未折

『칙수백장청규』 대중(大衆) 장(章)의 설명도 같은데, 여기에는 "나의 이 세발수는 하늘의 감로수와 같다. 아귀에게 주노니 모두 다 포만(飽滿)함을 얻을 지어다. 옴 마휴라세 사바하"가 나오는데, 우리나라에서 발우를 씻은 천수물을 아귀에게 준다는 이야기는 여기에서 비롯되었다고 본다. 그러나 천수다라니를 천정에 붙여 놓고서 거기에 비춘다는 말은 두 청규 모두 없다.

발우를 씻은 물, 즉 세발수를 '절수(折水)' 또는 '절발수(折鉢水)'라고 하는 것은, 공양을 마친 후에 발우를 씻은 물 가운데 윗부분 절반(折半, 반으로 나누다)은 깨끗하므로 절수통(折鉢水, 즉 천수통)에 붓고, 하층부분 절반(折半)은 밥알이나 고춧가루 등이 있을 수 있으므로 버리지 않고 마셨는데, 그 절수통에 버리는 절반(折半)의 물을 '절수(折水)' 또는 '절발수(折鉢水)'라고 한다.

예전에는 우리나라 스님들 가운데서도 세발수의 하층 부분은 마시는 스님이 있었다. 나는 그 스님을 보고서 참으로 놀라웠는데, 지금 생각하면 이런 스님은 정말로 밥알, 고춧가루 하나라도 소중하게 여기는 스님이다. 또 고춧가루 등 티가 있는 물을 아귀가 마시면 목에 걸려서 심한 고통을 받는다니 더욱더 그냥 버릴 수가 없었을 것이다.

세발수를 '절수(折水)'라고 부르기 시작한 데는 어느 선승의 고사(故事)가 하나 있다.

중국 오운산(五雲山) 화엄도량에 지봉(志逢) 스님이 있었다. 어느

水, 不得先收蓋膝巾, 不得以膝巾拭汗, 不煎以餘水瀝地上. 想念折水偈. 我此洗鉢水, 如天甘露味, 施汝諸鬼衆, 悉令得飽滿. 唵摩休羅細娑婆訶."(신찬속장경 63권, p.557b)

날 보현전(普賢殿)에서 좌선을 하고 있는데, 갑자기 어떤 신인(神人, 즉 神)이 무릎을 꿇고 나타났다. 지봉 선사가 목에 힘을 주고서 물었다.

"그대는 누군가?" "저는 (스님의 호위하는) 호계신(護戒神)입니다." "(그렇습니까? 그렇다면 하나 물어보겠소). 나에게 오래전부터 허물이 하나 있는데 아직까지 고치지 못했소. 그대는 알고 있소이까?"
호계신이 말했다. "스님께 무슨 허물이 있겠사옵니까? 다만 작은 허물이 하나 있을 뿐입니다." "그것이 무엇이오." 호계신이 말했다. "발우를 씻은 물(洗鉢水)도 시주물(施主物)입니다. 그런데 스님께서는 매번 다 쏟아 버립니다. 그것은 옳은 법이 아닙니다." 말을 마치고는 홀연히 보이지 않았다. 지봉 선사는 그 일이 있은 후 세발수를 버리지 않고 모두 다 마셨다. 오래되자 그로 인하여 위장병이 생겼는데 10년 만에 저절로 완쾌되었다.(『전등록』「志逢大師」章)[9]

발우를 씻은 물에도 시은(施恩)이 있다는 신(神)의 말에 지봉 선사는 느낀 바가 있었다. 지봉 선사는 그 후부터는 발우를 씻은 물(세발수) 가운데 윗부분 절반(折半)은 깨끗하므로 절수통에 부었지만, 아래 부분 절반(折半)은 시은(施恩)이 남아 있으므로 마셨다. 그로 인하여 위장병이 생겨서 10년 동안 고생했는데, 신통하게도 저절로 완쾌되었다. 그 후부터는 세발(洗鉢, 발우를 씻은 물)한 물을 '절

• • • • • • • • • • • • • • •
9) 『傳燈錄』6권,「五雲山華嚴道場志逢大師」章. "(一日因入普賢殿中宴坐, 俄有一神人跪膝于前) 師問曰. 汝其誰乎. 曰護戒神也. 師曰. 吾患有宿愆未殄汝知之乎. 曰師有何罪唯一小過耳. 師曰. 何也. 曰凡折鉢水亦施主物, 師每常傾棄非所宜也. 言訖而隱. 師自此洗鉢水盡飲之. 積久因致脾胃疾. 十載方愈."(대정장 51권, p.422b); 無着道忠,『禪林象器箋』20권,「折水桶」篇.

수(折水)'라고 부르게 되었고, 그 물을 받아 담는 통을 '절수통'이라고 하게 되었다고 한다.

선원총림에서는 공양하러 가는 것을 '부당(赴堂)' '과당(過堂)'이라고 한다. 공양하러 승당으로 가다는 뜻이다. 불착불탐 위지과당(不着不貪 是謂過堂)이라는 말이 있는데, 음식을 탐착하지 말라는 뜻이다. 중국·일본은 지금도 여전히 '과당(過堂)'이라고 쓴다.

25장 선종사원의 조석예불

1. 조석예불 시행 여부

　백장회해가 청규를 제정한 이후 당말(唐末)까지 선종사원에서는 불전(대웅전)을 세우지 않았다. 『백장청규』에서 제정한 '불립불전 유수법당(不立佛殿, 唯樹法堂, 불전은 두지 않고 법당만 둔다)'[1]의 원칙에 따라 불전을 세우지 않았다. 동시에 불상도 안치하지 않았다. 그러므로 조석예불은 물론 하지 않았을 것이고, 예불문도 있을 까닭이 없다(그 이유에 대해서는 제4장 참고).

　그러나 당말을 지나 오대(五代, 907~959년) 때부터는 비록 작지만 불전(대웅전)을 세우기 시작했고, 북송을 지나 남송시대(1126년)에는 크게 대웅전을 세웠다. 그리고 부처님도 모셨다. 그러므로 적어도 북송을 지나 남송시대부터는 선종사원에서도 조석예불을 했을 것이고 예불문도 있었을 깃이지만, 당시 편찬된 여러 청규에는 조석예불에 대한 규정이 없고, 조석예불을 했다는 기록도 분명하지 않다

---

1) 장로종색, 『선원청규』 10권, 「百丈規繩頌」. "不立佛殿, 唯搆法堂者, 表佛祖親受, 當代爲尊也. 入門無佛殿, 陞座有虛堂, 即此傳心印, 當知是法王."(신찬속장경 63권, p.550b)

(물론 다른 종파는 대웅전과 불상을 모셨으므로 조석예불을 했을 것이다).

그러나 조석으로 예불했음을 시사하고 있는 문구가 전혀 없는 것은 아니다. 북송 말인 1103년에 편찬된 장로종색의 『선원청규』6권, 「경중(警衆)」편과 9권 「훈동행(訓童行, 행자 교육)」편에는 "행자들은 저녁 때 불전(대웅전)에 가서 예불(禮佛)하라"는 말이 있다.

(1) 황혼(저녁)에 대종(大鐘) 소리가 나면 불전에 행자들은 올라가서 염불(念佛)하라.[2]

(2) (행자들은) 저녁 만참(晚參, 저녁 법문) 때 불전 앞에서 예불하라. 모름지기 전심(專心)으로 창례(唱禮)하라. 마음은 다른 일에 가 있고 입만 달싹거리면 안 된다(晚參, 於佛殿前 禮佛. 並須專心唱禮, 不得心緣他事, 口和音聲).[3]

이상의 두 자료를 바탕해 보면, 선당의 납자들은 전통대로 예불하지 않았다고 생각된다. 그러나 행자들은 저녁때 예불했음을 알 수 있다. 그렇다면 당연히 새벽에도 예불하라는 규정이 있어야 할 텐데, 전혀 그런 문구를 찾아볼 수 없다. 그리고 저녁에 예불하라는 규정도 행자들에 한정된 것일 뿐이다.

또 남송 말에 편찬된(1274) 『총림교정청규총요(叢林校定清規總要)』등에도 "불전(대웅전)에 가서 예를 행하다(詣佛殿行禮)" 등의 문구가 보이지만, 이것이 조석예불에 행례(行禮)를 뜻하는 것인지,

....
[2] 장로종색, 『선원청규』6권, 「警衆」. "黃昏鳴大鐘者, 行者上殿念佛也."(신찬속장경 63권, p.539c)
[3] 장로종색, 『선원청규』9권, 「訓童行」. "每日晚參, 於佛殿前禮佛. 並須專心唱禮, 不得心緣他事, 口和音聲."(신찬속장경 63권, p.548c)

또는 3일과 8일에는 정기적으로 불전을 비롯한 각 전각에 올라가서 염송하는 삼팔염송(三八念誦)이 있었는데, 그것을 가리키는지 분명하지가 않다. '예불(禮佛)'이라는 문구 역시 단순한 '합장 배례(拜禮)'를 가리킬 수도 있기 때문이다.

특히 선당의 납자들은 『백장청규』에서 제정한 '불립불전, 유수법당(不立佛殿, 唯搆法堂)'의 원칙에 따라, 그리고 불상은 허상(虛像)에 불과하다는 관점에 의하여 조석으로 불상에 분향, 배례(拜禮)하지 않았다. 이것은 오늘날 우리나라 선원의 납자들이 조석예불에 참여하지 않고 대부분 선방에서 죽비 3배로 예불을 대신하는 것과 같은 맥락이다.[4] 부처의 실체는 목석(木石)으로 만든 불상이 아니고 반야지혜였기 때문인데, 이것은 시대에 따라 약간 차이는 있지만, 선이 지리멸렬했던 청대까지도 이어졌다. 청(淸) 옹정제는 선불교를 좋아하여 직접 『어선어록(御選語錄)』을 편찬·간행할 정도였지만, 선승들이 불상에 예배하지 않는 것에 대해서는 비판했다.

『벽암록』의 편저자 원오극근도 『벽암록』 9칙 평창에서 납자들이 불상에 합장배례하지 않는 것에 대하여 매우 비판했다.

> 여기에서 사람들은 대부분 잘못 알고서 무사(無事) 속에 빠져서 부처님에게도 배례(拜禮) 하지 않고 향(香)도 사르지 않으니, 그럴싸한 것 같지만(깨달은 것 같지만) 전체가 모두 옳지 않으니 어찌하리오(到這裏, 人多錯會, 打在無事界裏, 佛也不禮, 香也不燒, 似則也似, 爭奈脫體不是. 대정장 48권, p.149c).

---

4) 지금도 그렇지만, 필자가 해인사 강원에 있을 무렵인 1970년대 초 선원의 납자들은 조석예불에 참여하지 않았다. 선원에서는 선방 안에 모셔져 있는 달마상에 죽비 3배로 조석예불을 대신했다.

무사(無事) 속에 빠져서 부처님에게도 배례하지 않고 향도 사르지 않으니, 마치 그 행동은 초탈해서 깨달은 것처럼 보이지만[似則也似], 전체가 모두 잘못(狂禪의 병)되었으니 어찌하겠느냐고 탄식하고 있다.

원오극근의 생몰연대는 1063~1135년으로 북송 말에서 남송초기이다. 원오극근이 생존해 있을 당시 선원총림에는 불전(대웅전)이 있었고 불상도 모셔져 있었다. 그러나 선당의 납자들은 불상에 합장배례하지도 않았고 향을 사르지도 않았다는 사실은 원오극근의 비판에서도 알 수 있다. 인용문(원문) 가운데 '부처님에게도 배례(拜禮)하지 않고 향(香)도 사르지 않으니(佛也不禮 香也不燒)'가 꼭 조석예불을 가리키는 것이라고 단정하기가 어렵다. 단순히 부처님께 예(禮)를 표하는 것 즉 합장 배례(拜禮)하는 것을 가리키는 것일 수도 있기 때문이다. 선어록에는 간혹 '禮佛'이라는 말이 나오고 있으나 조석예불을 뜻하는 것이 아니고 합장 배례(拜禮)를 뜻하는 경우가 많기 때문이다.

2. 조과(朝課, 早課)와 만과(晚課)

중국불교(선종에서도)에서는 새벽 예불을 '조과(朝課, 早課)'라고 하고, 저녁 예불을 '만과(晚課)'라고 한다. 그리고 조석예불문을 '조만과송(朝晚課誦)' 또는 '조모과송(朝暮課誦)'이라고 한다.

그런데 장로종색의 『선원청규』(1103년, 북송 말)를 비롯하여, 남송 때 편찬된 무량종수의 『입중일용』(1209), 『입중수지(入衆須知)』

(1263), 유면(惟勉)의 『총림교정청규총요』(1274), 그리고 원대에 편찬된 택산일함의 『선림비용청규』(1311), 동양덕휘의 『칙수백장청규』(1338) 등 청규에는 '조석예불(朝夕禮佛)'이라는 말도 없지만, 조석예불을 가리키는 '조과(朝課, 早課)'·'만과(晚課)'·'조만과송(朝晚課誦)'이라는 말이 일체 없다.

장로종색의 『선원청규』 6권 「경중(警衆)」편은 종(鐘)·북(鼓)·운판(雲版)·목어(木魚) 등 법기(法器)의 사용에 대하여 서술하고 있는 곳인데, 기상할 때, 취침·공양·보청·법어 등을 알릴 때는 종고(鐘鼓)와 운판 등을 몇 번 치도록 규정하고 있지만, 조석예불에 관한 것은 없다.

청규에서 처음으로 조석예불을 가리키는 '조과(朝課, 早課)' '만과(晚課), 그리고 조석예불문을 가리키는 '조만과송(朝晚課誦)'이라는 말이 등장하는 것은 명말, 청초에 편찬된(1639년) 행원(行元, 1611~1662)의 『총림양서수지(叢林兩序須知)』「수좌수지(首座須知)」와 「서기수지(書記須知)」편이다. 거기에는 "조만(早晚) 과송은 빠트리지 말고 반드시 하라[早晚課誦勿失]."[5] "아침저녁에 대중을 따라 예불문을 외워라[朝晚隨衆課誦]"[6]라고 하여, 조과(朝課, 早課)·만과(晚課)를 했고, 예불문이 있었음을 분명히 언급하고 있다.

이상과 같이 청규에서는 조석예불을 했다는 분명한 자료가 없다. 그러나 1338년(원대)에 편찬된 『칙수백장청규』(1338년) 대중장(大衆

----

5) 행원(行元), 『叢林兩序須知』, 「首座須知」, "早晚課誦勿失."(신찬속장경 63권, p.667c)

6) 행원(行元), 『叢林兩序須知』, 「書記須知」, "朝晚隨衆課誦."(신찬속장경 63권, p.667c) 청 후기인 1823년에 편찬된 『백장청규증의기』에도 "조석예불 때는 과송(課誦, 예불문, 誦經)을 빠트리지 말라(早晚課誦勿失)"는 말이 있다.

章) 입중법(入衆之法)에는 오경(五更)에 조석예불을 했음을 시사하고 있는 대목이 한두 곳 나온다.

(1) 전당(殿堂, 불전. 즉 대웅전)에서 예배할 때는 중앙을 차지하여 주지가 들어오는 것을 방해해서는 안 된다. 소리 내어 염불하지 말라. 예배하는 사람의 머리 쪽을 지나가지 말라. 뒤쪽의 빈곳으로 다녀라. 오경종이 울리면 게송(偈頌)을 상념하라(원컨대 이 종소리여, 법계를 넘어 철위유암에도 빠짐 없이 모두 듣게 하소서. 삼도의 고(苦)를 떠나며 도륜(刀輪)을 파(罷)하고 일체중생 모두 정각을 이루소서). 주지(방장)와 수좌가 자리에 앉아 있을 때는 앞문으로 출입하지 말라.[7]

또 『칙수백장청규』 8권 법기장(法器章) 전종(殿鐘, 大雄殿鐘)에도 조석으로 예불했음을 알 수 있다.

주지가 조석으로 향을 사르고 예불 할 때(行香時)는 종을 울리되 일곱 번 친다. 대중들은 모두 모여서 불전으로 올라가야 한다. 반드시 승당의 종과 함께 쳐야 한다. 종은 지전이 맡는다.[8]

그런데 인용문 (1)의 내용은 『칙수백장청규』에서 처음 나오는 것이 아니다. 그보다 이미 130여 년이나 앞서 남송 중기인 1206년에 편찬된 무량종수(無量宗壽)의 『입중일용(入衆日用)』(日用淸規라고도 함)에도 거의 똑같은 말이 나오고 있다.

•••••••••••••••••

7) 『칙수백장청규』, 「大衆」. "如殿堂禮拜, 不得占中央, 妨住持人來. 不得出聲念佛, 不得行禮拜人頭邊過. 須行後面空處. 五更鍾鳴, 想念偈云(願此鍾聲超法界, 鐵圍幽暗悉皆聞, 三途離苦罷刀輪, 一切衆生成正覺)."(대정장 48권, p.1144c)
8) 『칙수백장청규』 8권, 「法器」, 殿鐘. "住持朝暮行香時, 鳴七下. 凡集衆上殿. 必與僧堂鐘相應接擊之. 知殿主之."(대정장 48권, p.1155c)

"전당(殿堂, 불전. 즉 대웅전)에서 예배할 때는 중앙을 차지하여 주지가 들어오는 것을 방해해서는 안 된다. 소리 내어 염불하지 말라. 예배하는 사람의 머리 쪽을 지나가지 말라. 뒤쪽의 빈곳으로 다녀라. 오경종이 울리고 주지(방장)와 수좌가 들어와 앉으면 앞문으로 출입하지 말라(如殿堂禮拜, 不得占中央, 妨住持人來. 不得出聲念佛, 不得行禮拜人頭邊過. 須行後面空處. 五更鍾鳴, 住持幷首座坐堂時, 不得從前門出入, 신속장경 63권, NO.1249)."

무량종수의 『입중일용(入衆日用)』『일용청규(日用淸規)』의 내용은 그 전문(全文)이 유면(惟勉)의 『총림교정청규총요(叢林校定淸規總要, 咸淳淸規)』(1274년)와 일함의 『선림비용청규』(1311년) 10권에도 수록되어 있다.

선종사원에서는 조석으로 예불을 했는가? 만일 조석으로 예불을 했다면 언제부터 예불했는가?

북송 말에서 원대(元代)까지 이루어진 여러 청규를 검토해 본다면 "조석으로 불전에 가서 예불하라"는 분명한 문구는 없지만, 조석으로 예불했다는 사실을 확인할 수 있다.

그리고 위의 여러 자료와 청규를 바탕으로 선종사원에서 조석예불을 시작한 시기를 추정해 본다면, 그 시기는 적어도 무량종수(無量宗壽)의 『입중일용(入衆日用, 日用淸規)』이 편찬되던 1209년 무렵에는 분명히 예불을 했고, 좀 더 거슬러 올라가면 북송 말 장로종색의 『선원청규』 무렵까지도 충분히 거슬러 올라갈 수 있다.

다만 조석예불을 해도 선당의 납자들은 참여하지 않았다. 그러나 지전(知殿)을 비롯한 소임자들과 행자들은 예불을 했다고 보여진다.

3. 선원총림의 조석예불문-조만과송(朝/早晩課誦)

앞에서 언급했듯이, 현존하는 가장 오래된 선종 청규인 장로종색의『선원청규』(1103년)를 비롯하여 남송시대의 청규, 그리고 원대에 편찬된『칙수백장청규』등 북송, 남송, 원대 청규에는 조석예불문에 대한 언급이 일체 없다.

일함의『선림비용청규』「지전(知殿)」편과 동양덕휘의『칙수백장청규』「지전(知殿)」편에는 "지전(知殿)은 궤안(几案)을 깨끗하게 하고 항상 등(燈)에 기름을 채워야 한다. 성상(聖像, 불상)은 마땅히 수시로 먼지를 털고 공양을 올리고 시주가 내는 향전(香錢)과 유전(油錢)은 다르니 혼용하지 말라. 부지런히 향과 등불을 받들고 바람에 불이 꺼지지 않도록 하라(축약 번역)."9)고 주의를 주고 있을 뿐이다. 남송, 원대 선원총림에서 조석예불은 했고 그렇다면 조석예불문도 있었을 것이지만, 전혀 자료를 찾아 볼 수 없다.

그런데 북송 말에 편찬된 장로종색의『선원청규』(1103년) 9권「훈동행(訓童行, 행자 교육)」편에는 "(행자들은) 매일 저녁 만참(晩參, 저녁 법문) 때 불전 앞에서 예불하라. 모름지기 전심(專心)으로 창례(唱禮)하라. 마음은 다른 일에 가 있고 입만 달싹거리면 안 된다(晩

---

9) 一咸,『禪林備用淸規』,「知殿」. "嚴淨几桉(案), 常滿燈油, 聖像時當拂塵, 供養隨宜修設, 施主香錢油錢, 無移互用. 責令行僕勤奉香燈, 或遇風起, 須滅爐火, 結起幡腳, 勿近琉璃. 朔望節, 假開設殿門, 士庶往來, 隨心瞻仰. 大刹佛殿, 成道涅槃, 諷經了煎湯. 毋得多重抄覓燈油錢, 令生厭心, 返招惡果也."(신찬속장경 63권, p.647b)
동양덕휘 編,『칙수백장청규』4권,「知殿」. "掌諸殿堂香燈, 時時拂拭塵埃, 嚴潔几案. 或遇風起, 須息爐內香火, 及結起幡腳防顧使勿近燈燭. 施主香錢, 不得互用. 佛誕日浴佛, 煎湯供大眾. 四齋日, 開殿門, 以便往來瞻禮."(대정장 48권, p.1131c)

參, 於佛殿前 禮佛. 並須專心唱禮, 不得心緣他事, 口和音聲)."[10]라고 하여, 무언가 행자들은 불전에서 염송한 것이 있었다. 그러나 무엇을 외운 것인지는 알 수 없다. 북송 말 무렵 3일과 8일 염송 때는 주지 이하 대중이 모두 불전에 가서 청정법신 비로자나불 등 십불명(十佛名)[11]을 염송(念誦)했고, 그 밖의 행사 때에도 십불명을 염송했다. 따라서 행자들이 불전에 가서 염송한 것도 십불명이라고 생각된다.

최근 중국에서 출판된(2002년) 왕경림(王景琳) 저(著) 『중국고대 사원생활』 과송(課誦, 예불) 편 서론에는 "이것(과송)은 선종사찰의 과송(課誦, 예불문)"이라고 밝힌 다음, "현재 선종사원의 조과(早課, 아침 예불)와 만과(晚課, 저녁 예불), 그리고 과송(조석예불문)은 명말(明末)에 정해졌다"라고 말하고 있다.[12]

명말청초의 선승 행원(行元)이 편찬한 『총림양서수지(叢林兩序須知)』 1권 「수좌수지(首座須知)」 편에 나열(羅列)되어 있는 15번째 항목에는 "조모(朝暮) 과송(課誦)은 빠트리지 말고 반드시 하라(早晚課誦勿失. 신찬속장경 63권, p.667b 22)."는 말이 있다. 또 서기수지(書記須知) 편에도 "조석으로 대중들을 따라 과송(課誦)하라(早晚

---

10) 장로종색, 『선원청규』 9권, 「訓童行」. "每日晚參, 於佛殿前禮佛. 並須專心唱禮, 不得心緣他事, 口和音聲."(신찬속장경 63권, p.548c)
11) 십념(十念)이라고도 한다. 십불명은 청정법신비로자나불(淸淨法身毘盧舍那佛), 원만보신노사나불(圓滿報身盧舍那佛), 천백억화신석가모니불(千百億化身釋迦牟尼佛), 당래하생미륵존불(當來下生彌勒尊佛), 서방무량수불(西方無量壽佛), 시방삼세일체제불(十方三世一切諸佛), 대성문수사리보살(大聖文殊舍利菩薩), 대행보현보살(大行普賢菩薩), 대비관세음보살(大悲觀世音菩薩), 대지대세지보살(大智大勢至菩薩)이다. 그리고 끝마침을 할 때는 "제존보살마하살(諸尊菩薩摩訶薩), 마하반야바라밀"이라는 것이 추가된다.
12) 왕경림(王景琳), 『중국고대사원생활』, 「과송(課誦)」(협서인민출판사, 2002), 聖凱 著, 『中國漢傳佛教禮儀』(종교문화출판사, 2001) 42쪽에 있는 早課 내용도 이와 같다.

隨衆課誦. 위의 책, p.668a14)고 명시하고 있다.

따라서 문헌상 조모과송, 즉 예불문은 명말청초에는 완성되어 있었다. 다만 그 내용으로 보아 즉 능엄주, 십소주(十小呪) 등이 있는 것으로 보아 이 조석예불문의 원형은 남송 후기, 원대부터 있었던 예불문으로 보인다.

왕경림(王景琳) 저(著)『중국고대사원생활』에 나오고 있는 명말 선종사원의 아침(새벽) 예불문 순서는 ①능엄주, ②대비주(신묘장구대다라니), ③십소주(十小呪),[13] ④반야심경을 각각 1편씩 염송하고 마지막으로 ⑤회향문을 한다. 그리고 저녁 예불문은 ①아미타경, ②예불대참회문, ③몽산시식 등이다. 이 속에는 원대의 고승인 몽산덕이(1231~1308?)가 만든 몽산시식도 들어가 있는데, 이 몽산시식이 오늘날 중국, 한국불교의식에 많은 영향을 주었다.

원대에 편찬된 동양덕휘의『칙수백장청규』(1338년)「축리장(祝釐章)」을 보면 '성절'(聖節, 황제의 생일) '축수(祝壽, 황제의 생일 축수)', '기우제' 등 각종 행사 때에 염송하는 송주(誦呪)가 있었는데, 그것이 ①능엄주 ②대비주(신묘장구대다라니) ③십소주(十小呪) 가운데 소재주(消災呪, 소재길상다라니), 대운주(大雲呪), ④십불명(十佛名, 청정법신 비로자나불 등 10호명), ⑤ 무량수주(황제 생일의 경우) 등이다. 앞의 왕경림(王景琳) 저(著),『중국고대사원생활』에 있는 조석예불문과 대동소이하다.

중본명본(中峰明本, 1263~1323)의『환주암청규(幻住庵淸規』

---

13) 십소주(十小呪)란 열 개의 짧은 주문인데, 여의보륜왕다라니, 소재길상다라니, 공덕보산신주, 불모준제신주, 무량수주, 약사관정진언, 관음영험진언, 칠불멸죄진언, 왕생정토신주(神呪), 대길상천녀주(大吉祥天女呪)이다.

(1317, 元 延祐 4년)「월진(月進, 매달 행사)」, 정월(正月) 조(條)에도 "행사일에는 대비주와 능엄주를 외웠다"고 기록하고 있다.

"정월 초하루는 세단(歲旦, 한 해의 첫날)이다. 오경(五更, 새벽 4시)에 종(鐘)과 판(板)을 치면 대중은 모여서 대비주(大悲呪, 신묘장구대다라니)를 염하며 황제의 장수를 기원하고 법회가 끝나면 대중은 서로 축하하는데 사절(四節, 元旦, 結夏결제일, 解夏해제일, 冬至)과 같이 한다. 이날은 재(齋)를 준비하며 반재(半齋, 朝粥과 午齋 사이) 때에는 능엄주를 외우며 널리 두루 회향한다."[14]

우리나라 각종 염불의식문 속에는 선종의 영향이 강하다. 천수경은 물론 그 밖의 불공의식이나 천도재, 의식문 등을 보면 선사상, 선구(禪句)가 많이 나온다. 선(禪)의 관점에서 만들어진 의식문이라고 할 수 있다.

이와는 달리 『칙수백장청규』와 왕경림(王景琳) 저(著), 『중국고대사원생활』에 있는 중국 선종사원의 조석예불문 등의 의식문은 밀교적 색채가 강하다. 특히 능엄주와 십소주(十小呪)는 남송 후기, 특히 원나라 불교의 영향을 많이 받아 만들어진 것이라 할 수 있다.

---

14) 中峰明本, 『幻住庵淸規』(1317, 元 延祐 4년), 「月進」, "正月. 初一日歲旦. 五更鳴鐘板衆集. 大悲呪祝聖罷. 大衆稱賀. 與四節同. 是日營齋, 半齋時諷楞嚴普廻向."(신찬속장경 63권, p.572a)

26장 선원총림의 행자(行者) 교육
- 부처의 씨앗을 심다 -

1. 출가자(행자)의 조건

'행자(行者)'란 승려 지망생이다. 붓다의 후보생이 되기 위하여 불문에 들어온 사람이다. 이를 청규에서는 '동행(童行)'이라고 한다. 출가, 입산했지만 아직 계를 받지 못한 소년 행자를 지칭하는 말이다.

지금은 비록 어리고 구도의 길에 들어선 입문자에 불과하지만 1~2년이 지나면 그는 사미(沙彌)·사미니(沙彌尼)가 되고 비구(比丘)·비구니가 된다. 그리고 훗날에는 이들 가운데서 선원총림을 이끌어갈 방장이 출현한다.

행자를 동행(童行)·동시(童侍)·승동(僧童)이라고 하고 도자(道者)라고도 한다. 도자는 '도를 닦는 사람', 즉 수행자(修行者)의 준말인 행자와 같은 뜻이다. 따라서 행자도 아무나 받아들여서는 안 된다. 승단의 규정과 사회제도적인 규정에 따라 받아들여야 한다.

장로종색의 『선원청규』 9권 「훈동행」 편에는 다음과 같은 사람은 행자로 받아들여서는 안 된다고 말하고 있다.

"동행(童行, 행자)이 처음 출가하고자 선원에 들어오면 사주(寺主,

주지)는 그 근원을 자세히 묻되 모든 요건을 갖추었으면 받아들이되, 만약 그 의도가 의식(衣食)을 도모한 것이거나 부역(賦役)을 피하기 위한 것이거나, 어떤 사건에 연류 되어 도망한 자이거나, 부모의 승낙 없이 들어온 자는 모두 받아들여서는 안 된다."[1]

선종사원은 부처를 이루기 위한 수행도량이지, 부역 도피자, 범법자, 출세를 탐하는 자, 혹은 입에 풀칠을 하기 위하여 기생(寄生)하는 자 등 사회 낙오자가 머무는 도피처가 아니다. 이 점은 오늘날 입산 수행자들도 깊이 생각해 볼 만한 규정이다.

당송 시대에는 출가하여 승려가 되고자 하는 자는 다음 사항에 저촉되면 출가할 수가 없었다. 이는 국가에서 제정한 승니법령이었는데, 몸에 문신(文身)이 있는 자, 형벌을 받아서 몸에 낙인이 찍혀 있는 자, 죄를 짓고 도피 중인 자, 조부모나 부모의 승낙을 받지 아니한 자는 승려가 될 수 없었다. 그리고 집안에 성년(成年) 남자가 1명이라도 있어야만 하고 없을 때는 승려가 될 수 없었다.[2]

이상의 요건에 합당하는 자는 입산 신청서인 '투원장식(投院狀式, 입산 제출서)'에 이름과 나이, 본관, 거주지 등을 양식대로 써서 출가하고자 하는 총림에 제출한다. 그리고 상투적인 말이지만 "생사대사를 위하여 오래 전부터 공문(空門, 佛門)을 흠모하였습니다. 부모의 윤허를 얻어 본원에 들어와 동행이 되고자 합니다(만일 부모도 조부모도 없을 경우에는 '출가하여 동행이 되고자 합니다'라고 씀). 바라옵건대 당누하상(주지)께서는 자비로서 용납하사이다. 삼가 장(狀)

---

1) 장로종색, 『선원청규』「訓童行」. "童行初來投院, 師主審問根源, 若具正因方可容納, 如其意圖衣食, 規避徭役. 因事遁竄, 及父母不允者, 並不可留."(신찬속장경 63권, p.548b)
2) 최법혜, 『고려판 선원청규 역주』, p.366, 가산불교문화연구원, 2001.

함. 00년 0월 0일"[3]이라고 써서 제출한다. 해당 사찰의 주지는 서류상 이상이 없고, 또 그가 출가하고자 하는 뜻이 확실하다면 허락한다는 날인을 하여 지사(知事, 감원)에게 보낸다.

주지가 서류에 결재하면 행자는 안내자와 함께 고원(庫院)으로 가서 고원의 책임자인 감원, 고사(庫司, 재무) 스님에게 오체투지의 삼배를 한다. 그런 다음 짐을 챙겨가지고 동행당(童行堂, 행자실)으로 가서, 동행당 관리자인 당주(堂主, 동행당주)에게 신고를 하면 당주는 정식으로 그를 동행당에 입방시키고 자리를 배정해 준다.

동행당 당주는 신참 행자를, 행자의 우두머리인 참두 행자(參頭行者)와 고참 행자들에게 인사를 시킨다. 참두 행자와 고참 행자들은 신참 행자의 인사를 받기만 할 뿐 답례는 하지 않는다. 위계질서를 잡기 위한 행동이었을 것이라 생각한다.

2. 행자가 학습해야 할 사항 – 행자의 임무

갓 입산한 행자는 세속의 티를 벗어 버려야 한다. 그러자면 적지 않은 시간이 걸린다. 10대나 20대 초반에 들어오면 2~3년이면 제법 걸음걸이와 행동거지가 이속(離俗)한 수행승다워 보인다. 그러나 30세가 넘어 들어오면 아무리 떨쳐 버려도 겉모습에서부터 속티[俗人

---

3) 장로종색, 『선원청규』, 「訓童行」. "投院狀式. 投院童行, 姓某名某, 年若干. 本貫某州某縣某鄉某里人事(或是郭下人事). 在身並無彫青刑憲及諸般違礙. 今為生死事大, 久慕空門. 蒙父母情允. 許捨入本院出家為童行(如無父母, 即云今欲投院出家為童行). 伏乞堂頭和尚, 慈悲容納. 謹狀. 年月日具."(신찬속장경 63권, p.548b)

態]를 벗어 버리지 못한다. 마음도 겉모습과 마찬가지이다[心身一如].

장로종색의 『선원청규』 「훈동행」 편에서는 행자의 생활에 대하여 크게 입신(立身), 배중(陪衆), 작무(作務) 등 세 가지 주제로 나누어 설명한다. 입신은 행자로서의 마음가짐, 행동거지에 관한 것이고, 배중은 대중생활에서 지켜야 할 사항이고, 작무는 보청으로 울력에 관한 사항이다.

입신 편에서는 "행자는 가까이는 큰스님들을 섬기고 마땅히 5계를 지켜야 한다. 첫째는 불살생계이고, 둘째는 불투도계이고, (……) 다섯 째는 불음주계이다. 그리고 아침과 점심 두 끼 외에 오후에는 음식을 먹어서는 안 된다. 총림에서 시키는 심부름 외에는 문밖을 나가서는 안 되고(……), 참선과 문도(問道, 진리를 배움), 경학(經學)을 익히는 데 게으름을 피워서는 안 된다."[4]고 말하고 있다.

행동에 대해서는 "행자는 흰색 신발을 신어야 하며, 의복은 항상 청결하게 해야 한다. 다닐 때에는 두 손을 모으고(叉手) 다녀야 하며, 걸을 때는 팔을 흔들지 말 것이며, 남의 팔을 잡고 함께 걸어서도 안 된다. 어디서든 스님을 만나면 한쪽으로 길을 피한 다음 합장해야 한다."고 주의를 주고 있다.

그리고 행자에게도 자긍심을 주는 대목이 있는데, "행자는 관원이나 시주를 보면 공손하게 읍을 하되 이미 출가하여 계를 지키고 진

---

4) 장로종색, 『선원청규』, 「訓童行」. "立身第一. 近事大僧, 當持五戒. 一不殺生(有命之屬不得而殺). 二不偸盜(不與而取皆爲盜也). 三不淫慾(遠離淫慾如避火坑). 四不妄語(出家之人誠信爲本). 五不飮酒食肉(寧捨身命無犯此戒). 除齋粥外並不得雜食(所謂果子並菜粥飮餠飯並不應食). 非常住差使不得出門. 非大緣事不得請假. 又參禪問道者收攝身心. 不得散亂. 念經求度者溫習經業. 不得懶墮."(신찬속장경 63권, p.548b)

전의(真田衣, 참 복전의)인 직철(直裰, 승복의 일종)을 착용했으므로, 속인들에게 무릎을 꿇고 절을 해서는 안 되며, 부모를 만나더라도 다만 공손하게 읍만 하라."[5]고 훈도하고 있다. 이것은 '사문은 군주에게 절하지 말라'고 하는 『사문불경왕자론(沙門不敬王者論)』의 영향이라고 생각되는데, 비록 행자지만 사문으로서 대단한 긍지와 자부심을 갖게 하고 있다. 그러나 자긍심은 승려의 가치를 드높이는 긍정적인 면이 있는가 하면, 다른 한편으로는 입산 초기부터 아만을 부채질하는 부정적인 면도 있다.

배중 편에서는 "이미 출가하여 청정한 대중 속에 들어왔다면, 항상 부드럽고 화목하고 착함을 생각할지언정 아만으로 스스로 높은 척 하지 말라. 대자(大者, 나이 많은 사람)는 형으로 여기고 소자(小者)는 아우로 여겨라. 말을 천천히 하고 바름을 지닐 것이며, 남의 단점을 말하지 말라. 만일 다투는 자가 있으면 잘 화합하여 자심(慈心)으로 대할지언정 악한 말로 남의 마음에 상처를 주지 말라. 만약 행자끼리 서로 업신여기고 시비를 부채질한다면 이와 같은 출가는 아무런 이익이 없다."[6]고 당부하고 있다.

위의 이 대목은 보조국사 지눌(1158~1210)의 『초심(계초심학인문)』에도 거의 그대로 인용되어 있다. 『계초심학인문』은 『선원청규』 가운데서 필요한 부분만 발췌하여 송광사의 청규로 만든 것이다.

---

5) "次當祇揖官員施主. 既出家持戒著, 真田衣直裰. 並不得跪拜俗家. 雖見父母只得祇揖."(신찬속장경 63권, p.548b)
6) 장로종색, 『선원청규』 9권, 「훈동행」. "既已出家, 參陪淸衆, 常念柔和善順, 不得我慢貢高. 大者爲兄, 小者爲弟, 徐言持正, 勿宣人短. 儻有諍者, 兩說和合, 但以慈心相向, 不得惡語傷人. 若也欺凌同列, 走扇是非, 如此出家, 全無利益." (신찬속장경 63권, p.548b)

그 밖에 "남의 재물이나 의복, 침구는 함부로 손대지 말고, 당중(堂中, 행자당)에서는 잠방이를 입지 말라. 행자당 벽에 낙서를 하거나 그림을 그리지 말라. 다탕(茶湯, 차)이 있을 때에는 모두 일제히 나아가 차를 따르라. 욕실에서 벌거벗고 다니지 말라. 큰소리로 말하거나 웃지 말라. 새벽 기상 종소리를 들으면 곧바로 일어나라. 누워서 뭉개지 말라." 등등.

작무(울력) 편에서는 "보청판을 치면 모두 빨리 나아가야 한다. 울력을 하고 있는 중에는 고성으로 떠들지 말라. 작무(울력)를 마치고 나서는 참선을 하고자 하는 자는 조용한 곳에서 참선을 하고, 경을 보고자 하는 자는 책상에서 공부할 것이며, 만참 뒤에는 이곳저곳에서 끼리끼리 모여 이야기하지 말라." 등 행자가 주의해야 할 사항들이 매우 많이 열거하되고 있다. 여기서는 몇 가지만 간추려서 옮긴 것이다.

또 『칙수백장청규』 5권 주지 장(章)에는 주지가 특별히 행자들을 위하여 설법한 「위행자보설(爲行者普說)」이 있다. 보설(普說)이란 대중적인 설법으로 북송대에는 행자들을 위한 설법이 없었으나 남송 후기, 원대(元代)에는 주지가 따로 행자들의 행동거지와 마음가짐에 대하여 훈육한 것이다. 『칙수백장청규』(1338년)보다 25년 가량 앞서 편찬된 『선림비용청규(禪林備用淸規)』(1311년) 10권 훈동행(訓童行) 편에도 주지가 상당법어를 마친 후 행자들을 훈육하고 있는 대목이 있다.[7]

---

7) 『禪林備用淸規』 권10, 「訓童行」. "五參上堂罷. 當訓童行. 參頭行者. 令喝食行者報各局務行者. 行堂前挂牌報眾. 昏鍾鳴. 行堂前鳴板三下. 集眾. 行者上寢堂排立定. 參頭入方丈. 請住持出. 就座. 參頭進前插香. 鳴參. 同問訊. 九拜. 進前屏息.. 拱聽規誨已. 又同眾三拜. 珍重而退."(신찬속장경 63권, p.665c)

주지(방장)가 행자들을 위하여 보설을 할 때는 먼저 행자의 우두머리인 참두행자(參頭行者, 고참행자)가 행자당 앞에 있는 나무 판(板)을 쳐서 행자들을 방장실로 집합시킨다. 그런 다음 방장실의 시자에게 고하면 시자는 방장화상을 모시고 나온다. 참두행자가 도열해 있는 행자들을 데리고 문안 인사를 한 다음, 오체투지의 9배를 한다. 이어 참두가 "저희들은 오래부터 화상의 가르침을 바라고 있나이다. 엎드려 바라건대 자비(慈悲, 방장)께서는 깨달음의 인연을 열어 보여 주사이다."라고 한다.

행자들에 대한 정신적인 교육은 주로 주지가 담당하고 염불의식, 예의범절 등은 각 요사의 수장(首長)인 6두수와 6지사, 행자당(동행당, 행자료)의 당주(堂主)가 담당한다.

행자교육에 관한 내용은 자각종색의 『선원청규』 9권 「훈동행(訓童行, 행자를 훈도함)」 편과, 『선림비용청규』 「훈동행(訓童行)」 편, 『칙수백장청규』 「주지」 장에 있는 「훈동행」 편, 그리고 역시 『칙수백장청규』의 「위행자보설(爲行者普說, 행자들을 위한 설법)」 등에서 나온다.

그리고 행자와 동행은 조금 다르다. 모두 통틀어 행자라고 하지만, 나이 19세 이하는 '동행(童行)'이라 하고, 20세 이상은 행자(行者)라고 한다. 동행이란 '나이 어린 행자' '소년 행자'라는 뜻으로, 남자는 19세 이하, 여자는 14세 이하를 가리킨다.

3. 행자의 서열과 위계질서

행자는 입산한 순서에 따라 위계질서가 확립된다. 마치 군대에 가면 하루라도 먼저 들어온 사람이 상위(고참)인 것과 같다.

　행자들의 위계질서, 기강 등 행자 관리는 우두머리인 참두행자(參頭行者)와 부참두(副參頭, 부참두행자)가 하는데, 부참두(副參頭)는 참두행자의 보조적인 역할을 한다.

　행자는 주로 고원(庫院, 주방)에 많이 배치된다. 그리고 방장실(주지)과 승당, 수좌료(수좌실), 서기료(서기실), 지객료 등 6두수와 감원, 유나료(유나실) 등 6지사실에 골고루 배치된다. 하위직 소임인 종두(鐘頭), 다두(多頭), 욕두(浴頭), 열반당두 등도 주로 행자들이 맡는다.

　주지실의 행자를 '방장행자'라 하고, 유나실의 행자를 당사(堂司)행자, 고원(庫院)의 행자를 고사(庫司)행자, 지객실의 행자를 객두(客頭)행자, 욕실의 행자를 욕두행자, 불전(대웅전)의 행자를 직전(直殿)행자, 각 요사(寮舍)의 차 담당 행자를 다두(茶頭)행자라고 한다(그 밖에도 여러 행자가 있다). 공두(供頭)행자는 대중들이 공양할 때 승당이나 중료에 들어가서 공양과 국·반찬 등을 배급한다. 대중들이 점심 공양 후 중료(衆寮, 대중방)에서 차를 마실 때도 행자들이 차를 준비하고 따른다.

　그리고 매우 재미있는 행자가 한 명 있는데, 갈식행자(喝食行者)이다. 갈식행자는 대중들이 승당이나 중료에서 공양할 때 큰 소리로 반찬이나 탕·국 등 음식의 이름을 고지(告知)하는 행자이다. 특히 새로운 음식일 경우 대중들이 무슨 음식인지 궁금해하므로 간단하게나마 일일이 그 내용도 고지(告知)한다. 갈식행자를 둔 것은 참으로 재치 있는 발상이다.

4. 수계의 요건과 자격

스님이 되려면 먼저 계를 받아야 한다. 물론 행자에게는 들어오자마자 오계를 고지(告知)해 주는데, 이것은 오계를 받는 것이나 마찬가지이다. 그러므로 행자는 살(殺)·도(盜)·음(淫)·망(妄)·주(酒)의 오계를 지켜야 한다.

당송시대 중국 선종사원에서 수계는 구족계(비구계·비구니계), 보살계, 사미계의 세 종류가 있다. 이 가운데서 구족계가 대계(大戒)로서 가장 중요하고 구비된 계(戒)지만, 격식 있게 치러지는 것은 오히려 사미계이다. 사미계부터 사실상 정식 스님으로 인정하고 있기 때문이다.

당송시대 불교는 거의 전 기간에 걸쳐 국가의 관할 아래에 있었다. 따라서 행자 과정을 거쳐서 승려가 되는 것도 국가의 승인을 받아야 했다. 승려가 되기 위해서는 먼저 관아에서 실시하는 시험에 합격해야만 비로소 사미계를 받을 수 있었다. 이 사미계를 받아야만 정식으로 승려로 인정되었다.

사미계 고시는 중앙과 각 지방 관아에 있는 사부(祠部) 소속의 승록사(僧錄司)에서 주관했다. 당 후기 경종(景宗, 825~826) 때 치러진 시험 내용을 보면 남자 행자는 『법화경』 등 지정된 경전을 150장 암송해야 하고, 여자는 100장을 암송해야 한다. 그리고 당말오대(唐末五代)와 송대에는 모두 다섯 가지 시험을 보았는데, (1)경전에 대한 설명 (2)참선 (3)경전 암송 (4)논술 (5)경전에 대한 주석이 그것이다. 송초(宋初, 977년 기록)의 기록에 의하면 사미계 고시 응시료는 100전이었는데 오늘날 화폐로 계산하면 어느 정도인지는 알 수 없지

만, 만만한 돈은 아니었던 것 같다.[8]

　국가에서 시행하는 고시에 합격하면 도첩(승려허가증)과 면정유(免丁由, 부역 면제증)가 나온다(시험은 각 관아 승록사서 실시). 합격한 행자는 이 도첩과 면정유를 받아 가지고 해당 총림으로 돌아온다. 총림에서는 방장(주지)화상과 계사와 증명법사, 그리고 스승과 대중들이 모두 참석한 가운데 정식으로 득도식(수계의식)을 거행한다. 이 날 비로소 행자 때까지 기르고 있던 긴 머리도 깎고, 계사(戒師)로부터 10계와 계첩, 그리고 7조 가사와 장삼, 법명 등을 받는다. 그런데 수계 당일에 삭발을 하게 되면 복잡하므로 하루 전에 미리 삭발해 둔다. 다만 정수리 부분만 머리카락을 남겨두었다가 수계식 날 10계문을 낭독한 후 스승이 깎아 준다.

　당송시대에는 계를 받고 승려가 되면 징병과 부역을 면제해 주었다. 그리고 총림에서는 계를 받으면 그 사실을 본관(本貫, 본적지)의 관아에 통지해 준다. 그러면 관아에서는 그 사람의 호적을 해당 사찰로 이전해 주고, 동시에 본적지 부역자 명단에서 제외시킨다.

　다만 행자 기간에는 부역 등과 관련한 어떤 혜택도 없다. 따라서 계를 받기 전까지는 이 모든 것을 속가에서 처리해 주어야 한다. 속가에서는 세금은 돈이나 곡물로 내고 부역은 사람을 사서 대신했다. 따라서 당대(唐代)는 물론, 송대에도 집안이 가난한 사람은 행자를 거쳐서 승려가 되기 어려웠다. 그리고 당송시대에는 승려가 되고자 입산하는 사람들이 매우 많은 편이었다.[9]

---

8) 행자의 수계와 시험, 응시료 등에 대해서는 K.S. 케네스 첸, 박해당 옮김,『중국불교(하)』, pp.265~267 참조. 민족사, 1991.
9) 케네스 첸, 박해당 옮김『중국불교(상)』, p.266, 민족사, 1991.

행자에 대하여 인도와 중국의 다른 점은, 인도불교에서는 행자 과정이 없다는 것이다. 누구든 승단으로 들어오면 곧바로 사미계를 주고 21세가 되면 비구계를 주었다. 다만 여성의 경우는 임신 여부를 확인하기 위하여 사미니와 비구니 사이에 '식차마나니'라고 하여 2년 과정을 더 두었다. 임신 여부는 2년 안에 확인되기 때문이다. 문제가 있으면 비구니계를 주지 않았다. 중국에서는 약 1~2년간의 행자과정을 거친 다음 사미·사미니계를 준다. 다만 인도와 중국의 같은 점은 20세 이전에는 모두 사미계를 주고, 20세가 넘으면 비구계를 주었다는 점이다.

오늘날 우리나라는 나이와 관계없이 처음에는 모두 사미·사미니계를 주고, 그로부터 4년이 지나서 기초 선원이나 강원 등을 마치면 비구·비구니계를 받을 자격이 주어진다. 물론 20세 이상이어야 한다.

5. 선종사를 뒤바꾼 노행자(盧行者)

아직 사미계도 받지 못한 행자의 신분으로 깨달음을 얻어 훗날 중국 선종사를 뒤바꾼 이가 있다. 노행자(盧行者) 6조 혜능(638~713, 盧씨임)이다.

그는 중국 남부의 신흥 출신으로 성은 노(盧)씨, 조실부모하고 어려서부터 나무 장사를 하여 노모(老母)를 봉양했다. 일자무식이었지만, 어느 날 시장에서 나무를 팔다가 '응당히 머무르는 바 없이 그 마음을 내라(應無所住, 而生其心)'는 금강경 구절에 홀연히 마음이 열렸다.

이후 그는 황매산에서 금강경을 강의하고 있는 오조 홍인의 문하로 가서 8개월 동안 방앗간[磨院] 소속 행자(磨院 행자)로 디딜방아를 찧는 일을 했다. 그러던 어느 날 그는 대통신수의 게송을 보고 다음과 같은 비판적 성격의 게송을 지어서 승당 벽에 붙였다.

> 보리본무수(菩提本無樹)
> 명경역비대(明鏡亦非臺)
> 본래무일물(本來無一物)
> 하처야진애(何處惹塵埃)
>
> 깨달음에는 본래 나무라는 것이 없고,
> 맑은 거울에는 받침대가 없네
> 본래 한 물건(번뇌)도 없는데
> 어느 곳에 티끌이 있다고 하는가

그 게송을 본 오조 홍인은 깜작 놀랐다. 상수제자인 신수의 경지를 능가했던 것이다. 그리고는 밤에 노행자를 불러 그에게 전법(傳法)의 징표로 가사와 발우를 전해 주고 위험하니 멀리 남쪽으로 가서 법을 펴라고 말했다.

이렇게 해서 노행자는 거의 오조 홍인의 후계자로 굳어져 있던 대통신수(大通神秀, 606~706)를 제치고 홍인(弘忍, 594~674)의 법을 이었다고 전등사서(傳燈史書)에서 전한다. 그가 바로 훗날 선종의 제6대 조사로 일컬어지고 있는 육조 혜능이다.[10]

---

10) 여기에 대한 역사적 사실 여부에 대해서는 정성본, 『중국선종의 성립사적 연구』, pp.559~619(「남종의 祖 육조 혜능」), 민족사, 1991.

27장 선문답의 방식과 그 기능
- 깨달음을 이루는 기지(機智)의 대화 -

1. 선문답의 방식과 의미

어떤 승(僧)이 영운 선사에게 물었다.
"무엇이 불법의 대의입니까?"
선사가 말했다.
"당나귀의 일도 아직 끝나지도 않았는데 말의 일이 도래했다."
(僧問. 如何是佛法大意. 師曰. 驢事未了 馬事到來.)
—『傳燈錄』,「靈雲」章

선(禪)의 세계, 오도(悟道)의 세계에 대하여 선사(禪師)와 선사, 또는 스승과 제자 사이에 나누는 기지(機智)의 대화, 격외(格外)의 대화를 '선문답' 혹은 '법거량'이라고 한다.

선문답은 의표를 찌르는 기지(機智)의 대화(질문)를 통하여 상대방의 경지, 공부 상태 등을 파악·점검하여 병통(문제점)을 해결해 주는 역할을 한다. 또 선문답은 지식의 알음알이, 사량분별심에 빠져 있는 이들의 정신적 체증(滯症)을 뚫어서 깨닫게 함과 동시에 번뇌망상으로부터 벗어나 항상 활발발한 선의 삶을 전개하게 한다.

예컨대 당송(唐宋) 때 시문학의 고수들은 시(詩)를 주고받으며 상대방의 실력을 가늠했는데, 운(韻)이 떨어지자마자 격조 있는 시구가 나와야 한다. 여기서 머뭇거리면 나이 불문하고 하수(下手)가 된다. 이는 중국 장수들이 전장에서 기(氣)나 비수(匕首) 같은 언어로 상대를 제압하는 것과도 같은 맥락에 있다고 할 수 있다.

선문답의 전개 방식은 즉문즉답(卽問卽答)으로 이루어져야 한다. 문자(問者)와 답자(答者)가 조금이라도 머뭇거리면[擬議] 안 된다. 머뭇거리는 것은 사량분별심이 작용하고 있다는 걸 의미하기 때문이다. 조사선의 최고봉이라고 할 수 있는 임제 선사(?~867)는 납자들이 머뭇거리면(擬議, 사량분별) 즉시 '할(喝)'하고 벼락같은 소리로 질타했다. 분별심을 내는 따위의 서툰 짓은 하지 말라는 것이다.

2. 선문답은 기지(機智)의 대화

선종사에서 최초의 선문답은 달마와 제자 혜가 사이에 오고 간 '안심법문(安心法門)'이다. "그대의 괴로운 마음을 내 앞에 가지고 오면 즉시 편안하게 해 주겠다"는 달마의 말에, 혜가는 자신의 괴로운 마음을 찾고자 온 사방을 뒤졌으나 찾을 수가 없었다는 이야기이다. 이것은 바로 '고심(苦心)의 실체가 없음' 즉 공성(空性)을 깨달음으로써 마음의 평온을 되찾는 것을 의미한다. 고심(苦心)의 실체를 찾을 수 없다면 그것은 단순히 자신의 의식 속에서 일어난[唯心] 환영(幻影)에 지나지 않는다. 갖가지 심리적인 현상은 오직 마음에서 생긴다[心生卽種種法生]. 따라서 이 마음(번뇌심)이 사라지면 모든 번뇌도 사라진다[心滅卽種種法滅].

달마의 안심법문은 선문답 가운데서도 기지(機智)의 선문답이라고 할 수 있다. 이후 많은 선문답이 탄생했는데, 대표적 전등사서인 『전등록』에는 무려 1,700가지나 되는 공안(선문답)이 수록되어 있다. 여기에 수록된 선문답은 정신적인 병리 현상에 걸려 있는 수행자로 하여금 깨달음에 이르게 하는 특효의 처방전이다.

수행자는 격외(格外)와 기지의 선문답(대화)을 통하여 고정관념의 족쇄로부터 벗어나 진리의 세계, 법신의 경지로 들어간다.

다음은 우리가 익히 알고 있는 선문답 두 편이다.

> 어떤 납자가 운문문언(雲門文偃, ?~949) 선사에게 물었다.
> "선사, 무엇이 부처입니까(如何是佛)?"
> "간시궐(乾屎橛)."
>
> 또 어느 날 한 참선자가 동산수초(洞山守初, 910~990) 선사에게 물었다.
> "선사, 무엇이 부처입니까(如何是佛)?"
> "마삼근(麻三斤)."

여기서 비롯된 화두가 '간시궐', '마삼근'이다. 간시궐은 대변을 닦아 내는 막대기이고 마삼근은 삼베, 즉 마포(麻布) 세 근이라는 뜻이다. 정중하게 "무엇이 부처(진리)입니까?"라는 물음에 운문 화상은 '부처란 다름 아닌 간시궐이야'라고 대답했고, 동산 화상은 '마삼근이야'라고 대답했으니, 이는 논리와 상식으로써는 이해할 수 없는 답이다. 누가 간시궐을 모르고 마삼근을 모르겠는가? 문제는 무엇이 부처냐는 물음에 왜 동문서답식으로 "간시궐" "마삼근"이라고 답했으며, 질문은 똑같은[如何是佛]데 왜 대답은 다르냐는 것이다.

선문답(공안이나 화두)의 매개체는 언어문자이다. 그러나 선문답은 언어문자(言語文字) 이면의 메시지를 갖고 있다. 따라서 언외(言外)의 메시지를 포착하는 제3의 눈[心眼]을 갖추고 있지 않으면 무의미하다. 그러므로 선문답이나 공안을 상식적인 논리나 언어적인 해석으로 이해하려고 하는 것은 애시당초 어림없는 일이다.

'부처(진리)'란 대단한 성스러운 존재이다. 그러나 성스럽다는 통속적인 관념에 고착되면 진실을 볼 수 없다. '무유정법(無有定法) 명(名)아뇩다라 삼먁삼보리'라는 금강경의 구절은 고정관념의 굴레에 속박되어서 살아가는 존재에 대한 탈(脫)상식의 처방전이다. '이것'에 집착하면 '이것'은 곧 무덤이 되어 버린다. '간시궐(乾屎橛)' '마삼근(麻三斤)'도 그런 것이다. '무(無)'와 함께 이 두 공안은 훗날 납자들이 참구하는 대표적인 화두가 되었다.

선문답이나 법거량은 앞에서 본 바와 같이 매우 짧다. 보통 두세 번 정도에서 끝나고, 많아도 4~5회를 넘지 않는다. 전개 방식도 동문서답식의 방외(方外)·격외(格外)이다. 이것을 활구(活句)라고 하는데, '깨달음을 이루게 하는 살아 있는 말'이라는 뜻이다. 4~5회 이상을 넘으면 그것은 깨달음을 열어 주는 선문답이 아니라 오히려 상대방을 분별적인 사고로 몰아넣는 사구(死句, 죽어 버린 말, 무의미한 말)가 되어 버린다.

선문답은 대부분 일대일로 이루어진다. 하지만 간혹은 공개적으로 이루어지는 때도 있다. 예컨대 하안거나 동안거 결제, 해세일에 있는 방장이나 조실의 상당법어는 대중 앞에서 하는 법문이므로 자연스럽게 공개적으로 이루어진다. 그 밖에 독참(獨叅, 개별 면담)과 청익(請益, 보충 면담)이 있는데, 그것도 모두 선문답 형식이다. 『전등록』

6권 백장 선사 장(章)에 수록되어 있는 「선문규식」에는 선문답의 의의(意義)에 대하여 다음과 같이 정의하고 있다.

> 학인(賓)과 선사(主)가 서로 묻고(問) 답(酬)하여 종요(宗要, 핵심)를 격양(激揚)시키는 것은, 법에 의하여 살아가고 있음을 나타낸 것이다(賓主問酬, 激揚宗要者, 示依法而住也).[1]

선문답은 선의 종요(宗要, 핵심)를 드러내어 발분시키는 역할을 하며, 동시에 항상 활발발하게 진여법신의 세계 속에서 살아가고 있음을 나타내고자 한 것이라는 말이다. 이는 선자(禪者)들의 생활상이기도 한데, 선문답은 고요한 산사에서 서로가 존재감을 주어 활기를 불어 넣는 역할도 한다.

선문답은 어떤 형식이나 틀이 있는 것이 아니다. 그렇다고 형식이나 틀이 전혀 없는 것도 아니다. 굳이 표현한다면 상식적인 틀을 벗어난 '무형식의 형식'이라고 할 수 있는데, 앞에서 보았듯이 단답식으로 두세 번 정도 주고 받는 것이 하나의 형식이라면 형식이라고 할 수 있다.

3. 선문답의 역할과 기준

선문답의 기준은 공(空)·무아(無我)·불이(不二)·중도(中道)·무집착(無執着)·무분별(無分別)·몰종적(沒蹤迹)·무심(無心)·일체유심

---

1) 『전등록』 6권, 「백장회해」 장(章) 부록. "賓主問酬, 激揚宗要者, 示依法而住也."(대정장 51권, p.251a)

조·불립문자·언어도단·부사의(不思議) 등에 바탕하고 있다. 단어는 각각 다르지만 다 공성(空性)을 나타내고 있는데, 그렇다고 공(空)에 떨어지면 안 된다. 낙공(落空) 역시 선병(禪病)이므로 진공(眞空)과 묘유(妙有)를 잘 포착해야 한다. 선문답은 진정으로 선의 세계를 드러낸 언어라야 한다. 그렇지 못하다면 그것은 결코 깨달음의 문을 열게 하는 열쇠가 될 수 없다. 선시(禪詩)나 오도송도 마찬가지이다. 위의 기준에서 벗어난다면 그것은 음풍농월(吟風弄月)하는 세속인들의 시어(詩語)에 불과하다.

선문답의 의의와 역할은 세 가지 정도이다.

첫째, 스승과 제자 사이의 선문답은 제자로 하여금 깨닫게 하는 역할, 정법안을 열어주는 역할을 한다. 깨닫지 못할 경우에는 더 참구해야 한다.

둘째, 선문답은 깨달음의 여부를 점검하는 역할을 한다. 깨달음을 검증하는 데 어떤 공식이 있는 것이 아니다. 그가 과연 깨달았는지 여부는 아무도 알 수 없다. 오로지 정법안장을 갖춘 선사만이 알 수 있다. 그 검증 방법이 바로 선문답이다. 물론 오도송도 있지만, 그보다는 선문답이 더 정확도가 높다.

셋째, 선문답은 기능적으로 상대방의 경지를 파악하는 역할을 한다. 이 과정을 통하여 하수는 고수로부터 한 수[一着子]를 배우게 된다. 이러한 과정을 통하여 더욱 깨달음의 세계와 거리를 좁히게 된다.

당송시대 선어록이나 전등사서에 등재되어 있는 선승들의 오도기연(悟道機緣, 깨닫게 된 계기)을 살펴보면, 거의 대부분 선문답을 통하여 깨달았음을 알 수 있다. 또 영운도화(靈雲桃花)나 향엄격죽(香

嚴擊竹)과 같이 사물의 변용을 보고 깨달은 기연(機緣)도 있다. 그러나 뜻밖에도 좌선을 하다가 깨달았다는 선승이나 용맹정진을 하다가 깨달았다는 선승은 찾아볼 수가 없다. 이것은 무엇을 말하는가? 남악마전(南嶽磨塼)의 공안에서도 시사하는 바와 같이 무조건 오래 앉아 있는다고 해서 깨닫는 것은 아니기 때문이다.

선문답은 오늘날 일반적인 상식이나 논리로 전개되는 대화(토론) 방식과는 사뭇 다르다. 세속적인 대화는 지식·논리 등을 바탕으로 전개되지만, 선은 지식과 논리가 닿지 못하는 피안의 세계에 있다. 그러므로 대화 방식도 다를 수밖에 없다. 자신의 진실한 모습, 실존적인 모습을 직시하게 하는 것이 선이다.

중국 선종사에서 깨달은 선승은 수천 명이지만, 한 산문(山門)을 개창한 이는 30여 명 정도에 지나지 않는다. 쇠를 녹여서 유용한 쟁기를 만드는 일은 노련한 대장장이가 아니면 안 되듯이, 중생을 부처로 만드는 일은 정법안장을 갖춘 종장(宗匠)이 아니면 안 된다.

28장 고칙·공안·화두
- 깨달음으로 가는 직선로 -

1. 고칙(古則)과 공안

참선수행자로 하여금 분별심과 번뇌 망상으로부터 벗어나 깨달음을 이루게 하는 수단(手段) 또는 교육용 과제를 '고칙(古則), 공안(公案), 화두(話頭)'라고 한다. 참선자에게 주는 과제 혹은 관문 같은 것으로, 깨닫고자 하는 자가 참구해야 할 언구(言句)이다.

'고칙(古則)'이란 바꿀 수 없는 오래된 법칙이라는 뜻으로, 참선수행의 궤칙(軌則), 준칙이 되는 불조(佛祖)의 언구를 가리킨다. 후학들에게 조사나 선사가 깨달은 기연(機緣)이나 언구는 곧 참선 오도(悟道)의 법칙(法則), 또는 준칙이 되기 때문에 고칙이라고 한 것이다.

공안(公案)이란 공부(公府, 관청)의 안독(案牘, 공문서)에서 '공(公)'과 '안(案)'을 따서 만든 합성어이다. 그 뜻은 법령(法令), 율령(律令), 판결문(判決文), 상부(上府)의 공문(公文) 등을 가리킨다. 국가에서 제정한 율령이나 법령 등은 반드시 준수해야 할 법이다. 참선수행자도 이것을 법칙으로 삼아서 참구해야만 깨달음의 정도(正道)로 갈 수 있다는 뜻에서, 옛 선승이나 조사선지식의 오도 기연(悟道機

緣)을 '공안'이라고 하게 된 것이다.

원대의 선승 천목중봉(天目中峰, 1263~1323)은 『산방야화(山房夜話)』에서 공안의 어의에 대하여 다음과 같이 정의하고 있다.

> 공안이란 곧 공부(公府, 관청)의 안독(案牘, 공문서)에 비유한 것이다. 왕도(王道)의 치란(治亂)은 실로 법에 달려 있다. 공(公)이란 곧 성현(聖賢)의 공통된 궤철(軌轍)로 천하의 모든 사람들이 함께 그 길을 가는 지극한 이치이다. (그리고) 안(案)이란 성현들이 그 바른 이치(방법)를 기록한 정문(正文)이다. 천하를 소유한 자(군주)는 공부(公俯, 관청)을 설치하지 않을 수 없고 관청을 설치했다면 법령이 없을 수 없다. (……) 불조(佛祖)의 오도기연을 공안이라고 한 것도 그와 같은 것이다.[1]

『벽암록(碧巖集)』 삼교노인(三敎老人)의 서문(序)에는 "조사가 가르친 글을 공안이라고 한다. 당나라 때부터 시작하여 송대에 크게 성행했는데, 그 유래는 오래되었다. 공안 두 글자는 세속법에 관리[吏]들의 공문서[牘]를 가리키는 말이다."[2]라고 나온다.

운서주굉의 『정화집(正訛集)』에는 "공안이란 공부(公俯)의 안독이다. (공안이란) 시비를 판단하여 가리기 때문이다. 여러 조사들의 문답기연도 생사를 부단(剖斷, 옳고 그름을 판단)하기 때문에 공안이라고 이름한 것이다."[3]라고 말하고 있다.

---

1) 天目中峰, 『山房夜話』. "公案乃喻公府之案牘也, 法之所在而王道之治亂實係焉. 公者乃聖賢一其轍, 天下同其途之至理也. 案者乃記聖賢爲理之正文也. 凡有天下者, 未嘗無公府. 有公府者, 未嘗無案牘. (中略) 夫佛祖機緣, 目之曰公案亦爾."(선림고경총서 2, 『산방야화』, p.240, 장경각)
2) 원오극근, 『碧巖錄』三敎老人序. "祖敎之書, 謂之公案者, 唱於唐而盛於宋, 其來尙矣. 二字乃世間法中, 吏牘語."
3) 운서주굉, 『正訛集』. "公案者, 公府之案牘也. 所以剖斷是非而諸祖問答機緣, 亦只爲剖斷生死, 故以名之."

대표적인 고칙, 공안은 『벽암록』에 수록되어 있는 100칙과 『무문관』 48칙(이상 임제·간화계통의 공안집)이 있다. 그리고 묵조선 계통의 공안집인 『종용록』(100칙)이 있다. 우리나라는 임제·간화계통의 선풍(禪風)을 따르고 있기 때문에 『벽암록』과 『무문관』만 보고 『종용록』은 거의 보지 않는다. 그 밖에도 대혜종고의 『정법안장』·『불과원오격절록』, 고려 진각혜심의 『선문염송』 등이 있다. 이 가운데서 납자들이 가장 많이 참구하는 고칙, 공안은 『무문관』 48칙에 집약되어 있다.

2. 화두(話頭)

화두(話頭)는 선문답을 뜻하는데 원의(原義)는 '말' '대화(對話)'를 가리킨다. 그리고 '두(頭)'는 문어체에서는 '머리' '처음' 등을 뜻하지만, 구어체인 선어록에서는 접미사의 역할을 한다. 『설봉의존어록(雪峰義存語錄)』에서 그 사실을 확인해 볼 수 있다.

> 설봉이 어느 날 원숭이를 보고 말했다. "이 원숭이들은 모두 각각 한 개의 고경(古鏡. 불성, 본래면목)을 짊어지고 있네." 삼성이 말했다. "수많은 겁(歷劫) 동안 이름을 붙일 수 없었거늘 어째서 고경(古鏡, 옛 거울)이라고 표출하십니까?" 설봉이 말했다. "거울에 흠집이 생겼구나." 삼성이 말했다. "천오백명의 대중을 지도하고 있는 선지식(설봉)이 말뜻도 못 알아듣습니까(話頭也不識)?" 설봉이 말했다. "내가 주지 일에 번다해서."[4]

---
4) 雪峰義存, 『眞覺禪師語錄』 3권. "雪峰, 一日見獼猴, 乃云. 這獼猴, 各各背一面古鏡. 三聖便問. 歷劫無名, 何以彰爲古鏡. 峰云, 瑕生也. (三)聖云, 一千五百人善知識, 話頭也不識. 峰云. 老僧住持事繁."(대정장 47권, p.691b)

다음은 임제 선사와 명화 화상(明化和尙)의 문답이다.(『임제록』 54단).

> 임제 선사가 명화 화상을 찾아갔다. 명화 화상이 물었다. "왔다 갔다. 무엇을 하는 것인가?(왜 쓸데없이 왔다 갔다 하는가?)" 임제 선사가 말했다. "다만 한갓 짚신만 떨어뜨리고 있을 뿐입니다(행각 수행을 하고 있다는 뜻)." 명화 화상이 말했다. "그래가지고 무엇을 하겠다는 것인가?" 임제 스님이 말했다. "이 노인네는 말귀도 못 알아듣는군(老漢話頭也不識)![5]

위의 두 인용문에서도 확인할 수 있듯이 '화두야불식(話頭也不識)'은 '말귀도 모른다.' 또는 '말뜻도 못 알아듣는다'는 뜻이다. 따라서 화두(話頭)는 곧 말과 대화를 뜻하고 그 대화란 곧 선문답을 가리킨다. 현대 한어에서도 화두는 말과 대화를 가리킨다.

사찰의 소임 가운데 끝에 '두(頭)'자가 들어가 있는 소임이 있다. '종두(鐘頭)', '욕두(浴頭)', '원두(園頭)', '갱두(羹頭)' 등으로 여기서 '두(頭)'는 모두 접미사이다. 어떤 사전에는 화두(話頭)를 '말머리(話頭)'라고 한 곳도 있다.

3. 공안과 화두의 차이

참선 수행자의 정신적인 병통(집착, 사량분별심 등)을 뚫어 주기 위한 교육용 수단, 또는 고정관념으로부터 벗어나게 하는 일침(一針)

---

5) 『임제록』 行錄. "到明化. 化問, 來來去去作什麼. 師云, 祇徒踏破草鞋. 化云, 畢竟作麼生. 師云, 老漢 話頭也不識."(대정장 47권, p.506b)

의 극약처방이 공안과 화두이다. 따라서 공안과 화두는 동의어이다. 굳이 두 용어의 성격을 구분해 보자면, 공안은 선문답 전체를 가리키고, 화두는 그 가운데 선사(禪師)의 답어를 가리킨다고 할 수 있다. 구자무불성화(무자공안)를 예로 들어 보자.

> 僧問趙州. 狗子還有佛性也無. 州云. 無. 僧云. 一切衆生, 皆有佛性, 爲什麽狗子無佛性. 州云. 他有業識性在.
> 어떤 납자가 조주 선사에게 여쭈었다. "선사, 개에게도 불성이 있습니까, 없습니까?" 조주 선사가 말했다. "무(無, 없다)." "일체중생은 다 불성을 갖추고 있다고 했는데 어째서 개에게는 없다는 것입니까?" 조주가 말했다. "개에게 업식성(業識性=근본적인 무명)이 있기 때문이다."[6]

이상의 선문답에서 처음부터 끝까지 전체 단락을 '공안'이라고 할 수 있고, 조주 선사의 답어(答語) 가운데 핵심구인 '무(無)' 한 글자는 '화두'라고 할 수 있다. 공안과 화두의 쓰임새를 보면, 공안은 선문답 전체를 가리키고 있지만 화두는 그 가운데 핵(核)이 되는 한 구(句), 즉 선사의 답어(答語)를 뜻하고 있기 때문이다.

공안과 화두에 대하여 중국의 선학자(禪學者)들은 앞과 같이 구분하고 있는 편이고, 우리나라와 일본 학자들은 구분하지 않는 편이다. 공안=화두로 보고 있다. 다만 우리나라는 공안보다는 '화두'라는

---

[6] 『古尊宿語錄』 25 『신찬속장경』 68권, p.167b.
『대승기신론』에 의하면 업식성(業識性)이란 무명의 힘에 의하여 미혹한 마음이 일어나는 것을 말한다. 무지(無知), 무명(無明) 때문에 미혹한 망상심이 일어나는 것이 업식이다(名爲業識, 謂無明力, 不覺心動故.『대승기신론』, 대정장 32권, p.577b). 따라서 업식은 중생심이며, 불성이 아니다. 업식성이 있다면 깨달을 수 없다는 것이다.

말을 더 많이 쓰고, 일본에서는 화두보다는 '공안'이라는 말을 더 많이 쓴다.

4. 화두 참구의 두 가지 방법

화두 참구에 두 가지 방식이 있다. 대혜종고(大慧宗杲, 1089~1163)의 방식과 몽산덕이(蒙山德異, 1231~1308?)의 방식이다(이것은 주로 우리나라의 경우이다).

대혜종고 방식은 단제참구(單提參句)로서 오로지 '무(無)'라는 한 글자만 참구하는 것이고(但看話頭. 妄念起時, 但擧箇無字), 몽산덕이의 방식은 전제참의(全提參意)로서, 조주가 왜 '무'라고 했는지 그 전체적인 뜻을 참구하는 것이다(趙州因甚道無, 意作麼生. 參趙州因甚道箇無字).

대혜종고는 "번뇌 망념 등이 일어날 때는 오로지 이 '무' 한 글자를 들라(妄念起時, 但擧箇無字)." "다만(但, 只)" 또는 "오로지 이와 같이 참구하라(但只如此參)."고 하여 '무'라는 한 글자만 참구하라고 말하고 있다. 즉 대혜 선사는 '무(無)'라는 한 글자로 모든 번뇌 망상과 사량분별심 등을 퇴치시켜 버리라는 것이다. 따라서 그 기능이나 목적은 무자화두 삼매를 통하여 번뇌 망상을 물리치는 데 있다고 할 수 있다.

반면 몽산덕이 방식은 '왜 무인가?' '조주가 무(無)라고 했는데 그 뜻은 무엇인가?'라고 참구하는 것이다. 그래야 깨닫게 된다는 것이다.

이상과 같이 화두 참구 방법에는 '그냥 무(無)자만 참구하라'는 대혜종고 방식과, '조주 선사가 무(無)라고 했는데, 왜 무라고 했는지 그 뜻을 참구해야 한다'는 몽산덕이 방식의 두 가지가 있다.

우리나라 선원에서는 대혜종고 방식보다는 거의가 원대의 선승인 몽산덕이 방식을 따르고 있다. 이 두 가지 방식을 고찰해 본다면 대혜방식은 상근기가 아니면 의단(疑團, 문제 의식)을 형성하기가 용이하지 않다. 그러나 의리선으로 빠질 가능성은 적고, 몽산 방식은 의단은 형성하기는 쉬우나 의리선에 빠질 가능성이 높다. 대혜 방식은 번뇌망상 퇴치에 주안점을 두었고, 몽산 방식은 의미 참구에 주안점을 둔 것으로 보인다.

29장 선(禪)과 시(詩)의 세계
- 문자와 비문자(非文字)의 만남 -

1. 선시(禪詩)와 시(詩)의 차이

선(禪)은 문학이 아니다. 선은 불립문자, 언어도단의 영역이다. 그래서 선사들은 '개구즉착(開口卽錯)'이라고 한다. 입을 여는 그 순간 벌써 선의 본질과는 어긋난다는 뜻이다. 선의 세계와는 거리가 멀어진다는 뜻이다.

노자는 『도덕경』 제1장에서 "도(道)를 '도'라고 말할 수 있다면 그것은 영원한 도(진리)가 못 되고, 뭐라고 명명(命名)할 수 있다면 그것은 불변(不變)의 이름이 될 수 없다(道可道 非常道, 名可名 非常名)."고 했다.

그러나, 그러함에도 불구하고 당송 이래 많은 선승들은 탈속 무애한 선시(禪詩)를 남겼다. 선은 언어문자로 표현될 수 있는 것이 아니었지만, 언어문자를 떠나서는 전할 수도 없고, 설명할 수도 없고, 표출할 수도 없었다. 선승들은 시(詩)라는 도구를 빌려서 심오한 무언(無言)의 세계, 언어도단의 세계를 표현해 냈다.

선(禪)의 세계, 깨달음의 세계에 대하여 읊은 시(詩)를 '선시(禪詩)' 또는 '게송(偈頌, 시구)'이라고 한다. 문학의 백미가 시(詩)이듯, 선시는 선문학의 백미이다.

선시에는 깨달음의 순간을 노래한 오도송(悟道頌), 고준(高峻)한 선의 경지를 읊은 격외시(格外詩), 죽음을 앞에 두고 읊는 임종게·열반송(涅槃頌), 그리고 일상 속에서 선취(禪趣)를 느낄 때 읊은 선미시(禪味詩) 등이 있다.

그러나 어떤 것이든 선시는 기본적으로 '탈속함'이 있어야 한다. 탈속하지 못하다면 그것은 선사(禪師)의 언어가 아니다. 깨달았다고 하는 선승의 언어가 이별·슬픔·고독·그리움·늙음·허무 등 인간적인 애잔한 감상을 담고 있다거나, 중생적인 정(情)이나 감성 혹은 음풍농월(吟風弄月)적인 내용을 담고 있다면, 그것은 세속의 명시(名詩)는 될 수 있어도 선시는 될 수 없다. 부처의 실체인 '반야지혜'가 활동하고 있는 게송이라고 할 수 없다.

그러면 여기서 세속적인 시와 선시가 어떻게 다른지, 몇 편을 감상한 다음 그 차이점에 대하여 이야기해 보기로 하겠다. 먼저 시선(詩仙)으로 널리 알려진 이백(李白, 701~762)의 시(詩)이다.

(1) 이백의 정야사(靜夜思: 고요한 밤에)

침상 앞에 쏟아지는 달빛
문득 마당에 서리가 내린 것인가 생각했네
고개를 들어 산봉우리에 걸린 달을 보네
고개를 숙여 고향을 그리워하네

床前看月光 疑是地上霜
擧頭望山月 低頭思故鄕

이백은 당송 팔대가의 한 사람이다. 그는 이상과 현실의 괴리에서 오는 울분을 삭이며 중국 전역을 방랑했다. 이 시는 당시 그의 심정을 잘 드러낸 대표적인 시(詩)로 평가받고 있다.

1, 2구는 침상 앞에 비치는 교교한 달빛과 서리를 통해서 늦가을 밤의 고독을 표현하고 있고, 이어 3, 4구는 고향과 가족에 대한 그리움을 표현하고 있다. 이 시는 절제된 언어로 고독과 그리움을 탁월하게 형상화한 명시(名詩)로 손꼽힌다.

이 시 속에는 방랑에서 오는 고독감, 그리고 가족과 고향에 대한 그리움이 짙고 애잔하게 드리워져 있다. 읽고 나면 왠지 마음이 울적해진다. 고향과 가족이 눈앞을 가려 더욱 수심(愁心)을 깊게 한다.

다음은 고려 후기의 문인인 이규보(李奎報, 1168~1241)의 시이다. 이규보의 대표작에 속한다.

(2) 이규보의 영정중월(詠井中月: 우물 속의 달)

산에 사는 스님 달빛이 탐나서
물병 속에 물과 함께 길어 가누나
암자로 돌아가면 비로소 깨달으리
물 쏟아 부으면 달도 공(空)인 것을

山僧貪月色　并汲一瓶中
到寺方應覺　瓶傾月亦空

이 시는 '탐욕은 결국 모두 공(空)이 되어 버린다'는 것을 잘 묘사하고 있는 시이다. 산에 사는 무욕한 스님, 우물에 비친 달빛이 매우 청아해서 물과 함께 그 달빛을 병 속에 담아 가지고 가지만[貪], 암자에 이르러 물을 부으면 달도 함께 공(空)한 세계로 돌아가 버린다는 것이다.

1, 2구는 달빛이 매우 좋아 탐내고 있는 모습이 무척 아름답고 순수하게 그려진다. "달빛이 탐나서", "물병 속에 물과 함께 길어 가누나"는 문학적으로도 뛰어난 표현이다. 그러나 여전히 탐(貪)에 젖어 있다. 모든 것은 허망한 것, 공이라는 사실을 아직은 모르고 있다. 그런데 3, 4구에서는 "암자로 돌아가면 비로소 깨달으리/물 쏟아 부으면 달도 공(空)인 것을"이라고 하여, '일체는 공(空)이요, 허망한 것'이라는 사실을 일깨워주고 있다. 이 시는 문학적 표현도 뛰어나지만, 그 속에 공사상이 심도 있게 표현되어 있다.

이 두 시를 비교해 본다면 이백의 시는 그리움·고독 등 애잔한 감상들이 마음의 저층(底層)을 흔들고 있고, 이규보의 시는 독자들에게 탐욕·애착 등 세속적인 것은 모두 무상한 것, 공(空)한 것임을 일깨워 주고 있다. 이백의 시는 문인의 시로서는 극치라고 할 수 있으나 이 시를 읽고 있노라면 웬지 마음이 심란해진다. 방안을 배회하게 된다. 반면 이규보의 시는 문학성도 높지만 선시로서도 백미이다. 당송팔대가를 능가하는 선시(禪詩)라고 할 수 있다.

2. 선시의 백미

(1) 천동여정(天童如淨)의 '풍령(風鈴)'

남송 때 천동여정(天童如淨, 1163~1228) 선사가 지은 '풍령(風

鈴)'이라는 시가 있다(흔히 반야송이라고도 하나 원래는 풍령임). 풍경 소리가 반야를 노래하고 있다고 표현한 시(詩)다.

> 온 몸 입이 되어 허공에 걸려
> 동서남북 바람 아랑곳 않고
> 한결 같이 중생들에게 반야를 노래하네
> 땡그랑 땡, 땡그랑
>
> 通身是口掛虛空 不管東西南北風
> 一等與渠談般若 滴丁東了滴丁東

이 선시는 선의 직관력이 뛰어난 시이다. 시상(詩想)은 물론, 문학적 표현도 뛰어나다. 천동문하에서 수행한 영평도원(永平道元, 1200~1253)은 이를 선시로서 최고의 격을 갖춘 시라고 평하였다. 도원은 이 선시에 감동되어 여정을 스승으로 삼았다는 소문이 있을 정도이다.

선시(禪詩)는 기본적으로 두 가지를 갖추어야 한다. 탈속(脫俗)과 문학성이다. 탈속적이기는 한데 문학성이 없으면 읽는 재미가 떨어진다. 문학성만 있고 탈속적이지 못하면 그것은 선승의 시가 아니다. 오도송이나 선시는 불이(不二), 만법일여, 무심, 무집착, 진공묘유를 담고 있어야 한다. 따라서 선시는 '선과 시(詩)'라는 두 장르가 결합되었을 때, 선종사(禪宗史)와 함께 빛나는 보석이 된다.

선시 한 구를 더 보도록 하자. 우리에게는 너무나 잘 알려진 선시이다.

(2) 선자덕성(船子德誠)의 천척사륜(千尺絲綸)

천 길의 낚싯줄 곧게 드리우니
한 물결 일어나자 만파 일어나네.
밤은 고요하고 물 차서 고기는 물지 않고
배에 가득 공(空)을 싣고 밝은 달밤에 돌아오네.

千尺絲綸直下垂 一波纔動萬波隨
夜靜水寒魚不食 滿船空載月明歸

이 시는 당대(唐代)의 선승인 선자덕성(船子德誠, 미상)의 게송이다. 남송 때 야보 선사가 금강경에서 다시 읊은 이후 야보의 게송으로 많이 알려져 있으나 선자덕성의 게송이 맞다.

강물 위로 달빛이 쏟아지고 있는 밤이다. 일파는 만파(萬波)가 된다. '마음이란 마치 그림을 그리는 화가와 같다(心如工畵師)'는 화엄경의 명구와 같이 일체 현상은 마음으로부터 시작한다. 심생종종법생(心生種種法生)이고 심멸종종법멸(心滅種種法滅)이다.

1, 2구는 매우 문학적이다. 시어(詩語)를 빌려서 마음을 표현하고 있다. 여느 시와 큰 차이가 없어 보인다. 3구는 고요한 적멸의 경지이다. 1, 2구의 '일파만파'는 3구에서는 완전히 고요 그 자체이다. 4구에서는 배에 공(空)을 가득 싣고 밝은 달 속에 돌아오고 있다.

조금은 감상적인 것 같은데도 전혀 그렇지가 않다. 번뇌 망념이 끼어들 틈이 없다. 특히 "배 가득히 공(空)을 싣고 돌아오네(滿船空載月明歸)"라는 표현은 압권이다.

선시는 조금도 가식(假飾)이 있어서는 안 된다. 가식은 인위(人爲)이고 인위는 불성(佛性)과 거리가 멀다. 또 선시 속에는 자기(自己)가 있어서도 안 된다. 인간적인 감정이 들어가 있어서도 안 된다. 선시는 무아(無我)·공(空)이어야 한다. 그리고 쓰이는 언어는 번뇌 망상을 제거해 주는 청아한 언어라야 한다.

(3) 야보 선사의 게송-죽영소계(竹影掃階)

　　대나무 그림자가 섬돌을 쓸어도
　　먼지 하나 일어나지 않고
　　달빛이 연못 밑을 뚫어도
　　물에는 흔적 하나 없네.

　　竹影掃階塵不動 月穿潭底水無痕

이 시는 『금강경 오가해』에 있는 야보선사의 게송인데 매우 문학적이다. 계절은 가을, 깊은 밤을 배경으로 한다. 그런 적요한 야밤에 대나무 그림자가 섬돌을 쓸고 있다. 시상(詩想)도 기막히지만, 선(禪)의 세계에 대한 표현도 대단히 심오하다. 그림자가 섬돌을 쓸고 있으니 애시 당초 먼지가 일어날 까닭이 없다. 무심(無心), 본공(本空), 일체무(一切無)의 입장이다. 번뇌가 한 점도 없는 진여자성의 경지라고 할 수 있는데, 개구즉착(開口卽錯)이다.

2구의 '달빛이 연못 속을 뚫어도 물에는 흔적이 없다'는 표현 역시 입을 다물지 못하게 한다. 앞과 같은 맥락으로 매우 격조 있는 선시이다. 달빛이 극도로 교교(皎皎)해서 물속을 뚫고 있다. 이런 달빛은 산도 충분히 뚫을 것이다. 고준한 선시를 가까이 하면 마음이 저절로 청량해지고, 인격에도 한층 도움이 된다. 물론 한 구의 선시에서 언하대오(言下大悟)하는 경우도 적지 않다.

선승이 읊은 시(詩)라면 모두 선시라고 할 수 있을 것이다. 그러나 탈속하지 못한 선시, 품격이 떨어지는 선시도 있다. 선시는 무엇보다도 선지(禪旨), 선의 경지, 선의 세계를 오롯이 드러낸 시(詩)라야 한다.

3. 선시의 기준

선시의 기준은 법신, 반야(般若), 공(空), 불성사상을 드러낸 시라야 한다. 무아(無我)·공(空)·중도(中道)·불이(不二)를 바탕으로 무심(無心)·무집착(無執着)·몰종적(沒蹤迹)·일체유심조·불립문자·언어도단 등의 세계를 드러내야 한다.

그렇다고 허무나 공(空)·무상에 빠져 버리면 그것은 낙공(落空)으로 선병(禪病)의 하나이다. 가장 뛰어난 선시는 공(空)과 불공(不空), 진공(眞空)과 묘유(妙有)를 함께 드러낸 시(詩)여야 한다. 공(空)이지만 불공의 이치를, 진공 속에 묘유의 이치를 드러낸 시가 뛰어난 선시라고 할 수 있다.

선시는 선문학의 꽃이다. 그 가운데서도 설두중현(960~1052)의 송고(頌古)는 고칙, 공안의 의미를 시구 형태로 읊은 것인데 난해하면서도 문학적으로는 매우 뛰어나다. 설두로부터 비롯된 송고(頌古)라는 새로운 장르는 당송시대 시문학계를 흔들어 놓았다. 전대미문의 장르로 꽃핀 선시의 르네상스 시대가 열리자 당송의 사대부들과 문인들은 선종사원에서 시상(詩想)을 찾았다.

선(禪)과 시(詩), 시와 선에 대하여 처음으로 체계적으로 천착한 사람은 남송 말기의 이론가인 엄우(嚴羽, 1197?~1253?)이다. 그는

『창랑시화(滄浪詩話)』에서 "선의 목적은 오직 묘오(妙悟)에 있다(禪道惟在妙悟). 시(詩)의 목적도 묘오에 있다(詩道亦在妙悟)"라고 하여, 선과 시 모두 그 궁극적인 목적은 '묘오(妙悟)에 있다'고 정의했다. '묘오(妙悟)', 그것이 바로 '시선일여(詩禪一如)' '시선일치(詩禪一致)'의 요체라고 할 수 있다. 또 그는 선시는 "성당(盛唐, 765년) 때까지가 가장 뛰어났고(第一義), 만당(晩唐, 835년) 이후는 격이 떨어진다(第二義)"고 평했다.

30장 선종사원의 차문화
- 다선일미(茶禪一味), 다선일여(茶禪一如) -

1. 차(茶)와 선, 끽다거(喫茶去)의 의미

'차(茶)와 선은 그 세계가 하나, 한 맛(茶禪一如, 茶禪一味)'이라고 한다.

선종사원에서 '끽다'는 '다반사(茶飯事)', '일상다반사(日常茶飯事)', '항다반사(恒茶飯事)'라는 말에서도 알 수 있듯이, 일상이었다.

선(禪)이 중국 천하를 석권하는 중당(中唐), 만당(晚唐) 때가 되면 차(茶)는 더욱 깊숙이 선(禪)으로 들어와 다선일여(茶禪一如)의 세계를 형성한다. 기호식품의 하나였던 차를 선의 정신세계 속으로 끌어올린 것은 단연 선승들이었다. 차는 선을 만나서 정신적 영역을 확충했고, 선은 차를 만나서 문화적 지평을 넓혔다고 할 수 있다.

송대가 되면 차문화는 선원총림뿐만이 아니고 일반에서도 크게 유행하기 시작한다. 차는 사찰과 황실, 사대부의 가정을 벗어나서 도심 한 가운데로 진출한다. 다관(茶館)이 음식점이나 주섬(酒店)보다도 더 많을 정도였고, 심지어는 지방의 작은 마을에도 차를 파는 다방이 있을 정도였다.

중국 선종사에서 처음으로 차(茶)를 공안(公案; 선문답) 속으로 끌어들인 선승은 무자화두로 유명한 조주 선사(趙州禪師, 778~897)이다. 그는 지극히 흔한 일상사(日常事, 尋常事)의 하나에 불과한 '끽다거(喫茶去)'라는 다어(茶語)로 납자들의 발길을 멈추게 했다. 그의 끽다거는 단순한 끽다거가 아니고, 선의 진의(眞義)를 묻는 '여하시 조사서래의(如何是祖師西來意)'와 같은 말이 되어 '조주끽다(趙州喫茶)'라는 공안을 낳았다.

어느 날 한 납자가 조주 선사를 찾아왔다. 조주 선사가 물었다. "혹시 전에 여기에 와 본 적이 있소이까?" "네, 온 적이 있습니다." "아 그렇소. 차나 한잔 마시시오." 다음 날 또 다른 납자가 찾아왔다. "여기 와 본 적이 있소?" "아니 처음입니다." "아, 그렇소. 차나 한잔 마시시오"

원주가 답답해서 여쭈었다. "선사, 어째서 와 본 적이 있다는 납자에게도 '차나 한잔 마시라'고 하시고, 온 적이 없다는 납자에게도 '차나 한잔 마시라'고 하시는 것입니까?" 그러자 조주 선사가 "원주"하고 불렀다. 원주가 "예"하고 대답하자 "자네도 차 한잔 마시게."라고 하였다.[1]

조주의 차는 무슨 차인가? 결국 조주의 끽다거는 일체 사량 분별을 절단시켜 버리는 희귀한 차(茶)라고 할 수 있다. 언설(言說)과 분별이 미치지 못하는 차(茶)로서, '덕산방(棒)', '임제할(喝)'과 같은 차이고, '살인도(殺人刀)', '활인검(活人劍)'의 차(茶)라고 할 수 있다.

중국 선종사원에서 '끽다(喫茶)', '끽다거(喫茶去)'는 항상 있는 심

....
1) 『禪宗頌古聯珠通集』 제20권. "趙州問新到. 曾到此間麼. 曰曾到. 師曰. 喫茶去. 又問僧. 僧曰. 不曾到. 師曰. 喫茶去. 後院主問曰. 為甚麼, 曾到也云喫茶去, 不曾到也云喫茶去. 師召院主. 主應喏. 師曰. 喫茶去."(신찬속장경 65권, p.594b)

상사(尋常事)의 하나이고, 일상의 하나이다. 즉 '선'이란 행주좌와(行住坐臥, 일상의 거동), 착의끽반(着衣喫飯, 옷을 갈아입고 밥 먹고), 아시송뇨(屙屎送尿, 소대변 보는 일), 그리고 대인접화(對人接話, 객승과의 대화)의 일상에서 벗어난 다른 특별난 것이 아니라는 뜻이다. 사량 분별을 떠나 차를 마시고 있는 지금 이 순간, 바로 그것이 조주끽다(趙州喫茶)의 의미일 것이다.

중국 선승들은 차를 매우 애호했다. 눈을 뜨면 차 한잔이 일상이었는데, 산사의 차향(茶香)과 차색(茶色), 그리고 차(茶)의 그윽한 맛은 언설불급처(言說不及處)의 세계, 청정한 세계였다. 동시에 선의 세계 역시 번뇌 망상을 떠난 청정(淸淨)한 세계, 언어도단의 세계가 아닌가?

차(茶)는 좌선 중에 쏟아지는 수마(睡魔)를 쫓고 신심(身心)을 청정하게 해 주며, 소화기능을 돕고, 구취(口臭) 등 몸의 냄새를 제거해 주는 기능을 한다. 그리고 금주(禁酒)의 도량에서 빈객을 접대할 수 있는 격조 있는 유일한 식품도 차였다. 또 차는 대화의 매개체이자 담론의 주제이기도 했다.

2. 차(茶)의 대화, 설봉과 암두

당말의 유명한 선승 설봉의존(雪峰義存, 822~908)과 암두전활(巖頭全豁, 828~887), 그리고 흠산 선사(欽山禪師)가 함께 행각을 하다가 어느 찻집에서 차(茶) 한 잔을 놓고 선문답을 했다. 『전등록』 17권 흠산문수(欽山文邃) 장(章)에 나온다.

흠산 선사가 암두, 설봉과 함께 강서(江西) 지방을 지나가다가 어느 찻집에서 차를 마시게 되었다(到一茶店內喫茶).

흠산이 말했다. "전신통기(轉身通氣)를 할 줄 모르는 사람은 오늘 차를 마실 수 없도록 합시다." 암두가 말했다. "그렇다면 나는 결정코 차를 마시지 않겠소." 설봉이 말했다. "나도 그렇소." 이에 흠산이 말했다. "두 노인네가 말 귀도 못 알아듣는군!" 하고는 일어섰다.

암두가 말했다. "어디로 가는가?" 흠산이 말했다. "자루 속에 있는 늙은 갈까마귀는 살아 있어도 죽은 것이나 마찬가지요(당신들은 그와 같다는 뜻)." 암두가 말했다. "뒤로 물러서시오. 뒤로 물러서." 흠산이 말했다. "암두사형은 그렇다 치고, 존공(存公, 의존 사형)의 뜻은 어떻습니까?" 설봉이 손으로 원상을 그렸다. 흠산이 말했다. "묻지 않을 수 없군." 암두가 '하하' 하고 웃으면서 말했다. "너무 빗나갔군." 흠산이 말했다. "입이 있어도 차를 마시지 못하는 자들이 많구나!" 암두와 설봉은 함께 말이 없었다[良久].[2]

재미있는 대화다. 여기서 차(茶)란 반야지혜 작용의 하나로 등장한다. 정신적 질병에 걸려서 전신통기(轉身通氣)를 할 줄 모르는 자는 차를 마실 자격이 없다는 것이다. 물론 이것은 흠산의 농담이다. 이에 암두와 설봉이 "그렇다면 나는 차를 마시지 않겠다."고 하자 흠산은 "이 노인네들(암두, 828~887. 설봉, 822~908)은 말뜻이 어디에 있는지도 모르고 있다."고 핀잔을 주고 있는데, 선문답도 할 줄 모르

----

[2] 『전등록』 17권, 「欽山文邃」. "師與嚴頭雪峰因過江西, 到一茶店內喫茶次. 師日. 不會轉身通氣者, 今日不得茶喫. 嚴頭日. 若恁麼, 我定不得茶喫. 雪峰云. 某甲亦然. 師日. 這兩人老漢, 俱不識語在(오등회원 13권에는 話頭也不識임. 말귀도 모르는구나!). 嚴頭云. 什麼處去也. 師日. 布袋裏老鴉雖活如死. 嚴頭云. 退後著退後著. 師日. 豁兒且置, 存公作麼生. 雪峰以手畫箇圓相. 師日. 不得不問. 嚴頭呵呵云太遠生. 師日. 有口不得茶喫者多. 嚴頭雪峰俱無語."(대정장 51권, p.340b)

는 재미없는 늙은이들이라는 뜻이다. 이래가지고 어떻게 같이 행각(만행, 여행)을 할 수가 있단 말인가? 여행도 죽이 맞아야 하지.

다음은 함께 차를 마시면서 선문답을 하고 있는 장면이다. 『동산록』에 있다.

> 암두와 설봉, 흠산이 함께 앉아 있을 때에 동산양개 화상이 차를 돌렸다. 흠산은 곧 눈을 감았다. 그러자 동산이 물었다. "어디로 갔는가?" 흠산이 말했다. "선정에 들어 있습니다." 동산이 말했다. "선정은 본래 문이 없거늘[無門] 어느 곳으로 들어갔다는 것인가?"[3]

차를 따라 주었는데도 흠산이 차는 마시지 않고 선정에 들은 것처럼 앉아 있으니, 이야말로 꼴불견이다. 동산은 그것을 알아차리고 흠산에게 주인공은 어디로 갔냐고 물은 것이다. 흠산이 지금 자신은 선정에 들어 있다고 하자 선정이란 정해진 문, 들어가는 문이 없는데 어디로 들어갔느냐고 핀잔을 주고 있다. 쓸데없이 엉뚱한 짓 하지 말고 지금 그대의 앞에 있는 차나 마시라는 것이다.

앞의 『전등록』 「흠산문수」 장(章)에서 볼 수 있는 바와 같이, 이미 당말(唐末)의 중국 거리에는 차를 파는 다점(茶店), 즉 찻집(茶店, 다방)이 있었다. 그것은 중국 차문화의 발전 상태를 알 수 있는 자료이다. 당말에 이르러 차는 선이라는 매개체를 등에 업고 곧 다가올 송대를 향해서 문호를 확장하고 있었다.

---

3) 『동산록』. "巖頭雪峰欽山坐次. 師行茶來. 欽乃閉眼. 師曰. 甚麼處去來. 欽云. 入定來. 師曰. 定本無門 從何而入."(대정장 47권, p.514b)

3. 선종사원의 차(茶)

선종의 끽다문화는 송대에 이르면 가람 구성에도 영향을 주어 법당(法堂, 설법당)과 방장 사이에 차를 마시는 다료(茶寮, 茶室), 다당(茶堂), 다실(茶室)이 세워진다. 이로 인하여 종래 승당이나 중료(衆寮, 큰방, 대중방)에서 마시던 차(茶)가 한층 더 격조를 갖추게 되었고, 다선일여(茶禪一如)는 선종사원의 생활 속으로 깊이 들어왔다. 선승들의 생활에서 끽다(喫茶)와 음다(飮茶)는 불가분의 깊은 관계가 되었다.

선종사원에는 전문적으로 차 밭, 즉 다원(茶園)을 가꾸고 관리하는 사람이 있었다. 제다(製茶) 기술도 뛰어났고, 명차(名茶)의 재배와 생산, 그리고 전다(煎茶) 솜씨도 우수했다. "명차(名茶)는 사찰에서 나온다"는 말과 같이, 몽산차(蒙山茶, 한나라 普慧 스님이 만듦)와 벽라춘(水月茶), 무이암차에서도 명성이 높은 수성미(壽星眉)·연자심(蓮子心)·봉미용수 등 명차는 모두 선승들이 만든 차(茶)였다. 선승들은 모두 차(茶)의 명인(名人)이었다고 해도 과언이 아닐 정도다.

차를 달이는 소임을 '다두(茶頭)'라고 한다. 우리나라에서는 '다각(茶角)'이라고 하는데(우리나라에서만 쓰는 말), 하위직으로 주로 법랍이 얼마 되지 않는 신참승들이나 행자들이 맡는다. 그러나 수행에는 다두(茶頭) 소임이 제격이다. 다두 가운데는 승당(선당)의 다두, 방장실의 다두, 수좌료(首座寮, 수좌실)의 다두, 유나실의 다두, 지객료의 다두, 고사(庫司, 원주실)의 다두 등 각 요사마다 다두가 있다.[4] 승당

---
4) 일본 전국시대 와비차(わび茶, 草庵茶)의 명인 센노 리큐(千利久, 1522~1591)는 오다 노부나가(織田信奈)와 토요토미 히데요시(豊臣秀吉)의 다두

의 다두와 방장실의 다두는 주로 신참승이 맡고, 기타 다두는 행자들이 맡는다.

송대 선원총림에서는 다석(茶席, 찻자리), 다탕(茶湯, 찻자리)이 많았다. 다석에는 거의 모든 대중들이 참석한다. 많은 대중이 참석하므로 법도와 질서가 정연해야 하고 고요[寂靜]·정숙해야 한다. 한 사람이라도 자기 자리를 찾지 못해서 우왕좌왕하면 그날 다석은 망친다. 그래서 각자 앉는 자리가 정해져 있는데, 명패를 붙인다.

100명 이상이 함께 차를 마시지만 아무런 소리가 나지 않아야 한다. 방안에서 무엇을 하는지 알 수가 없어야 한다. 선의 마음으로 차를 마시는 것이므로 소란스러워서는 안 된다. 말을 해서는 더욱 안 된다. 그것이 선이고 선차(禪茶)이다. 차와 선의 공통점이라고 한다면 여러 가지가 있겠지만, 그 가운데서도 적정(寂靜)과 정숙, 고요, 청정(곧 空, 번뇌를 비움)이 핵심이다.

선원총림에서 대중들이 하루에 몇 번 차를 마셨는지 자세히 알 수는 없지만, 적어도 점심 공양 후에는 반드시 마셨고, 아침 공양 후에도 마셨음을 알 수가 있다.[5]

다석(茶席)이나 다탕(茶湯)이 있으면 사전에 대중들에게 고지(告知)한다. 그것을 '다탕방(茶湯榜)'이라고 한다. 다탕이 있음을 알리는 방문(榜文, 벽보)으로, 주로 특위다탕의 경우에 붙이는데, 승당 밖 양측 벽과 승당 내 상하 칸에 붙인다. 주지가 내는 차의 방은 상칸

(茶頭)였다. 그는 차를 도(道)의 경지로까지 승화시킨 인물이라고 할 수 있는데, 만년에는 토요토미 히데요시로부터 절복(折腹) 명령을 받고 깨끗하게 절복했다. 한 번만 고개를 숙이면 될 일이었지만, 그는 "자신의 차를 권력자의 손에 더럽히고 싶지 않다."고 말하고 죽었다.

5) 『총림교정청규총요』에는 "아침 공양 후에 차를 마시다(粥後喫茶)"는 말이 있다.

에 붙이고 기타 지사나 두수가 내는 차의 방은 하칸에 붙인다.

아래는 『입중수지(入衆須知)』(남송, 1264년)에 나오는 다방식(茶榜式)인데, 주지(방장, 堂頭)가 수좌와 대중을 위하여 차를 베풀 때 거는 다방식(茶榜式)이다.

茶榜式
堂頭(住持)和尚. 今晨齋退, 就雲堂點茶一中. 特為首座, 暨大衆聊旌(結制解制至節獻歲 或云陳賀名德人甲)之儀, 仍請諸知事, 同垂光伴. 幸甚.

今月 日 侍司 某 敬白.
(『入衆須知』; 신찬속장경 63권, p.561c)

다방식
당두화상(주지)께서 오늘 아침 공양 후 운당(승당)에서 대중들에게 점다(點茶, 차 공양)를 하고자 합니다. 특별히 수좌 및 모든 대중들을 위하여 깃발을 세우는 위의를 행하는데, 모든 지사(6지사, 6두수를 통칭)들을 청하오니 함께 자리를 빛내 주시면 매우 다행이겠습니다.

금월 모일 시사(侍司) 모(某)는 공경히 아룁니다.

다음은 『칙수백장청규』에 있는 다방식(茶榜式)이다. 역시 주지가 지사와 두수 등 중요 소임자들과 대중들을 위하여 여는 찻자리이다.

榜　　　堂頭和尚, 今晨齋退, 就雲堂點茶, 特為新命首.
　　　　聊旌陳賀儀. 仍請諸知事, 大衆. 同垂光伴.
式　　　　　　　　　　　　　　今月 日 侍司 某敬白
(『칙수백장청규』; 대정장 48권, p.1134a)

도원의 『경덕전등록』에는 "새벽에 일어나면 차를 마신다"고 하는 기록이 있는데, 대중 모두가 마신 것인지, 개인적으로 마신 것인지는 알 수 없으나 선승들이 차를 많이 마셨음을 알 수 있다. 그리고 주지는 일년에도 수십 번 찻자리를 마련하는데, 총림의 4절(四節)인 하안거 결제일과 해제일·동지·정월 초하루 날에는 대중 전체가 함께 마시는 대좌탕(大坐湯) 자리를 마련한다.

또 선종사원에서는 '특위차(特爲茶)'라고 하여 특별히 누구누구를 위한 다석이 많았다. 방장이 대중들을 위하여 내는 차(堂頭煎点), 방장이 새로 입방한 납자들을 위하여 내는 차(方丈特爲新掛搭茶), 주지가 신구(新舊) 지사와 두수를 위하여 내는 차, 지사와 두수들이 대중에게 내는 차(茶), 새로 입방한 신도승(新到僧)이 내는 차(茶) 등 『선원청규』와 『칙수백장청규』에 나오는 것만 해도 20여 종이나 된다.

4. 선원총림의 다탕(茶湯)과 다석(茶席)

선종사원에서는 끽다(喫茶)에 따르는 법식, 다법(茶法), 다례(茶禮)를 매우 중시했다. 그래서 괘탑(掛塔, 입방)하고자 하는 납자들은 안거 15일 전에 입방을 완료해야 한다. 다법(茶法), 다례(茶禮)를 익히기 위해서였다.

> 행각승(객승)이 하안거 결제를 하고자 할 때는 반드시 반월 전(半月, 15일 이전)에 괘탑(입방)하여야 한다. 중요한 것은 다탕(茶湯, 차)의 인사(人事)를 창졸(倉卒)하지 않게 하기 위해서이다.[6]

---

6) 장로종색, 『선원청규』 2권, 「結夏」. "行脚人, 欲就處所結夏, 須於半月前掛搭. 所貴茶湯人事, 不至倉卒."(신찬속장경 63권, p.528b) 재정 형편에 따르라(隨家豐儉)는 말은 좋은 다기(茶器)를 살리려고 하지 말라는 뜻이다.

'다탕(茶湯)의 인사(人事)'란 다법(茶法), 즉 끽다의 법도를 말한다. 총림의 찻자리(茶席, 茶湯)는 그 종류만도 20여 종 이상 되었고, 또 차를 마시는 장소나 공간, 좌석 등이 정해져 있었기 때문에 새로 입방하는 납자가 이를 숙지(熟知)하자면 15일 정도가 필요했기 때문이다.

물론 우리나라 선종사원의 경우는 특별히 법도를 갖춘 다석(茶席)이 있는 것이 아니라서 이런 이야기는 부질없다고 생각할 수도 있겠지만, 당송시대 중국 선원의 다석, 다탕의 법도는 매우 중요했고, 일본 선종사원의 다도(茶道)도 선원 생활에서 큰 비중을 차지한다.

장로종색의 『선원청규』에는 객실에서 곧 입방 예정인 객승도 다탕(茶湯, 찻자리)에 참석해야 한다고 규정하고 있는데. 그만치 다법이 중요했기 때문이다.

> "신도(新到, 입방승)는 3일 동안 단과료(객실)에서 머물되, 다탕(茶湯, 찻자리)에는 나아가야 한다." (……) "신도(新到, 입방승)가 산문에 오면 특별히 신도를 위하여 점다(點茶, 차 공양)를 하는데, 그 예(禮)가 극히 엄중하다. 무릇 접송(接送, 영접과 배웅)과 잔탁(盞橐, 茶托. 찻잔을 받쳐 드는 그릇. 끽다의 위의를 뜻함)은 반드시 공손해야 한다. 상하에 읍(揖)을 하되, 거만하게 예의를 잃어서는 안 된다."[7]

"신도(新到, 입방승)가 산문에 오면 특별히 신도를 위하여 점다(點茶, 차 공양)를 한다."는 것은 특위다탕(特爲茶湯) 가운데 하나인 방

---

7) 장로종색, 『선원청규』 10권, 「百丈規繩頌」. "新到三日內, 且於堂中, 候赴茶湯. (……) 新到山門時, 特爲點茶, 其禮至重. 凡接送盞橐, 切在恭謹. 祇揖上下, 不可慢易有失禮儀."(신찬속장경 63권, p.551b)

장특위신도다탕(方丈特爲新到茶湯, 방장이 특별히 입방승을 위하여 내는 차)에 해당한다. 새로 입방하는 납자들을 위하여 다탕을 열 때는 일일이 입방승들의 이름을 명기하여 붙인다. 그것을 '다장(茶狀)'이라고 한다. 새로 입방하는 납자에 대한 배려이다.

또 『선원청규』 1권 「판도구(辨道具)」 편에는 "총림에 입방하고자 하는 납자는 삿갓, 주장자, (……) 발낭, 정병(淨瓶), 욕의(浴衣) 등을 갖추라. 그리고 다기(茶器) 등은 재정 형편에 따르라"[8]고 나온다. 개인용 찻잔을 준비하되 굳이 비싼 찻잔을 준비할 필요는 없고, 형편에 따라 갖추라는 것이다.

특위다탕(特爲茶湯)은 특정인을 초청하는 다석이므로 상하 모두 예의를 갖추어야 한다. 예컨대 당두화상(주지)이 특위다탕을 할 때는 시자가 해당 스님을 찾아가서 합장·반배한 다음 다장(茶狀, 초청장)과 함께 초청한다는 말을 올린다.

> 당두(堂頭, 주지)화상이 재후(齊後, 공양 후)에 특별히 ○○를 위하여 점다(點茶, 차를 드림)합니다. 다고(茶鼓, 차를 알리는 북소리) 소리를 들으면 청함에 참석해 주십시오.[9]

특위다탕은 더욱 예의를 중시했다. 특별히 누군가를 초청하는 자리이기 때문이다. 특위다탕에 대하여 장로종색의 『선원청규』 1권 「부다

---

8) 장로종색, 『선원청규』 1권, 「辨道具」. "將入叢林先辨道具. 所謂爲山笠, 拄杖, 戒刀, 祠部牒, 鉢囊, 鞋袋, 枕子, 鈴口鞋, 脚絣, 前後包巾, 白絹複包, 絛包, 枕袋, 蓋包, 小油單, 柿油單, 布臥單, 綿被, 淨巾三條(一蓋被, 一喫食, 一常用), 小淨瓶, 浴巾, 浴裙, 函櫃小鎖. 如茶器幷其餘衣物, 並隨家豐儉."(신찬속장경 63권, p.523b)
9) 장로종색, 『禪苑淸規』 堂頭煎點. "堂頭齋後, 特爲某人點茶. 聞鼓聲請赴."(신찬속장경 63권, p.536a)

탕(赴茶湯, 다탕에 나아감)」장(章)에는 다음과 같이 당부하고 있다.

> 선원의 특위다탕(特爲茶湯)은 그 예법이 매우 정중하다. 초청받은 사람은 마땅히 소홀히 해서는 안 된다. 초청을 받으면 모름지기 무엇보다도 먼저 참석해야 할 곳과 나중에 참석할 곳을 알아서 그 순서를 잊지 말라. 다판(茶板, 다탕이 있음을 알릴 때 치는 판)과 다고(茶鼓)가 울리면 도착하는 대로 자기가 앉아야 할 자리를 찾아서 앉되, 급박하게 서두르거나 어수선하게 하는 일이 없도록 해야 한다.[10]

모든 청규에는 별도로 「부다탕(赴茶湯, 다탕에 나아감)」장(章)이 있다. 그만치 다석의 위의(威儀)가 중요했기 때문이다. 다석의 예의는 매우 정중하여 그 자체가 인격형성의 장(場)이었다. 선승의 인격은 지혜와 행위 두 가지가 갖추어져야 한다. 지혜는 수행과 학문을 통하여 정법안을 갖추어야 하고 행위는 계율 등 윤리·도덕을 갖추어야 한다. 행위가 수반되지 않는 깨달음은 말뿐인 관념에 불과하다. 또 모든 대중들이 차를 마실 때의 예법에 대해서도 다음과 같이 기록하고 있다.

> 편안하게 잔탁(盞橐, 찻잔 받침)을 잡되, 양손을 가슴에 대어 잡는다. 손이 아래로 처지게 하지 말고, 또한 매우 높이지도 말라. 옆 사람과 서로 비교하여 상하(上下) 고저(高低)가 가지런해야(齊等) 한다. 그것을 '대묘(大妙)'라고 한다.[11]

---

10) 장로종색, 『선원청규』 1권, 「赴茶湯」. "院門特爲茶湯, 禮數慇重. 受請之人不宜慢易. 旣受請已, 須知先赴某處, 次赴某處, 後赴某處. 聞鼓版聲及時先到,明記坐位照牌. 免致倉遑錯亂."(신찬속장경 63권, p.526a)
11) 장로종색, 『선원청규』 1권, 「赴茶湯」. "安詳取盞橐, 兩手當胸執之, 不得放手近下, 亦不得太高. 若上下相看一樣齊等, 則爲大妙."(신찬속장경 63권, p.526a)

또 『선원청규』에는 다탕의 시작과 끝나는 예의범절에 대해서도 기술하고 있다(장황해서 필자가 축약함).

"차를 마실 때는 초청한 주(主)를 돌아보고 읍(揖)을 하고 좌우 사람에게도 읍을 한 다음 마신다. 차를 마실 때는 차가 뜨겁다고 불어서도 안 되며, 잔을 흔들어서도 안 된다. 마시는 소리를 내서도 안 되고, 부딪치는 소리가 나서도 안 된다."[12]

장로종색의 『선원청규』 1권 「부다탕(赴茶湯, 다탕에 나아감)」 장(章) 외에도, 『선원청규』 5권은 모두 총림의 다법(茶法), 다례에 관한 것이다. 승당(僧堂)에서 차 마시는 법[僧堂內煎點], 주지(방장)가 내는 차 마시는 법[堂頭 煎點], 지사와 두수의 전점[煎點], 대중 가운데서 특별히 어른을 초청하여 차를 대접하는 법[衆中特爲尊長煎點], 권속을 위한 전점(煎點) 등. 또 차를 마실 때는 떡이나 과자를 곁들이는 것이 통례이다.

차를 마실 때 찻잔의 크기는 다완(茶碗)이라고 하여 오늘날 말차(沫茶) 잔(盞)과 거의 같다. 납자들은 괘탑(입방)할 때 다기(茶器)를 갖추라고 한 것을 보면 발우처럼 찻잔 또한 개인이 준비했던 것 같다. 송대에는 차를 마실 때 다실에 향을 피웠다[燒香].

---

12) 장로종색, 『선원청규』 1권, 「赴茶湯」. "主人顧揖然後揖上下間. 喫茶不得吹茶, 不得掉盞, 不得呼呻作聲. 取放盞橐不得敲磕."(신찬속장경 63권, p.526b)

5. 다선일미(茶禪一味), 다선일여(茶禪一如)

선종사원에서 다탕(茶湯, 찻자리), 다석(茶席), 끽다(喫茶), 음다(飮茶)에 따르는 다례와 행다 등은 그야말로 다법(茶法) 가운데서도 고준한 다법이다. 그 법도와 격식 등은 전인적 인격의 집합체라고 할 수 있다. 다석(茶席)은 현실 속의 불국토였다.

다선일미(茶禪一味), 다선일여(茶禪一如)에 대한 해석은 차의 종류만치 다양하다. 어떻게 해석하든 틀린 것은 아니다. 그러나 선이라고 하는 것이 번뇌 망상을 제거하고 마음의 적정(寂靜)을 가져다주는 것이라고 할 때, 다선일여, 다선일미도 그 범주(청정, 번뇌 망상의 오염을 제거)에서 해석되어야 할 것 같다.

'다선일미(茶禪一味)'라는 말을 처음 쓴 이는 『벽암록』의 찬자인 원오극근(圓悟克勤, 1063~1135)이라고 한다. 원오극근은 '다선일미(茶禪一味)'라는 유명한 묵적(墨跡)을 남겼는데 이 묵적이 어떤 경로를 거쳐 전설처럼 일본에 전래되었고,[13] 현재는 교토(京都) 다이도쿠지(大德寺)[14]에 소장되어 있다고 한다. 다이도쿠지는 무로마치(室町) 시대의 유명한 다승(茶僧) 잇큐(一休, 1394~1481. 이름은 宗純, 호는 狂雲)가 주지로 있었던 곳이다. 그런데 현재 이 글씨가 다이도쿠지에는 물론 일본 안에는 없다는 설도 있다.

---

13) 일본에 임제선을 전한 榮西 선사(1141~1215)가 두 차례 중국을 다녀왔는데, 벽암록과 함께 이 글씨를 구해 가지고 왔다고 한다.
14) 다이도쿠지는 일본 다도의 유서 깊은 절이다. 다승(茶僧) 잇큐(一休), 그리고 센노리큐(千利休, 1522~1591)가 이곳에서 다도를 펼쳤다. 진주암에는 잇큐가 만든 유명한 다실이 있고 또 고토인(高桐院)에는 와비차를 마시는 다다미 3장 짜리의 소박한 '쇼코우켄(宋向軒)'이라는 다실이 있다. 고토인의 가을 단풍은 고혹적이다. 지상에서는 없는 곳일 것이다.

조선후기의 명필이자 불교를 좋아했던 추사(秋史) 선생은 차를 매우 좋아했다. 그는 차(茶)에 대한 시문을 적지 않게 남겼는데, 그 가운데서도 지금까지 수많은 차인(茶人)들에게 회자되고 있는 글이 '정좌처 다반향초(靜坐處茶半香初), 묘용시 수류화개(妙用時水流花開)'이다.

이 가운데 앞 구는 줄여서 '다반향초(茶半香初)'라고도 한다. 일반적으로는 "차는 반쯤 마셨는데도 차향은 여전히 처음과 같다" 또는 "차는 반이나 마셨는데도 다향은 처음처럼 그윽하다" 등으로 해석한다. 차를 마시는 차인(茶人)의 입장에서는 어울리는 해석이라고 할 수 있을 것이다.

앞 구의 첫 문장은 정좌처(靜坐處)이고, 뒷 구의 첫 문장은 묘용시(妙用時)이다. 묘용은 진공묘유(眞空妙有)의 묘유로, 이는 불(佛)의 세계, 각(覺)의 세계에서만 가능한 작용이다. 그렇다면 정좌처(靜坐處)는 분명 진공(眞空), 진여, 법신의 세계일 것이다. 진일보하여 다반향초(茶半香初)를 천착해 본다면, 차는 반 쯤 마셨을 때가 번뇌 없는 진여, 진공의 깊은 정좌처이고, 향은 첫 향불이 피어오를 때가 번뇌 망념이 없는 진여, 무심의 '정좌처'라고 할 수 있다. 다반향초의 대구(對句)는 수류화개(水流花開)이고, 수류화개가 묘용의 모습이라고 할 수 있다.

송대 선종사원에서는 대중 전체가 차료(茶寮)에서 차를 마실 때는 향을 피웠다. 점차(點茶)에서 차와 향은 하나의 세계였다.

31장 선종사원의 정원(庭園)
- 지상의 유토피아 -

1. 선(禪)과 정원(庭園) - 중국 선종사원

선이 추구하는 바는 마음의 적정(寂靜)이다. 적정의 궁극적 귀착지는 공(空)이고 그 공(空)은 번뇌를 텅 비운 상태, 무일물(無一物)의 상태를 가리킨다. 곧 니르바나(열반)의 세계라고 할 수 있다.

선종사원의 정원은 선의 이상을 가람 속에 끌어들인 것이다. 따라서 선의 정원은 단순·간결하면서도 적요(寂寥)해야 한다. 적정(寂靜), 그것이 선(禪) 정원의 가치이자 특징이라고 할 수 있다.

선종사원의 정원은 일본에서 크게 발달했다. 그러나 그 원류는 중국 고대나 중세의 황실원림(皇家園林)이나 사가원림(私家園林), 또는 선종 사원의 원림에 기원한다. 이미 중국은 고대부터 황실이나 고관대작의 사가(私家), 또는 사찰에서 정원을 만들어 산수(山水)를 향유했는데, 송대에 선불교가 크게 발전하면서 자연과 어울리는 단순미의 정원을 조영(造營)하는 문화가 생겨났다. 일본 선종사원에서는 이를 더욱 발전시켜서 오늘날 일본 선종사원의 정원을 대표하는 '카레산스이(枯山水)'라고 불리는 독특한 정원을 조성하게 되었다.

송대 선종사원은 가람배치에서부터 자연과 하나가 되어 있다. 그들은 산세(山勢)와 어우러지는 선종사원의 배치 구조를 통해 하나의 불국토를 연출해 냈다. 그래서 문인(文人), 명사(名士)들의 발길이 끊이지 않았다. 전국의 명승지는 모두 명찰이 차지하고 있다고 말할 정도로, 산수가 유려한 곳에는 영락없이 사찰이 세워졌다.

송대 선종사원 가운데 항주 서호 주변에 있는 영은사와 정자사는 자연 경관과 어우러져서 더욱 명성이 높았고, 영파에 있는 천동사 경관도 '천동10경(天童十景)'이라는 말이 생길 정도로 절경을 자랑한다.

그 가운데서도 항주 영은사(靈隱寺) 정원은 남송 때(1127~1279)부터 정평이 나 있을 정도인데, 범위가 넓고 자연스러우며, 인위적인 모습은 조금도 찾아볼 수 없다. 넓고 수려하고 수목이 깊게 우거져서 지금도 영은사는 항주 사람들의 안식처 역할을 하고 있다.

남송의 첫 황제였던 고종(高宗, 1107~1187)은 1127년부터 1161년까지 무려 34년의 재위 기간 동안 천자의 자리에 있었는데, 퇴위 후에는 5산 가운데 하나인 항주 영은사(靈隱寺) 경내의 냉천정(冷泉亭)에서 여생을 보냈다. "문(門)을 열고 나가면 산수(山水)가 보였고(出門見山水) 문을 닫고 들어오면 불전이 보였다(入門見佛殿)"고 하니, 선원총림은 그 자체가 그대로 법신불의 세계이자 불국토였던 것이다.

우리나라는 아직 이렇다 할 정원을 갖고 있는 사찰이 없다. 봉암사 등 이름 있는 선원에도, 해인사·통도사·송광사 등의 총림에도 도량에 몇 그루 꽃과 나무가 있을 뿐 정원이라고 보기는 어렵다. 어떤 이는 "우리나라는 산수(山水) 등 자연 경관이 수려해서 별도로 정원을 조성할 필요가 없다"고 한다. 언뜻 보면 그렇기도 하다. 그러나 중국, 일본 사찰도 산수 등 경관이 뛰어나기로는 마찬가지이다.

2. 한국 선종사원의 정원 —직지사

현재 우리나라 사찰 가운데서 정원이 가장 잘 조성되어 있는 곳은 황악산 직지사일 것이다. 직지사는 해인사나 범어사 같은 종방형(縱方形) 가람이 아닌 횡방형(橫方形) 가람이다. 따라서 가람 배치는 물론, 정원을 조성하기에 매우 불리한 조건이다. 그럼에도 불구하고 직지사 가람정원은 자연을 잘 이용한 정취 있는 정원이다. 특히 도량(道場) 한 가운데를 가로지르는 수로(水路)에서 들리는 청아한 물소리가 고요하고 맑은 정취를 자아낸다. 한 여름에는 청량감을 더해 주고 있다.

당송팔대가의 한 명인 소동파(蘇東坡, 1036~1101)는 산사의 계곡 소리를 이렇게 표현했다.

> 계곡의 물소리는 그대로 장광의 법문이요,
> 산색(山色)은 그대로 청정한 법신이라네.
> 溪聲便是廣長舌 山色豈非淸淨身

직지사 도량은 전체가 하나의 자연스러운 정원이다. 물론 초창기에는 어느 정도는 인위적으로 조성했을 터이지만, 지금은 자연과 하나가 되어 인위적인 모습은 조금도 찾아볼 수 없다. 특히 세속적이지 않아서 산사(山寺)의 정원으로는 모델이 될 만하다. 어느 스님의 안목인지는 몰라도 보기 드문 탁월한 안목이다. 그런데 요즘 사찰을 가보면 일반 가정집 정원과 아무런 차이가 없는 사찰이 많다. 그것은 산사의 정원이라고 할 수 없다. 선종은 무소유, 공(空)의 사상을 표방한다. 따라서 정원도 화려함보다는 단순, 간결하고 소박해야 한다.

3. 일본 선종사원의 정원

12세기 말 도겐(道元 1200~1253), 에이샤이(榮西, 1141~1215) 등 중국 유학승에 의해 일본에 선종이 전해지면서 선종사원의 정원 양식도 함께 전해졌다. 차와 어우러져 정원은 더욱 발전했다.

일본 선종사원의 정원은 인위적이다. 그렇지만 오래되어서 자연과 함께 잘 어우러져 있다. 교토(京都) 텐류지(天龍寺, 세계문화유산), 난젠지(南禪寺), 료안지(竜安寺, 세계문화유산), 다이토쿠지(大德寺)의 방장(方丈) 정원 등 선종사원의 정원은 말 그대로 지상에 연출되어 있는 선(禪)의 세계이다. 특히 료안지 방장 석정(石庭)과 다이토쿠지 방장인 다이센인(大仙院) 석정(石庭, 돌 정원)은 카레산스이(枯山水) 정원의 최고봉이라고 할 수 있다.

'카레산스이'란 '마른 산수(枯山水)'라는 뜻으로 물은 일체 사용하지 않고 모래와 돌(石)로만 산과 물(山水)을 표현한 정원을 말한다. 하얀 모래는 흐르는 물과 바다를, 바위는 산과 폭포를 상징한다. 써래로 모래를 손질하여 흐르는 물결을 표현하고, 돌(石)을 적절하게 배치하여 섬이나 산을 표현한다. 나무 한 그루, 풀 한 포기 심지 않고 오로지 돌과 모래로만 산수를 표현한다. 이것을 '석정(石庭)'이라고 한다.

카레산스이(枯山水)는 일본 선종사원에서만 볼 수 있는 정원이다. 주로 방장 건물의 앞이나 뒤에 조성되어 있는데, 선의 세계관인 직요(寂寥)와 공(空)과 무(無)를 현실 속에 실현시킨 것이라고 할 수 있다. 출세간을 지향하는 선승이 머물기에는 이보다 더 좋은 곳은 없을 것이다. 세속적인 가치관은 곧 사라질 허망한 가치관이다.

동양 3국의 사찰의 정원을 비교한다면 중국과 한국은 자연적이고 일본은 인위적이다. 그러나 인위적이라고 해서 격하시킬 것은 아니다. 일본 사람들은 인위적이지만 정원을 만들어서 선의 세계와 호흡하고자 했고, 중국, 한국 사람들은 자연적인 산수를 통하여 선의 세계와 호흡하고자 했다고 할 수 있다.

32장 선원총림의 법구(法具)-종(鐘)과 북(鼓)
- 종소리를 듣고 번뇌를 단절하다 -

1. 법구(法具)는 깨달음의 소리

"원컨대 이 종소리 듣고 번뇌를 끊으소서[聞鐘聲煩惱斷]."

저녁과 새벽에 울리는 종소리는 산사의 정적(靜寂)을 깨기도 하지만, 오히려 정적을 더 자아내기도 한다. 그리고 간간히 들려오는 염불 소리는 듣는 이를 다른 세계로 인도한다. 종(鐘)은 시간을 알려주는 도구이지만 그 의미는 각성, 자각을 의미한다. 곧 무지와 어리석음, 몽매함으로부터 깨어나서 해탈하라는 의미이다.

선원사원(총림)은 규모가 매우 크다. 큰 총림의 경우 산(山) 전체가 총림의 영역이라고 해도 과언이 아니다. 당우(건물)도 보통 50여 채 이상이나 된다. 지금 항주 영은사나 영파 천동사, 일본 후쿠이(福井)에 있는 영평사(永平寺), 그리고 우리나라 총림인 해인사·송광사 등도 건물만 해도 50채 이상이나 된다.

이렇게 큰 선종사원에서 대중들을 일사불란하게 움직이게 하는 것은 대종(大鐘, 梵鐘)과 법고(法鼓, 북)·목어(木魚)·운판(雲版) 등 법구이다. 대중들은 법구 소리에 따라 움직이는데, 법회·설법·예불·공양·울력 등 대중 전체가 움직일 때는 종(鐘)과 북(鼓)을 치고,

또 상황에 따라서는 운판(雲板)과 목어(木魚) 등을 친다. 이 네 가지를 '4물(四物)'이라고 한다.

그밖에 고원(庫院, 주방)이나 재당(齋堂, 식당)에 매달아 놓고 치는 방(梆, 공양이 다 준비되었음을 알리는 방)이 있고, 법회나 행사 때 개식(開式)을 알리는 백퇴(白椎, 白鎚, 白槌)[1]가 있으며, 그리고 예불과 천도재 등 의식을 행할 때 사용하는 경(磬)과 요발(鐃鈸) 등이 있다.

2. 종(鐘)의 종류와 타종법

(1) 대종(大鐘)과 108종(鐘)

선원총림에서 사용하는 종의 종류로는 '대종(大鐘)', '전종(殿鐘)', '당종(堂鐘)', '환종(喚鐘)' 등이 있다. 이 가운데 가장 큰 종은 대종으로 산문 좌측 종루(鐘樓)에 걸어 두며, 법회·설법·예불·공양·울력 등 주로 대중 전체를 움직이게 할 때 친다. 전종·당종·환종은 모두 소종(小鐘)으로서 불전과 승당·방장실에서 사용하는 종이다.

대종(大鐘)을 흔히 '범종(梵鐘)'이라고 한다. '범(梵)'이란, 범행(梵行)으로 '청정함'을 뜻한다. 곧 '청정한 사원[梵刹]의 종(鐘)'이라는 뜻으로, 이 청정한 법음(法音)을 듣고 진리의 세계로 들어가라는 뜻이

---

1) 백퇴(白椎, 白鎚, 白槌) : 방망이의 일종이므로 '백퇴'라고 발음. 만일 저울 '추' 같은 것이라면 '백추'라고 발음할 수 있다. 그러나 이것은 의사봉(議事棒)이므로 '백퇴'라고 발음하는 것이 타당하다고 본다.

있다. 번뇌를 끊는 그 순간 그는 이미 진리의 세계로 진입하게 된다.

법구는 치는 방법과 시각에 따라 신호가 다르다. 새벽녘에 대종 소리가 나면 기상을 알리는 소리이므로 대중들은 모두 일어나야 한다. 아침 공양 후에 대종을 치면 방장의 설법이 있음을 알리는 신호이기 때문에 대중들은 모두 법당으로 집결해야 한다. 곧이어 승당에서 '당종(堂鐘)이 울리면 모든 대중들은 선당으로 모여야 한다. 좌선(坐禪) 시간을 알리는 소리이기 때문이다.

대종은 조석으로 108번을 친다. 그래서 '백팔종(百八鐘)'이라고도 하는데, 108번은 108번뇌를 상징한다.

대종을 치는 의의와 횟수에 대하여 장로종색의 『선원청규』(1103년) 6권 「경중(警衆)」 장(章)에는 다음과 같이 규정하고 있다.

> 먼저 가볍게 종에 방망이를 대어서 세 번 친다. 그런 다음에는 천천히 18번을 치고, 빠르게 18번을 친다(18번씩 두 번 치는데, 한 번은 천천히 치고 한 번은 속도 있게 침). 이렇게 세 번은 빠르게 치고, 세 번은 천천히 쳐서 모두 108번을 친다. 당직(當職) 행자는 향을 사르고 절을 하고 게송을 외운 다음 친다.[2]

자각종색의 『선원청규』에는 종을 모두 108번 치도록 규정하고 있다. 『칙수백장청규』(1338년 편찬) 「법기(法器)」 편에서도 위와 마찬가지로 108번을 치라고 규정하고 있다.

총림의 호령(號令)은 대종으로부터 시작된다. 새벽에 지는 것은 곧 장야(長夜)를 깨트리고 수면으로부터 깨어나게 한다. 저녁에 치는

---

2) 장로종색, 『선원청규』 6권, 「警衆」. "打大鐘之法. 先輕手擬鐘三下, 慢十八聲緊十八聲, 三緊三慢, 共一百八聲. 當職行者, 燒香禮拜偈頌, 然後擊之. 偈云, 三塗八難, 息苦停酸, 法界衆生, 聞聲悟道."(신찬속장경 63권, p.540a)

것은 곧 어둠을 일깨우고 명매(冥昧)함을 사라지게 한다. 방망이 (공이)를 당길 때는 천천히 당겨야 하며, 소리가 길게 울리도록 해야 한다. 종을 칠 때는 세 번씩 각각 36번을 쳐서 총 108번을 친다. 시작할 때와 그칠 때 세 번 치는 것은 조금 빠르게 친다. 종을 울리는 행자는 게송을 외운다. '원컨대 이 종소리 법계를 뛰어넘어, 철위유암에도 빠짐없이 들리게 하고 속진에도 들려서 청정하여 깨닫게 하며, 일체중생 모두 정각을 이루소서. 그리고 관세음보살 명호를 부르고 그 명호에 따라 치면 그 이익이 매우 크다.[3]

이상과 같이 새벽에 기상을 알리는 대종의 경우 『선원청규』와 『칙수백장청규』 모두 108번 치도록 규정하고 있다.

(2) 우리나라의 타종법

그런데 현재 우리나라는 해인사·통도사·송광사 등 큰 총림을 비롯하여 모든 사찰에서는 『선원청규』·『칙수백장청규』의 규정과는 달리 새벽에는 28번, 저녁에는 33번을 치고 있다. 아침에 28번을 치는 것은 삼계(三界, 욕계·색계·무색계) 28천까지 종소리가 울려 퍼지기를 바라는 뜻에서 치고, 저녁에 33번을 치는 것은 도리천의 33천까지 종소리가 울려 퍼지기를 바라는 뜻에서 친다고 설명하는데, 이는

---

3) 『칙수백장청규』 8권, 「경중(警衆)」. "大鍾, 叢林號令資始也. 曉擊則破長夜警睡眠, 暮擊則覺昏衢疏冥昧, 引杵宜緩揚聲欲長. 凡三通各三十六下. 總一百八下. 起止三下稍緊. 鳴鍾行者, 想念偈云, 願此鍾聲超法界, 鐵圍幽暗悉皆聞, 聞塵清淨證圓通, 一切衆生成正覺. 仍稱觀世音菩薩名號. 隨號扣擊, 其利甚大."(대정장 48권, p.1155b)
『칙수백장청규』의 종송(鐘頌)은 현재 우리나라 종송(鐘頌)과 거의 같으면서도 조금 차이가 있다. 현재 우리나라 종송은 願此鍾聲遍法界, 鐵圍幽暗悉皆明, 三途離苦破刀山, 一切衆生成正覺이다.

경전적·문헌적 전거가 매우 희박하다.

지금 우리나라 사찰에서 새벽에 28번, 저녁에 33번을 치는 것은, 다분히 조선시대에 통금(通禁)을 알릴 때 쳤던 보신각 타종 방법을 답습한 것으로 보인다.

조선 초, 태종은 즉위 3년 되던 해에 한양 등의 도시에서 통금을 실시했다. 통금 시간은 저녁 10시부터 새벽 4시까지였는데, 한양(서울)에서는 보신각[4] 종을 쳤고, 각 지방에서는 관아(官衙) 앞에 종루(鐘樓)를 세워서 종을 쳤다(야간 통금은 1920년대까지 계속되었다).

통금(通禁)은 저녁 10시 이경(二更)에 시작되는데, 이때 치는 종을 '인정(人定)'이라고 하여 28번을 쳤고, 새벽 4시 오경(五更)에 통금이 해제되는데, 이때 치는 오경종(五更鐘)을 '파루(罷漏)'라고 하여 33번을 쳤다. 이 종소리와 함께 4대문을 개폐했다.

저녁에 28번을 치는 것은 잠자리에 들게 되므로 28수(二十八宿, 28별자리)의 일월성신(日月星辰)께 밤새 안녕을 기원하기 위한 것이었고, 새벽에 33번을 치는 것은 불교의 수호신인 33천신께 낮 동안의 무사평안을 기원하기 위한 것이었다. 이런 보신각 타종법을 따르고 있는 것으로 보이는 우리나라 사찰의 종치는 횟수는 조석이 뒤바

••••••••••••••••

4) 통금을 알리는 종(보신각 종)은 태종 3년에 시작하여 근대 1920년대 말까지 이어졌다. 그리고 일제 치하인 1929년부터 경성방송국(1926년 세움)에서 1월1일 새해맞이 이벤트로 자정에 남산 KBS 사리에 있던 일본 전 본원사 범종을 스튜디오로 옮겨 와 10초에 한 번씩 치면서 중계했다. 이후 일제 강점기 내내 해마다 우리나라의 종(鐘)과 이른바 '내지(內地, 일본)'의 종소리를 번갈아 가며 생중계했다. 다음 해인 1930년 정초에는 일본 도쿄 아사쿠사에 있는 센소지(淺草寺) 관음당 종소리를 중계 받았다(매일신보, 1929년 12월 30일자 기사). 그리고 1936년에는 경주 봉덕사종(에밀레종)이 동원되었다. 이것을 '제야의 종'이라고 명명한 것은 1953년부터이다.

꿰어 있다.[5]

60년대 초부터 줄곧 해인사에 주석했으며, 해인사 강원의 강주와 해인총림의 율주 및 율원장을 지낸 바 있는 종진 스님은 타종 횟수에 대하여 다음과 같이 증언하고 있다.

"전에 해인사에서는 아침에는 28번, 저녁에는 33번을 쳤는데, 1967년 해인총림을 세울 무렵 당시 총림의 율사이신 자운(慈雲) 큰스님께서 타종 횟수에 대하여 강한 어조로 문제가 있음을 지적하셨지요. 그래서 고증을 거쳐 108번을 쳤습니다. 1970년대 중반까지도 108번을 쳤는데, 그 후에는 어찌된 일인지 다시 28번, 33번으로 바뀌어졌는데, 무슨 근거로 그렇게 바꾼 것인지는 알 수 없어요."

지금도 중국이나 일본 선종사원에서는 여전히 청규의 규정대로 108번을 치고 있다. 새벽에 108번을 치는 것은 기상을 알리는 것이지만, 그 의미는 이 종소리를 듣고 일체중생이 속히 삼악도의 고통을 벗어나서 정각을 이루라는 뜻이다.

대종을 치고 관리하는 소임을 종두(鐘頭)라고 한다. 종을 칠 때는 종송문(鐘頌文)을 외우는데, 우리나라와 『칙수백장청규』에 있는 종송문과 비교하면 거의 같으면서도 내용과 글자 수 등에서 조금 차이가 있다.[6]

••••••••••••••
5) 우리나라 사찰에서 보신각 타종법(새벽에는 33번, 저녁에는 28번)과도 반대로 새벽에는 28번, 저녁에 33번 치고 있다.
6) 새벽 종송문(鐘頌文). 우리나라:
"願此鍾聲遍法界, 鐵圍幽暗悉皆明, 三途離苦破刀山, 一切衆生成正覺"
중국『칙수백장청규』6권 五更鍾鳴:
"願此鍾聲超法界, 鐵圍幽暗悉皆聞, 三途離苦罷刀輪, 一切衆生成正覺."(대정장 48권, p.1144c)
저녁 종송(鐘頌). 우리나라:
"聞鍾聲煩惱斷, 智慧長菩提生, 離地獄出三界, 願成佛度衆生." 破地獄眞言

(3) 전종(殿鐘)

전종은 불전(佛殿, 대웅전)에서 사용하는 종으로 크기는 사람 앉은 키 정도이다. 조석예불 때 북과 대종을 치면 대중들은 모두 불전(대웅전)으로 와서 각각 정해진 자리에 선다. 마지막으로 주지(방장)가 올라와서 향을 사르면 예불이 시작되는데 이때 전종을 7번 친다. 우리나라 대웅전 안에 있는 종과 같은 용도로 실제 예불이 시작됨을 알리는 종이다. 전종(불전의 종)을 치면 당종(堂鐘, 승당의 종)도 따라 치고 각 전각의 종도 따라 친다.

(4) 당종(堂鐘)·환종(喚鐘)

당종은 승당(僧堂, 선당) 안에서 사용하는 종으로 크기는 전종(殿鐘) 정도이다. 용도는 수행승들을 승당으로 모이게 할 때, 그리고 주지가 승당으로 들어왔음을 알릴 때 치는데, 일곱 번 친다. 환종(喚鐘)은 방장실 앞에 있는 종으로 입실·독참자가 독참하러 왔음을 알리는 종이다.

(5) 법고(法鼓)

범종(梵鐘)은 지옥에서 고통 받고 있는 중생을 제도하기 위한 법

"옴 가라지야 사바하"(3번).
중국 『칙수백장청규』 8권, 「경중(警衆)」편 종송문:
"願此鍾聲超法界, 鐵圍幽暗悉皆聞, 聞塵淸淨證圓通, 一切衆生成正覺."

구(法具)이다. 법고(法鼓)는 소, 돼지 등 축생을 제도하기 위한 법구이고, 운판(雲版)은 새 등 날아다니는 짐승을 제도하기 위한 법구이며, 목어(木魚)는 물속의 어류들을 제도하기 위한 법구이다.

선종사원에서는 북을 '법고(法鼓)'라고 한다. 세속의 북과는 다르다는 뜻이고, 더불어 사원에서 울리는 북소리는 단순한 북소리가 아니라, '법음(法音)을 전하는 소리'라는 의미가 담겨 있다.

법고는 고루(鼓樓)에 걸어 둔다. 고루는 산문과 불전 사이 우측에 있다. 법고는 대중을 집결시킬 때, 법요식 등 행사가 있을 때, 그리고 상당법어(上堂法語)와 조참(早參, 아침 법문), 만참(晩參, 저녁 법문) 등 소참(小參, 수시설법)과 보설(普說, 대중 법문), 입실(入室, 독참, 개별적인 지도), 공양 등이 있을 때 치는데, 항상 대종(大鐘, 범종)과 함께 치며, 순서는 대종 다음에 친다.

또 법당(대웅전이 아니고 설법당임)에도 법고가 두 개 있다. 하나는 설법할 때에 사용하는 북(법고)으로 법당 동북 쪽 모서리에 두고, 하나는 차 마실 때 치는 북, 곧 다고(茶鼓)로서 법당 서북쪽 모서리에 둔다.

주지(방장)의 정식 법문을 '상당법어'라고 하는데, 상당법어(대참법문)가 있을 때는 북을 3회에 걸쳐 친다. 그 방식은 마치 드럼치듯 강약(强弱)을 주어가면서 치는데, 첫 회는 좀 오래 치고 다음은 조금 짧게 친다. 그리고 주지(방장)가 법당에 당도하여 법좌에 오르면 잠시 멈추었다가 두 손에 각각 북채를 쥐고 크게 세 번 연타(連打)한다. 소참법문 때는 1회만 치고, 보설 때는 그냥 천천히 쿵쿵 다섯 번 치고, 입실이 시작됨을 알릴 때는 쿵쿵 세 번 친다.

다고(茶鼓)는 총림의 조사(祖師) 기일(忌日)에 다례(茶禮)를 올릴 때, 또는 모든 대중이 차를 마실 때 치는데, 한 차례(1회) 치고, 점심 공양을 알리는 재고(齋鼓)는 상당법어 때처럼 3회 치고, 울력이 있음을 알리는 보청고(普請鼓)는 1회 치고, 목욕을 알리는 욕고(浴鼓)는 4회 친다. 새벽에 치는 북을 통칭하여 '신고(晨鼓)'라 하고, 저녁에 치는 북을 '혼고(昏鼓)'라고 한다. 법고는 범종과 함께 하루의 일과가 시작됨을 알리는 도구이다.

(6) 운판(雲板, 雲版)

운판(雲板, 雲版)은 고원(庫院, 주방)이나 재당(齋堂, 주방 겸 식당) 앞에 걸어 놓고 공양 때가 되었음을 알릴 때 치는 도구이다. 청동(青銅) 재질에 구름 모양으로 생겨서 '운판'이라고 한다. 크기는 가로 세로 약 3자 가량(99센티 가량) 된다. 공양 때에는 길게 3회 친다고 하여 '장판(長板)', 판(板) 가운데 가장 크다고 하여 '대판(大板)'이라고 하며, 재당에서 불을 지필 때 신호로 3번 친다고 하여 '화판(火板)'이라고도 한다. 고원이나 재당에서 운판 소리가 나면 곧 이어 공양을 알리는 종과 북을 친다.

그 밖에 방장판은 방장실 앞에 걸어두고 치는 판이고, 수좌료판은 수좌실에서 치는 판이며, 중료(衆寮, 큰 방·대중방)에는 전판(前板)·외판(外板)·내판(內板)·중소판(中小板) 등 4개가 있다. 목판(木板)도 각 당우마다 있다. 당우의 목판은 주로 당주(堂主)나 빈객이 시자를 부를 때 친다. 소소한 신호는 모두 목판으로 한다. 우리나라 운판 중 유명한 것은 남해 용문사 운판과 국립박물관 소장 쌍용문 운판 등이다.

운판의 모양도 선종 5가(五家)마다 조금씩 다르다. 임제종에서 사용하는 운판은 횡장방형(橫長方形, 가로 직사각형)이고, 조동종은 수장방형(竪長方形, 세로 직사각형), 법안종은 정(正)삼각형, 위앙종은 하반원형(下半圓形, 아래 부분 반만 원형), 운문종은 원형이다. 치는 때와 치는 방법도 조금씩 차이가 있다.

(7) 목어(木魚)

목어(木魚)도 선종사원에서 사용하는 법구 가운데 하나로 모양은 물고기처럼 생겼다. 그래서 '어고(魚鼓)'·'어판(魚板)'·'방(梆)'·'어방(魚梆)'이라고도 하는데, 운판을 친 다음에 치며, 고원이나 재당(齋堂, 식당)에 달아 두고 공양을 알릴 때 친다. 고원에 있는 어방은 야구방망이보다 더 큰 막대기로 친다. 『칙수백장청규』 주(註)에 따르면, 목어는 물고기가 항상 밤이나 낮이나 눈을 뜨고 있는 것과 같이, 수행자 역시 항상 깨어 있어야 함을 상징한다. 『무상비요(無上秘要)』에서는 "목어(木魚)의 맑은 소리는 속세 사람들을 일깨워 깨닫게 한다."고 그 의미를 부여하고 있다.

(8) 목탁(木鐸)

목탁(木鐸)은 고기처럼 생긴 큰 목어를 축소시켜서 둥글게 만든 것으로 불전(대웅전) 등 각 전각에서 포단(蒲團, 방석) 위에 놓고 독경, 염불할 때 친다. 오른 손으로는 목탁을 치고, 왼손으로는 경전이나 염불문을 넘긴다. 지금도 중국이나 일본에서는 포단 위에 얹어 놓고 친다. 우리나라에서는 대웅전 등 각 전각과 새벽 도량석 때, 공양할 때, 울력이 있을 때, 그리고 대중을 집합시킬 때 등 목탁이 상당히 많이 사용되지만 중국, 일본에서는 그다지 많이 사용되지 않는다. 중국, 일본에서는 주로 종(鐘)과 북(鼓)·경(磬, 磬子)을 많이 사용한다.

(9) 백퇴(白椎·白鎚·白槌)

백퇴(白椎·白鎚·白槌)[7]는 의사봉(議事棒)·사회봉(司會棒)이다. 총림에서 주지의 법문이나 행사·법회 등 의식을 행할 때 치는 사회봉 같은 것이다. 백퇴는 우리나라에서는 전혀 쓰지 않는 법구이다. 그러나 중국 총림에서는 지금도 여전히 쓰이고 있다. 법회나 행사가 있을 때 백퇴사(白椎師, 사회자)가 먼저 백퇴를 세 번 치고 나서 개식(開式) 멘트를 한다. 백(白)은 '알리다', '고하다'는 뜻이고 '퇴(椎·鎚·槌)'는 '방망이'를 가리킨다. 나무 방망이는 오늘날 사회봉과 거의 같은 모양으로 받침대는 판이 아니고 높이 약 1미터 쯤 되는 8각형 통나무이다. '椎·鎚·槌'의 음에는 '퇴'와 '추' 두 가지가 있는데 방망이로 내려치는 것이므로 '퇴'라고 발음해야 옳다.

퇴(椎)는 인도의 건퇴(犍椎)와 같은 것으로 '퇴침(椎砧)'이라고도 하는데, 의사봉처럼 생긴 방망이를 가리킨다. 침(砧)은 팔각형 기둥으로 높이는 3, 4척(尺, 약 1미터 가량)이다. 퇴(椎)로 침(砧) 위를 치면 대중들은 그 소리에 시선을 집중하게 된다.

---

7) 백퇴(白椎, 白鎚, 白槌) : 방망이의 일종이므로 '백퇴'라고 발음. 만일 저울 '추' 같은 것이라면 '백추'라고 발음할 수 있다.

남송 때 대표적인 선승인 대혜종고(1089~1163)와 굉지정각(1091~1157)은 간화와 묵조의 차이로 서로를 대단히 비판하는 입장이었다. 물론 그 비판의 강도는 대혜 선사가 월등했다.

두 고승이 활동할 당시 큰 사건이 벌어졌다. 금나라의 오랜 공격으로 송나라는 수도 개풍이 함락되었다. 송나라는 임안(지금의 항주. 이 이후를 남송이라고 함)으로 천도하고 나서 강화조약을 체결했는데, 주전파는 강화를 반대하고 금나라와 싸울 것을 주장하였다. 결국 강화파가 실권을 쥐게 되자 주전파의 거두인 장구성의 실각과 함께 그와 절친했던 대혜 선사도 귀양을 가게 되었다. 그는 귀양살이(15년) 내내 '묵조사선(黙照邪禪, 묵조선은 삿된 선)', '고목사회선(枯木死灰禪, 고목처럼 죽은 선)', '흑산하 귀굴리(黑山下鬼窟裏, 눈 감고 무명 속에 있다는 뜻)' 등 원색적인 용어로 묵조선을 비판했다.

대혜종고는 68세 때 황제의 명으로 귀양에서 풀려남과 동시에 굉지의 추천으로 남송 5산 가운데 제4위인 아육왕사 주지(방장)에 임명되었다. 백퇴사는 명망 있는 이에게 의뢰하는 것이 통례였는데, 대혜종고는 묵조선의 거장인 굉지 선사에게 자신의 진산식(주지 곧 방장 취임식)에 백퇴사(白椎師, 사회자)가 되어 줄 것을 청했다. 굉지와 대혜는 묵조와 간화로 대립하고 있는 입장이었고, 또 굉지정각은 당시 남송을 대표하는 최고의 고승으로 대혜 선사보다 두 살 많은 선배였다. 그런데 굉지정각은 칠십 노구를 이끌고 흔쾌히 대혜종고의 취임식에서 백퇴(사회봉)를 잡았다. 기록에 의하면 이날 참석한 불자는 약 만 명이었는데, 굉지 선사는 많은 식량을 아육왕사로 보냈다고 한다.

(10) 경(磬)

경(磬)은 '경자(磬子)'라고도 하는데, 우리나라에서는 거의 사용하지 않는다. 그러나 중국, 일본의 총림에서는 우리나라의 목탁 못지않게 사용한다. 주로 독경·예불·염송(念誦)할 때 운율을 맞추기 위하여 친다. 소재는 동(銅)으로 그 소리는 범종 소리보다 훨씬 더 아름답다. 마치 천상의 소리가 아닌가 착각할 정도이다. 크기와 모양은 우리나라의 작은 물동이와 비슷한데, 헝겊을 싼 방망이로 독경 소리에 맞추어 살살 친다.

경쇠는 경(磬)의 일종인데 경경(磬)보다는 훨씬 작다. 우리나라에서는 주로 예불할 때 친다. 원래 중국의 전통적인 악기였는데 사찰에서 의식용(儀式用) 법구(法具)로 사용한 것이다. 경쇠를 칠 때는 목탁을 치지 않는다. 모양과 재질은 놋쇠로 주발처럼 만든 것인데 가운데에 구멍을 뚫어 자루를 달고 노루 뿔 같은 것으로 쳐서 울린다.

북·종·운판·목어 등 총림의 모든 법구(法具)와 명기(鳴器, 치는 기물)는 기강 담당인 유나가 관장한다. 법구(法具)와 명기(鳴器)는 그 자체가 하나의 신호로 대중들은 그 신호를 따라 움직였다. 특히 신임 주지가 취임하기 위하여 산문으로 들어오는 것을 입원(入院)이라고 하는데, 이때는 총림에 있는 모든 명기를 일시에 친다. 범종·법고는 물론이고 각종 판(板)과 목어 등도 모두 꺼내서 친다. 대환영의 뜻이다.

33장 선종사원의 좌선과 간경
— 불립문자(不立文字), 불리문자(不離文字) —

1. 선(禪)과 불립문자

선종(禪宗)을 대표하는 상징적인 문구가 '불립문자 교외별전 직지인심 견성성불(不立文字, 敎外別傳, 直指人心, 見性成佛)'이다. 이 4자 성어가 시사하고 있는 바와 같이 선승들은 경전을 경시했다. 심지어는 경전을 일컬어 '피고름 닦은 종이'라고 폄하하기도 했다.

그럼에도 불구하고 천 년 전 당송시대 선종사원에는 경전을 보관해 두는 장전(藏殿, 장경각)이 설치되어 있었고, 누구든 자유롭게 경전을 읽었다. 그리고 또 선승들은 어느 종파보다도 많은 어록(語錄)을 남겼다.

장전(藏殿)은 장경각(藏經閣)이다. 오늘날 장경각은 주로 대장경 등 경전을 보관만 하는 곳이지만, 당송시대 선종사원의 장전은 두 가지 기능을 하고 있었다. 하나는 대장경 등 경전을 보관하는 기능, 그리고 또 하나는 대중들에게 경전을 대출해 주어 독서할 수 있도록 하는, 말하자면 오늘날 도서관과 같은 기능이었다.

장로종색의『선원청규(禪苑淸規)』(1103년) 「장주(藏主, 知藏)」편을 고찰해 본다면 전자보다는 후자의 기능(도서관 기증)이 훨씬 더 강했는데, 이는 문자언어를 배격했던 선불교의 이면(異面)이 아닐 수 없다. 특히 우리나라 선승들은 '책은 독약'이라고 하여 문자언어로 된 경전을 일체 보지 못하게 하는데, 그 이유는 경전과 어록 등 책은 모두 알음알이(분별심)의 근원이고, 또 책을 보면 깨닫지 못하기 때문이라고 한다.

당송시대 선종사원에서는 제도적으로 누구든 좌선 시간 외에는 마음대로 간경(看經)할 수 있었다. 다만 승당(僧堂, 선당) 내에서는 볼 수 없었다(不得在僧堂內, 看經看册子).[1] 물론 좌선 시간에도 볼 수 없었다. 그러나 그 밖의 시간에는 마음대로 경전을 대출하여 간경당(看經堂, 독서실)이나 중료(대중방, 큰방)에서 독서할 수 있었다.

장로종색의 『선원청규(禪苑淸規)』(1103년 편찬), 『입중일용(入衆日用)』, 그리고 동양덕휘의 『칙수백장청규(勅修百丈淸規)』 등을 바탕으로 선종사원의 간경(看經)에 대하여 고찰해 보고자 한다.

2. 도서관 기능의 장경각

장로종색의 『선원청규』(1103년) 4권 「장주(藏主, 知藏)」 편에는 장전(藏殿, 장경각) 소임자인 장주의 임무에 대하여 다음과 같이 규정하고 있다.

"장주(藏主, 知藏)는 금문(金文, 즉 경전)을 장악(掌握, 관장)한다. 정식으로 궤안(几案, 책상)을 마련하고 다탕(茶湯, 차)과 기름(油)

---
1) 무량종수, 『入衆日用』. "不得在僧堂內, 看經看册子."(신찬속장경 63권, p.558a)

과 불(火), 향촉(香燭, 등불)을 준비하라 전주(殿主, 藏主, 知藏)는 잘 생각하여 총림의 통로(거리, 길목)에 알림장을 붙여서 본료(本寮, 승당, 선당) 및 경전을 보고자 하는 대중들이 (알림장을) 모두 볼 수 있도록 해야 한다."[2]

"(장주는) 조신(早晨)에 대중이 일어난 이후부터, 저녁에는 방참(放參)하기 전(前)에 장주는 종을 울려서 경전을 교점(交點, 대출한 경전은 수납, 점검함), 출납(出納, 대출)한다."[3]

장주는 경전을 보고자 하는 대중들을 위하여 항상 장경각과 간경당에 책상과 차(茶), 기름(油)과 불(火), 향촉(香燭)을 준비하여 간경(看經)하고자 하는 대중들이 불편함이 없도록 제공해야 한다는 것, 총림의 통로(길목)에 장경각 개폐에 대한 알림장[表白]을 붙여야 한다는 것이다.

3. 경전 대출 방법과 간경 규칙

장경각의 개폐 시간, 즉 경전을 대출하고 회수하는 시간은 아침 조신(早晨, 아침 8시)부터 저녁 방참(放參) 전(前)[4]까지였다. 오전 8

....
2) 장로종색, 『선원청규』 4권, 「藏主」. "藏主, 掌握金文. 嚴設几案, 準備茶湯油火香燭, 選請(靖)殿主 街坊表白, 供瞻本寮及看經大衆."(신찬속장경 63권, p.532a); 최법혜 역, 『고려판 선원청규 역주』(가산불교문화연구원, 2001) p.181에서 재인용.
3) 위의 책, "早晨大衆起, 晩間放參前, 殿主鳴鐘會經交點出納."
4) 저녁 법문인 만참을 하지 않는 것을 방참(放參)이라고 하는데, 방참전(放參前)이 언제인지는 자세히는 알 수 없으나 '방참종(放參鐘, 오후 5시 무렵)을 치기 이전(以前)을 가리키는 것이 아닌가 싶다.

시부터 저녁 5시까지는 장경각을 개방하여 선원의 대중들이 경전을 열람하고 독서할 수 있도록 했다.

다음은 장전(藏殿, 장경각)에서 경전을 대출한 뒤 간경당(看經堂)에서 경전을 열독(閱讀)하고자 청할 때, 또는 간경당에서 경전을 읽을 때 주의해야 할 사항이다. 대략적인 것만 열거하고자 한다.

(1) "경전을 대출받은 승려는 먼저 장경각 내에서 향을 사르고 예배해야 한다. 소중하게 받들되 (간경당이나 중료로 오는) 노중(路中)에 경전을 들고 말장난을 하거나 농담을 하지 말라. 책상에 경을 두고 그 위에 붓이나 벼루, 잡물, 선책(禪策, 禪冊, 즉 禪書) 등을 얹어 두지 말라."[5]

(2) "장주에게 책상을 청하는 법(간경하고자 책상을 청할 때의 예의)은 먼저 간경당 수좌(장주 아래 소임)에게 안위(案位, 자리)가 있는지 여부를 물어야 한다. 만일 자리가 있으면 곧 장주에게 아뢰어서 자리를 청한다."[6]

(3) "간경당 안에서는 빈객을 접대하지 말라. 타인이 찾아오면 묵묵히 합장하고 나서 중료로 돌아가라. 또한 간경당 창(窓)밖에서 남과 이야기하면서 떠들지 말라. 대중을 시끄럽게 할까 염려스럽다."[7]

(4) "모르는 글자가 있어서 물을 때는 먼저 편운(篇韻, 字典)을 찾

---

5) 장로종색, 『선원청규』 4권, 「藏主」. "會經僧, 應於藏內燒香禮拜. 慇重捧經路中. 不得與人語笑. 案上不得堆經, 女置筆硯雜物及禪策文字."(신찬속장경 63권, p.532a)
6) 장로종색, 『선원청규』 4권, 「藏主」. "請案之法, 先白看經堂首座, 借問有無案位, 欲來依捿, 如有案位卽相看藏主白之."(신찬속장경 63권, p.532a); 최법혜 역, 앞의 책.
7) 장로종색, 『선원청규』 4권, 「藏主」. "堂中, 不得接待賓客. 有人相訪, 默揖歸寮. 亦不得於看經窓外與人說話. 恐喧大衆."(신찬속장경 63권, p.532a)

아보고 난 다음에도 알 수 없을 때 물어야 한다. 모르는 글자를 묻는 것이 잦으면 타인의 간경을 방해할 수 있다. 그러므로 자주 물어서는 안 된다. 만일 잠시 책상을 떠날 때는 반드시 보고 있던 경전을 덮어 두어야 한다. 또한 가사를 개어 경전 위에 두지 말라. 간경할 때에는 단정히 앉아서 간경하되 소리를 내거나 입술을 달싹거리지 말라. 또 다른 일에 관계하지 말라."[8]

위의 인용문에서 공통적으로 장경각은 경전을 보관해 두는 기능보다는 경전을 대출·간경하는 도서관 기능을 더 많이 했다는 사실이다. 이는 기존에 알려진 바와 같이 선원에서는 절대 경전이나 책을 보지 않았다는 사실과는 완전히 다른 것이다.

그런데 인용문 가운데 (4)단을 주목해 본다면 '모르는 글자가 있어서 옆 사람(장주, 혹은 간경당 수좌)에게 물을 때는 먼저 편운(篇韻, 字典)을 찾아보고 그런 다음에도 알 수 없을 때 물으라는 것이다. 난자(難字)를 묻는 일이 잦으면 타인의 간경을 방해할 수 있기 때문인데, 이런 대목을 통해서 당시 장경각에는 간경을 위한 한자사전까지 비치해 두었음을 알 수 있다. 또 간경(看經)을 할 때에는 단정히 앉아서 하되 소리를 내거나 입술을 달싹거리지 말라는 등 구체적으로 주의 사항들이 나오고 있다.

장로종색의 『선원청규』 10권 「백장규승송(百丈規繩頌)」에는 경전을 볼 때의 주의 사항들이 열거되어 있다.

모든 요사에서는 고성(高聲)으로 경전을 독송하거나 한잡문자(閑

---

8) 장로종색, 『선원청규』 4권, 「藏主」. "如不識字, 先撿篇韻. 猶有疑者, 方可借問. 問字若繁有妨看轉, 如暫離案並須蓋覆. 亦不得將袈裟疊安經上. 看經時, 端身正坐, 不得出聲, 及動唇口並緣他事."(신찬속장경 63권, p.532a)

雜文字, 경전 이외의 서책)를 독송하지 말라. 자기 책상과 자리, 선책(禪策, 策은 册으로 禪書를 가리킴)과 문자를 항상 덮어 가지런히 정돈하라.[9]

주의 사항은 고성(高聲)으로는 경전을 독송하거나 경전 이외의 서책[閑雜文字]은 보지 말라는 것, 자기 책상과 자리, 선책(禪策, 策은 册으로 禪書를 가리킴)[10]은 항상 가지런히 정돈하라는 것이다.

이상에서 볼 수 있는 바와 같이 당송시대 선종사원, 적어도 『선원청규』가 편찬되던 북송시대에는 누구든 제약 없이 마음대로 경전을 열람·독서할 수 있었다.

또 동양덕휘 편 『칙수백장청규』 4권 「지장(知藏, 藏主)」 장(章)에도 경전을 볼 때의 주의 사항이 열거되고 있다.

"지장은 경장(經藏)을 관장하며 의학(義學, 外典)도 함께 갖추어야 한다. 간경(看經)하고자 하는 이는 장경각에 가서 먼저 지장(知藏)에게 고(告)하고 함께 담당자에게 가서 인사한다. 자리가 정해지면 서로 합장한다. 이것이 옛 법칙이다. 독서는 대개 중료(衆寮, 대중방, 큰방)에서 한다. 그래서 요즘에는 장경각 안에는 책상을 두지 않는다."[11]

장경각의 장서(藏書)는 경전 외에 외전(外典)도 갖추었던 것은 사회적 지식도 필요해서였다. 즉 원나라 때(칙수백장청규 시대)에는 불

---

9) 장로종색, 『선원청규』 10권, 「百丈規繩頌」, "諸寮舍, 不得高聲讀誦經典, 並閑雜文字. 自己案分禪策文字常蓋齊整."(신찬속장경 63권, p.552b)
10) 『禪學大辭典』, p.683, 大修館書店, 1985년.
11) 동양덕휘, 『칙수백장청규』 4권, 「知藏」. "知藏, 職掌經藏兼通義學. 凡看經者初入經堂, 先白堂主同到藏司相看, 送歸按位對觸禮一拜, 此古規也. 今各僧看經多就眾寮, 而藏殿無設几案者."(대정장 48권, p.1131a)

교, 유교, 도교가 치열하게 서로를 비판, 논쟁했는데, 이들과의 논쟁에 대비하자면 외전도 필요했던 것이다(아래 인용구 참조). 그리고 남송부터는 간경당에서는 간경하지 않고 중료(衆寮, 대중방, 큰방)에서 간경했음을 알 수 있다.

다음은 왜 선승들도 독서·간경(看經)을 해야 하는지 그 이유와 필요성에 대한 것이다.

> "선종은 본래 교외별전이다. 그럼에도 장전(藏殿, 장경각)을 관리하는 승려(지장)를 두는 것은 어째서인가? 부처님의 언행을 가지고 교율(教律)로 삼고 있기 때문이다. 그러할진대 어찌 승(僧)으로서 부처님의 언행을 따르지 않을 수 있겠는가? 특히 우리 선종에서 증득하고자 하는 바는 문자에 빠지지 않으면서 언행의 표면을 뛰어넘어 자성의 묘함을 보는 데 있다. 조사의 뜻은 우리 종도로 하여금 두루 경전과 갖가지 전적을 탐구하여 외모(外侮, 외부의 경멸과 비난 등)에 대항하며 변화에 무궁하게 대응하기를 바라기 때문이다. 이것이 이른바 (문자와) 부즉불리(不卽不離)라는 것이다."[12]

중요한 것은 경전 등 문자를 보더라도 그 문자에 빠지지 말고 자성(自性)을 보는 것이 중요하다는 것이고, 또 세속인들의 경멸과 비난[外侮] 등에 대응하기 위해서라도 경전을 읽고 문자를 공부를 해야 한다는 것이다. 이것이 이른바 문자와 부즉불리(不卽不離)의 관계라는 것인데, 문자를 모르면 무식해 지고 무식하고서는 대응할 수 없

---

12) 동양덕휘,『칙수백장청규』4권,「知藏」. "原吾宗既曰教外別傳, 猶命僧專司其藏者何也. 以佛之所言所行為教律, 而僧有不遵佛之言行乎. 特吾之所證所得不溺於文字, 而超乎言行之表, 以見夫自性之妙焉. 又祖之意, 欲令徒遍探諸部與外之百氏, 期以折衝外侮, 應變無窮, 所謂不即不離者是也."(대정장 48권, p.1131a)

기 때문이다.

4. 도겐의 「판도법(辨道法)」 기록

일본 조동종의 도겐(道元, 1200~1253)은 24세부터 28세(1224~1228)까지 약 3~4년 동안 천동사(天童寺)에서 조동선을 공부했다. 굉지정각(1091~1157)의 4대 법손인 천동여정(1163~1228)으로부터 각별한 가르침을 받고 돌아와서 영평사의 수행 규범인 『영평청규』를 저술·편찬했는데, 간경에 대하여 「판도법(辨道法)」에서는 다음과 같이 기록하고 있다.

> 운당(雲堂, 승당, 선당의 이칭)의 대중들은 점심 공양을 마친 후에는 포단(蒲團, 방석)을 들고 운당을 나가서 중료(衆寮, 큰방, 대중방)에서 쉰다. 간독상(看讀床, 즉 앉은뱅이책상)에서 (경을 보다가) 포시(哺時, 3시)가 되면 다시 운당으로 돌아와 좌선한다.[13]

도겐의 기록을 보면 남송시대에는 총림에서 점심 공양 후부터 포시 직전(哺時, 未時終, 오후 3시 직전) 즉 3시까지는 중료(대중방)에서 쉬기도 하고 또 책상에서 경전이나 조사어록 등 책을 보았음을 알 수 있다. 『영평청규』「판도법(辨道法)」의 기록을 통해 점심 공양 후의 간경(看經)은 당시(남송) 선종사원의 일상의 하나였음을 알 수 있다.

---

13) 道元, 『永平淸規』, 「辨道法」 放參法. "雲堂大衆, 齋罷收蒲團出堂, 歇于衆寮, 就看讀床, 稍經時餘將哺時至(當世俗之未時之終), 歸雲堂, 出蒲團坐禪."(대정장 82권, p.319) 포시(哺時)는 오후 3시~5시까지인데, 도겐은 주석에서 포시 첫 시각인 "當世俗之未時終"이라고 말하고 있다. 未時의 끝은 3시 직전임.

또 장십경(張十慶)이 지은 『중국강남선종사원건축(中國江南禪宗寺院建築)』「중료(衆寮)」장(章)에는 『남송오산십찰도(南宋五山十刹圖)』를 바탕으로 중료(衆寮, 대중방)의 용도에 대하여 다음과 같이 서술하고 있다.

> 중료는 선종사원에서 대중들이 경전과 조사어록을 보는 곳으로 이른바 학문의 도량이다. 건축 형제상(形制上)에서 본다면 중료는 기본적으로 승당(僧堂, 선당, 좌선당)에 준한다. 중료 안에 장련상(長連床, 길게 연결된 상. 즉 마루. 이곳에서 좌선과 공양, 취침을 함) 위에 설치한 것은 경궤(經櫃, 경전을 두는 函)이다. 도구(생활용품)를 두는 함궤(函櫃)는 아니다. (……) 중료에서는 쉬기도 하고 차를 마시기도 한다.
>
> 중료에는 사방에 경전을 보는 간독상(看讀床)이 배치되어 있고, 경전과 조사어록, 그리고 차를 마실 수 있는 도구가 갖추어져 있다. 중료 내(內)의 모든 것은 한결같이 「백장청규」와 같다. 중료 안에서는 당연히 대승경전과 조사어록을 보았다(寮中之儀, 一如百丈淸規. 寮中, 應看大乘經典幷祖宗之語句).[14]

이상과 같이 장로종색의 『선원청규』와 「백장규승송」, 『입중일용』, 『칙수백장청규』, 그리고 도겐(道元)의 「판도법」과 장십경의 연구서 등을 종합해 본다면, 특히 중국 송대 선종사원에서는 경전과 조사어록 등을 열람·독서했다는 사실을 확인할 수 있다.

사실 유명한 선승들은 모두 교학과 경전에 해박했다. 특히 마조도일, 백장회해, 위산영우, 황벽희운, 임제의현, 운문문언, 동산수초, 5조 법연, 원오극근, 굉지정각, 대혜종고 등 중국선종사에서 한 시대

---

14) 張十慶, 『중국강남선종사원건축』, p.79, 湖北교육출판사, 2002.

를 대표했던 선승들은 모두 박학다식했다. 그들의 법문 속에는 중요한 대승경전인 『유마경』, 『금강경』, 『화엄경』, 『열반경』, 『법화경』, 『능엄경』 등이 많이 인용되고 있다. 그리고 그 내용도 공(空), 중관(中觀), 여래장, 반야, 불성사상 등 대승불교의 사상과 일치하고 있다.

원오극근의 『벽암록』은 공안집의 백미이다. 그는 『벽암록』 100칙에 대하여 중국의 고사(故事) 등을 많이 인용하여 평창을 달았는데, 이는 중국 외전을 읽지 않았다면 불가능한 일이다. 또 대혜종고는 사대부들과 주고 받은 『서장(書狀)』에서 『화엄경』, 『능엄경』, 『법화경』, 『유마경』 등 많은 경전구절을 인용하여 설명하고 있는데, 이 역시 경전을 탐독하지 않고는 불가능한 일이다.

5. 황벽희운과 간경

당대(唐代) 조사선의 한 사람인 황벽희운은 경전을 종종 읽었다. 그것을 보고 임제의현은 인신공격적인 언어로 황벽에게 대들었다.

> 임제가 반하(半夏, 45일)에 황벽산을 찾아갔다. 그때 황벽은 경전을 보고 있었다. 임제가 말했다.
> "저는 스님을 본분종사(箇人)라고 여겼는데, 이제 알고 보니 그저 검정콩(문자)이나 만지작거리는 노화상이로군요." 임제는 며칠 후 황벽에게 하직 인사를 했다. 황벽이 말했다.
> "자네는 하안거를 지키지 않고 와서는 어찌하여 하안거를 마치지도 않고 가는가?"
> 임제가 말했다.

"저는 그냥 잠시 화상에게 인사를 하러 왔을 뿐입니다."

황벽이 귀싸대기를 갈겨 그를 내쫓아버렸다. 임제가 몇 리(里)를 가다가 무언가 의구심이 생겨 다시 돌아왔다. 하안거를 마친 뒤 황벽에게 하직 인사를 하자 황벽이 물었다.

"어디로 갈 생각인가?"

임제가 말했다.

"하남이 아니면 하북으로요."

그 순간 황벽이 방망이를 잡았다. 임제가 그 방망이를 꽉 붙잡았다. 황벽이 일장(一掌, 귀싸대기)을 올려붙였다. 그리고는 하하 웃었다.

황벽은 시자를 불러 백장 선사(황벽의 스승)의 선판(禪版, 좌선 후에 기대는 판)과 불자(拂子)를 가져 오게 했다(전법 표시). 임제가 (선판과 불자를 태워 버리려고) 시자에게 불을 가져 오게 하자 황벽이 말했다.

"그대는 다만 가져가기만 하게. 그대는 이후 천하의 납승들의 말을 제압해 버릴 것이네."[15]

스승 황벽이 간경(看經)하고 있는 것을 보고 임제는 실망했다. 그래서 황벽에게 하직 인사를 하고 떠나갔으나 다시 참회하고 돌아와 깨달음을 얻고 법을 전해 받는 장면이다.

---

15) 『宗鑑法林』22권. "臨濟因半夏上黃檗山. 見檗看經次. 師日我將謂他是箇人, 元來祇是箇按黑豆底老和尚. 住數日便辭去. 檗日. 汝破夏來, 何不終夏去. 師日, 義玄暫來禮拜和尚. 檗便打趁令去. 師行數里, 疑此事卻回終夏. 夏後辭黃檗. 檗問甚處去. 師日, 不是河南便歸河北. 檗拈棒. 師約住. 遂與一掌. 檗呵呵大笑. 乃喚侍者, 將百丈先師, 禪版拂子來. 師召侍者將火來. 檗日. 汝但將去. 已後坐斷天下人舌頭去在."(신찬속장경 66권, p.417a)『고존숙어록』5권(신찬속장경 68권, p.33b)

6. 약산유엄과 간경

다음은 약산유엄 선사가 어느 날 경전을 탐독하고 있자 어떤 납자가 빈정거리는 말투로 덤벼들었다.

> 약산유엄이 하루는 간경하고 있었다. 그때 어떤 납자가 찾아와 물었다.
> "화상께서는 보통 때는 납자들에게 경(經) 보는 것을 나무라셨는데, 어째서 스님께서는 보고 있습니까?"
> 약산유엄이 말했다.
> "나는 단지 눈을 가리고 있는 것뿐이네."
> 납자가 말했다.
> "저도 화상을 따라 해도 좋겠습니까?"
> 약산이 말했다.
> "그대가 만약 경을 본다면 아마 소가죽도 반드시 뚫을 것이네."[16]

약산 유엄 선사의 대답은 정말 명답이다. 나(약산)는 경전을 보아도 경전에 빠지지 않지만("나는 단지 눈을 가리고 있는 것뿐."), 그대는 경전을 보면 그 글자(자구의 뜻에)에 빠진다는 것이다("그대가 만약 경을 본다면 소가죽도 반드시 뚫을 것이네."). 이것은 무심으로 경전을 보는 것과 유심으로 보는 것의 차이라고 할 수 있다.

---

16) 『古尊宿語錄』,「藥山惟儼」(『전등록』 14권,「藥山惟儼」). "師(藥山)看經, 僧問. 和尙尋常不許人看經, 爲甚麽卻自看. 師曰. 我祇圖遮眼. 曰. 某甲學和尙還得也無. 師曰. 你若看. 牛皮也須穿." (신찬속장경 68권, p.614a)

7. 목주 화상의 간경

다음은 목주 화상과 진조상서(陳操尚書), 그리고 목주 화상과 어느 납자 사이에 있었던 간경 스토리이다. 『경덕전등록』12권 목주 장에 수록되어 있다.

진조상서(陳操尚書, 상서는 오늘날 장관)는 배휴(裵休), 이고(李皐) 등과 동시대의 인물이고, 한퇴지, 유종원(柳宗元)과는 친구였다. 『벽암록』33칙 자복일원상(資福一圓相) 공안은 진조상서와 목주 화상(睦州和尙, 陳尊宿)의 선문답이다. 이들(진조, 배휴, 이고)은 모두 유명한 거사로 선승들과 대등할 정도로 법담을 나눈 이들이었다.

> 목주 화상이 경전을 읽고 있었다. 진조상서가 그것을 보고 물었다.
> "화상께서는 무슨 경전을 보고 계십니까?"
> 목주 화상이 말했다.
> "금강경을 보고 있는 중이요."
> 진조상서가 물었다.
> "육조시대의 번역입니까(六朝翻譯)? 이것은 몇 번째 기권(機權)에 당합니까(此當第幾譯)?"
> 목주 화상이 보고 있던 금강경을 들고 말했다.
> "일체유위법 여몽환포영."
>
> 또 어느 날 목주 화상이 열반경을 보고 있을 때였다. 그에게 어떤 납자가 물었다.
> "화상께서는 무슨 경전을 보고 계십니까?"
> 목주 화상이 보고 있던 경을 들고 말했다.
> "이것은 다비품 최말후니라(茶毘品最末後, 화장한 나머지)."[17]

---

[17] 『전등록』12권. "師看經次. 陳操尚書問. 和尚看什麼經. 師云. 金剛經. 尚書

진조상서가 "지금 스님께서 보고 있는 금강경은 육조시대[18] 번역입니까? 그 번역은 몇 번째 기권(機權, 幾는 機와 통용)에 해당합니까(六朝翻譯, 此當第幾譯)?"라고 물었는데, 얼핏 보면 번역에 대하여 물은 것 같지만, 그것이 아니고 금강경 번역서들이 어느 정도 기권·기량을 가지고 있는가, 얼마만큼 제일의제(第一義諦)를 드러내고 있느냐는 물음이다.

목주 화상은 "일체 유위법[一切有爲法]은 모두 몽환포영과 같다(如夢幻泡影)고 말했는데, 그야말로 명답이 아닐 수 없다.

또 어느 날 목주 화상이 열반경을 보고 있을 때, 어떤 납자가 "무슨 경전을 보고 있느냐"고 힐난 투로 묻자 목주 화상은 경(열반경)을 들고서 "이것은 다비품 최말후니라(茶毘品最末後, 화장한 나머지)"라고 하였다. 이 역시 기상천외한 답이다. 그냥 자연스럽게 나오는 답인데도, 한마디 한마디가 그대로 척척 공(空)의 정신에 들어맞고 있다. 항상 반야지혜가 작동하고 있는 선승이 아니고서야 어떻게 이렇

云. 六朝翻譯. 此當第幾譯. 師擧起經云. 一切有爲法, 如夢幻泡影. 師又因看涅槃經. 僧問. 和尙看什麽經. 師拈起經云. 遮箇是茶毘品最末後."(대정장 51권, p.291c)

18) 육조시대(六朝時代, 229~589): 오(吳, 229~280), 동진(東晉, 317~420), 송(宋, 420~479), 제(齊, 479~502), 양(梁, 502~557), 진(陳, 557~589)을 통칭하여 육조시대라고 한다. 모두 난징(南京, 당시에는 建業, 建康이라고 했음)을 수도로 하였음. 위진남북조시대(위진시대, 220~420, 남북조시대, 420~589)의 거의 같은 시대이다. 이 시기에 나온 금강경 한역본은 6가지이다.
①후진(後秦, 384~417): 구마라집 역,『금강반야바라밀경』②북위시대(北魏時代, 386~534): 보리류지(菩提流支) 역,『금강반야바라밀경』, ③진(陳): 진제(眞諦, 499~569) 역,『금강반야바라밀경』④수(隋, 581~618): 달마급다(達磨及多) 역,『金剛能斷般若波羅密經』⑤당(唐): 현장(玄奘, 602~664) 역,『능단금강반야바라밀다경』, ⑥당: 의정(義淨, 635~713) 역,『능단금강반야바라밀경(능단금강경). ①~④까지는 모두 육조시대에 한역된 것이다. 그 가운데서도 구마라집의 한역본이 대표적이다.

게 대답할 수 있겠는가?

　이상 몇몇 선승들의 간경(看經) 사례는 책을 보면 안 된다는 우리나라의 통념을 깨트리고 있다. 이들은 모두 중국선종사에 이름을 남긴 유명한 선승들이다. 이들은 왜, 무엇 때문에 경전을 본 것일까? 경전을 보지 않으면 선안(禪眼)이 열려도 안목이 확장될 수가 없고, 다양한 법문을 할 수가 없고, 수많은 납자들을 지도할 수가 없기 때문이다. 단조로운 지도 방법과 단조로운 지혜로는 한 산문을 이끌어 갈 수가 없다. 수행자도 마찬가지이다. 경전이나 어록을 보지 않고는 안목을 갖출 수가 없고 지혜가 증장될 수 없다.

　본래 선종사원에는 제창(提唱)이라고 하는 것이 있다. 제창이란 법문과 강의를 혼합한 것인데, 경전, 조사어록 등 제창을 통하여 반야지혜와 공안 공부를 하였던 것이다. 안목이 열리자면 중요한 조사어록인 『임제록』, 『벽암록』, 『무문관』 등 어록 제창은 필수인데, 우리나라 선원에서는 어록을 제창하지 않는다. 이것이 독참과 함께 우리나라 선원의 가장 큰 문제점이라고 할 수 있다.

34장 만행(萬行)과 운수 행각
- 정처 없는 공(空)의 여정(旅程) -

1. 만행은 문법(問法)의 여정

선종사원에는 1년에 두 번 결제와 해제가 있다. 안거가 끝나면 납자들은 너도나도 걸망을 지고 정처 없는 여정(旅程)에 오른다. 공(空)의 여정, 수행의 여정. 그것을 '만행(萬行)'·'행각(行脚)'·'운수행각(雲水行脚)'이라고 한다. 인도에서는 '유행(遊行)'이라고 한다.[1]

선승들의 오도기연(悟道機緣)을 살펴보면 적지 않은 선승들이 만행하면서 법을 묻다가 깨달았다. 따라서 만행은 단순한 여행이 아니고, 법을 묻기 위한 수행의 행각이다.

만행, 행각은 해제 날부터 시작된다. 해제 날에 행해지는 해제의식에서 하이라이트는 주지(방장)의 해제 법어이다. 이것을 정점으로 90일간의 안거는 종료된다. 이어 점심 공양이 끝나면 주지(방장), 감원·수좌·유나 등 총림의 중요 소임자들은 떠나는 대중을 위하여 차(茶)

---

1) 유행(遊行) : 석존은 80세가 되어 고향인 쿠시나가라를 향하여 교화여정에 오른다. 때는 봄, 우기(雨期)가 되자 석존은 여독(旅毒)에 쇠약해졌다. 게다가 춘다의 공양을 받고 모진 설사병에 걸린다. 이윽고 사라쌍수에서 입멸하게 된다. 그 과정(석존의 열반)을 서술하고 있는 경전이 『유행경(遊行經)』이다. 빨리어로는 『마하파리 닙빠나(대반열반경)』라고 한다.

공양을 낸다. 차공양이 끝나면 소임자와 문도 등 일부만 남고 모두 행각 길에 오른다.

오늘날 만행은 여행의 하나지만, 당송시대 행각(만행)은 곧 행각청익(行脚請益, 법을 묻는 행각)이고, 참선 문법(參禪問法)의 하나였다. 두루 천하의 선지식들을 역참(歷參), 편력(遍歷)하면서 법을 묻는 것이 당송시대 행각의 본래적 의미이다.

불교경전에 기록되어 있는 구법 행각 가운데 대표적인 것은 『화엄경』 입법계품(入法界品)에 나오는 선재동자의 행각이다. 부사의한 사사무애의 법계로 들어가기 위하여 선재동자는 53명의 선지식을 편력(遍歷)·참방한다. 지난한 여정(旅程) 속에서 갖가지 역경을 극복하고 마침내 미륵보살의 만나 일탄지경(一彈之頃, 손가락 퉁기는 순간)에 깨달음을 이룬다. 그렇게 긴 여정은 마무리 된다.

납자들의 행각도 이와 같다. 유명한 선지식을 만나 가르침을 받는 것, 바둑판(法談의 바둑판)을 펼쳐 놓고 고수로부터 한 수(一着子)를 배우는 것, 즉 절차탁마하는 것이 행각의 본래 의미이다. 선어록에는 종종 '짚신 값을 낭비하지 말라'는 말이 있는데, 헛된 행각은 하지 말라는 뜻이다. 즉 안거 동안 공부한 것을 점검·테스트해 보고 탁마하기 위한 것이지 여행을 위한 행각은 아니라는 것이다.

행각의 의의에 대하여 『조정사원(祖庭事苑)』 8권 「잡지(雜志)」에서는 다음과 같이 정의하고 있다.

> 행각(行脚)이란 고향(본사)을 떠나 멀리 천하를 편력하는 것을 말한다. 정루(情累, 정과 속박)로부터 벗어나 스승과 벗[師友]을 탐방하며, 법을 구하고 증오(證悟)를 이루기 위해서이다. 배움에는 일정한 스승이 있는 것이 아니다[所以學無常師]. 그래서 편력(遍歷)

행각을 귀중하게 여긴다.

선재동자는 남쪽으로 가서 법을 구하였고, 상제(常啼)는[2] 동쪽으로 가서 청익(請益, 가르침을 청하는 것)했으니, 이것이 곧 선성(先聖)의 구법 방법이다. 영가(永嘉) 선사가 말하기를 강산을 다니고 스승을 찾아서 도를 묻고 참선한다 하였으니, 어찌 그렇지 않겠는가.[3]

한 곳에 오래 머물면 산천(山川)과 도량, 그리고 인간에 정(情)이 들게 된다. 그러나 납자에게 정은 금물이다. 행각을 통해서 정(情)과 애착, 집착 등 속진으로부터 벗어나 일신우일신(日新又日新)해야 한다.

2. 행각안(行脚眼)

선어 가운데 '행각안(行脚眼)'이라는 말이 있다. '행각을 통해 얻어진 안목'이라는 뜻인데, 곧 남다른 안목, 탁월한 지견(知見)을 가리킨다. 천하를 행각하면서 수많은 선승들과 일전(一戰)을 통해 터득한 안목이므로[行脚眼] 그 기략(機略)은 전광석화(電光石火)와 같고, 그 안목은 사방으로 막힘없는 통방작가(通方作家)라고 할 수 있다.

다음은 임제의현이 행각 도중에 어느 선사와 문답한 내용이다.

> 임제 스님이 행각할 때 용광 선사의 처소에 도착했다. 마침 용광스님이 상당하여 법문을 히고 있었다.

---

2) 상제보살(常啼菩薩):『대지도론』96권에서 상제보살은 동쪽으로 가서 갖가지 수행을 했다고 한다.
3) 『祖庭事苑』8,「雜志」."行脚者, 謂遠離鄉曲, 脚行天下, 脫情捐累, 尋訪師友, 求法證悟也. 所以學無常師, 遍歷爲尙. 善財南求, 常啼東請, 蓋先聖之求法也. 永嘉所謂, 游江海涉山川, 尋師訪道爲參禪, 豈不然邪."(신찬속장경 64권, p.432c)

임제 스님이 나가서 질문을 했다.
"싸움에서 어떻게 해야 칼을 뽑지 않고 이길 수 있습니까?"
용광 스님이 자세를 바로 잡았다(위엄 있는 자세로).
임제 스님이 말했다.
"대선지식(용광스님)이 어찌 방편이 없으십니까?"
용광 스님이 눈을 똑바로 뜨고 "사(嗄, 목 쉰 소리)!" 했다.
임제가 손으로 가리키면서 말했다.
"이 노인네, 오늘 망가졌습니다!"[4]

싸움에서 칼을 사용하지 않고 이길 수 있는 방법은 뭘까? 말을 하지 않고 선의 핵심을 드러낼 수 있는 방법은 무엇이 있을까? 임제의 요청은 언어나 문자를 사용하지 말고 불법의 대의(大義)를 말해 보라는 것이다. 용광스님은 법상에 비스듬히 앉아서 법문을 하다가 자세를 바로잡았다. 권위를 확보하기 위하여 위엄을 갖춘 것이다. 그러자 아직은 행각승에 불과한 임제는 '도대체 대선지식이라는 분이 행각승의 질문에 권위 말고는 답할 방편법문이 하나도 없느냐'고 힐난한 것이다.

당 중기의 선승 약산유엄(藥山惟儼, 745~828)은 행각을 매우 중시했다. 그래서 그는 "반드시 행각안(行脚眼)을 갖추어야 한다(須具行脚眼始得, 『전등록』14권 「약산유엄」章)"고 했다. 행각하면서 많은 이들과 문답해 보아야만 지견과 안목을 넓힐 수 있기 때문이다. 혼자 암자(庵子)에서 닦은 '독살이 안목'을 가지고는 한 산문의 종장(宗匠)이 될 수가 없다. 임제 같은 고수를 만나면 얼굴이 빨개질 것이다. 그

---

4) 『임제록』 행록. "師行脚時, 到龍光. 光上堂. 師出問, 不展鋒鋩, 如何得勝. 光據坐. 師云, 大善知識, 豈無方便. 光瞪目云, 嗄. 師以手指云, 這老漢今日敗闕也."(대정장 47권, p.506a)

러므로 반드시 실전에서 얻어진 안목이라야 힘이 있다. 우물 안 개구리가 아무리 헤엄을 잘 친들 그곳은 사방 1미터 이내에 불과하다.

경청 화상도 행각을 중시했다. "무릇 행각하는 사람[行脚人]은 반드시 줄탁동시의 안목과 줄탁동시의 기용을 갖추어야 한다. 그래야만 비로소 납승이라고 말할 수 있다."[5] 라고 하여, 안목을 갖추고 행각하지 않으면 소득이 없다고 말하였다.

향림 화상도 시중법문에서 "무릇 행각하여 선지식을 찾아다닐 때는 안목을 갖추어서 흑백을 구분하고 심천(深淺)을 간파할 줄 알아야 한다"[6]고 했는데, 역시 안목이 없는 상태에서 행각하는 것은 별 도움이 되지 못한다고 말하고 있다. 최소한의 안목은 갖추고 나서 행각해야만 절차탁마할 수 있기 때문이다.

『벽암록』 31칙 마곡진석(麻谷振錫) 평창에서 원오극근은 "고인이 행각할 때는 여러 총림(선종사원)을 두루 다니면서 오직 이 일만을 생각했다. 저 목상(木床, 법상) 위의 노화상이 과연 안목을 갖추고 있는지를 판단하는 것이다(古人行脚, 遍歷叢林, 直以此事爲念, 要辨他曲錄木床上老和尚, 具眼不具眼)."라고 말하고 있다.

조주 선사(778~879)는 120세를 살았다. 그는 이미 깨달았지만 60세에 다시 행각의 길에 올라 80세 때까지 행각했다. 그는 일곱 살 아이라도 나보다 안목이 뛰어나면 배우고, 100살 노인이라도 나보다 못하면 가르치겠다는 서원(誓願)으로 행각했다고 한다.

조주 선사를 일컬어 '천하 조주', '조주 고불(古佛)', '구순피선(口脣

---

5) 『벽암록』 16칙, '鏡淸草裏漢' 공안 평창. 示衆云. 大凡行脚人, 須具啐啄同時眼, 有啐啄同時用. 方稱衲僧)."(대정장 48권, p.156a)
6) 『벽암록』 17칙, '僧問香林' 평창. "凡示衆云, 大凡行脚, 參尋知識, 要帶眼行, 須分緇素, 看淺深始得."(대정장 48권, p.157a)

皮禪, 막힘없이 禪理를 설파)'이라고 하는 것은 그가 행각을 통해서 얻은 행각안(行脚眼) 때문이었다.

다음은 법안문익 선사의 행각 이야기이다.

> 법안문익 선사가 도반인 소수(紹修), 법진(法進) 두 스님과 함께 나한계침 선사의 처소인 지장원에 들렸다. 마침 폭설이 내려 며칠 머무르게 되었다.
> 계침이 물었다. "이번 길은 어디로 가는가?"
> "이리저리 행각하려고 합니다."
> 계침이 물었다. "무엇이 행각인가?"
> "모르겠습니다."
> 계침이 말했다. "모른다는 말이 가장 친절한 말이네.[7]

선어록에는 '갱참삼십년(更參三十年)'이라는 말이 종종 나온다. '30년을 더 참구해야 한다'는 뜻인데, 여기서 30년이란 선승으로서 수행해야 할 기본적인 세월이다. 적어도 선승이라면 30년 정도는 공부·행각해야만 정법의 안목을 갖출 수 있다는 것이고, 또 그래야만 방장의 자리에 올라가서 납자들을 지도할 수 있기 때문이다. 운수행각(만행)이 곧 보임(保任)이고, 일사일지(一事一知), 일기일회(一機一會)가 경험적 지혜라고 할 수 있다.

『대승기신론』에는 '상사각(相似覺)'이라는 말이 있다. '깨달음 비슷한 것'을 뜻하는 말로, 상사각, 사이비각(似而非覺)을 가지고 깨달았다고 착각하는 수행자들이 많다. 또 환영 등 조금 이상한 경계를 맛보면 거기에 빠지는 경우도 많다. 행각을 통하여 절차탁마하지 않으

---

7) "法眼益禪師, 同修進二禪師, 經過地藏琛禪師處. 阻雪少憩. 琛問此行何之. 師云. 行脚去. 琛云作麼生是行脚事. 師云. 不知. 藏云. 不知最親切."(신찬속장경 67권, p.33a)

면 지견 없는 암선(暗禪), 부딪치면 깨지는 유리병자선(琉璃甁子禪) 신세를 면치 못한다.

송대를 대표하는 선승 대혜종고(大慧宗杲, 1089~1163)는 17세에 입산했는데, 30여년 만인 49세 때 처음으로 항주 경산사(徑山寺) 방장(주지)이 되어 개당설법(開堂說法)했다.

3. 객승의 여비(旅費)

총림에서는 행각(만행)하는 납자(객승)들에게 약간의 노자(路資, 여비)를 준다. 액수는 보통 짚신 2~3켤레 값 정도로, 오늘날로 치면 고무신 2~3켤레 값이다. 그것을 총림에서는 '초혜전(草鞋錢, 짚신 값)'이라고 하는데, 짚신 두세 켤레면 다른 절까지 갈 수 있기 때문이다. 어느 선원이든 객승이 오면 통상적으로 짚신 두세 켤레 값만 준다.

초혜전과 관련하여 『임제록』 13~24단에는 의미심장한 법문이 나온다. 임제 선사는 "천하를 행각하면서 허송세월한다면 행각할 때 여기저기서 받았던 짚신 값(草鞋錢 즉 路資)을 내 놓으라"고 다그친다.

> "여러분! 참으로 불법의 대의를 체득하는 것은 어려운 일이오. 불법은 매우 심오하지만 알 수는 있소. 산승은 종일토록 그대들을 위하여 설파해 주지만, 학인들(수행자)은 관심이 없소. 천 번 만 번 밟고 다니면서도 도무지 깜깜하오. 아무런 형체도 없지만 분명하고 뚜렷한 이것을 학인들은 믿지 못하고 언어문자(사량분별) 위에서 이해하려 하오. 나이가 50이 넘도록 단지 송장을 짊어지고 여기저기 천하를 쏘다니고 있소. 반드시 '짚신 값(草鞋錢)을 갚아야 할

날이 오게 될 것이오."[8]

 임제 선사의 준엄한 일갈(一喝)이다. 진정으로 수행하지 않고 빈둥빈둥 제방(諸方)을 다니면서 시간을 죽인다면 그는 짚신 값만이 아니고, 무노동으로 공양한 밥값도 내놓아야 할 것이다. 수행하는 납자들은 깊이 새겨야 할 법문이다.
 초혜전(草鞋錢)을 '양문전(兩文錢)'이라고도 한다. '동전 두 닢'이라는 뜻인데, 근래 우리나라 선원의 해제비와 비교하면 아무 것도 아니다.
 운수행각을 한답시고 신발이나 떨구는 납자를 칭하여 '백답승(白踏僧)'이라고 한다. 백답(白踏)은 '헛된 걸음'을 뜻하는데, 오도(悟道)에는 별로 생각이 없는 납자를 가리킨다. 여행이나 할 뿐, 구도행각은 아니기 때문이다. 반대로 야반승(野盤僧)은 산이나 들녘에서 노숙하는 납자로, 진정으로 운수행각하는 납자를 가리킨다.

4. 객승의 예의범절

 행각승(객승)의 예의범절에 대하여 『선원청규』 1권 「단과(旦過)」에는 "산문에 들어서면 먼저 단과료(旦過寮, 客室)의 소재를 묻되, 단과료에 들어가면 짐을 풀어 놓은 다음 위의(威儀)를 갖추어 지객료(知客寮)에 가서, "잠도(暫到, 객승) 상간(相看, 문안)이오"라고 말하라. 지객스님이 나오면 3배하고 나서 하룻저녁 묵고 갈 것인지, 괘탑

---
8) 『임제록』. "道流. 寔情大難, 佛法幽玄, 解得可可地. 山僧竟日與他說破. 學者總不在意. 千遍萬遍腳底踏過. 黑沒燋地. 無一箇形段. 歷歷孤明, 學人信不及. 便向名句上生解, 年登半百, 祇管傍家負死屍行. 擔卻擔子天下走. 索草鞋錢有日在."(대정장 47권, p.501a)

(입방)하러 온 것인지를 밝혀야 한다.(생략)"⁹⁾라고 말하고 있다.

하룻밤 묵고 가는 객승(客僧, 행각승)을 '잠도(暫到, 잠시 온 스님)'라고 하고, 새로 입방하고자 온 객승은 '신도(新到, 새로 온 스님)'라고 한다.

그리고 객실(客室)을 '단과료'라고 부른다. '단과료(旦過寮)'란 '하루 묵고 가는 집'이라는 뜻인데, 원래는 저녁에 와서 아침이 되면 가야했기 때문이다. 청규에는 "신도(新到)든 잠도(暫到)든 객승은 단과료에서 3일 이상 묵을 수 없다. 괘탑(입방)하고자 하는 이는 괘탑하고, 잠도는 3일이 되면 다른 절로 가야한다."고 규정하고 있다.

운수 행각을 할 때는 반드시 도첩(度牒), 계첩(수계첩), 면정유(免丁由), 좌하유(坐夏由)를 꼭 휴대해야 한다. 도첩은 국가에서 발행하는 승려증이고, 계첩은 수계증명서이고, 면정유는 병역 및 노역면제증이고, 좌하유(坐夏由)는 전년도 하안거 증명서이다. 이 네 가지가 없으면 다른 총림에 가서 괘탑(掛塔, 입방)을 할 수 없다.

그 밖에도 운수행각하는 스님은 삼의일발은 물론이고, 산립(山笠, 삿갓)·주장자(柱杖子)·계도(戒刀, 작은 칼)·발낭(鉢囊)·양지(楊枝, 버드나무를 이겨서 만든 칫솔. 齒木이라고도 함)·조두(澡豆, 세정제로서 녹두 등 콩으로 만든 가루 비누)·정병(淨瓶, 물병)·좌구(坐具, 앉거나 누울 때 까는 깔개)·여수낭(濾水囊, 물을 거르는 주머니. 여수라濾水羅, 녹수낭漉水囊이라고도 함) 등 20여 종은 필수적으로 가지고 다녀야 한다.

----

9) 장로종색, 『선원청규』 1권, 「단과(旦過)」. "入門先問旦過所在. 入寮解卸訖. 具威儀到客位云. 暫到相看. 知客出, 各觸禮三拜. 暫到辭云. 此際經過幸獲瞻對."(신찬속장경 63권, p.524a)

35장 선원총림의 한 해[一年] 일정
- 한 해가 모여 백 년이 되고 천 년이 된다 -

1. 개관

천 년 전 당송시대 선종사원(총림)에서도 정기적인 한 해 일정이 있었다. 매달마다 정기적인 중요한 행사, 연중(年中) 행사가 있었다. 그 가운데 가장 중요한 날은 새해 첫날인 원단(元旦), 즉 연조(年朝, 歲旦, 정월 초하루)와 하안거 결제일인 결하(結夏, 4월 15일), 하안거 해제일인 해하(解夏. 7월15일), 동지(冬至)이다.

이것을 사절(四節)이라고 하는데 사절은 백장회해가 정한 백장총림의 제도였다. 이 가운데 결하일(結夏日, 하안거 결제일)과 해하일(해제일)은 인도불교의 제도이고, 연시(年始, 歲旦)와 동지는 중국 세속의 풍습을 받아들인 것이다. 그 밖에 불탄일, 성도일, 열반일, 달마조사 기일(忌日), 백장 선사 기일, 개산조사일도 중요한 날이다. 천자의 생일은 성절(聖節)이라고 하여 중요한 날로 삼았는데, 이것은 남송 이후에 생긴 풍습이다.

매월 정기적인 행사나 일정을 정리한 것을 청규에서는 '월분수지(月分須知)'·'월분표제(月分標題)' 또는 '월진(月進)' 등으로 불렀다. 이는 정해진 매달 일정표인 동시에 '연중 행사표'라고 할 수 있는데,

북송시대에 편찬(1103)된 현존하는 가장 오래된 청규인 장로종색의 『선원청규』에는 월분(月分) 항목이 없다. 그 당시에도 매달마다 정기적인 중요한 행사가 있었겠지만 별도로 항목을 두어 정리하지는 않았던 것으로 보인다.

그러나 남송·원대에 편찬된 청규인『총림교정청규총요(함순청규)』(1274년 남송 말 편찬),『선림비용청규(禪林備用淸規)』(1311년 元初 편찬),『칙수백장청규』(1338년, 元 순제 원통4년),『환주암청규(幻住庵淸規)』(1317년, 元 延祐 4) 등에는「월분수지(月分須知)」,「월분표제(月分標題)」,「월진(月進)」항목이 있다. 그런데 이 몇 개의 청규 내용이 일치하지 않는다. 또 남송 이전부터 전해 오는 전통적인 것도 있고, 남송·원나라 때 신설된 것도 있다. 예컨대 "세단(歲旦, 정월 초하루)에는 오경종(五更鐘, 4시 起床을 알리는 종)과 판(板)이 울리면 대중들은 (佛殿에) 모여서 대비주(大悲呪, 신묘장구대다라니)를 염하며 황제의 장수를 기원한다." "매달 삭망(朔望, 초하루와 보름날)에는 대중들이 아침 죽(粥) 공양 전에 황제의 장수를 기원한다(祝聖)." 또는 "능엄단을 차려 놓고 능엄주를 외운다." 등등은 모두 남송 말, 원대에 생긴 것으로, 그 이전에는 없던 전통이다.

여기서는『칙수백장청규』「월분수지(月分須知)」편을 바탕으로 기타 여러 청규를 참고하여 선원총림의 한 해 일정을 알아보았다. 날짜는 음력이고 해설이 필요한 곳은 해설을 덧붙였다.

■ 정월(正月) 음력

◇1일(정월 초하루)·세단(歲旦)·원단(元旦). 새벽 4시에 오경종(五

更鐘)[1]이 울리면 불전(佛殿, 대웅전)에 향촉과 다과를 올린다. 어떤 총림에서는 사맹월(四孟月, 1월, 4월, 7월, 10월)[2]에 대중 모두가 총림의 당우를 행도(行道, 巡行)하면서 경을 외우고(諷經) 1년 내내 재앙이 없기를 기원한다(祈保). 다음에는 문장(門狀)[3]을 갖추어서 관원(官員)·단월(신도), 그리고 인근의 여러 사찰에 새해 인사를 한다(賀歲).

◇15일은 상원등석(上元燈夕, 정월 대보름날 저녁)이므로 대비주(大悲呪)를 외우면서 황제의 수명장수 기원법회를 한다. 또한 매달 삭망(朔望, 초하루와 보름날)에는 대중들이 아침 죽(粥) 공양 전에 황제의 장수를 기원한다(祝聖).

◇정월 17일은 백장 선사(百丈禪師)의 기일(忌日, 열반일)이다.

※해설 : 한 해가 시작되는 정월 1일을 연조(年朝)·연시(年始)라고 한다. 결하(結夏. 4월15일)·해하(解夏. 7월15일)·동지(冬至)와 함께 총림에서는 4대 명절(四節)로 여긴다. 중봉명본(中峰明本, 1263~1323) 찬, 『환주암청규(幻住庵淸規)』(1317, 元 延祐 4년)「월진(月進, 매달 행사)」편, 정월(正月) 조(條)에는 "초하루는 세단(歲旦, 한 해의 첫날)이다. 오경종판(五更鐘板, 4시 起床鐘)이 울리면 대중은 모여서 대비주(大悲呪, 신묘장구대다라니)를 염하며 황제의 장수를 기원한다. 법회가 끝나면 대중들은 서로 축하한다. 4절(四節)도 이와 같다. 이날은 재(齋)를 준비하며 반재(半齋, 朝粥과 午齋 사이) 때에는 능엄주를 외우며 널리 두루 회향한다."[4]고

••••••••••••••••
1) 오경종(五更鐘) : 5경종은 5경의 정시각인 새벽 4시에 친다. 기상과 예불을 알리는 종.
2) 사맹월(四孟月) : 4계절 가운데 첫 달. 봄, 여름, 가을, 겨울의 각 첫 달에 해당하는 음력 1월, 4월, 7월, 10월을 말함.
3) 문장(門狀) : 남의 집을 방문할 때 가지고 가던 붉은 색의 명함을 가리킨다.
4) 중봉명본(中峰明本), 『幻住庵淸規』(1317, 元 延祐4년) 「月進」. "正月. 初一日 歲旦. 五更鳴鐘板衆集, 大悲呪祝聖罷. 大衆稱賀, 與四節同. 是日營齋, 半齋時

나온다. 선종사원에서 행사 때 능엄주와 대비주를 외우기 시작한 것은 남송 후기부터이다.

1월 17일은 백장회해(百丈懷海, 720~814) 선사의 기일(忌日, 열반일)임. 백장의 기일은 달마의 기일(忌日)과 함께 중요한 날이다. 달마는 초조이고 백장은 최초로 청규를 제정했으며, 율종으로부터 선종을 독립시킨 선종의 건설자이기 때문이다. 모든 선종사원은 반드시 조사당에 달마, 백장선사를 모신다.

■ 2월(二月)

◇1일(초하루). 승당(僧堂, 선당)에 설치되어 있는 화로(火爐)를 철거한다. 그러나 산사(山寺)가 높은 곳, 추운 곳에 위치해 있을 때는 여기에 구애하지 않는다. ◇2월 15일은 부처님 열반일이다.

※해설 : 승당의 화로(火爐)는 음력 10월 1일에 설치하여 다음 해 2월 1일에 폐쇄한다. 화로를 설치하는 것을 개로(開爐)라고 하고 폐쇄하는 것을 폐로(閉爐)라고 한다. 개로일(開爐日)과 폐로일에는 주지(방장)의 상당법어가 있다. 이것을 개로상당(開爐上堂), 폐로상당(閉爐上堂)이라고 한다. 화로는 승당 복도 몇 곳에 땅을 약간 파고 설치한다. 연료는 숯인데, 숯불을 피워서 냉기(冷氣)를 제거하는 정도였다.

■ 3월(三月)

◇1일. 당사(堂司, 유나)는 초단(草單, 안거 방함록)[5]을 꺼내어서 승당 앞에 게시(揭示)한다. ◇한식(寒食), 청명일(淸明日)에 고사(庫司, 총림의 살림 일체를 관리하는 소임으로 감원, 都寺)는 조사당과 여러 조사의 탑(塔), 모든 단월(檀越, 신도)들의 사당(祠堂)을 청소한

••••••••••••••
諷楞嚴普廻向."(신찬속장경 63권, p.572a)
5) 초단(草單) : 안거 대중 계랍부(戒臘簿). 지금의 안거 방함록(芳啣錄)이다.

다음 공양을 올리고 대중을 모아 경전을 외운다(諷經). ◇이 달에는 방(榜)을 걸어서 차순(茶筍, 찻잎) 채취를 금한다.

※해설 : 초단(안거 명부)을 게시하는 이유는 곧 다가올 하안거(4월 15일)에 대비하여 계랍부(戒臘簿, 안거 방함록)을 만들기 위해서임. 중국 선원에서는 안거 15일 전 3월 30일에 마감한다. 게시하는 이유는 법명, 은사, 출신 본사 등에 오자(誤字)가 있을 경우 본인이 보고 수정하기 위해서이다. 3월에는 아직 찻잎이 어리기 때문에 채취를 금한다.

■ 4월(四月)

◇1일. 단과료(旦過寮, 객실)의 문을 닫는다.

※해설 : 당송시대 중국 선원총림에서는 입방 마감일이 3월 말까지이다. 결제 15일 전에 마감했던 것은 총림의 다례(茶禮)와 다탕법(茶湯法, 차 마시는 법도) 때문이다. 입방승들이 이것을 숙지하자면 15일 정도 소요되었다. 그래서 방부는 3월 말로 마감하고 4월 1일에는 객실을 폐쇄하고 방부를 받지 않는다.

◇4일~5일 사이에는 주지(방장)는 보설(普說, 법문)하고 입방승들에게 차를 대접한다.

※해설 : '보설(普說)'이란 송대에 생긴 법문의 일종으로서 신도를 비롯하여 모든 대중들이 다 함께 듣는 법문이다. '고향보설(告香普說)'이란 방장 화상에게 보설을 청할 때 먼저 향을 사르고 난 다음에 청법한다.

◇4월 8일은 불탄일(佛誕日, 浴佛日)이다. 고사(庫司, 오늘날 원주)는 흑반(黑飯)을 지어서 부처님께 올린다.

※해설 : '흑반'이란 천촉초(天燭草)의 잎과 즙(汁)으로 마지(밥)를 청흑색으로 물들인 것. 오반(烏飯)이라고도 한다. 4월 초팔일 즉 불탄일(부처님

생일)에는 특별히 부처님께 흑반(黑飯)을 올린다.

◇이날 방장은 하안거를 앞두고 대중들에게 점심(點心)을 낸다.

※해설 : 점심(點心)이란 선원에서 배고플 때에 조금 먹는 음식을 가리키는데, 오늘날 간식(間食)과 같다. 가벼운 식사, 과자류 등을 말한다.

◇4월 13일에는 능엄회(楞嚴會)를 계건(啓建)한다.

※해설 : 능엄회를 계건한다는 것은, 4월13일부터 7월 13일까지 능엄주를 독송하는 능엄회가 시작됨을 알리는 현수막을 내거는 것을 말한다. 세로로 된 현수막을 산문(山門) 오른 쪽에 내다 건다. 또 남송 말, 원대부터 선종사원에서는 결제 2일 전에 능엄단(楞嚴壇)을 차리고, 스님들을 모아 능엄주를 독송하는 능엄회가 있었다. 이 담당자(소임)를 능엄두(楞嚴頭)라고 한다. 날마다 아침 일과(日課) 전이나 오시(午時)에 하여 해제 2일전인 7월 13일에 마친다. 또 매일 불전(대웅전)에서도 대중들이 함께 능엄주를 염송했다. 능엄주를 염송하는 것은 기복(祈福)과 제마(除魔)를 위해서였다.
선종사원에서 열리는 능엄회는 북송 때(1126년)까지는 없던 것이다. 1103년 장로종색이 편찬한 『선원청규』에는 능엄회에 대한 언급이 일체 없다. 그런데 원대 중기인 1274년에 편찬된 『함순청규』에 처음 능엄회에 관한 기록이 나오고 있고, 이어 1311년(원나라 초기, 1264년에 원 건국)에 편찬된 『선림비용청규(禪林備用清規)』와 1338년 편찬된 『칙수백장청규』에는 능엄회에 대한 것이 더 구체적으로 나타난다. 원나라 때에는 총림의 모든 의식과 행사에 능엄주와 대비주가 필수 염불문이었다.
능엄회의 기원에 대하여 『신림비용청규』 3권(1311년, 원나라 건국은 1264년)에는 진헐청료(眞歇清了)가 보타산에 있을 석에 히안거 때 병승(病僧)을 위하여 보회향문을 지어서 외웠는데, 이것이 능엄회의 시작이라고 한다. 능엄도(圖)는 능엄회상의 대중들이 앉는 자리표이다(『불광사전』 6권, p.5493 상단).

◇4월 15일은 하안거 결제일이다. 날씨를 보아서 승당 안의 난렴(暖簾, 겨울용 카텐)을 걷어내고 량렴(凉簾, 여름용 카텐)을 친다.

※해설 : 렴(簾)은 커튼인데 햇빛과 바람을 가리는 것이다. 겨울에는 냉기(冷氣)를 막기 위하여 아주 두꺼운 커튼을 친다. 『무문관』 26칙에는 이승권렴(二僧卷簾) 공안이 있다.

▣ 5월(五月)

◇5월 5일 단옷날. 조신(早晨, 오전 9시)에 지사(知事)는 승당 안에 향을 사르고, 다두(茶頭)는 창포차(菖蒲茶)를 다리고, 주지는 상당하여 법문을 한다(단오상당). 또 청묘회(青苗會, 풍년을 위한 기원회)를 계건(啓建, 풍년을 위한 기원문을 내다가 건다)하며, 당사(堂司, 유나)는 모든 요사의 요주(寮主, 요사 책임자)에게 청묘회에서 독송하게 될 경단(經單, 경전 명단)을 알려 준다. 직세(直歲, 당우 관리 담당 소임)는 모든 곳에 누수(漏水)가 없는지 살피고 물길을 만든다. 방장은 하루씩 모든 요사와 탑두(塔頭)에 나아가 차를 올리고 보살핀다. 승당 안에 문장(蚊帳, 모기장)을 친다.

※해설 : 단오에는 창포차를 달여서 마신다. 일반에서도 단옷날에 머리에는 창포꽃을 꽂고, 또 창포물로 목욕을 했다. 이 때부터 승당 안에 모기장을 친다. 당시 모기장은 무엇으로 만들었는지 알 수 없다. 혹시 굵은 삼베가 아닐지. 경단(經單)이란 법회가 열리기 전에 미리 강설에 쓰일 경전의 이름을 고지해 주는 쪽지. 미리 준비하라는 뜻이다.

▣ 6월(六月)

◇1일. 무더운 날에는 선당의 좌선판(坐禪板)을 치지 않는다.

※해설 : 좌선판을 치지 않는다는 것은 너무 더워서 좌선을 쉰다는 뜻이다.

◇초복이 되면 유나가 제조(提調, 지휘 감독)하여 선당의 장련상(長連床, 좌선상)에 깔았던 자리를 꺼내서 먼지를 털고 햇볕에 쬔다. 탄두(炭頭, 숯 담당자)나 고사(庫司)는 탄단(炭團, 숯가루로 만든 조개탄)을 만든다.

※해설 : 한 여름에 탄단(炭團)을 만든 이유는 잘 알 수 없다. 겨울이 되면 선당에 화로를 설치하는데, 그 연료로 쓰기 위한 것인지, 차를 달이거나 주방에서 사용하기 위한 것인지, 또는 습기 제거를 위한 것인지 알 수 없다.

▣ 7월(七月)

◇초순에 유나(維那)는 우란분절 때 간경(看經)·염송(念誦)할 경전을 정하여 모든 요사(寮舍)에 통보한다(주로 부모은중경을 독송함). 미리 중재(衆財, 대중들로부터 각출하는 것)를 거두어서 우란분절 때 아귀에게 공양할 음식을 마련한다.

◇13일에는 능엄회를 해산한다(능엄회는 4월 13일에 시작한 능엄회를 해제 2일 전에 해산함).

◇15일은 하안거 해제일이다. 당일 밤에 우란분회를 설치하고 경전을 외우고 아귀에게 시식(施食, 공양을 베풂)한다.

▣ 8월(八月)

◇1일. 단과료(旦過寮, 객실) 문을 다시 연다(객승 즉 방부를 받기 시작한다는 뜻). 지객은 미리 단과료 내(內)의 자리를 꺼내어 햇볕에 쬔다.

◇본색납자는 아직 급하게 기단(起單)하지 않는다. ◇5월에 쳤던 승당의 모기장을 다시 거두어 들인다.

※해설 : 해제(解制)하여 그곳을 떠나면 승당 벽에 붙어 있는 이름표(單)를 떼어 내는데, 그것을 기단(起單)이라고 한다. "본색납자는 아직 급하게 기단(起單)하지 않는다."는 말은 공부하는 본분납자는 해제했다고 하여 서둘러서 떠나지 않는다는 뜻이다. 즉 한두 철을 더 안거한다는 뜻임.

▣ 9월(九月)

◇1일. 수좌는 다시 좌선판을 올린다(해제 기간이지만 산내 대중들은 이때부터 좌선을 했던 것 같다). 유나의 감독 하에 승당의 창문을 다시 바른다. 량렴(凉簾, 여름용 커튼)을 내리고 난렴(暖簾, 겨울용 커튼)을 친다. 중양일(重陽日, 9월 9일) 조신(早晨, 아침 9시)에 지사는 향을 사르고 수유차(茱萸茶, 산수유차)를 달인다. 주지는 상당하여 법문을 한다. 사방에서 오는 운수납자(입방승)를 면담한다.

※해설 : 9월 9일 중양절에 산수유 열매를 따다가 차(茶)나 술을 담가서 마시면 사기(邪氣)를 물리친다는 속설이 있다. 선원에서는 차를 달여 마셨다. 음력 10월 1일에는 다시 객실을 폐쇄함. 따라서 방부는 9월에 집중적으로 이루어진다. 입방승들을 면담하려면 주지도 매우 바쁘다.

▣ 10월(十月)

◇1일. 승당에 화로를 설치한다. 설치 후에는 상당법어가 있다. 방장의 대상간(大相看, 면접)이 있다. 5일은 달마 조사의 기일(忌日)이다.

※해설 : 이때부터 기온이 내려가므로 승당에 화로를 설치한다. 철거는 다음해 2월 1일에 한다. 대상간(大相看)은 많은 대중들과 만남을 뜻하는데,

특히 10월 1일 대상간(大相看)은 입방하고자 하는 납자들을 한꺼번에 모두 면접하는 것을 가리킨다.

▣ 11월(十一月)

◇22일은 제사기(帝師忌)이다. 동지에는 고사(庫司, 감원, 副寺)는 미리 자과(糍果, 버무려서 만든 떡의 종류)를 준비한다. 어떤 때는 이달에 직사(職事, 지사, 두수)의 진퇴(進退, 이동)가 있으며, 혹은 세절(歲節)이 있다. 방장은 동안거에 앞서 대중들에게 점심(點心)을 청한다.

※해설 : 제사기(帝師忌)란 원나라 초대 황제 쿠빌라이칸의 기일(忌日)을 말함. '직사(職事)의 진퇴가 있다'는 것은 6지사와 6두수 등 총림의 중요한 소임자의 임기는 1년 단위로서 주로 11월, 12월에 교체함. 세절(歲節)이란 주지가 총림의 소임자들에게 한 해 동안 수고했다는 의미에서 음식과 차(茶) 등을 마련하여 공양하는 것을 말한다. 점심(點心)이란 선원에서 배고플 때에 조금 먹는 음식인데, 여기서는 간식(間食), 가벼운 식사, 과자류를 말함.

▣ 12월(十二月)

◇8일은 성도일이다. 고사(庫司, 감원, 副寺)는 미리 홍조(紅糟, 팥죽)를 만든다. 세말(歲末, 연말)에는 여러 가지 장부(帳簿)를 마감, 징리히어 주지화상에게 올린다(1년 수입 지출을 총결산하는 것).

36장 선화(禪畵)와 선미술
- 선의 세계를 미술에 담다 -

1. 정형을 깨트린 비정형의 미(美)

'선화(禪畵)'란 선의 세계, 선의 이치를 그림 속에 표현한 것이다. 미술적 기법을 통하여 깨달음의 경지를 나타낸 것으로 '선미술(禪美術, Sen Art. Zen Art)', '선종미술' 또는 '선종화(禪宗畵)'라고 한다.

선(禪)은 불립문자, 언어도단의 세계이다. 언어가 접근할 수 없는 심외무법(心外無法)의 세계는 미술이나 예술로도 접근할 수 없다. 그럼에도 많은 예술가들은 예술 속에, 미술 속에 선의 세계를 끌어 들였다. 대표적인 선화는 「심우도(尋牛圖)」, 「달마도(達磨圖)」, 「설중파초(雪中芭蕉)」, 「화중연화(火中蓮花)」, 「호계삼소도(虎溪三笑圖)」 등이다.

선화는 선(禪)이 모태가 된다. 선화의 장르로는 고칙공안의 내용을 표현한 공안화(公案畵), 선의 세계를 암시적으로 표현한 상징화, 깨달음의 경지를 묘사한 오도화(悟道畵), 선의 이치를 나타낸 선리화(禪理畵), 지난한 수행과정을 그린 구도화(求道畵), 보리달마 등 선승들의 모습을 그린 선승의 인물화 등이 있다. 그 밖에도 선적(禪的)인 것, 그리고 스님이 그린 그림도 '선화'라고 할 수 있을 것이다.

그러나 오늘날에는 선화의 정의와 장르, 영역이 애매모호하다. 예컨대 묵(墨)으로 객기(客氣)처럼 크게 휘둘러 놓고서 그것을 '선화(禪畵)'라고 이름을 붙이기도 하고, 종종 동양화나 산수화를 그려 놓고서 선화라고 하는 경우도 있다. 예술의 세계이고 또 선이란 적요(寂寥)한 것이므로 부정할 수는 없지만, 격외(格外)의 내용이 없는 그림을 그려 놓고서 '선화'라고 하는 것은 동양화나 예술은 되어도 선화는 아니다.

선화(禪畵), 선미술은 초세속적인 격외(格外), 방외적(方外的)이어야 한다. 선예술의 핵심은 정형을 깨트린 '비정형의 미(美)' 또는 '균제(均齊)의 미(美)'를 벗어난 '불균제의 미(美)'에 있다.[1] 달리 표현하면 '미완의 미(美)', '어눌(語訥)의 미(美)', '졸(拙)의 미(美)'가 고정관념을 거부하는 선과의 일치점이라고 할 수 있다.

금강경에서 가장 많이 등장하는 문구는 "무유정법(無有定法) 명(名) 아뇩다라 삼먁 삼보리(최상의 진리)"이다. 이것은 금강경을 대표하는 문구이기도 한데, 그 뜻은 고착화된 사고나 고정된 관념, 가치관에 매몰되지 말라는 것이다. 고정된 짜여진 틀이나 정형은 인간을 통속적인 가치관 속에 가둔다.

이를테면 현실을 망각해 버린 듯 기이한 모습의 「한산습득도(寒山拾得圖)」, 바보들의 우스꽝스러운 망아(忘我)의 만남 같은 「호계삼소도(虎溪三笑圖)」,[2] 초등학생이 겨우 붓을 잡고 쓴 듯한 추사(秋史)의

---

1) 홍윤식,『한국의 불교미술』(개정증보판), pp.52~61, 대원정사, 2003.
2) 동진의 고승 여산(廬山) 혜원(慧遠, 333~416)은 손님을 전송할 때는 동림사(東林寺) 입구에 있는 호계(虎溪)를 넘은 적이 없었다. 그는 항상 "그림자는 산을 나서지 않고, 발자취는 속세에 들어가지 않는다(影不出山 跡不入俗)"라는 글을 벽에 걸어 둘 정도로 속세를 멀리했다. 그런데 어느 날 세속의 친구였

'판전(版殿, 봉은사 판전 현판)' 등은 대표적인 '졸(拙)의 미(美)'·'불균제(不均齊)의 미(美)'라고 할 수 있다.

여기서 '졸'이나 '불균제'란 미완의 뜻이 아니고, 정형성을 깨뜨린, 그러나 군더더기가 전혀 없는 '완전의 미(美)'를 의미한다. 특히 추사(秋史)의 판전(版殿)은 '대교약졸(大巧若拙)[3]의 극치'이다. 그러나 그 졸(拙)은 '정형을 거친 졸(拙)'이어야 하고 '작위함이 없는 졸', '인위를 떠난 졸(拙)'이어야 한다.

2. 선화(禪畵)의 핵심은 탈속(脫俗)

선미술(禪美術)이나 선예술(Sen Art. Zen Art)은 '적요(寂寥)'·'적정(寂靜)'·'적멸(寂滅)'·'공(空)'·'무심(無心)'·'무위(無爲, 무작위)' 등 선의 이상(理想)을 표현해 내야 한다. "언설로 표출할 수 없는 적요(寂寥)한 세계[寂寂寥寥本自然]"가 곧 선예술의 세계라고 할 수 있다. 물론 강물에 비친 달그림자 속에는 달이 있지 않듯이 선(禪)도 미술이나 예술 등 작품 속에는 있지 않다. 그러나 그곳에서 선의 그림자를 볼 수 있다. 본체는 그림자를, 그림자는 본체를 떠나 있는 것이

던 유학자이자 시인인 도연명(陶淵明)과 도사(道士)인 육수정(陸修靜)이 찾아와 머물다가 전송하게 되었는데, 이야기를 하다가 무심코 이 금족(禁足)의 계곡인 호계(虎溪) 다리를 넘고 말았다. 그것을 알아차린 세 사람은 서로 마주보며 한바탕 가가대소(呵呵大笑)했다고 한다. 호계에서 세 사람이 웃은(虎溪三笑) 이 일화를 가지고 남송화가 석각(石恪)이 그린 그림이 바로 「호계삼소도(虎溪三笑圖)」이다. 그 뒤에 많은 화가들이 이 그림을 그렸다.
3) 강우방,『미(美)의 순례』,'교졸의 미학.' pp.246~249, 예경, 1993.
노자(老子),『도덕경』45장. "大成若缺, 其用不敝, 大盈若冲, 其用無窮. 大直若屈, 大巧若拙, 大辯若訥. 躁勝寒, 靜勝熱, 淸淨爲天下正."

아니다.

  선화의 핵심은 무엇보다도 탈속성(脫俗性)이다. 탈속적이지 않다면 그것은 일반적인 수묵화는 되어도 선화는 될 수 없다. 마음 내키는 대로 붓을 휘두른 그림은 말하는 것은 더욱 아니다. 높은 수준의 미술적 기법을 터득한 작가가 그 미술적 기법에 구애됨이 없이 선의 내용을 화폭에 담았을 때, 그것이 선화이다.

  선화는 진실을 있는 그대로 표현하는 것보다는 암시적·상징적으로 표현해야 한다. 또 선화는 구상화가 아닌 비구상화여야 한다. 구도가 단순해야 한다. 복잡한 것은 세속적인 것이며, 그것은 곧 번뇌망상을 의미한다. 속제(俗諦)가 아닌 진제(眞諦)의 진리를 지극히 간결하게 표현해야 한다. 화법을 벗어나서 한 번에 일점(一點)에서 무일점(無一点)을, 일사(一事)에서 무일사(無一事)를 표현해야 한다.

  선화는 공간의 여백이 많아야 한다. 여백 속에 간결하게 그려야 한다. 화판을 가득 채우는 것은 선의 이상향이 아니다. 선의 세계는 무(無)·공(空)·무소유이다. 선화는 단순·간결하면서도 한편으로는 힘이 있어야 한다. 힘이 없으면 수준 있는 선화가 될 수 없다. 그것이 바로 선화의 생명이기도 하다.

3. 선화의 색채는 묵(墨)

  선미술의 색채는 화사하고 화려한 것을 피하고 단순한 색채나 수묵(水墨) 하나로 그려야 한다. 농염(濃艶)을 절제하고 한두 가지 색채에서 머물러야 한다. 농염은 시선을 빼앗아 가지만 마음을 탁하게 하고, 묵(墨)은 마음을 맑게 해 주기 때문이다.

　선화 가운데서도 대표적인 선화는「심우도(尋牛圖, 소를 찾는 그림)」이다.「심우도」는 인간의 우치한 마음을 소에 비유하여, 수행(=尋牛, 見跡), 오도(悟道=見牛, 得牛), 보임(保任=牧牛), 중생구제(=入廛垂手)에 이르는 과정을 10장의 그림 속에 그린 것이다. 그래서 '십우도(十牛圖)'라 하기도 하고, 소를 기른다고 하여 '목우도(牧牛圖)'라 하기도 한다. 곽암(廓庵, 송대)의 그림은 '심우도'라 하고, 보명(普明, 송대)의 그림은 '목우도'라고 한다.

4. 중국과 한국의 선화(禪畵)와 작가

　선화(禪畵)의 시조는 성당(盛唐) 시불(詩佛)로 칭송받았던 왕유(王維, 701~761)이다. 그는 선종의 독실한 거사였으며 왕마힐(王摩詰)이라고 불릴 정도로 불이선(不二禪)에 심취했다. 지금은 산실(散失)되어 전하지 않지만 그가 그린「설중파초(雪中芭蕉)」는 선종화의 문을 연 명작이라고 한다.

　'한 겨울 눈 속의 파초(雪中芭蕉)'는 있을 수 없다. 파초는 봄이 되어야 잎이 나오고 한 여름이 되어야 무성해진다. 그러나 왕유는 상식을 탈(脫)하여 눈 속의 파초를 그린 것이다. 상식을 뛰어넘은 비상식의 설중파초. 그것이 곧 '화중연화(火中蓮花, 불 속의 연꽃)' 소식이고, 격외(格外, 틀 밖)의 소식이며, 불가사의한 불(佛)의 경지, 선의 경지라고 할 수 있다.

　소동파(蘇東坡)는 그(왕유)의 시를 평하여 "시 속에 그림이 있고,

그림 속에 시가 있다(詩中有畵, 畵中有詩)"라고 평했고, 또 17세기의 유명한 화가 동기창(董基昌)은 그를 남종화의 시조라고 규정했다(동기창 畵論).

왕유 이후 당대(唐代)의 선화승(禪畵僧)으로서 주목할 만한 인물로는 관휴(貫休, 832~912)[4]가 있고, 송대에는 석각(石恪)[5], 목계(牧谿, 1207~1281)[6], 옥간(玉間)[7], 양해(梁楷)[8] 등이 있다. 이들은

---

4) 관휴(貫休, 832~912). 당대(唐代)의 선화가(禪畵家). 특히 나한(羅漢)의 그림으로 널리 알려져 있다. 그의 작품 중으로 알려진 것들 중 가장 유명한 「16나한상」은 현재 도쿄 국립박물관에 보존되어 있다. 17세 때 선종(禪宗) 계통의 절에 들어가 승려가 되었다. 그는 화가뿐 아니라 시인이자 불교학자로도 유명하다.
5) 석각(石恪) : 송대의 화승(畵僧). 수묵인물화에 대가. 인물화에 있어서 석각(石恪)의 화풍은 얼굴은 세밀하게, 착의는 거친 필치로 그렸는데, 그의 탈속한 화풍은 일품으로, 이후 중국 수묵인물화의 기본이 되었다. 그가 그린 이조조심도(二祖調心圖)는 석각(石恪)의 수묵화풍을 가장 잘 나타낸 작품이라고 한다.
6) 목계법상(牧谿法常, 1225~1265) : 남송 후기에서 원(元)나라 초의 선화승(禪畵僧). 촉(蜀)의 목계에 있었으므로 호를 목계라 했다. 같은 촉 출신인 무준(無準) 밑에서 선(禪)을 닦고, 절강성 서호(西湖) 부근의 육통사(六通寺)에 머물면서 도충(道沖)·도찬(道璨) 등 당시 선승들과 교유함. 산수(山水)·도석인물(道釋人物)·화훼(花卉) 등을 주로 그렸는데, 전통적 수법을 벗어난 독특한 화풍을 이루었으므로 중국의 화사(畵史)나 화론(畵論)에서는 별로 언급되지 않고 있다. 그의 화풍은 남송대의 극명한 사실성과 강남에 전하는 수묵(水墨)의 감각적 시정이 잘 조화되어 있다. 호방한 필치에도 불구하고 정적인 화취(畵趣)는 그의 선(禪)의 경지를 드러낸 인격의 표현이라고도 한다. 작품으로는 「관음원학도(觀音猿鶴圖)」, 「현자화상도(蜆子和尙圖)」, 「소상팔경도(瀟湘八景圖)」 등이 있다.
7) 옥간(玉間)에 대해서는 선하는 자료기 없다.
8) 양해(梁楷, 1140~1210) : 중국 남송 때의 선화승(禪畵僧). 쭈로 신종화를 그린 선승화가로 유명하다. 본래는 남송 때 항주에 있던 화원(畵院)의 화가였는데, 1201년(嘉泰 1) 화원의 대조(待詔)가 되어 금대(金帶)를 하사받았으나, 무슨 이유에서인지 화원을 떠나 선승이 되었다. 그가 그린 선종화들은 소탈하여 당시 엄격한 중국의 미술품 수집가들에게는 인기가 없었기 때문에, 그의 작품은 주로 일본에 소장되어 있다. 일본에서 그의 작품은 대단히 호평을 받았으며, 모사(模寫)의 대상이 되었다. 화풍은 강렬한 감정 표출하고 있다.

모두 선종화승(禪宗畵僧)들이었는데 이들로 인하여 선화는 한층 더 다양하게 전개되었다. 특히 목계와 양해는 선종에서 영감을 받은 즉흥적인 그림을 그렸다. 그들은 단순하게 달마 등 선종 조사들의 초상화나 화초 등을 묘사했는데, 복잡성을 떠난 이 단순미가 선화의 특징이다.

청나라 초기의 유명한 화승(畵僧) 석도(石濤, 1642~1707)[9]는 그의 화론(畵論)에서 "그림을 그리는 것은 누구든 가능하지만 일획(一劃)은 어렵다(畵乃人之所有 一畵(劃)人所未有)."라고 하여, 선화의 핵심은 '일획에 있다(『石濤畵論』 遠塵章)'고 논했는데, 그 일획이 바로 무분별심에서 나오는 직관의 붓이라고 할 수 있다.

우리나라 화가 가운데 대표적인 선종화가는 달마도를 그린 김명국(金明國, 1600~1662)이다.[10] 그는 17세기 화단의 주류를 이룬 절파화풍(浙派畵風)의 대표적인 화가였다. 절파풍의 거리낌 없는 그

---

9) 석도(石濤, 1642~1707) : 법명(法名)은 도제(道濟). 같은 승려인 팔대산인(八大山人, 1626~1705)과 함께 청(淸) 초기의 유명한 개성주의 화가 중 한 사람으로 꼽힌다. 석도는 한족(漢族) 출신으로 승려가 되었으나, 팔대산인과는 달리 자기 신분과 출신에 맞는 전형적인 삶을 살았다. 그는 '무정형(無整形)의 정형'과 '일필휘지(一筆揮之)'의 중요성을 강조했다. 그의 화론(畵論)은 수묵화단의 명저이다.

10) 김명국(金明國, 1600~1662). 17세기 화단의 주류를 이룬 절파화풍(浙派畵風)의 대표적 화가. 도화서(圖畵署) 화원을 거쳐 사학교수(四學敎授)를 지냈고, 1636년과 1643년 2차례 통신사를 따라 일본에 다녀왔다. 그의 화풍은 굳세고도 몹시 거친 필치와 흑백대비가 심한 묵법(墨法), 분방하게 가해진 준찰(皴擦), 날카롭게 각이 진 윤곽선 등으로 특징지어지는데, 「산수도」·「설중귀려도(雪中歸驢圖)」·「심산행려도(深山行旅圖)」·「기려인물도(騎驢人物圖)」·「관폭도(觀瀑圖)」 등에서 전형적으로 볼 수 있다. 이러한 절파풍의 산수인물화 이외에도 대담하고 힘찬 감필(減筆)로 처리된 선종화도 잘 그렸는데, 「달마도 達磨圖」는 그의 대표작으로 호방한 필법을 잘 보여 준다.

의 거친 화법은 정형과 고정된 사유를 부정하는 선종의 특징과 맞아떨어져서 선종화(禪宗畵)의 독보가 되었다. 그가 그린 「달마도(達磨圖)」와 「달마절로도강도(達磨折蘆渡江圖, 蘆葉達磨圖)」는 조선시대의 선종화를 대표하는 걸작으로 널리 알려져 있다.

또 그가 그린 「습득도(拾得圖)」는 멍하니 생각에 잠긴 듯, 잊은 듯, 빗자루에 두 손을 올려놓고 있는 모습이 천진(天眞) 그대로라고 해야 할 것이다.

선종화는 아니지만, 그의 작품 중에 「설중귀려도(雪中歸驢圖)」, 「심산행려도(深山行旅圖)」, 「기려인물도(騎驢人物圖)」, 「기려도(騎驢圖)」 등은 절파풍의 대표작이라고 할 수 있다. 그는 성격은 매우 호방했고 술을 좋아하여 크게 취해야만 그림을 그리는 벽(癖)이 있었다고 한다.

현재 우리에게 전해지고 있는 선화에는 보리달마의 모습을 그린 「달마도(達磨圖)」, 혜가(慧可)의 구도 과정을 그린 「설중단비도(雪中斷臂圖)」, 한산(寒山)과 습득(習得)의 모습을 그린 「한산습득도」, 마음을 찾아가는 과정을 그린 「심우도(尋牛圖)」, 여산혜원의 전별(餞別) 이야기를 그린 「호계삼소도(虎溪三笑圖)」, 「포대화상도(布垈和尙圖)」, 「육조재죽도(六祖裁竹圖)」,[11] 그리고 달마가 갈대를 타고서 중국으로 건너왔다는 「달마절로도강도(達磨折蘆渡江圖)」 등이 있다.

『벽암록』에 수록되어 있는 공안 가운데, 달마의 확연무성(廓然無聖), 마조도일의 평상심시도(平常心是道), 동산(洞山)의 마삼근(麻三斤), 운문의 간시궐(師曰, 乾屎厥), 일일시호일(日日是好日), 조주의

---
11) 남송대의 화가 양해(梁楷)가 그린 「육조재죽도(六祖裁竹圖)」는 6조 혜능이 도끼로 대나무를 내려치고 있는 모습을 표현했다. 돈오(頓悟)에 비유한 것이다.

정전백수자(庭前栢樹子), 방거사의 호설편편(好雪片片), 경청우적(鏡淸雨滴, 창밖의 빗소리) 등 표현이 공안도 선화 속에 담아 봄직한 대상이다. 그러나 이 좋은 주제들도 작가를 만나지 못하면 표현이 불가능하다.

[참고문헌]

1. 어록, 전등사書류

『조당집』(고려대장경 45권)

『전등록』6권 「백장회해」장(대정장 51권)

찬영, 『宋高僧傳』10권 百丈懷海傳(대정장 50권)

楊億 「禪門規式」, 『전등록』6권(대정장 51권)

睦庵善卿, 『祖庭事苑』(신찬속장경, 64권)

『五燈會元』(신찬속장경 80권)

『五家正宗贊』「黃蘗斷際禪師」(신찬속장경 78권)

『釋氏要覽』(대정장 54권)

『古尊宿語錄』「趙州禪師」(신찬속장경 68권)

『禪宗頌古聯珠通集』(신찬속장경 65권)

『宗鑑法林』(신찬속장경 66권)

『청량문익어록』(대정장 47권)

『雲門廣錄』(대정장 47권)

원오극근, 『벽암록』(대정장 48권)

원오극근, 『佛果擊節錄』(신찬속장경 67권)

혜홍각범, 『선림승보전』(신찬속장경 79권)

혜홍각범, 『임간록』(신찬속상경 87권)

『佛祖歷代通載』19권(대정장 49권)

「長蘆慈覺頤禪師龜鏡文」, 『치문』(대정장 48권)

『禪林類聚』(신찬속장경 67권)

『임제록』(대정장 47권)

雪峰義存,『眞覺禪師語錄』(대정장 47권)
天目中峰,『山房夜話』(선림고경총서 2.『산방야화』, 장경각)
운서주굉,『正訛集』

2. 清規類

慈覺宗賾,『禪苑淸規』북송 崇寧 2년(1103)(신찬속장경 63권)
無量宗壽,『入衆日用淸規』남송 嘉定 2년(1209)(同上)
無量宗壽,『入衆須知』남송 景定 4년(1263)경(同上)
惟勉,『叢林校定淸規總要』남송 咸淳 10년(1274)(同上)
澤山一咸,『禪林備用淸規』元, 至大 4년(1311)(同上)
中峰明本,『幻住庵淸規』元, 延祐 4년(1317)(同上)
東陽德輝,『勅修百丈淸規』元, 至元 4년(1338)(대정장 48권)
行元,『叢林兩序須知』明, 崇禎 12년(1639)(同上)
儀潤源洪,『百丈淸規證義記』淸, 道光 3년(1823)(同上)
道元,『永平淸規』嘉禎 3년(1237)-寬元 4년(1246)(대정장 82권)

3. 사전류

無着道忠,『선림상기전』(불광대장경, 禪藏), 대만 佛光, 1994.
『불광대사전』, 대만 불광사, 1988.
駒澤대학 선학대사전편찬소 편,『선학대사전』, 大修館, 1978.
이철교 편,『선학사전』, 불지사, 1995.
모로하시 데쓰지(諸橋轍次),『대한화사전』(증보판), 大修館書店, 1982.
袁병康建,『禪宗大詞典』, 崇文書局, 2010.
張志哲 主編,『중화불교인물대사전』, 黃山書社, 2006.
震華法師 편,『중국불교인명대사전』, 상해辭書출판공사, 1999.

운허용하 편,『불교사전』, 동국역경원, 1961.

4. 기타 참고서

최법혜 역주,『고려판 선원청규 역주』, 가산불교연구원, 2001.
최법혜 역주,『칙수백장청규』, 가산불교연구원, 2008.
정성본 역주,『임제록』, 한국선문화연구원, 2003.
_____,『무문관』, 한국선문화연구원, 2004.
_____,『돈황본육조단경』, 한국선문화연구원, 2003.
_____,『벽암록』, 한국선문화연구원, 2006.
정성본,『중국선종의 성립사적 연구』, 민족사, 1991.
____,『선의 역사와 사상』(2판), 불교시대사, 2000.
한보광 역주,『역주 정법안장강의』제1권, 제2권, 여래장, 2006.
석지현 역주,『벽암록』, 민족사, 2007.
석지현 역주,『선시감상사전』, 민족사, 1997.
수인,『청규와 차』, 동국대출판부, 2010.
信空,『청규와 선원문화』, 부다가야, 2008.
홍윤식,『한국의 불교미술』(개정증보판), 대원정사, 2003.
강우방,『미(美)의 순례』, 예경, 1993.
박희성,『원림, 경계없는 자연』, 서울대학교 출판문화원, 2011.
『朝鮮僧侶修禪提要』, 조선총독부 학무국, 1928.
원색 일본의 미술 10,『禪寺와 石庭』, 小學館, 1967.
누카리아 카이텐(忽滑谷快天),『禪學思想史』, 玄黃社, 1925.
王景琳,『中國古代寺院生活』, 중국협서인민출판사, 2002.
南懷瑾,『선종총림제도와 중국사회』(민국 51년, 1962, 대만)
張十慶,『중국강남선종사원건축』, 湖北교육출판사, 2002.
케네스 첸, 박해당 옮김,『중국불교』상·하, 민족사, 1991.

색 인

ㄱ

가도(賈島, 779~843) 171
가방(街坊) 185
가방화주(街坊化主) 185
가추(家醜) 177
가훈(家訓) 215
각반(脚絆) 284
각병(脚絣) 283
각영(覺靈) 291
간경(看經) 405
간경당(看經堂) 405
간당십통설(看堂十統說) 110
간독상(看讀床) 89, 412
간병 183
간시궐(乾屎橛) 245
갈식행자(喝食行者) 343
감(龕, 棺) 291
감무(監務) 150
감사 146, 147, 155
감원 146, 147
감판(勘辦) 136(주)
강경(講經) 186
『강남선종사원건축』 232
강당(講堂) 224, 231

강유(綱維, 三綱·四維) 193
강창문학(講唱文學) 186
개당설법(開堂說法) 131, 213
개대정(開大靜) 79
개로상당(開爐上堂) 190, 213
개립(蓋笠) 282
개소정(開小靜) 79
개슬건(蓋膝巾) 284
개욕(開浴) 240
개정(開靜) 78
개침(開枕) 78, 93
개침령(開枕鈴) 94
개포(蓋包) 284
객두행자(客頭行者) 177, 343
객사(客司) 176
객승의 노자(路資) 425
객전(客典) 176
갱두(羹頭) 159
갱참삼십년(更參三十年) 424
건퇴(犍椎) 401
격외(格外)의 대화 348
격외시(格外詩) 363
결정적 대사건 30
결제(結制) 268, 304

결제 방함록 269
결제방(結制榜) 55
결하(結夏) 270, 304
결하상당(結夏上堂) 212
경(磬), 경자(磬子) 403
경단(經單, 경전 명단) 434
경당(經堂) 255
경두(經頭) 186
경명일(景命日) 292
경산사 44
경장(經藏) 255
경전 대출 방법 406
경제적 자립 28
경조윤(京兆尹, 장안 市長) 172
경책(警策) 110
경행법 110
계도(戒刀) 282
계랍부(戒臘簿) 432
계랍패(戒臘牌) 114, 118
『계초심학인문』 177
고가(估價) 297
고당(庫堂) 236
고두(庫頭) 46, 156
고부(鼓樓) 257, 398
고리(庫裏) 236
고사(庫司)행자 343
고원(庫院, 庫裡, 주방) 224, 236

고의(估衣)·고직(估直) 297
고주(庫廚) 236
고창(估唱, 경매) 298
고칙(古則) 233, 355
공동체 집단 34
공두(供頭) 159, 191
공문(空門) 228
공부(公府)의 안독(案牘) 355, 356
공사(供司) 191
공안(公案) 233, 355
공안과 화두의 차이 358
공안선과 문자선 41
공안화(公案畵) 438
공양주(供養主) 159, 191
과당(過堂) 324
과하(過夏) 305
관념 속의 이상 29
관사제도(官寺制度) 72
관제불교화 43
관휴(貫休) 443
괘락(掛絡, 5조 가사) 290
괘석(掛錫) 269
괘탑(掛塔) 118, 268
교점(交點) 406
교종 칠당 224
구도화(求道畵) 438
구립진중(久立珍重) 205

색인 451

구빈(驅擯) 261
구사(口詞) 289
구순금족(九旬禁足) 304
구순안거(九旬安居) 304
구염법(鬮拈法) 302
구족색신(具足色身) 61
국가불교적 성격 42
군자(裙子) 285
권력자들의 통치기반 28
권위의 장막 39
궤두(櫃頭) 156
귀가온좌(歸家穩坐) 251
금당(金堂, 대웅전) 224
기갈병 318
기단(起單) 119, 277
기상(起床) 79
기우상당(祈雨上堂) 213
기지(機智)의 대화 348
기청상당(祈晴上堂) 213
김명국(金明國) 444
金佛不渡爐 63(인용문)
깨달은 부처 122
끽다거(喫茶去) 372

ㄴ

난렴(暖簾) 434
남당(南唐) 66

남당(南唐) 이변(李昪) 32
남송 10찰 71
남송 5산 71
남송 원대 6지사 147
남송오산십찰도 232, 412
남송 선종사원 42
남악마전(南嶽磨塼) 354
남한(南漢) 왕 유엄(劉龑) 32
남회근(南懷瑾) 108
납자 지도 시스템 73
납팔상당(臘八上堂) 213
내당(內堂) 120
내방장(內方丈) 249
노(老)전좌 162, 163
노동형 종교 30
노두(爐頭) 189
노자(路資, 여비) 307
노전(爐殿) 180
노주(露柱) 142
노행자 346, 345
누카리야 카이텐(忽滑谷快天) 42, 67(주)
능소지각(凌霄之閣) 249
능엄단 429, 433
능엄두 186, 433
능엄주 43, 100, 334, 429
능엄회 433

泥佛不渡水 63(인용문)
니사단(尼師壇) 279

ㄷ

다고(茶鼓) 398
다기(茶器) 285
다두(茶頭) 187
다두행자(茶頭行者) 188, 343
다료(茶寮), 다당(茶堂), 다실(茶室) 376
다반사(茶飯事) 187, 371
다방식(茶牓式) 378
다석(茶席) 271, 377
다탕 377
다선일여(茶禪一如) 42, 371
다장(茶狀) 381
다점(茶店) 375
다탕(茶湯) 271
다탕방(茶湯榜) 377
단(單) 119
단과료(旦過寮) 177, 270, 263, 432
단두(斷頭) 259, 263
단망상낭(브望上堂) 212
단상(單箱) 118
단오상당(端午上堂) 213
단위(單位) 119, 277
단제참구(單提參句) 360
단하독보(丹霄獨步) 24
단하소불(丹霞燒佛) 61
단하천연(丹霞天然) 62
달마도(達磨圖) 438, 445
달마절로도강도(達磨折蘆渡江圖) 445
당초팔종(唐初八宗) 21
당두화상(堂頭和尙) 133, 337
당망(唐亡) 65
당사(堂司) 101, 431
당사(堂司)행자 343
당종(堂鐘) 397
대도수(帶刀睡) 94
대도와(帶刀臥) 94
대명(大命) 289
대비주(신묘장구대다라니) 334
『대송승사략(大宋僧史略)』 23
대승당(大僧堂) 114
대승의 여래(부처) 60
대오선(待悟禪) 43
대웅산 백장사 24
대위산 동경사 128
대전삼배(大展三拜) 273
대좌탕 379
대참법문 209
대통신수(大通神秀) 21, 347

대판(大板) 399
대혜종고 43, 44, 125, 360
더부살이 신세 22
덕산선감(德山宣鑑) 63
도감사 148
도거(掉擧) 74, 95
도겐(道元) 89, 103, 389
도사 146, 147, 155
도시형 불교 30
도자(道者) 336
도장(都莊) 182
도첩제 158
독(獨)살이 신세 22
독자적인 선종사원 22
독좌대웅봉(獨坐大雄峰) 29
독참 입실의 형식 139
독참(獨參) 73, 135
독탈무의(獨脫無依)의 자유인 28, 39
동기창(董基昌) 443
동당(東堂) 133
동방장(東方丈) 251
동복사 117, 241
동사(東司) 224
동서(東序) 지사(知事) 146
동서(東序), 동반(東班) 49
동서양반(東西兩班) 51

동시(童侍) 336
동안거 307
동안거와 선종 307
동정(東淨) 242
동지상당(冬至上堂) 213
동행(童行) 336
동행당(童行堂) 338
동협문(東夾門) 228
두발(頭鉢, 어시 발우) 321
두수(頭首) 49
두타십팔물(頭陀十八物) 281
등두(燈頭) 191
등사(登司) 242
등신불 61

ㄹ
량렴(凉簾) 434
령구혜(鈴口鞋) 283
료안지(龍眼寺) 방장 251

ㅁ
마두(磨頭) 188, 192
마원(磨院) 189
마은(馬殷) 67
마조도일(馬祖道一) 21
마주(磨主) 188
마호(磨糊) 192

만과(晚課) 90, 328
만당(晚唐) 29
만식(晚食) 318
만참(晚參) 91, 97, 196, 219
만행(萬行) 419
만허(晚虛) 238
망승(亡僧) 288, 292, 294
면정유(免丁由) 158, 272
면피(綿被) 284
멸빈(滅擯) 259, 261
명단(名單) 119
명등(明燈)1 90
목계(牧谿) 443
목불(木佛) 62(인용문)
목불(木佛) 다비 62(인용문)
木佛不渡火 63(인용문)
목욕하는 날 178
목우도 442
목주 화상의 간경 416
목탁(木鐸) 400
몬순기(Monsoon) 303
몰고(歿故) 291
몽당(蒙堂) 55, 149, 257
몽산덕이 83, 360
『몽산화상어록』 83
묘심사 241
무명(無明)의 인간상 37

무본(無本) 171
무상(無相), 무작(無作) 41
무상문(無相門) 228
무상원(無常院) 184, 254
무설당(無說堂) 234
무설무문(無說無聞)의 법 225
무언(無言)의 세계 362
무외당(無畏堂) 234
무원문(無願門) 228
무위도식은 기생(寄生) 28 (주)
무작문(無作門) 228, 229
무종(武宗, 재위 기간 840~846) 31
무착도충(無着道忠, 1653~1744) 50, 221
묵빈(黙擯) 260
묵조사선(邪禪) 43
문자[詩]와 비문자[禪] 41
미가방(粥街坊) 47
미두(米頭) 159
미맥가방(米麥街坊) 47, 185
미완의 미(美) 439
미타두(彌陀頭) 186

ㅂ

바르사(varsa) 303
반(半)결제 306

색인 455

반(半)살림 306
반두(飯頭) 159, 191
반야두(般若頭) 186
반야지혜의 완성 60
반야지혜의 작용 61
반야·공사상 59
반하(半夏) 306
발낭(鉢囊), 발대(鉢袋) 268, 283
발단(鉢單) 313(인용문)
발우(鉢盂) 282
발위(鉢位) 119
밧사(vassa) 303
방(梆), 어방(魚梆) 400
방부 뗀다 277
방부(榜付) 269
방외(方外)의 시어(詩語) 41
방장(方丈) 123, 248
방장시자(方丈侍者) 132, 186
방장의 처방전 140
방참(放參) 200
방참패(放參牌) 200
방행(放行) 140
배료전(陪寮錢) 276
배중(陪衆) 339
백견부포(白絹複包) 284
백답승(白蹋僧) 426
백장 선사 기일 430

백장고청규(古淸規) 26
백장규승송(百丈規繩頌) 26
백장청규 24
『백장청규증의기(百丈淸規證義記)』 136, 309, 448
백장총림 24
백장총림의 생활철학 29
백장회해(百丈懷海, 720~814) 24
백퇴(白椎·白鎚·白槌) 401
백퇴사(白椎師) 401, 402
백파긍선(白坡亘璇) 110
108참회 267
번뇌즉보리(煩惱卽菩提) 40
벌유(罰油) 267
벌전(罰錢) 267
벌차(罰茶) 267
벌향(罰香) 267
법(法)은 언상을 초월 57(인용문)
법거량(法擧揚) 348
법당 35
법당(法堂) 224, 231, 232
법당도(法堂倒) 233
법무(法務) 151
법문(法門) 73
법신불 58, 63, 122
법안 문익 32, 66, 153
법연용상중(法筵龍象衆) 202

법왕(法王) 58, 122
법좌 199
별립선거(別立禪居) 23
병거(秉炬) 295
병정동자래구화 153
보동탑(普同塔) 295
보명 442
보설(普說) 196, 200, 341, 432
보은선원(報恩禪院) 66
보조국사 지눌 177, 279
보청, 보청법 28, 97, 164
보청 동원권 164
보청고(普請鼓) 399
본분사(本分事) 29
부다탕(赴茶湯) 382, 383
부당(赴堂) 324
부료(副寮) 182
不立佛殿, 唯樹法堂 68
부사(副寺) 146, 147, 155, 156
부사(副司) 156
『부생육기(浮生六記)』 238
부원(副院) 156
부전(副殿) 180
부처(一覺者)의 실제 59
부처(깨달음)의 알맹이 59
북송총림의 4지사 147
분자(鐼子) 313(인용문)

분좌설법 168
불공주(不共住) 259
불과원오(佛果圓悟, 1163~1135) 222
불균제의 미(美) 439
불립불전, 유수법당(不立佛殿, 唯樹法堂) 35, 325
불모(佛母) 119
불법의 당(佛法之堂) 232
불변의 진리 145
불성사상 59
불안청원(佛眼淸遠) 222
불야불례(佛也不禮) 328
불이(不二) 250
불전(佛殿) 35, 68, 224, 230
불전(佛殿) 폐지 38, 56
불치불상(不置佛像) 39
불탄일(佛誕日) 432
비구 육물(六物) 279
비논리·직관적 22
비시식(非時食) 317, 318
비정형의 미(美) 439
빈벌(擯罰) 261
빈출(擯出) 261

ㅅ

사가원림(私家園林) 386

사경좌선(四更坐禪) 102
사괘탑(謝掛搭) 274
사구(死句) 351
사맹월(四孟月) 430
사미계 고시응시료 345
사바라이(四波羅夷) 259
사방 1장(四方一丈) 123
사부통(祠部筒) 283
『사분률산번보궐행사초』 311
사시좌선(四時坐禪) 98, 101
사이비각(似而非覺) 424
4절(四節) 304, 335
사주(寺主) 151
사중죄(四重罪) 259
4지사(四知事) 44, 146
사판승(事判僧, 寺務僧) 49
삭도(削刀) 282
삭적(削籍) 261
산립(山笠) 282
산문(山門) 224, 227
산문출송(山門黜送) 261, 263
『산방야화(山房夜話)』 356
살도음망(殺盜婬妄) 260
살불살조(殺佛殺祖) 39
살아 있는 부처 59
살인도, 활인검의 차(茶) 372
삼경(三更) 82

삼무일종의 법난(三武一宗法難) 29
삼묵당(三黙堂) 240
삼문(三門) 228
삼불(三佛) 222
삼의일발(三衣一鉢) 279
삼조연하 칠척단전(三條椽下 七尺單前) 115
삼팔입실(三八入室) 138
상간(上間, 윗자리) 273
상당법어 209
새벽예불 78, 85, 328, 334+A830
새벽좌선 78, 86
생사즉열반(生死卽涅槃) 40
생산노동 36
서기(書記, 서장) 165, 169
서당(西堂) 133
서민형 종교 30
서방장(西方丈) 251
서서(西序), 서반(西班) 49
서장(書狀)시자 132
서정(西淨) 242
서협문(西夾門) 228
석각(石恪) 443
석도(石濤) 444
석목(析木) 108
석장(錫杖) 269
석정(石庭) 251

선(禪)과 불립문자 404
선거(船車) 164
선구(禪毬) 110
선기(禪椅) 199
선당(禪堂) 113, 235
선대(禪帶) 112
선덕(禪德) 192, 194
선두(禪頭) 166
선리화(禪理畵) 438
『선림비용청규(禪林備用淸規)』 248, 429, 448
『선림상기전(禪林象器箋)』 50, 148, 221
『선림승보전』 124
선명(宣明) 239
선문규식(禪門規式) 25, 96
선문답(禪問答) 348
선문답의 기준 352
선문답의 방식 348
선문답의 의의와 역할 353
선문답의 전개방식 349
선문독행(禪門獨行) 24, 27(주)
선문별호총림(禪門別號叢林) 33
『선문수경』 110
선미술(禪美術, Sen Art, Zen Art) 400, 438
선백(禪伯) 192, 193, 194

선불교의 목적 27
선불교의 소의경전 59
선불교의 이상적 인간상 35
선불교의 황금기, 전성기 31
선불장(選佛場) 113, 114, 235
선상(禪床) 199
선승의 주체의식 24
선시의 기준 369
선예술의 세계 440
선예술의 핵심 439
선원(禪苑), 선림(禪林) 33
선원의 하루 일과 77
『선원청규』 45, 248, 448
선원총림(총림) 33, 34, 35, 73
선원총림의 목적과 이상 35
선원총림의 조직과 직제 36
선원총림의 직제와 소임 44
선월(禪月) 171
선의 르네상스 369
선의 황금시대 117
선의(禪椅) 120
선장(禪杖) 110
선재동자의 행각 420
선종사원의 원림(園林) 386
선종(禪宗)의 목표 63
선종(宣宗, 재위 연간 846~859) 31

색인 459

선종가람 창건의 대원칙 38
선종화(禪宗畵) 438, 445
선종사원 24, 30, 33, 34, 35, 38, 44, 73, 77, 109, 122
선종사원의 끽다 371
선종사원의 욕실 241
선종사원의 정원 386
선종사원의 차 376
선종가람의 특징 38
선종오가(禪宗五家) 32
선종의 건설자 24, 125
선종의 독립 24
선종의 성립과 백장회해 25
선종의 수행 방법 22
『선종총림제도와 중국사회』 108
선진(禪鎭) 110
선차(禪茶) 377
선칠(禪七) 107, 109, 307
선판(禪板) 112
선향(線香) 108
선현(禪賢) 192, 193
선화(禪和) 194
선화(禪畵) 438
선화승(禪畵僧) 443
선화의 색채 441
선화의 핵심 441
설두중현(雪竇重顯) 242, 369

설법당(說法堂) 231
설봉의존(雪峰義存, 822~908) 161, 373
설안거(雪安居) 307
설은(雪隱) 242
설중단비도(雪中斷臂圖) 445
설중파초(雪中芭蕉) 438, 442
섭심(攝心) 307
成佛作祖 27
성불작조(成佛作祖)의 공간 39
성불작조(成佛作祖)의 공동체 35
성상(聖像) 119
성승당(聖僧堂) 114, 119
성절상당(聖節上堂) 213
성행당(省行堂) 184, 254, 255
세간과 출세간 229
세단상당(歲旦上堂) 212
세면처(洗面處) 257
세발(洗鉢) 321
세발법(洗鉢法) 321
세발수(洗鉢水) 319, 321
센토(錢湯) 241
소동파(蘇東坡) 388, 442
소두수(小頭首) 181
소방자(小方丈) 249
소유단(小油單) 284
소정병(小淨瓶) 284

소지품 경매 296
소직(小職) 인사 제청권 158
소직(小職) 159, 181
소참(小參) 196, 215
속강(俗講) 186
송고(頌古) 369
송고문학(頌古文學) 41
수두(水頭) 189
수미단 209
수연애(水碾磑) 189
수의좌선(隨意坐禪) 105
수좌(首座) 165
수좌료(首座寮) 54
수주(數珠, 염주) 285
수중(首衆) 166
수행자의 근태(勤怠) 74
숙중(肅衆) 260, 261
순선(純禪, 純粹禪)의 구도자 41
승(僧)과 속(俗)의 분기점 229
승당(僧堂) 224
승동(僧童) 336
승방(僧坊) 225
승잔(僧殘) 259
승좌설법(升座說法) 131, 209
승형문수상 119, 235
시객시자(侍客侍者) 132
시두(柴頭) 191

시방주지(十方住持) 128
시선일여(詩禪一如) 42, 370
시선일치(詩禪一致) 370
시약시자(侍藥侍者) 132
시유단(柿油單) 284
시의시자(侍衣侍者) 132
시장시자(侍狀侍者) 132
시저대(匙箸袋) 313(인용문)
시전(視籛) 131
시향시자(侍香侍者) 45, 132
식당(食堂, 齋堂, 庫院) 225
식차마나니 346
신고(晨鼓) 399
신도 상간(新到相看) 271
신도(新到) 271, 277
신도 참당(新到參堂) 273
신상(身相, 형상) 60
신원적(新圓寂) 291
신참(晨參) 216
심우도(尋牛圖) 438, 442
심우도(尋牛圖) 442, 445
십불명 333
십소주(十小呪) 334
쌍파(雙破) 299

ㅇ

아만·독선 37

아자방(亞字房) 121
아침 공양 86
안락당(安樂堂) 184
안립(雁立), 안행(雁行) 197
안심법문(安心法門) 349
암두전활(巖頭全豁) 373
애찰(埃拶) 142
야반승(野盤僧) 426
야운선사 권단(1228~1311) 82
야좌(夜坐) 83, 84, 102
약산유엄(藥山惟儼) 233
약산유엄과 간경 415
약석(藥石) 78, 88, 91, 92, 317, 318, 319
양경(兩京, 장안, 낙양) 172
양문공 대년(楊文公大年) 25(注)
양문전(兩文錢) 426
양반(兩班) 제도
양억(楊億, 974~1020) 25
양지(楊枝) 245, 286
양해(梁楷) 443
어고(魚鼓), 어판(魚板) 400
어눌(語訥)의 미(美) 439
어시 발우(頭鉢) 321, 313(인용문)
언어도단의 세계 362
언하대오(言下大悟) 195
엄우(嚴羽) 369

에고(ego) 37
에이사이(榮西) 309, 389
여래 참모습(법신) 60
여수낭(濾水囊, 濾水羅) 279
역사적 사명 24
연상(連床) 118
연수당(延壽堂) 184
연수당주(延壽堂主) 183, 255
연애(碾磑, 맷돌) 189
열반당(涅槃堂) 184, 254
열반두(涅槃頭) 184
열반송(涅槃頌) 363
열중(悅衆) 156, 157, 192, 193
열직(列職) 181
염불(念佛) 326
염송(念誦, 誦經) 218
영수선원(靈樹禪院) 66
영운도화 353
영평사 117
『永平清規』 89, 448
예불(禮佛) 326, 328
오경종(五更鐘) 80
오대(五代) 난세 68
오대(五代) 정국 32
오대십국(五代十國) 65
오도기연(悟道機緣) 97, 353
오도송(悟道頌) 363

오도화(悟道畵) 438
5두수(五頭首) 44, 146
5산10찰 제도 42, 71
5시자(五侍者) 132
오월왕 전홍숙 67
오재(午齋) 78, 88
오조 법연 125, 222
오조 홍인 347
외당(外堂) 120
오참상당(五參上堂) 196, 210, 212
오후불식(午後不食) 318
옥간(玉間) 443
왕심지(王審知) 67
왕유(王維) 442
요사(寮舍) 164(인용문)
요수좌(寮首座) 182, 253
요원(寮元) 253
요주(寮主) 182
욕건(浴巾) 285
욕군(浴裙) 285
욕두(浴頭) 178, 190, 241
욕두행자 343
욕불상당(浴佛上堂) 212
욕불일(浴佛日) 432
욕선(浴船) 291
욕실(浴室) 224, 239

욕주(浴主) 178, 241
욕주(浴主) 241
용맹정진 307
용상방(龍象榜) 55, 269, 306
우리나라 선불교 43
우리나라 타종법 394
우안거(雨安居) 303, 307
운당(雲堂) 114, 235
운문문언(864~949) 32
운수행각 419, 424
『원감록(圓鑑錄)』 310
원두(園頭) 188
원소상당(元宵上堂) 212
원오극근(1063~1135) 115
원재(院宰) 151
원주(院主) 151
원주(園主) 188
월분수지(月分須知) 429
월분표제(月分標題) 429
월석상당(月夕上堂) 213
월진(月進) 429
위대한 조사(祖師) 35
위산영우 128
유나 146, 147, 156
유나료(維那寮) 54
유나의 권한 157
유단(油單) 284

유리병자선(琉璃甁子禪) 425
유마 거사의 방 123
유행(遊行) 419
6두수(六頭首) 36, 44, 146
육연애(陸碾磑) 189
육조재죽도(六祖裁竹圖) 445
6지사(六知事) 36, 44, 146
육환장(六環杖) 282
율종사원 의탁 22, 23
율종사원 독립 24
율종사찰의 제도 준수 23
의가(衣架) 118
의단(疑團) 361
의발(衣鉢)시자 132
의판(倚版) 112
이규보의 영정중월(詠井中月) 364
이백의 정야사(靜夜思) 363
이변(李昪) 66
이승권렴(二僧卷簾) 공안 434
이시죽반(二時粥飯) 316
이판승(理判僧, 수행승) 49
인사상당(因事上堂) 214
인정(人定) 395
일상다반사(日常茶飯事) 371
일신우일신(日新又日新) 145
『일용궤범』 80
『일용청규(日用清規)』 80

일일시호일(日日是好日) 66
一字禪·三字禪 66
일주향(一炷香) 108
일포(日晡) 218
일하구순(一夏九旬) 304
『임간록』 124
임안(臨按, 항주) 70
임제 선사(?~867) 349
임제선사(臨濟)의 처방전 141
임종게 363
『入衆日用清規』 448
『入衆須知』 448
임한(淋汗) 178, 240
입료(入寮) 269
입료차(入寮茶) 275
入房(입방) 270
入榜(입방) 270
「입불이법문품」 228
입승수좌(立僧首座) 168
입신(立身) 339
입실(入室, 독참) 74, 135
입실독참의 의미 135
입실패(入室牌) 139
입원(入院) 131
입정(入定) 108
입중(入衆) 269
입중수지(入衆須知) 101

입중오법(入衆五法) 37
입중지법(入衆之法) 80
입참입실(入參入室) 135
입측오주(入厠五呪) 246

ㅈ

자경문(自警文) 82
자급자족 생활 30
자성청정심 41
작무(作務) 28, 164, 339
『작법귀감』 110
작불학교(作佛學校) 73, 135
잠가(暫暇) 276
잠도 상간(暫到相看) 271, 426
잠도(暫到) 271, 277
장가방(醬街坊) 47, 186
장경루(藏經樓, 經藏, 經堂, 장경각) 225, 255
장광설(長廣舌) 234
장군죽비(將軍竹篦) 110
장련단(長連單) 118
장련상(長連床) 118
장련탑(長連榻) 118
장로종색 26, 53, 69, 75
장상(長牀) 118
장송(葬送) 287, 289
장식료(將息寮) 184

장십경(張十慶) 232, 412
장전(藏殿) 255
장주(藏主) 174
장주(莊主) 182
장판(長板) 399
장향 일주향(長香一炷香) 107
재고(齋鼓) 399
재당(齋堂, 식당) 236, 312
재백(財帛) 156
재죽이시(齋粥二時) 316
저녁 예불문 334
적도정병(趯倒淨瓶) 129
전당(前堂) 119
전당수좌(前堂首座) 167
전발(展鉢) 321
전방장(前方丈) 45, 249
전빈(典賓) 176
전신통기(轉身通氣) 374
전안거(前安居) 306
전인적 인격자 부처[佛] 35
전자료(前資寮) 55, 149, 257
전제참의(全提參意) 360
전종(殿鐘) 330, 397
전좌 146, 147, 158, 159
전좌교훈(典座敎訓) 160, 161
전좌의 임무 159
전주(殿主) 52, 165, 179

색인 465

전탑후당(前塔後堂) 56, 226
전포(前布), 후포(後布) 284
전후포건(前後布巾) 284
절반(折半) 323
절발수(折鉢水) 321
절수(折水) 319, 321
절수통(折水桶) 319
절파화풍(浙派畵風) 444
점다(点茶) 380
점심(點心) 437
점차패(點茶牌) 275(인용문)
접심(接心) 307
정강의 변(靖康之變) 42, 70
정건삼조(淨巾三條) 284
정당(正堂) 249
정도(正道) 비도행(非道行) 39
정두(淨頭) 191, 243
정목(淨木) 245
정병(淨瓶, 물병) 128, 284
정시상당(定時上堂) 214
정인(淨人) 192
정자사(淨慈寺) 67
정종 좌선(定鐘坐禪) 108
정종(定鐘) 93, 102
정주(淨籌) 245
정침(正寢) 249
정혜쌍수 231

제2좌(第二座) 169
제일의제(第一義諦) 59, 417, 202
제일좌(第一座) 166
제자선(梯子禪) 43
제창(提唱) 418
조과(朝課, 早課) 78, 85, 328
조당(祖堂) 256
조두(澡豆, 비누) 291
조리목표선(笊籬木杓禪) 161
조만과송(朝晚課誦) 328
조만과송물실(早晚課誦勿失) 329
조모과송(朝暮課誦) 328
조사당(祖師堂) 256
조사선의 상징어 39
조사선의 완성자 24
조사전(祖師殿) 256
『조선승려 수선제요』 127
조신좌선(早晨坐禪) 78, 87, 103, 105
조전(祖殿) 256
조정사원(祖廷事苑)』 218
조주 선사 62
조주끽다(趙州喫茶) 372
조주삼전어(趙州三轉語) 63
조죽(朝粥, 早粥) 78, 86, 185
조참(朝參, 早參) 78, 87, 97, 196, 218

조참석취(朝參夕聚) 75, 219
조포(條包) 284
조협(皂莢) 조두(澡豆) 244
졸(拙)의 미(美) 439
종두(鐘頭) 191
종루(鐘樓, 鐘閣) 224, 257
종방형(縱方形) 가람 388
좌랍(坐臘) 304
좌상(坐床) 118
좌선당(坐禪堂) 113, 235
『좌선의(坐禪儀)』 112
좌선의 제도화 101
좌선패 106
좌원(座元) 166, 253
좌위(座位) 119
좌하(坐夏) 304
좌하유(坐夏由) 272, 305
주고(廚庫, 고원) 69
주실(籌室)
주장(拄杖) 282
주전충(朱全忠) 65
주지 임면권(任免權) 128
주지(빙징) 59, 122
죽가방(粥街坊) 185
중각강당 232
『중국강남선종사원건축』 412
중국 불교의 지형도 31

중료(衆寮) 89, 139, 252
중병각(重病閣) 184, 254
중본명본(中峰明本) 334
중하(中夏) 306
중하상당(中夏上堂) 213
즉문즉답(卽問卽答) 349
즉심시불(卽心是佛) 22
증휘기(增輝記) 301
지객(知客) 165, 166, 176
지객료(知客寮) 54
지료(知寮) 253
지봉(志逢) 323
지사(知事) 49
지사, 두수 임기 53
지욕(知浴, 욕주) 165, 166, 241
지장(知藏, 藏主) 165, 166, 173
지전(持殿) 180
지전(知殿) 165, 166, 179
지정(持淨) 191, 243
직당(直堂) 109
직병자(直病者) 289
직사(職事)의 진퇴(進退) 437
직세(直歲) 146, 147, 163
직세료(直歲寮) 54
직영행자(直靈行者) 291
직전(直殿)행자 343
직접적 생산노동 28

직지사 정원 388
직지인심 견성성불 22
직철(直裰) 285
진리불(眞理佛) 63
진송(津送, 葬送) 291
진정극문(眞淨克文) 221
진중(珍重) 205
진헐청료(眞歇淸了) 43, 433
집사단(執事單) 55, 306

ㅊ

차(茶)의 대화 373
차순(茶筍, 찻잎) 432
착어 233
찬영(贊寧) 23, 57
참두 행자(參頭行者) 338, 343
참두(參頭) 272
『창랑시화(滄浪詩話)』 370
창례(唱禮) 326, 332
창의(唱衣) 296, 300
채가방(菜街坊) 47, 185
채두(菜頭) 159, 191
천동사 114
천동여정(天童如淨) 103, 365
천동정각(天童正覺) 45, 114
천목중봉(天目中峰) 356
천수물 319

천수주(千手呪) 320
천수통 319
천승각(千僧閣) 114
1,700가지 공안 350
천태덕소(天台德韶) 67
천하사표 백장청규(天下師表 百丈淸規) 25(注)
천화(遷化) 289
청가(請暇) 276
청객(請客)시자 132
청수(請受) 299
청익(請益) 73, 74, 97, 143, 145
청중(淸衆) 120, 192, 193
체탈도첩 259, 261
초단(草單) 431
초혜전(草鞋錢) 425
촉주(觸籌) 245
총림(선원총림) 33, 34, 35, 73
총림개벽 백장대지 선사(叢林開闢 百丈大智禪師) 24
『叢林校定淸規總要』 248, 429, 448
『총림양서수지(叢林兩序須知)』 52, 329, 448
총림의 법전(法典) 24, 96
총림의 사법권 156
총지사(摠持寺) 승당 117

추단(抽單) 277(주)
추빈(箠擯) 261
추사(秋史 金正喜) 238, 384
축성(祝聖) 72, 429
축성상당(祝聖上堂) 213
축수(祝壽) 43, 72, 205
축출(逐出) 261
축출방법 261
출원(出院) 261
석취미모(惜取眉毛) 197
측간자(厠簡子) 245
측궐(厠橛) 245
측비(厠篦) 245
측주(厠籌) 245
『칙수백장청규』 248, 429, 448
칠당가람(七堂伽藍) 113, 224
칠척단전(七尺單前) 116
침당(寢堂) 101, 249
침대(枕袋) 283
침자(枕子) 283

ㅋ

가레산스이(枯山水) 251

ㅌ

타여(打輿) 299
탄두(炭頭) 190

탈속 363
탈속(脫俗)과 문학성 366
탑(塔) 224
탑구(搭勾) 268
탕약(湯藥)시자 132
『태고화상어록』 310
통방작가(通方作家) 421
퇴고(推敲)의 고사(故事) 172
퇴원상당(退院上堂) 214
퇴침(椎砧) 401
투원장식(投院狀式) 337
특위차(特爲茶) 379

ㅍ

파루(罷漏) 395
파주(把住, 把定) 140
파침처(把針處) 253
파하(破夏) 305
판도(辦道) 101
판도법(辦道法) 89, 103
판수(板首) 166
판장식(板帳式) 300
퓌무(偏門) 263
편삼(偏衫) 284, 285
편운(篇韻, 字典) 408
폐로상당(閉爐上堂) 190, 214
폐불령을 철폐 31

색인 469

포단(蒲團) 89, 112
포단상사(蒲團上事) 112, 118
포대화상도(布垈和尙圖) 445
포시좌선 78, 89, 102, 103, 104, 105
포와단(布臥單) 284
풍령(風鈴) 365
피마(避馬) 172
피안(彼岸)의 이상향 60
피위(被位) 119

ㅎ

하두수(下頭首) 53
하발(煆髮)상당 214
하안거 304
하안거 증명서 272
하지사(下知事) 53
하화(下火) 295
학불지인(學佛之人) 35
한국사원의 정원 388
한산습득도 445
한유(韓愈) 172
한주(閒主) 192
한퇴지 173
함궤소쇄(函櫃小鏁) 285
『함순청규』 103, 248, 429
항다반사(恒茶飯事) 371

해인사 퇴설선원 269
해탈문(三解脫門) 228
해하(解夏), 해제(解制) 304
해하상당(解夏上堂) 213
행각(行脚) 419
행각안(行脚眼) 421, 422
행각의 의의 420
행원(行元) 52
행자료(行者寮) 257
행전(行纏) 284
향반(香飯) 236, 237
향사(香司) 108
향수해(香水海) 239
향야불소(香也不燒) 328
향엄격죽 353
향적국(香積國) 237
향적당(香積堂) 236
향적반(香積飯) 238
향적실(香積室) 236
향적주(香積廚) 236
현성공안 211
현신불(現身佛) 40, 122
현칙감원 153
혜능 남종선 31
혜대(鞋袋) 283
혜홍각범 124
혜휴(惠休) 171

호계삼소도(虎溪三笑圖) 438, 445
혼고(昏鼓) 399
혼종(昏鐘) 93, 102
화두(火頭) 190
화두(話頭) 355, 357
화두야불식(話頭也不識) 357(인용문)
화림(華林) 128
화엄경 입법계품 232
화엄두(華嚴頭) 186
화주(化主) 185
화중연화(火中蓮花) 438
화판(火板) 101, 399
환종(喚鐘) 397
『환주암청규(幻住庵淸規) 334, 429, 448
활구 351
황벽희운과 간경 413
황소의 난(黃巢-亂, 875년~884) 32
황실원림(皇家園林) 386
황혼좌선(黃昏坐禪) 78, 92, 103, 104, 106
회창폐불 사건(841~846) 29
횡방형(橫方形) 가람 388
효천좌선(曉天坐禪) 86, 106
효향(燒香)시자 132

후당(後堂) 119
후당수좌(後堂首座) 167
후방장(後方丈) 45
후안거(後安居) 306
후야좌선(後夜坐禪) 78, 86, 103, 104, 106
후주 세종 폐불 66
「훈동행」 339, 341
흑반(黑飯) 432
『흥선호국론(興禪護國論)』 309
흥화존장 67

윤창화(尹暢和)

1972년 해인사 강원 졸업(13회). 민족문화추진회 국역연수원 졸업(1999). 논문으로는 「해방후 譯經의 성격과 意義」, 「漢岩의 자전적 구도기 一生敗闕」, 「漢岩禪師의 서간문 고찰」, 「無字話頭 十種病에 대한 고찰」(『한암사상』 3집, 2009), 「경허의 지음자 한암」(『한암사상』 4집, 2011), 「성철스님의 오매일여론 비판」(『불교평론』 36호, 2008), 「경허의 酒色과 삼수갑산」(『불교평론』 52집, 2012) 등이 있다. 저서로는 『왕초보, 禪박사 되다』(민족사, 2009), 『근현대 한국불교명저 58선』(민족사, 2010)이 있다.

당송시대 선종사원의 생활과 철학

초판 1쇄 발행 | 2017년 2월 10일
초판 2쇄 발행 | 2017년 7월 30일

지은이 | 윤창화

펴낸이 | 윤재승
펴낸곳 | 민족사

주간 | 사기순
기획편집팀 | 사기순, 최윤영
영업관리팀 | 김세정

출판등록 | 1980년 5월 9일 제1-149호
주소 | 서울 종로구 삼봉로 81 두산위브파빌리온 1131호
전화 | 02)732-2403, 2404 팩스 | 02)739-7565
홈페이지 | www.minjoksa.org
페이스북 | www.facebook.com/minjoksa
이메일 | minjoksabook@naver.com

ⓒ윤창화, 2017

ISBN 978-89-98742-81-2 94220
ISBN 978-89-7009-057-3 (세트)

※ 책값은 뒤표지에 있습니다. 잘못된 책은 바꿔 드립니다.
※ 저작권법에 의하여 보호를 받는 저작물이므로 무단으로 복사, 전재하거나 변형하여 사용할 수 없습니다.